Jay Earley, Psikoterapist, yazar ve öğretmendir. Saybrook Üniversitesi'nde psikoloji doktorasını tamamlamıştır ve Kaliforniya eyaletinde lisanslı psikologdur. Tüm çalışmalarında İçsel Aile Sistemleri'ne odaklanmıştır. *Kendi Kendine Terapi* kitaplarının yazarıdır. Interhelp ve Sosyal Sorumlu Psikoterapistler hareketlerinin bir üyesidir. Jay Earley aynı zamanda Carnegie Mellon Üniversitesi'nde bilgisayar mühendisliği doktorası yapmış ve psikolojiye yönelmeden önce U.C. Berkeley'de araştırma görevlisi olarak çalışmıştır.

KENDİ KENDİNE TERAPİ

İçinizdeki Çocuğu İyileştirme Rehberi

Yazan: Jay Earley
Çeviren: Zeliha Babayiğit
Editör: Kemal Küçükgedik

1. baskı / Ocak 2023 / ISBN 978-625-8004-52-6
Sertifika no: 44919

Kapak tasarımı: Geray Gençer
Sayfa tasarımı: Yasemin Çatal
Baskı: Yıkılmazlar Basın Yayın Prom. ve Kâğıt San. Tic. Ltd. Şti.
15 Temmuz Mah. Gülbahar Cad. No: 62/B Güneşli - Bağcılar - İSTANBUL
Tel: (212) 515 49 47
Sertifika no: 45464

Doğan Yayınları Yayıncılık ve Yapımcılık Ticaret A.Ş.
19 Mayıs Cad. Golden Plaza No. 3, Kat 10, 34360 Şişli - İSTANBUL
Tel. (212) 373 77 00 / Faks (212) 355 83 16
www.dogankitap.com.tr / editor@dogankitap.com.tr / satis@dogankitap.com.tr

Jay Earley

Kendi Kendine Terapi

İçinizdeki Çocuğu İyileştirme Rehberi

Çeviren: Zeliha Babayiğit

Doğan novus

İçindekiler

Teşekkür

Dick Schwartz'a, benim hayatımı ve çok sayıda danışanımın ve öğrencimin hayatını değiştiren bu parlak terapi metodunu geliştirdiği için yürekten minnettarım. Ayrıca, Dick ile birlikte bana İAS'yi öğreterek birey olarak, terapist olarak ve bir eğitmen olarak gelişmeme yardımcı olan eğitmenler Michi Rose, Cece Sykes, Toni Herbine-Blank ve Susan McConnell'a teşekkür ederim.

Terapi danışanlarımdan, İAS sınıflarımdaki öğrencilerimden, yürütülmesine yardımcı olduğum İAS eğitim programlarına katılanlardan insan ruhu ve İAS konusunda çok fazla şey öğrendim.

Editörüm Amanita Rosenbush bana bir kişisel gelişim kitabının nasıl yazılacağını gösterdi; daha açık ve canlı yazmamı sağladı. Amanda Sawyer taslağımı okuyarak geliştirmem konusunda büyük katkıda bulundu. Kira Freed okuma ve düzeltme konusunda harika bir iş çıkararak kitabı son haline ulaştırdı. Karen Donnely muhteşem çizimler yaparak yanları ve ruhu hayata geçirdi.

Eşim Bonnie Weiss, LCSW, hayat arkadaşım ve aynı zamanda İAS eğitmeni, tüm proje boyunca sadece duygusal olarak değil, kitap ve içeriği hakkında profesyonel görüşünü benimle paylaşarak bana destek oldu. Karen'ın çizimlerine anlam katarak daha karmaşık çizimler olmalarını sağladı.

Önsöz

Bir psikoterapi modelini değerlendirmenin bir yolu kendine çektiği insanları incelemektir. Jay Earley'nin bu kitabı kaleme alması İAS modeli için büyük bir övünç kaynağıdır çünkü kendisi İAS ile karşılaşmadan çok önceleri sistem düşüncesinde derinleşmiş, başarılı bir yazar ve düşünürdür. Jay'in tutkusu İAS'yi kitlelere tanıtarak insanların bir terapiste ihtiyaç duymaksızın kendi başlarına uygulayabilmelerini sağlamaktır. Bu amaç için yıllarca büyük bir başarıyla telekonferans derslerini yürütmüş, bu tecrübeler sayesinde bu kitabın yapısını oluşturmuştur.

Psikoterapi modelini değerlendirmenin bir başka yolu da insanların terapiste bağımlılıklarını destekliyor mu, yoksa kendilerine güvenmeleri için güç mü veriyor, buna bakmaktır. Bu kitap, terapiye gitmeden kendinize yeni bir şefkat ve şifa hissiyle yaklaşmanıza yardımcı olabilir. Jay'in kullanıcı dostu İAS tanımı sayesinde, "kendinizle yaptığınız konuşmaları" ya da içsel diyaloglarınızı değiştirmeye başlayacaksınız. En utanç verici duygu ve dürtülerinizi yargılamak yerine merakla, tiksinmek yerine anlayışla ele alacak ve bunların hiç de göründükleri gibi olmadığını anlayacaksınız. Bu yanlar zorlu yaşam tecrübeleri yüzünden bozulmuş kıymetli içsel kaynaklardır. Daha da keyif verici olanı, hayatın getirdiği travmalardan etkilenmeyen bir özünüzün, temel bir varlığınızın olduğunu öğreneceksiniz. İAS'nin benlik olarak adlandırdığı şey her birimizin içindedir; sayesinde içsel ve dışsal yaşamlarımızı yönlendirdiğimiz harika özelliklerin kaynağıdır. Bu sayede, kitap benlik kavramlarımızı kendimizi görmeyi öğrendiğimiz patolojik ve kötümser yollardan kurtarır. Yeni, iyimser ve yükselten bir zihin tasavvuru sunarak ne kadar kolay değişebileceğimizi ve iyileşebileceğimizi gösterir.

Kitap bundan daha fazlasını da sunuyor. Psikoterapiyi değerlendirmenin bir başka yolu da insanlara sadece aşırı duygu ve inançlarıyla baş etmeyi mi öğretiyor, yoksa bu duygu ve inançları gerçekten dönüştürüyor mu, ona bakmaktır. Bu kitaptaki iyi tanımlanmış yaşantısal alıştırmalar ve gerçek İAS seans örnekleri sayesinde en aşırı yanlarınızın bile iyileşmeye başlayacağı bir şekilde iç dünyanıza ulaşacaksınız. Bu yanlarınızla yalnızca baş etmektense, onları kucaklayacak ve değerli kaynaklara dönüşmelerini sağlayabileceksiniz. Ayrıca arkadaşlarınızla bu içsel yolculuklarda birbirinize eşlik edeceğiniz şekilde işbirliğine girmeye teşvik edileceksiniz. Bu da arkadaşlıklarınızı daha da derinleştirecektir.

Bütün bunlar kulağa gerçek olamayacak kadar hoş gelebilir ve bazı okurlar için öyledir de. Bu denli bir değişimi kendi kendilerine başaramayacak ve bir terapistin desteğine ihtiyaç duyacaklar da olacaktır. Bu modeli uyguladığım yirmi yedi yıl içinde, terapiste ihtiyaç duymadan kendi başlarına harika işler çıkaran insanlar tanıdım. Tüm sürgünlerinin yüklerini boşaltamamış olsalar bile, iç dünyalarının atmosferini "kendinden tiksinme"den "kendini sevmeye" ve benliğin liderliğine dönüştürebilmişlerdir. Bu kitap terapiye giden insanların da seanslar arasında kendileri üzerinde çalışmaları için faydalı bir rehberdir.

Terapi çoğu insan için zaman ve para açısından çok pahalıdır. İAS'ye başka türlü ulaşamayacaklara bu imkânı sağladığı için bu kitaba minnettarım.

Dr. Richard C. Schwartz, *İçsel Aile Sistemleri'nin kurucusu, İçsel Aile Sistemleri Terapisi, Bozuk Parçan Yok, The Mosaic Mind* ve *You are the One You've Been Waiting For* kitaplarının yazarıdır.

Giriş

Bir psikolog olarak otuz beş yıldır terapi yapıyorum. Bu süre zarfında pek çok yaklaşımı inceleyip öğrendim ama öncü psikolog Richard Schwartz tarafından geliştirilen yeni bir terapi modeli olan İçsel Aile Sistemleri'ni keşfettikten sonra danışanlarımla çalışırken aldığım verim çarpıcı şekilde arttı. İçsel Aile Sistemleri (İAS) o kadar iyiydi ki neredeyse tamamen onu uygulamaya başladım. İAS danışanlarımın meselelerine hızla ve isabetli bir şekilde ulaşabilmelerini sağladı. Tabii ki yıllar boyunca öğrendiklerimi ve edindiğim bilgileri hâlâ kullanıyorum ama İAS benim terapi yapma şeklimi tamamen değiştirdi. Modeli kullanmaya devam ettikçe derinliğini daha fazla takdir eder oldum. Son zamanlarda İAS'nin danışanlarımın psikolojik problemlerine olgunluk ve duygusal açıklıkla yaklaşmalarına ne kadar yardımcı olduğunu görmek beni çok etkiliyor. Bu durum terapiyi henüz tamamlamamış kişiler için nadir görülen bir kombinasyondur.

İyi bir terapist her zaman kendisi üzerinde çalışmaya ve gelişmeye devam eder. İçsel Aile Sistemleri kendime dair keşifleri artırıp derinleştirdi. Kırk yıldır çok sayıda terapiye, kişisel gelişim programına ve spiritüel uygulamaya katıldım ama İAS bu çalışmamı başka bir seviyeye taşıdı. Tam olarak peşine düştüğüm konuları hedef almamı ve ruhumun yapısını daha büyük bir açıklıkla takip etmemi sağladı. Geçmişte farkına varmadan derin acılarımdan kaçındığım zamanlar olmuştu. İAS bunu ne zaman yaptığımı görmeme yardımcı oldu. Kaçınmadan, acı veren noktalara güvenli bir şekilde nasıl yaklaşabileceğimi gösterdi. Artık acımı iyileştirmek ve sıkışık noktalarımın çözülmesi için ne olması gerektiğini çok iyi biliyorum. İAS'den aldığım en önemli şey, kendimle sevgi dolu ve saygılı bir şekilde ilişki kurmada kaydettiğim ilerlemedir. Diğer büyüme modellerinde de bu yönde adımlar atmış olsam da İAS bana her yönümü spesifik bir şekilde nasıl seveceğimi gösterdi.

Bireysel danışanlarla terapi uygulamalarımın yanı sıra katılımcıların kendi üzerlerinde çalışırken İAS'yi nasıl uygulayabileceklerini öğrendikleri ve birbirlerine akran danışmanlığı yaptıkları dersler veriyorum. İAS'yi çok sevdiğim için, insanların terapiye gitmek zorunda kalmadan onu kendi gelişimleri için kullanabilmelerini önemsiyorum. İAS modelini yüzlerce insana öğrettim. Çoğu bu modeli kendi psikolojik iyileşmeleri ve gelişimleri için başarıyla kullandı. Pek çok öğrenci derslerden sonra kendi üzerlerinde veya sınıfta tanıştıkları akranlarıyla çalışarak kişisel gelişim yolculuklarını sürdürmeye devam etti.

Kendi Kendine Terapi bu derslere dayanmaktadır. İAS yaklaşımını hayatınızdaki problemli konular üzerinde çalışmak ve çözmek için nasıl kullanabileceğinizi ayrıntılarıyla gösterir. Bu da ruhunuzda neler olup bittiğini yani bilinçdışı motivasyonlarınızı, engellerinizi ve içsel çatışmalarınızı ortaya çıkarıp anlamayı içerir. İAS'yle kendinizi derin bir seviyede tanıma fırsatı bulur, içinizde bulunmakla birlikte reddedilmiş gizli acı, güç ve sevgi alanlarını keşfedersiniz. Çoğumuzun eski bir bavul gibi taşıdığı kırgınlıkları, korkuları ve olumsuz inançları nasıl iyileştireceğinizi öğrenirsiniz. İAS süreci problemli yanlarınızı içsel bilgelik, doğallık, öz-destek ve açıklık kaynağına dönüştürecektir. İnsanlarla ilişki kurma, işinizde başarılı olma, hayatınızda mutlu ve tatminkâr hissetme kapasitenizi artıracaktır.

İkinci edisyona giriş

Bugünlerde e-postalarımı açmak benim için bir zevk. Sürekli olarak *Kendi Kendine Terapi*'yi okuduklarını ve hayatlarının değiştiğini söyleyen insanlardan mesajlar alıyorum. Yıllar içinde farklı terapileri denediklerini ve en fazla İAS yaklaşımının işe yaradığını anlatıyorlar. Kitabımın çok açık ve ayrıntılı olması sayesinde ciddi ilerlemeler kaydettiklerini söylüyorlar. Bu tür geribildirimler kitabı yazdığım iki buçuk yıla değdiğini gösteriyor.

O halde neden ikinci edisyona gerek duydum? Bunun birkaç nedeni var.

Son bir yıldır kısmen İAS yaklaşımına dayanan bir web uygulaması üzerinde çalışıyorum. *Kendi Kendine Terapi*'deki materyalin bir kısmını bu programa koyduk ama bunu biraz daha etkileşimsel bir şekilde yaptık. *Kendi Kendine Terapi*'yi bu tür bir kullanıma uygun hale getirirken ayrıntısıyla incelemek zorunda kaldığımda çok sayıda spesifik iyileştirme yaptım. Kitabın ve tabii ki okuyucularımın da bu çabadan faydalanmalarını istiyorum.

İkinci neden başka bir kaynaktan geldi. Bir yayıncı bana gelip *Kendi Kendine Terapi*'yi yayımlamak istediklerini söyledi. (İlk baskıyı kendim yayımlamıştım.) Görüşmenin sonunda kitabı yine aynı şekilde kendim yayımlamaya karar vermekle birlikte, o toplantıdan çok güzel fikirler de çıktı. Toplantıdakiler kitabın başında "yanlar" kavramını yeterince iyi açıklamadığımı belirttiler. Ben bütün okurlarımın yanlar fikrini rahat kavradıklarını varsayıp öyle devam etmiştim. Bu baskıda 1. Bölüm'ün başına yanlar kavramını yabancı bulan kişiler için bu kavramı tanıtan bir bölüm ekledim.

Bu arada okurlara faydasını artırmak için İAS üzerine kitaplar yazmaya devam ettim. En zorlu yanlarımızdan biri olan içimizdeki eleştirmenle çalışmak için *Kendi Kendine Terapi*'deki materyalin kullanıldığı yeni bir kitap yayımladım. *Self-Therapy for Your Inner Critic* adlı bu kitabı karım Bonnie Weiss'la birlikte yazdım.

Yakında İAS'yi kullanarak "kutuplaşmış yanlar"la nasıl çalışılacağını anlatan bir kitap yayımlayacağım. İAS yönteminin hayati bir tarafı olan bu çalışmayı elinizdeki kitabın sınırları içine sığdıramazdım. *Resolving Inner Critic* adlı kitabı yayımlayarak bu durumu düzelttiğim için mutluyum.

Hayatınızın tatmin edici, yaratıcı ve keyifli hale gelmesi için bütün bu kitapların derin psikolojik iyileşme ve dönüşümünüze yardım edeceğini umuyorum.

1. Bölüm

İAS yaklaşımıyla iyileşme ve büyüme

Biz insanlar bazen hayatımızda zorluklara yol açan acı veren duygular ve yıkıcı dürtüler deneyimleriz. Bir kişi genellikle bu nedenle psikoterapi desteği almaya karar verir. Bazı örneklere birlikte bakalım:

Joe küçük şeylerden ötürü sık sık karısı Maureen'e patlamaktadır. Çıkan bir tartışma, Joe karısına bağıracak hale gelene kadar yükselir. Karısı korkup ağlamaya başlar. Joe bu kez kendini berbat hisseder: "Böyle bir şeyi nasıl yapabildim? Maureen'i incitmek istemiyorum. Kendimde değildim." Joe bu davranışı yüzünden kendini şiddetle yargılar ama bu aynı şeyin tekrarlanmasını engellemez.

Meg bazı günler zorlandığını fark eder. İşyerinde küçük zorluklar yaşar ya da küçük köpeği hastalanır. Bunun üzerine oturup koca bir pastayı veya bir kutu kurabiyeyi yer. O sırada ne yaptığını düşünmez bile ama sonrasında kendini korkunç hisseder. "Kilo vermeye çalışıyordum. Her şeyi mahvettim. Çok utanıyorum. Aklımdan ne geçiyordu ki öyle tıka basa yedim?"

Joe ve Meg gibi pek çok insan kendilerine anlamsız gelen duygu ve dürtülerle boğuşur. Dürtüleriyle savaşarak veya duygularını eleştirerek bu akılcı olmayan duygularıyla baş etmeye çalışırlar. Bu bir süre işe yarar ama uzun vadede etkisizdir. Üstelik daha sonra açıklayacağım gibi, bir de geri teper.

Bu kitap zihnin nasıl çalıştığına dair yeni bir anlayış ortaya koyuyor. İçsel Aile Sistemleri – İAS adı verilen etkili bir psikoterapi yöntemine dayanıyor. İnsan ruhunun oluşumunu İAS bakış açısıyla kavradığınızda karşınızda zorlu duygularla başa çıkmanın yeni bir yolu açılacaktır. Daha önce çok sayıda insana faydası dokunan bir yol bu.

Bu problemli duygular ve arzular bazen "alt kişilikler" denen farklı yanlarımızdan gelir. İAS'de kullanılan ifadeyle bu yanlar içimizde var olan küçük insanlar gibidir. Her birinin kendi duyguları, motivasyonları ve dünya görüşü vardır.

Söz gelimi, Joe'nun Maureen'e çok belirli bir nedenle patlayan Öfkeli yanı var. Kavgaya tutuştuklarında Maureen, Joe'yla utanç verici bir şekilde dalga geçer. Bunun üzerine Joe'nun küçükken aşağılanan çocuk yanı tetiklenir ve çocukluktaki utancı yeniden yaşamaya başlar. O zaman da Öfkeli yan onu kurtarmaya koşar. Joe'yu bu utançtan korumak için Maureen'e öfkelenir. Eğer Joe bu Öfkeli yanını ve onun koruduğu Utanan Çocuk'u tanımak için zaman ayırırsa bu dinamiği değiştirebilir, böylece bu durumlarda öfkeden deliye dönmez.

Meg'in patronu onu eleştirdiğinde Meg işini kaybetme olasılığı hiç olmasa da bundan korkar. Bu korkusu gereğinden çok daha yoğundur çünkü patronunun davranışı Meg'e çocukluğundaki bazı korkutucu olayları hatırlatmaktadır. Bugünkü olay Meg'in Korkmuş Çocuk yanını tetiklemiştir. Bu yan yıllar öncesinden kalma çocukluk korkusunu taşımaktadır. Aşırı Yiyen yanı, Meg'in bu korkunun etkisi altında boğulmasından korkar. Meg'i rahatlatmak ve bu çocuğun korkusunu hissetmesini önlemek için karnını tıka basa yiyecekle doldurur.

Joe'nun Öfkeli yanı ve Meg'in Aşırı Yiyen yanı, onları çocuk yanlarının acısından korumaya çalışmaktadır. Bu yanlar sadece akıldışı duygular veya kontrolsüz dürtüler değildir. Rahatsızlık hissi ve acıyla baş etmek için ellerinden geleni yapan küçük insanlar gibidirler.

Bunu anladığımızda bu yanlarla savaşmanın, onları bastırmanın veya yargılamanın işe yaramadığını görürüz. Aslında bu yanlar sadece kendi (çarpık) tarzlarıyla bize yardım etmeye ve bizi korumaya çalışmaktadırlar. Hatta kendi yanlarımızla savaşa girersek onlar da bizle savaşır; onları reddetmeye kalkarsak kendilerini daha da yalnız ve değersiz hissederler.

Ama onları bizim iyiliğimizi isteyen, içimizdeki küçük varlıklar olarak görürsek, karşımızda duygularımızla ilişki kurmanın yepyeni bir yolu açılır. Onları tanıyabiliriz, neyin harekete geçirdiğini anlayabilir ve hatta onlarla arkadaş bile olabiliriz. O zaman da bu yanlar değişir, aşırı yemek veya öfkeden çıldırmak zorunda kalmazlar. Rahatlayıp mantıklı davranabilirler.

Aynı zamanda öfkenin veya aşırı yemenin ardında gizlenen yaralı yanlarımızı da besleyebilir, iyileştirebiliriz. Bu yanlarımız bizim tarafımızdan kabul edilip sevildiklerini gördüklerinde tamamlandıklarını hisseder, kendileri için iyi şeyler düşünürler. Bu da bizim özsaygımızı derinlemesine değiştirir.

Eskiden karım Bonnie'yle bir günden daha fazla ayrı kaldığımda kendimi çok üzgün ve yalnız hissederdim. Bir hafta sonu için veya Tanrı korusun, bir haftalığına bir yere gitmeye kalksa kendimi terk edilmiş ve depresif hissederdim. İAS'yi öğrendikten sonra bu duyguların erken doğunca haftalarca kuvözde bırakılan ve annemden yeterince bakım görmeyen Yoksun Bırakılmış Çocuk yanımdan kaynaklandığını fark ettim.

Bu yanımla İAS çalışması yaparken Bonnie olmadığında bu yanımla ilgilenip onu rahatlatabileceğimi fark ettim. Hatta o zamanlar ihtiyaç duyduğu şeylerle temas kurmasına bile yardımcı oldum. Benim sevgime ihtiyacı vardı. Bedeniyle ve canlılığıyla temas kurmaya teşvik edilmesi gerekiyordu. Bir süre sonra bu bebek yan kapsandığını hissedip yatıştı, bana bağlandı. Duyularıyla ve bedeniyle temas kurdu. Bu durum benim yalnızlık meselemi tamamen çözdü. Artık Bonnie yokken elden ayaktan düşmüş gibi hissetmiyorum.

İnsan zihni bazen mantıksız duygular hisseden, tek parçadan ibaret bir varlık değil. Birbiriyle etkileşim halinde bulunan *yanlardan* oluşan, karmaşık bir sistem. Bu yanlardan her birinin kendine özgü bir aklı vardır. Yaralı çocuklardan, dürtüsel ergenlerden, katı yetişkinlerden, aşırı eleştirel ebeveynlerden, ilgili arkadaşlardan, bakım veren akrabalardan, vs. oluşan içsel bir aile gibidir insan zihni. Bu yüzden bu yeni terapi yaklaşımına İçsel Aile Sistemleri Terapisi denmektedir.

İçinizdeki bu yaralı ve koruyucu yanların hepsini şefkati, anlayışı ve sevgiyi hak eden "gerçek varlıklar" olarak kucaklarsanız ruhunuzu dönüştürebilir, hep istediğiniz o keyifli hayatı yaratabilirsiniz.

Endişelenmenize gerek yok. Sizde Sybil veya Tara ya da televizyonda, sinemalarda gördüğünüz diğerleri gibi çoklu kişilik bozukluğu olduğunu iddia etmiyorum. Bu kitapta göreceğiniz gibi, hepimizin zihni çok katlı ama sandığınız gibi aşırı şekillerde değil. İnsan ruhu doğal olarak alt kişiliklerden oluşan bir ailedir.

İAS bu durumu fark eden ilk terapi sistemi değildir. Carl Jung bunu yüz yıl önce görmüştü. Bu kavramın etrafına inşa edilen başka terapi yaklaşımları da mevcuttur. Hatta son zamanlarda alt kişiliklerle çalışan çok sayıda terapi ortaya çıktı. İAS ise bu yöntemlerin en sonuncusu ve en sofistike olanıdır. Bu yöntemi kullanan insanlarda çok şaşırtıcı sonuçlar ortaya çıkarmıştır.

Ayrıntılı bir örnek

Şimdi yanlarla ilgili daha ayrıntılı bir örneğe bakalım. Sandy yaratıcı bir video projesine katılmak istiyor ama bir türlü başlayamıyordu. Önce ofisini temizlemesi gerekmiş, bu iş sonsuza dek sürmüştü. Sonra da yürüme bandında yürümeye başlamıştı. *Tamam*, diye düşünüyordu. *Artık hazırım*. Ama ofise gitmek yerine mutfağa yönelmiş, yarım saat sonra üç çeşit yemek yapmaya başlamıştı. Böyle geçen birkaç günün ardından projeden kaçındığını kabul etti. Bu erteleme davranışı kendisi hakkında olumsuz şeyler hissetmesine yol açıyor, kendisini çok yorgun ve sıkışmış hissediyordu. Sandy'de çok uzun süredir var olan erteleme ve depresyon örüntüsü şimdi yine kendini göstermişti.

Kişisel gelişim kitapları biraz işe yaramış; harekete geçme, destek isteme, karar verme ve olumlu düşünme konusunda ipuçları sağlamıştı. Ama bu yaklaşımlar problemin özünü görmezden geliyordu. Sandy'nin bir yanı video projesinde çalışmak istemiyordu. Sandy ona Meşgul yan diyordu. Video projesi onun en büyük önceliği olmasına rağmen bu yanı video projesinden kaçınmanın bir yolu olarak onu başka işlerle meşgul ediyordu. Meşgul yan bilinçdışı olsa da Sandy'yi başarıdan alıkoyma gücüne sahipti.

Aslında Meşgul yanın bu güce sahip olmasının nedeni zaten bilinçdışı olmasıydı. Sandy onun hakkında bir şey bilmediği için onunla etkileşim kurmasının da bir yolu yoktu. Gizli bir yanın ekstra etkisi vardır çünkü kişi onun üzerine gidemez. Birisinin arkanızdan kötü bir şeyler söylemesi gibi bir şeydir bu. Dedikodular havalarda uçuşur ama nereden geldiğini bilmediğiniz için kaynakla yüzleşemezsiniz.

Sandy eğer geleneksel bir terapiye gitseydi muhtemelen Meşgul yanı keşfedebilir, hatta onu dönüştürmeye veya üstesinden gelmeye çalışabilirdi. Bu yanı bir düşman olarak göreceği kesindi. Ancak bu yaklaşım çok işe yaramaz çünkü bu yanın gerçek korkularını ve motivasyonunu görmezden gelir. Sandy, Meşgul yanın çocukluğunda nereden geldiğini de keşfedebilir ama bu genellikle geçmişini analitik olarak anlaması demek olur. Oysa entelektüel içgörü sonucunda gerçek değişimin gerçekleştiği nadir görülür.

Meşgul yana neden bu şekilde çalıştığını sorarsak Sandy'nin birkaç yanının ertelemeyle ilişkili olduğunu görürüz. Sandy çocukluğunda göz önünde bulunmasını gerektiren bir şey yaptığında akranlarının alaylarıyla karşılaşmıştır. Şimdi ne zaman yeniden görünür olmasına yol açacak bir şey yapmaya kalksa, Mahcup Çocuk yanı geçmişin bir yankısı gibi tetiklenir. Meşgul yan aslında kesinlikle Sandy'nin düşmanı değildir. Sadece Mahcup Çocuk yanı korumaya çalışıyordur; Sandy bu video projesini gerçekleştirirse yine alay edilmekten korkmaktadır.

Burada başka bir güç daha söz konusudur. Sandy'nin üçüncü bir yanı onu çok çalışmaya zorlamakta, Sandy çalışmadığında onu eleştirmektedir. Sürekli olarak "çalış ve üretken ol" diyerek ona rahat vermemektedir. Bütün bu özeleştiriler ona eziyet etmekte, çocuk yanın kendisinden nefret edildiğine ve değersiz olduğuna inanmasına yol açmaktadır.

Bu yüzden Meşgul yan, bu Baskıcı/Eleştirel yana isyan etmeye başlar. Sandy'nin acımasız yargılarla baskılanmasını istemez, bu nedenle onu başka aktivitelerle meşgul eder. Ancak Sandy bunların tadını çıkaramaz, çünkü proje üzerinde çalışmadığı için Baskıcı yan arka planda ona bağırıp durur.

Sandy'nin Kişilik Sistemi

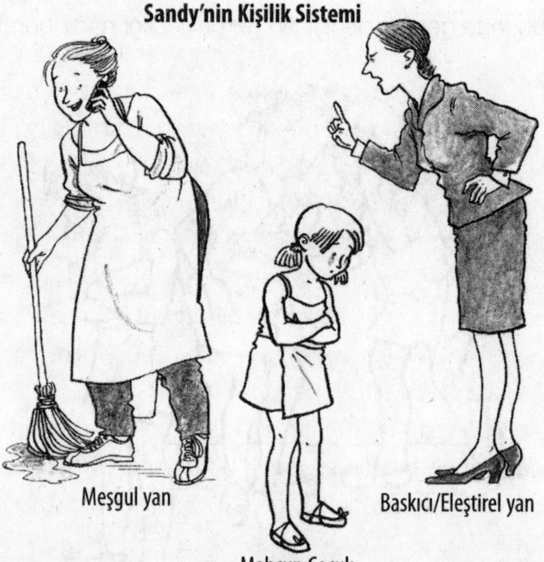

Bu yanların hepsi aşırı olup birbiriyle ciddi çatışma halindedir. Sandy fırtınadaki bir gemi gibidir. Kendisini anlayıp ilerlemesini sağlayacak bir merkezi olmadan oradan oraya savrulur. Kendisini iyi hissetmek ve bir şeyleri başarmak için bu yanları ilgili, işbirliğine dayalı bir bütün halinde toparlaması gerekir.

Geleneksel terapide bu üç yanın hepsi ortaya çıkarılsa bile değişim ancak terapistiyle gelişime yönelik bir ilişki kurabilmesiyle mümkün olur ki bu da pahalı ve zaman alıcı olabilir. Pek çok insan iyi hissetmek istemekle birlikte bunun için terapi koltuğunda on yıl geçirmek istemez. Bu kitapta size psikolog Richard Schwartz tarafından geliştirilen İçsel Aile Sistemleri terapisinden (İAS) bahsedeceğim. İAS size kendi özünüzü, merkezinizi bulmanıza, zorluklara sebep olan yanlarınızı tespit etmenize, onları iyileştirip birleştirmenize yardım eden bir yaklaşımdır. İAS yalnızca etkili bir terapi olmakla kalmayıp kendi kendine terapi ve akran danışmanlığı için de uygundur. Bu kitap kendinizi iyileştirmek için İAS'yi nasıl kullanacağınızı göstermektedir.

Sandy, İAS'yi kullanarak fırtınadaki liman, güç ve şefkat merkezi, içsel şifanın kaynağı olan gerçek benliğine nasıl erişebileceğini öğrenebilir. Benliği Sandy'nin üç yanıyla da sevecen bir şekilde ilişki kurabilir, böylece yanları ona güvenebilir. Sandy, İAS prosedürünü kullanarak yanlarının korkularını ve olumsuz inançlarını bırakmalarına yardım edebilir, doğal güçlerinin gelişmesine izin verebilir. Yanları da birbiriyle işbirliği yapmayı öğrenir, bu bütünlük içinde Sandy'nin hayatının gelişimini destekleyebilir. Sonra da video projesine tutkuyla ve çekincesiz bir şekilde sarılabilir.

İAS pek çok terapi modelinin aksine, insanların problemlerini hastalık olarak görmez. Hayatta problemler yaşadığımızda İAS bizim bir hastalığımız ya da kusurumuz olduğunu düşünmez. İçimizde bu problemleri çözecek kaynağın olduğunu ama geçmişteki bazı olaylara verilen bilinçdışı reaksiyonlar yüzünden bu kaynaklara erişimin engellendiğini kabul eder. İAS kişinin kendisini yönetmesi üzerine tasarlanmıştır. Kendi gelişiminizin sorumluluğunu almanız için size güç verir çünkü iyileşme ve bütünlüğün aracı terapist değil, sizin gerçek özünüzdür. Bu da İAS'yi kendi kendine terapinin doğal bir aracı haline getirir.

İAS insan ruhuna saygı ve kabulle yaklaşır. Kendinizle şefkatli ve sevecen bir şekilde ilişki kurarsınız. İAS, spiritüel diyebileceğiniz bir bakış açısına da sahiptir ama bunun nedeni herhangi bir dine ya da spiritüel uygulamaya bağlı olması değil, sevgi, bilgelik ve bağlantıda olma hali gibi spiritüel özellikleri de kapsamasıdır.

İAS ayrıca kullanıcı dostudur. Çoğu insan için farklı yanlardan oluştuklarını anlamak kolay ve doğaldır. Bu da insanların psikolojik dinamiklerine yönelik şaşırtıcı bilgiler edinmelerini sağlar.

İAS'nin insan ruhuna (psike) dair görüşü

İAS insan ruhuna yönelik yeni ve şaşırtıcı bir bakış açısı sunmaktadır. Bizler kendimizi çoğunlukla makul duyguları olan ve pratik, akılcı hareketlerde bulunan kişiler olarak görürüz. Tabii ki ara sıra öfke veya hiddet gibi akılcı olmayan duyguların ortaya çıktığını da fark ederiz. Bazen, mesela sağlıklı bir hayat tarzını benimseyemediğimizde, kendimiz için iyi olacak şekilde davranmadığımızı biliriz. Bu tür davranışlar bizi üzer çünkü bunları tek parçadan oluşan, makul kişiliğimizden bir sapma olarak görürüz. Bu tür sapmalar çok sık olduğunda bizde bir şeylerin yanlış gittiğini düşünürüz.

Daha önce açıkladığım gibi, İAS insanı birbiriyle etkileşim halinde olan, karmaşık bir "yanlar" sistemi olarak görür. Bir yanınızın kilo vermeye çalıştığını, diğer yanınızın tonlarca tatlıyı mideye indirdiğini düşünün. Gecenin bir yarısı canınız o pastayı çektiğinde bu sadece zaman zaman ortaya çıkan bir istek değildir. İçinizde tekrar tekrar o tatlı doygunluğu hissine ihtiyaç duyan bir varlık vardır. O pastayı neden yemesi gerektiğine dair nedenleri vardır. Öfkesini bastırması veya dayanılmaz boşluk hissini doldurması gerekiyor olabilir. Bu yanın bu ihtiyaçları harekete geçiren, sözgelimi çocukken duygusal açlık çektiğini gösteren hatıraları bulunabilir.

İçinizden gelen, "Onun yerine havuç ye" veya "Böyle tıkındığın için kendinden utanmalısın!" gibi farklı sesler duyabilirsiniz. Bunları aklınıza öylesine geliveren düşünceler gibi görebilirsiniz ama aslında bu sesler görevleri yemenizi kontrol etmek olan başka yanlardan gelmektedir. Bu yanlar sizin bel ölçünüz veya sağlığınız için endişe ediyor olabilirler. Zayıf olmazsanız sevilmeyeceğinize inanıyor olabilirler. Ya da okuldayken kilolu olduğu için alay edildiğine dair hatıraları olabilir.

Ancak bunlar içsel hayatımızın zenginliği ve karmaşıklığına sadece hafifçe dokunan basit kavramlardır. İçsel ailemizde yalnız bir bebek, bilge bir akıl hocası, öfkeli bir çocuk, kızgın bir anne, sakin bir arabulucu, bir büyücü, mutlu bir hayvan, kapalı bir koruyucu, vs. bulunabilir.

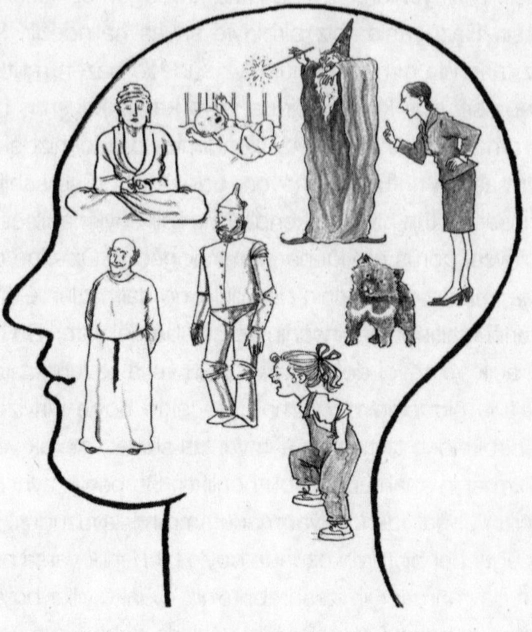

İçimizdeki bu yanlar sıklıkla değişip dönüşür. Bir tanesi bir süre kontrolü ele alır. O zaman belirli bir şekilde hareket edip hissederiz. Sonra yeni bir duruma gireriz, başka bir karakter öne çıkar. Biz bu değişimleri genellikle hafif bir ruh hali veya bakış açısı değişimi gibi görürüz ama aslında her değişim tamamen farklı bir alt kişiliğin ortaya çıktığını gösterir.

Her yan belirli zamanlarda aktive olur. Yabancıların olduğu büyük bir grubun içindeyken bir yanınız utangaç hissedip geri çekilmek ister. Süpervizörünüz sizi eleştirdiğinde bir yanınız dengesini kaybeder ve kendini yetersiz hisseder. Kocası ukalalık ettiğinde Jill'in bir yanı onu boğmak ister. Sevgiliniz tarafından reddedildiğinizde bir yanınız terk edilmiş bir çocuk gibi yıkılmış hissedebilir. Güçlü bir kişi tarafından tehdit edildiğinizde başınız ağrımaya başlar çünkü bir yanınız savunma yapmak için başınızdaki kasları germektedir. Her türlü duygusal tepki, düşünce zinciri, davranış örüntüsü veya beden duyumu bir yanın varlığını gösterebilir.

Bazı yanlarımız acı çeker. Diğer yanlarımız bizi bu acıdan korumaya çalışır. Bazı yanlarımız insanlarla kurduğumuz iletişimi yönetmeye çalışır. Bazı yanlarımız birbiriyle savaş halindedir. Ve bütün bunlar biz farkında olmadan olur. Biz sadece bazen mutlu, bazen kaygılı, depresif, düş kırıklığı içinde veya kafası karışmış hissettiğimizi biliriz ama nedenini bilmeyiz. Kendimize dair içimizdeki zenginliğe ve karmaşaya nüfuz edemeyen, basit bir görüşe sahibizdir.

Çoğu insan bütün hayatını kendileriyle ilgili söylenebilecek tek şeyin bu yüzeysel görüş olduğuna inanarak geçirir. Özlerine asla bakmaz, acıyla kalmaz ve içlerinin derinliklerine dalmazlar. Görünürdeki bu karakterlerin altında her insanın gerçek benliği yatar. Bu benlik bilge, derin, açık ve sevgi doludur. Acı dolu veya savunmasız seslerin kontrolü altına girmediğimiz zaman gerçekte böyle biriyizdir. İyileşmenin ve birbirinden tamamen ayrı yanları şefkat, merak ve bağlantıyla birleştirmenin anahtarı işte bu benliktir. Bu benlik aynı zamanda içsel ailemizin doğal lideri, hayat maceramızın kılavuzudur.

Ancak eğer her birimizin özünde böyle bir benlik varsa neden daha düzgün davranmadığımızı sorabilirsiniz. Çünkü yıllar boyunca bizi utanç, korku ve negatif inançlar gibi yüklerle dolduran travmalar, incinmeler ve acılar yaşamışızdır. Bu olaylar da bazı içsel karakterlerimizin bizi zarardan korumak için umutsuz bir girişimle kontrolü ele geçirmeye çalışmalarına yol açmıştır. Bu içsel karakterler acımızı yok ederken bu süreçte benliğin ışığı da solar ya da kaybolur. Gerçekte neler olduğunu görmeyiz çünkü bu karakterler bizim için sıradan bir hayat inşa ederken kendi aktivitelerinin büyük bir kısmını gizlerler.

İAS benliğinize ulaşmanıza yardımcı olabilir. Böylece bir güç ve sevgi merkezi olan benliğinizle, sıkıntılı yanlarınızla bağlantı kurabilir ve onları iyileştirebilirsiniz. Yanlarınıza doğal olarak neşe, özgürlük, anlayış ve yaratıcılık gibi özellikler bahşedilmiştir ama çocukluk yaralanmaları yüzünden bu özellikler kaybolmuştur. Benlik bu yaraların iyileştirilmesine, yanların tekrar doğal güç ve iyilik hallerine kavuşmalarına yardımcı olabilir. Benliğinizle liderlik yapıyorsanız onlara liderlik etmeniz için size güvenebilirler. Sizin dünyadaki gelişiminizi destekleyen, uyumlu bir içsel aile olarak birlikte çalışabilirler.

Kişiliğe dair bu bakış açısını gerçekten anladığınızda kendinizi tamamen yeni bir ışık altında görebilirsiniz. Derinliğinizi ve güzelliğinizi algılayabilirsiniz. Benliğinizin zengin, bereketli topraklarında gelişen sağlıklı, verimli ve canlı bitkiler bahçesine benzeyen gerçek doğanızı tekrar kazanabilirsiniz. Bu bakış açısı diğer insanları ve dünyayı nasıl gördüğünüzü da değiştirir. En yıkıcı insanların bile onları korumak için ellerinden geleni yapan yanları tarafından yönetildiğini fark edersiniz. Çok derinlere gömülmüş olsa bile herkesin sevgi dolu bir benliği olduğunu görürsünüz. En derinlerimizde aslında hepimizin birbirimize bağlı olduğunu, dünyada barış ve uyumun gerçekten de mümkün olduğunu anlayabilirsiniz.

Olumlu niyet

İAS deneyimi her yanın sizin için olumlu bir niyet taşıdığını gösterir. Yanlarınız sizi zarar görmekten korumak ya da kendinizi iyi hissetmenize yardımcı olmak istiyor olabilirler. Acı hissetmenizi önlemek veya öteki insanların sizi sevmelerini sağlamak istiyor olabilirler. Her yanınız iyi hissetmenize ve acıdan kaçmanıza yardım etmeye çalışır. Biyolojik olarak bu şekilde inşa edildiğimiz gibi, kişilik sistemimiz de böyle çalışır. Bazı yanlarımız bizi negatif örüntülerin içinde tuttuğu ve hayatlarımızda yıkıcı etkileri olduğu için yanlarımızın bize nasıl yardım etmeye çalıştıklarını anlamak zor olabilir. Buna cevaben diyebiliriz ki yanlarımız bütün iyi niyetlerine rağmen her zaman akıllıca hareket etmezler; aşırı tutumlar benimseyebilir veya beceriksiz ve ilkel tarzda hareket edebilirler. Ama eğer yüzeyin altına bakarsanız her zaman sizin iyiliğiniz için olduğunu düşündükleri şekilde hareket ettiklerini görebilirsiniz. Durumlara dair çarpık algılara ve abartılı bir tehlike hissine sahip olabilirler fakat niyetleri her zaman pozitiftir.

Sözgelimi, Joe ne zaman yakın bir ilişkiye girse ve bağlanmaya yaklaşsa, bir yanı kalbini kapamasına ve kadınlara karşı ilgisini kaybetmesine neden oluyordu. Joe başta bu Kapalı-Kalp yanını onaylamayıp ondan kurtulmak istedi çünkü bu yanı onun aşkı bulmasını engelliyordu. Ama İAS yoluyla daha yakından baktığında bu yanının aslında onu gözetmeye çalıştığını gördü. Bir kadın tarafından ele geçirilip kendini kaybetme fikri bu yanını dehşete düşürüyordu. Annesiyle tam da böyle olmuştu. Çocukken bir kadına yakın olması demek onun tarafından kontrol edilmesi anlamına geliyordu. Bu yüzden bu yanı onu bildiği tek yolla, yani geri çekilerek koruyordu. "Sadece senin güvende olmanı istiyordum. Sana yeniden aynı şeyin olmasını istemiyorum." Joe'nun Kapalı-Kalp yanı aslında var olmayan bir tehlikeyi gördüğü için onu kapatıyordu. Geçmişe dayanarak bugüne dair bakışını çarpıtıyordu.

Bir yan bugünü doğru olarak görse bile size yardım ederken hatalı bir strateji takip edebilir. Çoğu yan sadece tek bir eylem tarzı biliyor olabilir. Kırk yıl önce siz çocukken bu yol işe yaramış olabilir. Ama bugünün yetişkin dünyasında bu strateji etkisizdir, öngörülü veya olgun değildir. Koruyucu bir yan incelikli veya esnek değildir. Durum ne olursa olsun, sadece tek bir şey yapmayı bilir. O meşhur sözdeki elinde çekiç olup her şeyi çivi gibi gören adam misali, bu yan da sadece her şeye vurmayı bilir.

Bill'in diğer insanlara karşı yargılayıcı ve rekabetçi bir yanı vardı. Bu tarz onun gerçek değerleriyle örtüşmüyordu. Bu yanın kınanması ve kilit altına alınması gerektiğini düşünüyordu. Ama bu yanı tanıyınca onun aslında kendisi için iyi bir şey yapmaya çalıştığını fark etti. Bu yanı sadece Bill'in kendini değersiz hissetmesini önlemek, değerli ve önemli hissetmesini sağlamak istiyordu. Bunu da bildiği tek bir yolla yani diğerlerinden üstün olmaya çalışarak başarmaya çalışıyordu. Başkalarıyla ilişki kurmak, kendine değer vermek, dünyada anlamlı şeyler yapmak gibi Bill'in kendini değerli hissetmesinin başka yolları da olduğunun farkında değildi. Sadece tek bir strateji biliyordu – ötekileri yargılayarak aşağılamak.

Bizler genellikle yanlarımızı tanımaktan veya kabul etmekten korkarız çünkü bunun onlara hayatlarımızı sabote etme gücü vereceğinden korkarız. Ya böyle yanlarımız kontrolü ele geçirir ve daha fazla probleme yol açarlarsa? Joe bu Kapalı-Kalp yanını tanırsa onun kontrolü ele geçireceğinden ve bir kadını sevme şansının asla olmayacağından korkuyordu. Ama İAS'yle bu yanını tanıdı ve kontrolü ele geçirmesine izin vermeden pozitif niyetini anladı. Aslında bir yanı kucaklamak iyileşmeye doğru atılmış bir adımdır.

Bu yaklaşım normalde yanlarımıza yaklaşım tarzımızdan farklıdır. Genellikle bir yanımızı (veya duygu veya davranış örüntüsünü) fark ettiğimizde yaptığımız ilk şey onu değerlendirmektir. Bizim için iyi mi kötü mü? Kötü olduğuna karar verirsek ondan kurtulmaya çalışırız. Yok olmasını söyler veya onu bastırmaya çalışırız. Ama bu yaklaşım işe yaramaz. Kişiliğinizin bir yanından kurtulamazsınız. Sadece bilinçdışına itebilirsiniz ki orada da siz farkında olmadan sizi etkilemeye devam eder.

İAS'de ise tamamen farklı bir şey yapıyoruz. *Bütün yanlarımızı merak ve şefkatle karşılıyoruz*. Her birini anlamaya ve yol açtıkları problemleri gözden kaçırmadan bizim için gösterdikleri çabalarını takdir etmeye çalışıyoruz. Her yanımızla ilgili ve güvene dayalı bir ilişki kurup daha sağlıklı bir şekilde işlev göstermesi için onu iyileştirmeye yönelik adımlar atıyoruz.

Bütün yanlarımızla bu şekilde ilişki kurabiliriz çünkü hepimizin açık, meraklı ve şefkatli bir benliği vardır. Bütün İAS yanlarımıza benlikle yaklaşmaya dayanır. Yanlarımıza merak ve gerçekte kim olduklarını bilme arzusuyla yaklaştığımızda kendilerini bize açarlar. Onlarla şefkatli şekilde ilişki kurduğumuzda onları önemsediğimize inanırlar ve en derinlerdeki acı ve utanç noktalarını iyileşmek üzere bize açarlar. Ama siz bunu yapabileceğinize inanmıyor olabilirsiniz. "Ya yanlarıma karşı merak ve şefkat hissetmiyorsam?" diye sorabilirsiniz. Gerçekten de başta böyle hissetmeyiz. Ama İAS'nin benliğe ulaşmayı ve yoldan çıktığımızda ona geri dönüşü sağlamak üzere geliştirdiği yenilikçi yöntemleri bulunmaktadır.

İçsel aile sistemlerinin sonuçları

Benim deneyimlerime göre İAS insanların değişmesine yardımcı olmada son derece etkili ve verimli bir yöntem. Danışanlar bazı psikolojik problemlerinden kurtulmak için bana geldiklerinde bunu genellikle bir veya iki ayda, hatta bazen birkaç seansta başarabiliyoruz. İAS kullanarak kısa sürede çözülen meselelerden bazıları şunlar: Yaşlanmaya ve yalnız olmaya bağlı depresyon, iş hayatında kendini ortaya koymada zorlanma, evlilikteki tartışmalarda hızlıca öfkelenme, yeni insanlarla tanışırken kaygılanma.

Derinlere işlemiş psikolojik problemleriniz varsa ya da geniş kapsamlı kişilik dönüşümü istiyorsanız, çalışma daha uzun sürecektir: Muhtemelen bir veya iki yıl gibi. Ama bu süre zarfında hayatınızı derinden etkileyen konularda çok büyük değişiklikler yapabilirsiniz: Kendiniz hakkında hissettikleriniz, insanlarla nasıl ilişki kurduğunuz ve dünyada nasıl işlevde bulunduğunuz gibi. Bir danışanın hikâyesine tanıklık edelim:

Robert bana İAS terapisi için geldiğinde kendini çok yalnız hissediyordu. Hayatında sadece bir kez aşk deneyimi olmuştu ama kız arkadaşı birkaç yıl önce onu reddetmişti ve hâlâ onun özlemini çekiyordu. Bir kadınla yakınlık ve derin bir bağlantı kurmak istiyordu ama bunun bir daha olacağına inanmıyordu. Kendini umutsuzca yalnız hissediyor, sevilmeyeceğini düşünüyordu. Arkadaşları ve bağlı olduğu bir topluluk olsun istiyordu ama gruplarda ve organizasyonlarda dışlandığını hissediyordu. Sanki herkes içerideydi de sadece o dışarıda kalıyordu. İnsanlara gerçek bir bağla bağlanamayacağını düşünüyordu. Derinlerinde bir yerlerde kendisinde bir şeylerin bozuk olduğuna, bu yüzden insanların onunla yakınlaşmak istemeyeceklerine inanıyordu. Sonuç olarak insanlarla bağlantı kurmaktan kaçınıyor ve zamanının çoğunu odasına kapanarak geçiriyordu.

Robert insanlarla ilişkilenme tarzı yüzünden istemeden de olsa yalnızlığına katkıda bulunuyordu. Birisiyle etkileşime girdiğinde bunu reddedilmeyi bekleyen yanından kaynaklanan sert, donuk ve entelektüel bir tarzda yapıyordu. Bu yanı, beğenilmediğinde Robert'ı incinmekten korumak için bilinçdışı bir şekilde sürekli düşünceleriyle oyalıyor, duygularından uzaklaştırıyordu. Ayrıca insanlara sunabileceği tek şeyin zekâsı olduğunu düşünüyordu. Tabii ki onun bu kapalı yaklaşımı insanların onunla ilgilenmemesine katkıda bulunuyor, dolayısıyla korkularını doğruluyordu.

Bir buçuk yıllık İAS çalışmasından sonra bütün bunlar değişmişti. Mesafe koyarak ve her şeyi akıl süzgecinden geçirerek insanları kendisinden nasıl uzak tuttuğunun farkına vardı. İnsanlarla ilişki kurma şeklini değiştirdi. Mizah yönü daha sık ortaya çıkmaya başladı. Artık insanlara gülümseyip daha arkadaşça ilişkiler kurabiliyor. Dahil olduğu grupların bir parçası olduğunu hissetmeye başladı. Çalışmalarımızda sevilmez olduğuna inanan yanını iyileştirdik. Şimdi kendisi için iyi şeyler hissediyor ve çoğu insanın kendisine olumlu yaklaşmasını bekliyor. Eski kız arkadaşıyla yeniden çıkmaya başladı. Kız arkadaşı onun değişimine o kadar sevinmişti ki ilişkilerini yeniden başlatmak için çok hevesliydi. Şimdi mutlu bir ilişkileri var ve evlenmeyi planlıyorlar.

Bu kitaptan alabilecekleriniz

Bu kitap aşağıdakileri öğrenmenize yardımcı olacak şekilde planlandı:

1. Kişilik sisteminizi İAS bakış açısına göre nasıl anlayabileceğinizi öğreneceksiniz. Davranışlarınızı motive eden şey nedir? İnsanlardan ya da durumlardan uzak durmanıza yol açan şey nedir? Duygusal reaksiyonlarınız nereden kaynaklanıyor? İçsel çatışmalarınızın doğası nedir? Hangi yanlarınız var? Hayatınız üzerinde nasıl bir etkileri var? Sizinle ve birbirleriyle ilişkileri nasıl? Bu şekilde kişilik sisteminizin detaylı bir haritasını çıkarabilirsiniz.
2. Günlük hayatınızda aktive olduklarında yanlarınızla nasıl çalışabileceğinizi ve ilişki kurabileceğinizi öğreneceksiniz. Bir yanın aktive olduğunu nasıl fark edebilirsiniz? Bu yanınızla nasıl bağ kurar ve rahatlamasına yardımcı olabilirsiniz?
3. Kendinizi keşfetmek ve yanlarınızla ilişki kurmak, geçmişlerini öğrenip onları iyileştirmek için kendi kendinize nasıl İAS seansı yapabileceğinizi öğreneceksiniz.

4. İAS terapistiyle çalışırken veya bu kitabı okuyan bir arkadaşınızla İAS akran danışmanlığı yaparken nasıl daha etkin bir danışan olacağınızı öğreneceksiniz.
5. Eğer terapistseniz İAS'yi danışanlarınızla çalışmalarınızda nasıl kullanabileceğinizi öğreneceksiniz.

İAS yapılandırılmış bir terapi yöntemi olduğu için bu kitaptaki adım adım prosedürleri öğretmek kolaydır. Her adımı bir İAS seansıyla gösterdiğimiz için gerçekte seansların nasıl işlediğini de görebilirsiniz.

Bu kitabı nasıl kullanabilirsiniz?

Alıştırmaları yapmak istemeseniz bile sırf bu kitabı okuyarak da kendinizle ilgili pek çok şey öğrenebilirsiniz. Yanlar sistemiyle kuşatılmış sevgi dolu bir benlik olmanın ne anlama geldiğini gerçekten anladığınızda, kendinize ve diğer insanlara karşı anlayışınız da değişir. Anlamadığınız teknik bir terimle karşılaştığınızda tanımı için Ek C'ye bakabilirsiniz.

Fakat bu kitaptaki alıştırmaları yaparsanız, kavramlar içsel ailenizle ilgili doğrudan deneyimlerinizle temellenecektir. Böylece çalışma entelektüel alandan çıkıp duygularınıza, bedeninize ve hayal gücünüze bağlanacaktır.

Bu kitaptan tam anlamıyla yararlanabilmek için düzenli aralarla İAS alıştırması yapmanızı öneririm. Böylece kendi kendine terapiyi derin ve dönüştürücü bir şekilde yapmayı öğrenirsiniz. Bunu kendi başınıza yapabilirsiniz ama çoğu insan özellikle en başta başka bir danışman arkadaşla yapmanın daha kolay olduğunu düşünüyor. O yüzden bu kitabı çalışmaya dalmaya hazır hale gelecek kadar okuduğunuzda, bu kitabı okuyan ve umulur ki bu yöntemi öğrenme konusunda ciddi olan başka bir arkadaşınızı bulun. İkiniz kitabı okurken İAS alıştırması yapmayı planlayabilirsiniz. Biriniz dinleyici/uygulayıcı olurken diğeri kendisi üzerinde çalışır. Bir eşle çalışırken öğrendikleriniz sayesinde kendi kendine terapi yapma beceriniz artacaktır.

İAS terapisi almak çoğu insan için hayatı derinden dönüştüren bir olaydır. Bu kitap terapi deneyiminin yerini alamaz çünkü hiçbir şey İAS'de uzman olan, işinin ehli, ilgili bir profesyonelin rehberliğinin ve onunla olan bağlantının yerini dolduramaz. Bununla birlikte bu kitap İAS modelini ayrıntılı bir şekilde öğrettiği için özellikle hassas bir arkadaşın desteğiyle kendi kendinize tam bir İAS seansı yapabilirsiniz. Bu şekilde bu etkileyici modelin faydalarını görebilirsiniz. Bu yolda ne kadar ilerleyeceğiniz kendi üzerinizde çalışmaya dair önceki deneyimleriniz, açıklık ve yaratıcılık dereceniz, alıştırma yapmadaki kararlılığınız gibi pek çok faktöre bağlıdır.

Ama tam bir İAS terapi seansı yapmasanız bile sadece kişilik sisteminizi İAS perspektifinden anlamak, yanlarınızla bağlantı kurmayı öğrenmek ve psikolojik şifanın nasıl oluştuğunu kavramak suretiyle çok şey kazanabilirsiniz.

Bu kitaptan kimler faydalanabilir?

Aşağıdaki gruplardan birine uyuyorsanız bu kitap size göre olabilir.

1. Düşük kendilik değeri, erteleme, anksiyete, utangaçlık, depresyon, izolasyon, vs. gibi can sıkıcı çeşitli kişisel meseleler üzerinde çalışmak isteyen insanlar. Kaynağı psikolojik olan her tür problem bu yaklaşım kullanılarak dönüştürülebilir.
2. Kişisel gelişim arayışında olan insanlar. Bu kitap kendinize güveninizi artırmanıza, kariyer başarınızı hızlandırmanıza, diğerleriyle ilişki kurma becerinizi derinleştirmenize, yakınlık kurma becerinizi artırmanıza ve manevi farkındalık geliştirmenize yardımcı olabilir.
3. Terapi almayı düşünen insanlar. Bu kitapla İAS'yi tanıyabilir ve İAS terapisti seçip seçmemeye karar verebilirsiniz.
4. Psikoterapide kötü deneyim yaşayan ve tekrar denemeye gönülsüz olan insanlar. Çok farklı terapi şekilleri mevcuttur. Önceki terapiniz etkisiz olsa bile doğru yaklaşım ve terapistle başarılı olmanız mümkündür. Bu kitap İAS'yle terapinin ne kadar etkili olabileceği konusunda size bir fikir verebilir. Size uygun olduğu-

nu düşünürseniz kendi kendinize terapi uygulayabilir veya bir İAS terapisti bulabilirsiniz.

5. Terapi alamayan insanlar. Yakınlarda iyi bir terapist bulmak zor mu? Terapi ücretini ödemek sizin için zor mu? Terapinin sizin için işe yaramamasının başka nedenleri mi var? Bu kitap kendi başınıza ve bir eşle birlikte çalışarak terapinin faydalarına erişmenizi sağlayabilir.
6. Halihazırda İAS terapistinden terapi alan insanlar. Bu kitap İAS modelini ayrıntılı bir şekilde kavramanıza yardımcı olacaktır. Böylece seanslarda çalışabilme beceriniz artacak, evde kendi kendinize İAS seansı yapma kapasiteniz gelişecektir. Bu da sizi daha etkin bir danışan haline getirecek, terapinizi hızlandıracak ve hayatınızı benliğinizle yönetmenize yardımcı olacaktır. İAS dersleri alan danışanlarımda bunun doğruluğunu bizzat gördüm. Bu yüzden bu dersleri bütün danışanlarıma öneriyorum. Bu kitap benim derslerime dayandığı için aynı amaca hizmet edecektir.
7. Psikoterapistler. Bu kitap genel okur için yazılmış olmasına rağmen klinisyenler için de zengin bilgiler içermektedir. İAS yaklaşımının buradaki ayrıntılı tanımıyla İAS'yi ister kendi başına isterse halihazırda kullandığınız yaklaşımları tamamlamak üzere kendi uygulamalarınızda deneme imkânı bulabilirsiniz. Son derece ayrıntılı olan bu kitap İAS yöntemi için bir kılavuz içeriyor. Eğer siz de İAS'ye benim gibi âşık olursanız modelle ilgili profesyonel eğitim almak isteyebilirsiniz.
8. İAS terapistleri. Bu kitap İAS eğitiminizde öğrendiklerinizi içerir ama biraz farklı bir şekilde organize edildi. Burada çerçevesi çizilen ayrıntılı prosedür modele dair kavrayışınızı derinleştirebilir. Seans kayıtları İAS'nin nasıl işlediğini daha iyi anlamanızı sağlayabilir. İAS çalışması yapabilme becerilerini artırmaları için bu kitabı danışanlarınıza da önerebilirsiniz.

Güvenlik

İAS modeli taşıdığımız acı ve travmalara karşı çok saygılıdır. İAS ruhun derinliklerine çok etkili bir şekilde girebilse de savunmaları aşmaya veya derin meselelere hızla dalmaya çalışmaz. İAS bizi acıdan koruyan yanlara karşı saygılı olduğu için ancak ilgili koruyucu yanlardan izin aldıktan sonra derin meselelerimizle çalışmaya başlar. Bu yüzden İAS'yi kendi başımıza kullanmak oldukça güvenlidir. Çoğu insan kitaptaki bu alıştırmaları ve pratik seansları problemsiz bir şekilde yapabilir.

Ancak bu kitap psikoterapinin yerine geçmez. Pek çok insan hayatlarında o kadar çok acı ve travma yaşamıştır ki içsel sistemleri hassas, kaotik, dengesiz ve çok çatışmalıdır. Eğer sizin de içsel aileniz böyleyse İAS çalışması yapmak yoğun duygusal veya fiziksel reaksiyonları tetikleyebilir. Yanlarınızla çalışırken paniğe kapılabilir veya depresif hissedebilirsiniz. Yan çalışması baş ağrısını, alerjileri veya başka psikosomatik reaksiyonları başlatabilir. Bir seans sırasında veya sonrasında sersemlemiş olduğunuzu, kafanızın karıştığını hissedebilirsiniz.

Eğer bu tür reaksiyonları fark ediyorsanız bir psikoterapistin rehberliği olmadan İAS yapmanız güvenli olmayabilir. Emin değilseniz bu kitaptaki çalışmayı dikkatle deneyebilirsiniz. Sıradışı veya yoğun bir reaksiyonla karşılaşmanız bir terapistle çalışmanız gerektiğine dair bir işarettir. Bu durumu hafife alıp kendinizi zorlamaya çalışmayın. Kendinizle ilgilenip bu çalışmayı profesyonel bir rehberlik eşliğinde yapana kadar bekleyin. Bir psikoterapist sizin bu çalışmayı güvenli bir şekilde yapmanıza yardımcı olup başarılı olmak için ihtiyaç duyduğunuz desteği sağlayabilir. Zorlu bir reaksiyon ortaya çıkarsa terapistiniz onlarla nasıl ilgileneceğini bilir.

İlişkinizi değiştirmenize katlanamayan bir ebeveyne, eşe veya vasiye bağımlıysanız İAS çalışmasını kendi başınıza yapmanız tavsiye olunmaz. Bu çalışmayı hayatınızdaki önemli diğerleriyle de çalışabilecek olan bir terapistin rehberliğinde yapmanız daha iyi olur.

Özet

Bu bölümde İAS bakış açısının insan zihni üzerindeki etkisini ve kişilik sisteminizin nasıl farklı yanlardan oluştuğunu, her birinin sizin refahınız için elinden geleni yaptığını öğrendiniz. İAS'de içsel iyileşmenin aracı olan doğal şefkat merkezimiz gerçek benliği tanıdınız. Bu kitabı nasıl kullanacağınızı ve bu kitaptan kimlerin faydalanabileceğini gördünüz. 2. Bölüm'de bu konuları daha ayrıntılı olarak ele alacağız.

2. Bölüm
İçsel sisteminiz: İAS modelinin özeti

Bu bölümde psikolog Richard Schwartz tarafından geliştirilen İAS modeli tanıtılacak ve nasıl çalıştığına dair genel bir bakış açısı sunulacaktır. 1. Bölüm'de bahsedildiği gibi İAS, insan ruhunu alt kişiliklere ve yanlara ayrılmış olarak görür.

Alt kişiliklerin gücü

İAS'deki yan kavramı, diğer psikoterapi modellerindeki örneğin savunmalar, psişik güçler, kendilik imgeleri, içe alımlar ve şemalar gibi kavramlara karşılık gelir. Bununla birlikte, bu kavramlar ruhun nasıl işlediğine dair sadece mekanik ya da biyolojik açıklamalar olarak görülür. Yanlar veya alt kişilikler de benzer şekillerde çalışıyor olabilir ancak bu yanlar canlı ve kişiseldirler. Ne yapıyorlarsa bir sebeple yaparlar ve hem sizinle hem de kendi aralarında bir ilişkileri vardır. Örneğin, belli bir anıyı bilinçdışı hale getiren bastırma savunmasını kullandığınızı varsayalım. İAS koruyucu bir yanın bu anıyı bilerek ve bir nedenden dolayı farkındalığınızdan çıkardığını düşünür. Muhtemelen bu anının acıya boğulmanıza sebep olmasından korkuyordur.

Yanlar kendi hisleri, inançları, motivasyonları ve anılarıyla kendine özgü varlıklardır. Yanların yaptıkları her şeyi bir motivasyonla yaptıklarını anlamak özellikle önemlidir. Hiçbir şey yalnızca alışkanlıktan yapılmaz. Hiçbir şey bir düşünce kalıbından ya da öğrenilmiş bir davranıştan ibaret değildir. Safi fizyolojik reaksiyonlar dışında her şey bir yan tarafından belli bir nedenle yapılır ve bu neden bazen bilinçdışı olabilir. Örneğin, terapide tam da kendinizi keşfettiğiniz bir anda dikkatinizin dağılması muhtemelen bir rastlantı değildir. Bir yan dikkatinizi dağıtır çünkü bir şeyden kaçınmaya çalışıyordur.

Ruhu bu şekilde anlamak içsel dünyanızı daha iyi yönde değiştirmeniz için size büyük bir güç verir. Yanlarınız içinizdeki küçük insanlar gibi olduğu için onlarla iletişime geçebilir, onları tanıyabilir, uzlaşabilir, size güvenmeleri için cesaretlendirebilir, kendi aralarında iletişim kurmalarını sağlayabilir ve iyileşmek için neye ihtiyaçları varsa verebilirsiniz. Bunu yaptığınızda, bütünlüğe erişme yolunda, ruhunuzu anlamak ve dönüştürmek için oldukça gelişmiş bir kapasiteye sahip olacaksınız.

Alt kişilikler fikrini, ruhunuzu anlamak için faydalı bir metafor olarak düşünebilirsiniz fakat bundan çok daha fazlasıdır. Ruhunuzun bileşenlerini etkileşime girebileceğiniz gerçek varlıklar olarak görürseniz size bu şekilde yanıt verirler ki bu da size dönüşüm için muazzam bir güç kazandırır. Peki bu yanlar gerçek midir? Ben gerçek olduklarına inanıyorum ancak sizi bu kitabı okumaya, alıştırmaları yapmaya ve kendi kararınızı vermeye davet ediyorum.

İAS, uzun süredir alt kişiliklerle çalışan terapi yöntemlerinin sonuncusudur. Önceki yöntemler, Jungçu Analiz, Psikosentez, Transaksiyonel Analiz ve Gestalt Terapi idi. Daha yeni yaklaşımlar hipnoterapi, içsel çocuk çalışmaları, Ses Diyaloğu, Ego Durum Terapisi, John Rowan'ın çalışmaları ve diğerleridir. İAS bu yöntemlerden en son ve en karmaşık olanıdır. Açıkça alt kişiliklerle çalışmayan birçok terapi modeli de Bilişsel-Davranışçı Terapi'deki "şemalar" gibi oldukça benzer kavramlar kullanır.

İAS birçok özelliğiyle diğer metotlardan daha avantajlı yollar sunar. İAS benliğin gücünü ve önemini kabul eder, terapiyi yanların benlikle uyum içinde olması üzerine kurar. İAS yöntemi, seans sırasında sizi içinizin derinliklerine götürürken, aynı zamanda tetikte ve iş başında kalmanızı da sağlar. İAS izole biçimde yalnızca yanlarla çalışmaz, terapiyi yönlendiren yanlar arasındaki ilişkilere dair sofistike bir anlayış da sunar. İleride göreceğiniz üzere, en önemli ilişki bizi acıdan koruyan yanlar ile acı içindeki çocuk yanlar arasındadır. İnsan ruhunda ortaya çıkan sorunlar büyük ölçüde acıdan korunma ihtiyacı etrafında yapılanmıştır. İAS yaklaşımı bu bakış açısıyla organize olduğu için acımıza ve savunmalarımıza karşı saygılı bir hassasiyet sergilerken çalışmamızda nokta atışlar yapabiliriz.

Roller

Her yanın hayatınızda bir rolü vardır; bu da ruhunuza ve dünya üzerindeki eylemlerinize bir kalite getirir. Her yan, bazen bunun tam tersi etki yapsa da bir şekilde ilgilerinizi geliştirmeye çalışır. Bazı yanlar yaşamınızdaki pratik görevleri yerine getirme şeklinizi yönetir. Bazıları dışsal tehditlere ya da içsel acıya karşı korur. Bazıları öteki insanlara karşı açık ve arkadaşçadır. Bazıları da çocukluğunuzdan gelen çözümlenmemiş korku ve utançları taşırlar. Kimi performans sergiler, kimi bir münzevi gibi oturur düşünür. Kimi insanları önemserken diğerleri kendinize karşı hislerinizi belirler, vs.

Çoğu yan sağlıklı ve işlevsel roller üstlenir. Hayatınızın iyi gittiğinden emin olmak isterler. İnsanlarla bağlantı kurmanıza veya işlerinizi halletmenize destek olabilirler. Kendinizi ortaya koymanıza veya dünyayı kavramanıza yardımcı olabilirler. Birçok yan içsel deneyiminizi ve dış yaşamınızı geliştiren ve yolunuza çıkan zorluklarla başa çıkmanızı sağlayan olumlu özelliklere sahiptir. Karizmatik davranabilir, mizahı kullanabilirler. Size yaratıcılık, canlılık, neşe veya huzur getirebilirler.

Bununla birlikte diğer yanlar sizi acıdan, kırılganlıktan veya zarar görmekten korumak için umutsuzca bir girişimle daha aşırı roller üstlenirler. İAS'de aşırı bir rol, işlevsiz olan herhangi bir eylem, duygu veya düşünceye karşılık gelir. Oldukça basit biçimde ifade edecek olursak, aşırı rol üstlenen bir yan hayatınızda sorunlara neden olur; en iyi ihtimalle sizi engeller, en kötü ihtimalle felç eder. Kendine zarar veren şekillerde hareket eder veya insanlarla çatışma yaratır. Çarpık algılara, yanlış inançlara veya takıntılı düşünce örüntülerine sahip olmanıza neden olabilir. Sizi acıya ya da bedensel gerginliğe boğabilir. Sonuç olarak hayatın zenginliğinden mahrum kalmanıza yol açacak her şeyi yapabilir.

Bu aşırı yanların çoğu sizi gerekmediği halde bile korur, bu yüzden insanları gücendiren veya sizi onlardan uzaklaştıran yıpratıcı bir şekilde davranmanıza neden olur. Bazıları talepkâr bir ebeveyn gibi sizi abartılı biçimde her şeyde mükemmel olmaya zorlar. Diğerleri, insanlara veya durumlara dair algınızı tehditkâr oldukları yönünde çarpıtarak, savunmacı veya kontrolcü davranmanıza ve tahakküm kurmanıza sebep olur. Bazı yanlar yoğun duygusal tepkiler verirken, diğerleri sizi tüm duygulardan yalıtır.

Birçok yan, sağlıklı ve aşırının karışımı roller oynar. Normalde sağlıklı yaklaşımları, belirli zamanlarda aşırıya döner. Örneğin, benim, hayatımdaki detayları net bir organizasyonla ve verimli bir şekilde idare eden bir yanım var. Bu iyidir. Bunu hayatımın neşesini ve huzurunu yok eden mekanik, zorlayıcı bir şekilde yapması ise iyi değildir. Sadece işlerimi bitirmiş olmak için hayatın canlılığını feda etmek istemem.

İAS, iyileştirmek ve dönüştürmek amacıyla, bu aşırı rolleri oynayan yanlara odaklanır. Bu kitapta bunu nasıl yapacağınızı öğreneceksiniz. İki çeşit aşırı yan vardır: Koruyucular ve sürgünler.

Koruyucular

Koruyucuların[1] görevi sizi acıdan korumaktır. Yaşamınızı ve ruhunuzu asla incinme, utanç veya korku hissetmeyeceğiniz bir konfor alanındaymışsınız gibi düzenlemeye çalışırlar. Çocuklukta gömülü kalmış acıları şimdiki hayatınızda ortaya çıkartacak ağır olaylardan ve acı veren ilişkilerden korumaya çalışırlar. Bu gibi durumlar şiddetli olabileceği için koruyucu yanlar bu tetiklenmeyi önlemeye meyillidir. Bazı koruyucular, içinizde yükselen acıları hissetmemeniz için bastırır. Diğerleri dış dünyanızı düzenlemeye çalışır, böylece acıyı tetikleyecek bir şey olmaz. Bazıları ikisini birden yapar. Kendinizi

1. İAS, koruyucuları proaktif yöneticiler ve reaktif yangın söndürücüler olarak ikiye ayırır ancak bu kitapta bu ayrıma girecek kadar yerimiz yok.

keşfederken genellikle ilk olarak koruyucularla karşılaşırsınız çünkü gündelik bilinçle en kolay ulaşılabilen yanlardır.

Koruyucular görünüşte şu anki hayatınıza odaklanmış olsalar da çoğu çocukluğunuzdaki olayların ve ilişkilerin etkisi altındadır. Çok geride kalmış olan terk edilme, ihanet, yargılanma veya kötüye kullanılma gibi olaylardan tortu halinde geriye kalmış korkular vardır. Koruyucular artık çocuk olmadığınızı fark etmezler. Artık daha fazla gücünüzün ve kaynaklarınızın olduğunun ve çoğu zaman çocukluğunuzdaki gibi tehlikede olmadığınızın farkında değillerdir. Çocukken yaşadıklarınıza benzer her durumdan kaçınmaya çalışırlar. Bu, Yahudilerin Yahudi Soykırımı hakkındaki sloganına biraz benzer: "Bir daha asla!"

Koruyucular çok çeşitli stratejiler kullanırlar. Mesela benim son derece entelektüel olarak duygularımı örten bir yanım var. Bir başka yanım da kırılganlığı ve kalp kırıklığını önlemek için kalbimi sertleştirir. Bazı insanların yanları inkâra yönelir ve yaşamlarında her şey yolunda olmasa da yolunda olduğunu iddia eder. Duygularınızı başka insanlara yansıtan bir yana sahip olabilirsiniz, böylece bu duygularla yüzleşmenize gerek kalmaz. Bu koruyucular standart psikoloji dilinde "savunmalar" olarak adlandırılır.

Bazı koruyucular dikkatinizi acıdan uzaklaştırır. Bazı insanlar acıyı bastırmak için içer; kimi alışverişe gider ya da aşırı çalışır. Herhangi bir bağımlılık türü, sizi uyuşturduğu sürece bu amaçla kullanılabilir. Örneğin, çoğumuzun acıyı savuşturmak için yemek yiyen koruyucuları vardır. Reddedildiğimiz, yargılandığımız ya da göz ardı edildiğimiz zaman, bir koruyucu ortaya çıkıp buzdolabına yönelir. Dikkatimizi acıdan yemenin hazzına çekmek ister. Kendimizi daha iyi hissetmemiz için bizi sakinleştirmek ve tatmin etmek ister.

Bazı koruyucular sizi "uslu çocuk" haline getirmek amacıyla eleştirir ve kontrol eder ya da sizi kimsenin eleştiremeyeceği kadar üretken ve başarılı olmaya zorlar. Bunu şu meşhur "içsel eleştirmen" yapar. 1. Bölüm'de Sandy'nin çok çalışmasını sağlamak ve ertelemeyi önlemek için eleştiren Zorlayan yanı olduğunu gördük. Bu yan Sandy'nin çocukluğunda olduğu gibi alaya alınmasını önlemeye çalışmaktadır.

Bazı koruyucular güveninizi ve özsaygınızı geliştirmek için başarılı veya popüler olmanıza yardımcı olur. Bu yanlar içten içe yetersiz hissettiğiniz bir delik görür ve bunu başkalarından gelen övgülerle telafi etmek isterler. Bazıları sizi sevimli bir insan haline getirmeye çalışır, böylece insanlar sizden hoşlanır; bu şekilde sizi incitmez veya terk etmezler. Diğerleri bütün ihtiyaçlarınızın karşılanması için hayatınızı düzenlemeye çalışır, böylece içsel bir boşluk hissi engellenmiş olur.

Darlene kendini gözden çıkarıp büyük bir sadakatle başkalarının ihtiyaçlarıyla ilgilenen bir koruyucuya sahiptir. Hayattaki en önemli şeyin diğer insanların rahat etmelerini ve kendilerini iyi hissetmelerini sağlamak olduğuna inanmaktadır. Buradaki sorun Darlene'in kendini ihmal etmesidir. Darlene çocukken annesinden ihtiyacı olan sevgiyi ve bakımı alamamıştı çünkü annesi çoğunlukla üzgün ve depresyondaydı. Sonuç olarak Darlene kendini boş ve muhtaç hissediyordu. Ancak bu duygularını bir kenara bırakıp annesini daha iyi hissettirmek için elinden geleni yapmaya başlamıştı. Darlene iyi bir kalbe sahipti ve annesinin acı çektiğini görmeye dayanamıyordu, bu yüzden ona bakmak ve onunla ilgilenmek için yorulmadan uğraşmıştı. Annesiyle rolleri değişmişler, o bakım veren, annesi ise çocuk olmuştu. Fakat küçük kızlar anneye ihtiyaç duyarlar. Darlene'le kim ilgilenecekti? Annesinden onunla ilgilendiği zaman sevgi görüyordu. Böylece Darlene'in koruyucu yanı, sevgi almanın yolunun hep vermek olduğunu öğrenmişti. Şimdi yetişkin yaşamında bu yan, içsel boşluğunu dolduracak sevgiyi alabilmek için Darlene'i yorulmadan başkalarıyla ilgilenmeye itiyor.

Görüldüğü gibi yanlar çok çeşitli koruyucu roller oynamaktadır. Bazıları öngörülemeyen tehditleri önlemek için her türlü durumu kontrol etmeye çalışır. Bazıları da özerkliğimizi sağlamak ve bizi başkaları tarafından yönetilmekten korumak için otoriteye başkaldırır. Bazıları onaylarını alabilmek için diğer insanları memnun etmeye çalışırlar. Kimileri insanların hayranlığını kazanma işini üstlenen karizmatik oyunculardır. Bazıları yargılanmaktan kaçınmak için sessiz ve ağırbaşlı durur. Yakındaki biri tarafından yutulmanız veya kötüye kullanılmanız korkusuyla yakınlıktan kaçınan bir koruyucunuz olabilir. Yaşanan sorunlar karşısında suçlamaları kabul etmenizi engelleyen öfkeli bir koruyucunuz olabilir. Veya dışarıdan gelen oklarla incinmemeniz için duygularınızı kör eden bir koruyucunuz vardır. Liste uzayıp gider.

Alıştırma: Koruyucuları tanımak

Koruyucularınızdan iki tanesini düşünün. Her biri için aşağıdaki soruları yanıtlayın:

- Hayatınızı yönetmenizde ve dünyayla etkileşiminizde nasıl bir rol oynuyor?
- Öteki insanlarla nasıl bir ilişki kuruyor?
- Sizi acıdan nasıl koruyor?
- Sizinle ilgili olumlu niyeti ne?
- Sizi neyden korumaya çalışıyor?

Bu soruların hepsine bir yanıtınız olmayabilir. Okumaya devam ettikçe koruyucularınızı anlamak için daha fazla bilgi sahibi olacaksınız. Bu sadece bir başlangıç. Bu notları tutun ve daha sonra buna eklemeler yapın.

Sürgünler

Sürgünler geçmişten beri acı çeken küçük çocuk yanlarıdır. Koruyucular bizi acı çekmekten korurken, sürgünler acı içindeki yanlardır. Koruyucular bizi bu sürgünlerden korumaya çalışırlar.

Sürgünler genellikle çocukluğun belirli bir zamanında, belirli bir yaşta takılı kalırlar. Kelimenin tam anlamıyla iki, beş ya da yedi yaşındadırlar ve hayatınızın o dönemindeki ortamda yaşamaya devam ederler. O zamanda donup kalmışlardır çünkü o sırada zor ya da travmatik bir şey olmuştur ve siz de başa çıkacak iç kaynaklara ya da dış desteğe sahip değilsinizdir. Bu nedenle bu olay sizin için aşırı derecede zorlayıcı olmuştur ve sonuçları işlenip hazmedilememiştir. Bu acı olayı yaşayan ve orada sıkışıp kalmış bir veya birden fazla sürgün olacaktır.

Travmatik bir örneği ele alalım. Lisa'nın üç yaşında sıkışıp kalmış bir sürgünü vardır. Bir gün babası kontrolü kaybedip ona defalarca vurmuştur ki bu o yaşta bir çocuk için dehşet verici ve ezici bir şeydir. Annesiyle de gidip ondan yardım isteyebileceği kadar güçlü bir ilişkisi yoktur. Aslında destek ve anlayış için yöneleceği kimsesi yoktur. Böylece olay işlenememiş ve Lisa'nın istismarı deneyimleyen yanı, korku dolu ve güçsüz hissettiği o anda donup kalmıştır. Lisa bu sürgünle temas ettiğinde onu üç yaşında ve dehşet içinde görmektedir. Bu sürgün bir top gibi kıvrılmış, yardım için ağlamaktadır.

Sürgünler her zaman yalnızca tek bir yere takılıp kalmazlar. Çocukluğunuz boyunca bir dizi olay tekrarlanmış olabilir, hatta birkaç yıl boyunca veya çocukluğunuz boyunca devam eden bir durum olabilir. Örneğin, Sam'in annesiyle olan ilişkisinde sıkışıp kalmış bir sürgünü vardır. Annesi erken yaşlarından itibaren ihtiyaçlarına kayıtsız kalmıştır ve sürgün yanı sürekli kendini muhtaç ve sevilmez hissetmiştir. Burada tek bir olay yoktur. Bu sürgün yan Sam'in annesiyle olan ilişkisinin tümünde acı çekmiştir.

Sürgünler genellikle ailenizin inançlarını ve duygu tonunu benimser. Aile hayatınız kaotikse, sizin de muhtemelen kendi içinde karmakarışık hisseden bir sürgün yanınız vardır. Eğer birbirine soğuk bir sessizlikle muamele eden bir aileniz varsa, buzullarda yaşar gibi hisseden bir sürgün yanınız olabilir. Sürgünler, ailenizin kontrolü dışında gelişen olaylardan da güçlü bir şekilde etkilenebilir. Savaş bölgesinde mahsur kalmış, travmatik ve şiddet içeren olaylara maruz kalmış olabilirsiniz. Ya da sizi aylarca yatağa mahkûm eden bir hastalık geçirmiş olabilirsiniz. Belki de anneniz önemli bir zamanda sizden uzak kalmasına sebep olan bir ameliyat geçirmiştir. Aileniz yoksulluk çekmiş ya da önyargılardan çok etkilenmiş olabilirsiniz.

Sebebi ne olursa olsun, sürgün yanlarda çok çeşitli acı verici duygular görülebilir. Kimi yalnız ve terk edilmiş, kimi istismar edilmiş ve ihanete uğramış hisseder. Bazıları da yaptıkları bir şey yüzünden ya da içten içe kusurlu olduklarına inandıkları için kendilerinden utanırlar. Bazıları insanlar tarafından zorlanmak veya ele geçirilmekten korkarlar. Birçoğu küçükken sevgi ve ilgi görmediği için umutsuzluk hisseder. Bazıları hayatlarının her an tehlikede olduğunu hisseder ve ölümden korkarlar. Bazıları da kendilerini güçsüz ve diğerlerinin kontrolünde hissederler.

Sürgünler acı veren duyguların yanı sıra, siz ve dünya hakkında olumsuz inançlara da sahiptir. Sevilemez olduğunuza ve hiç kimsenin size yakın olmak istemeyeceğine inanan bir sürgüne sahip olabilirsiniz. Darlene gibi annenizin acısından sorumlu olduğuna inanan bir sürgününüz olabilir. Bazı sürgünler yetersiz olduklarına ve bu nedenle denedikleri hiçbir şeyde başarılı olamayacaklarına inanırlar. Dünyanın temelde tehlikeli bir yer olduğuna inanan sürgünler vardır. Bunlar mantığın işlemeyeceği kadar genelleyici bakış açılarıdır.

Sürgünler geçmişinizden gelen acıları taşıdıkları için, koruyucular tarafından uzaklaştırılırlar. İç dünyanızdan sürgün edilir ve bilincin ışığından uzak, karanlık zindanlarda tutulurlar. Bir sürgün genellikle kendi küçük dünyasına sıkışıp kalmıştır; büyüdüğünüzün, kendinize bakma, arkadaş edinme ve kendi ailenizi kurma kapasitesi geliştirdiğinizin farkında bile değildir. Tek vâkıf olduğu şey, hayatınızın ilk dönemlerinde yaşanan, acı veren bir durumdur. Gündelik hayatınızda benzer bir şey olduğunda acı harekete geçerek yüzeye yaklaşır. Sonra koruyucularınız bu acıyı hissetmek zorunda kalmamanız için derhal harekete geçer.

Diyelim ki 5. sınıftayken matematik dersine çok çalıştınız. O zamana kadar aldığınız en iyi not olan B+ ile eve koştunuz. Babanızın bu başarınızı tebrik edeceğinden emindiniz. Gazetesini okurken alkışını ve onayını bekleyerek karşısına geçtiniz. Ama o bunun yerine karnenizi buruşturup fırlatarak başarısız olduğunuz için size bağırdı. Size kendisinin öğrenciyken hiçbir zaman B ile yetin-

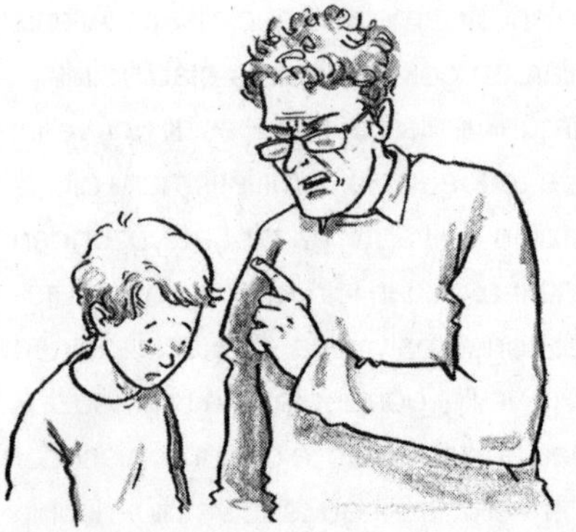

mediğini ve bazen onun çocuğu olduğunuza inanamadığını söyledi. Sözleri kalbinize saplanan bir bıçak gibiydi. Oracıkta duruyor ama yok olmak istiyordunuz. Bu olay sürgünlerinizden birinin kendini değersiz hissetmesine neden oldu; ne yaparsanız yapın, yeterince iyi olmadığınıza inanır oldu.

Artık işinde iyi bir performans gösteren bir yetişkindiniz. Bir gün patronunuz sizi ofisine çağırdı ve hazırladığınız teklifin uygun olmadığını söyledi, nedenini açıklayıp sizden yeni bir teklif hazırlamanızı istedi. Bunu yargılayıcı değil, doğal bir biçimde yaptı. Sadece teklifi tekrar hazırlamanızı istedi. Ancak değersiz hisseden sürgün hâlâ orada, bilinçdışınızda saklıydı ve patronunuz tarafından tetiklenmişti. Patronunuzu, sizi sert bir şekilde eleştiren biri olarak algıladı, değersizlik hissetmeye başladı. Hiçbir zaman yeterince iyi olmayacağına dair o eski duygu yükseldi. Bununla birlikte, siz daha bunun bilinçli olarak farkına bile varmadan önce bir koruyucu devreye girerek sizin bu can yakan acıyı duymanızı engelledi. Böyle bir koruyucunun neler yapabileceğiyle ilgili pek çok olasılık vardı. Bir koruyucu, sizi acıdan uzaklaştırmak için patronunuza öfkelenebilir ve onu suçlayabilirdi. Başka bir koruyucu patronunuzun sizi sevmesi ve gelecekte sizi takdir etmesi için onu memnun edecek şeyler yapardı. Üçüncü bir koruyucu acıyı hafifletmek için eve gidip birkaç kadeh içki içmenize neden olabilirdi. Bunların hepsi sizi ortaya çıkan o eski küçük düşme halinden korumaya hizmet ederdi.

Başka bir örnek: Geçmişte zarar görmüş bir sürgün yanınız vardı; örneğin, zorba abiniz tarafından fiziksel olarak istismar edilmiştiniz.

Ne zaman benzer bir tehlike altında olsanız bu sürgün korkusu tetiklenecek ve şimdi gerçek bir tehlike olmasa bile, sizi tekrar zarar görmekten korumak için bir koruyucu adım araya girecektir. Örneğin eşiniz bir gece eve sinirli geldi çünkü trafik yüzünden maça yetişememişti. Onun evde suratsız bir şekilde dolaşması, abisi tarafından hırpalanmış sürgün yanın korkusunu tetikledi. Kocanız sadece biraz sinirliyse ve sizi hedef almamış olsa bile, bir koruyucu devreye girebilir ve hemen ondan uzaklaşmanıza neden olabilir. Eşinizin neden uzaklaştığınız hakkında hiçbir fikri yoktur ve bu gibi olaylar evlilikte mesafe yaratır.

Sürgünler her zaman böyle gizlenmiş halde bulunmazlar. Bazen koruyucularımızın varlığına rağmen bilincimizi devralırlar. O zaman kendimizi bir çocuk gibi üzgün, korkak, utanmış, güvensiz veya muhtaç hissedebiliriz.

Alıştırma: Sürgünleri tanımak

Sürgünlerinizden iki tanesini düşünün. Her biri için aşağıdaki soruları yanıtlayın:

- Hangi duyguları hissediyor?
- Hangi acıyı taşıyor?
- Neyden korkuyor?
- Hangi olumsuz inançlara sahip?
- Çocukluktaki hangi durum ya da ilişkide sıkışıp kalmış?
- Hangi güncel durumlarda tetikleniyor?
- Bu olduğunda hangi koruyucular devreye giriyor?

Bu soruların hepsine henüz cevabınız olmayabilir. Bunda sorun yok.

Benlik

Neyse ki insanlar sadece yanların bir araya gelmesinden ibaret değildir. Bundan çok daha fazlasından oluşuyoruz. Gerçek benliğimiz olgun ve sevgi doludur ve yanlarımızı iyileştirme ve bütünleştirme kapasitesine sahiptir.

İAS modelinin gelişim sürecinde, Richard Schwartz terapideki danışanlarından gelen geri bildirimler yoluyla model hakkında çok şey öğrenmekteydi. Yanlar hakkında bir şeyler öğrenmişti ve bir danışanla çalışırken, sık sık daha derine inebilmeleri için koruyucu bir yandan kenara çekilmesini istiyordu. Sonra başka bir koruyucu ortaya çıkıyor ve o yine danışanın bu yanı rahatlatmasına yardım ediyordu. Bu durum, nihayetinde farklı bir varlık ortaya çıkana kadar devam etti. Dick danışanına bir noktada bunun hangi yan olduğunu sorduğunda, "Yani bu aslında tam olarak bir yan değil" cevabını aldı. "Farklı bir özelliğe sahip. Diğer yanlarım gibi hissettirmiyor." "Bu bir yan değilse, nedir?" diye sorduğunda danışan, "Bilmiyorum, bu sadece benim galiba. Aslında ben böyle biriyim" cevabını verdi. Danışanlar söyledikleri şeyi daha geniş biçimde açıklamaya çalışırken genellikle, "Tüm yanlarım kenara çekildiğinde geriye kalan ben" gibi bir şey söylüyorlardı. Ve bu "ben"e erişildikten sonra terapi zahmetsizce akıyordu çünkü danışanın enerjisi artık serbest kalıyordu. Bundan sonrası doğru dalganın yakalandığı bir sörf gibi sorunsuz ve kolayca akıyordu.

Dick'in böylece benlik'i[2] öğrenmesi harika bir dönüşüm yaratmış, İAS'nin daha derin seviyelerdeki gücü ortaya çıkmıştı.

Hepimizin gerçek kendimiz, ruhsal merkezimiz olan çekirdek bir yanımız vardır. Aşırı yanlarımız aktive olup yolumuza çıkmadığı takdirde esasen biz aslında böyle biriyizdir. Benlik rahattır, açıktır; kendimize ve başkalarına karşı kabul edicidir. Benlikteyken ayağınız yere basar, merkezlenirsiniz ve tepkisel davranmazsınız. İnsanların yaptıklarıyla tetiklenmezsiniz. Zor koşullarda bile sakin kalır ve huzurlu olursunuz. Benlik, yanlarımızdan çok daha büyük ve geniştir

2. İAS'deki benlik kavramının, Ses Diyaloğu, Jungçu Analiz ve Psikosentez'de karşılığı vardır. Ancak diğer birçok terapi modelinde pek yeri yok gibidir. "Benlik" terimini kullanan bazı yöntemler de genellikle farklı bir şeye işaret etmektedir. Öte yandan birçok manevi gelenekte Öz, Buda, Doğa, Atman ve İçsel Işık gibi farklı isimlerle adlandırılsa da İAS'dekine benzer bir "Benlik" anlayışı vardır.

ve korkutucu olabilecek olaylardan korkmaz. Benlik, işlevsel olmayı ve diğer insanlarla bağ kurmayı sağlayan bir güce ve açıklığa sahiptir. Benlikteyken hem kendinizin hem ötekilerin yanlarına karşı sevgi dolu ve özenli olmanızı sağlayan bir şefkatle hareket edersiniz. Benlik bir güneş gibidir; sadece parlar.

Benlik, spiritüel öğretilerde zaman zaman Tanrı olarak sözü geçen daha derin bir oluşla da bağlantılıdır. Benliğin hayatın daha büyük sorularıyla uğraşırken size rehberlik edebilecek daha yüce bir bilgelik ve anlayışa erişimi vardır. Her an canlılık ve derinlikle tam anlamıyla var olmanızı ve kapsanmanızı sağlar. Bu açıdan benlik bitmek bilmez bir sevgi pınarı gibidir.

Çoğumuzun, benliğin ortaya çıktığı, bize nelerin mümkün olduğu konusunda bir fikir veren deneyimleri olmuştur. Bununla birlikte aşırı yanlarımız o kadar sık ortaya çıkar ki benliği örter. Bir yan şiddetli biçimde tetiklendiğinde kontrolü ele alma ve benliği bir kenara itme eğilimi gösterir. Bu yanla özdeşim kurdukça ona dönüşür ve benliğin harika niteliklerine çok az erişebiliriz ya da hiç erişimimiz kalmaz.

Daha önceki bir örneğe dönecek olursak, eşiniz işten huysuz bir ruh haliyle eve geldiğinde, bir yanınız tetiklenir, sizi ele geçirir ve eşinizden uzaklaşırsınız. Benliğinizden gelen mantıklı ve şefkatli olma becerileriniz o anda ulaşılabilir değildir. Birçoğumuzun genelde aktive olan en az birkaç yanı vardır, bu yüzden benliğimize nadiren tam olarak erişebiliriz. Bir miktar açık yürekliliği, şefkati veya benliğin diğer niteliklerini hissedebiliriz ama derinliğini ve kapsamını tam olarak hissedemeyebiliriz.

Benlik hakkında çok şey söylenebilir ancak amaçlarımız açısından en önemli özelliği, İAS'deki *psikolojik iyileşmenin aracı olmasıdır*. Benlik doğası gereği yanlarımıza karşı şefkatli ve merak içindedir. Benlik her bir yanla bağlantı kurmak, onları tanımak ve iyileştirmek ister.

Benliğin psikolojik iyileşme için önem taşıyan dört niteliğine bakalım. Benliğinizdeyken bu özellikleri doğal bir biçimde sergilersiniz.

1. Benlik *bağlantı* halindedir. Benlikteyken diğer insanlara doğal bir biçimde yakın hisseder, uyumlu, destekleyici şekillerde ilişki kurmak istersiniz. Topluluğun içinde olmayı ister ve temas kurma-

ya yakın hissedersiniz. Benlik aynı zamanda yanlarınızla da temasta olmak ister. Benliğinizdeyken, her bir yanınızla ilişki kurarak onlarla ilgilenirsiniz, bu da size güvenmelerine yardımcı olup iyileşmenin yolunu açar.

2. Benlik *merak* eder. Benlikteyken açık ve kabul edici bir biçimde diğer insanları merak edersiniz. Neden böyle davrandıklarını düşünürsünüz; onları yargılamak değil, anlamak istersiniz. Benlik zihninizin içinde olan bitenleri de merak eder. Her bir yanın neden böyle davrandığını, sizin için olumlu niyetinin ne olduğunu ve sizi neyden korumaya çalıştığını anlamak istersiniz. Bu merak eleştirel bir yerden değil, kabul gören bir yerden gelir. Yanlar bu gerçek ilgiyi algıladıklarında sıcak bir ortama girdiklerini bilir ve size kendilerini açmaktan korkmazlar.
3. Benlik şefkatlidir. Şefkat diğer insanlar acı içindeyken ortaya çıkan bir iyilik ve sevgi şeklidir. Zor zamanlarında nasıl hissettiklerini gerçekten önemser ve onlara destek olmak istersiniz. Benlikteyken kendiniz için olduğu kadar başkaları için de doğal olarak şefkat hissedersiniz. Aşırı yanlarınız acıya tepki verir; sürgünler acıyı hisseder ve koruyucular bundan kaçınmaya çalışır. Bu nedenle, bu zor işlerle uğraşırken sizi tutması, desteklemesi ve beslemesi için şefkate gerçekten ihtiyaç vardır. Benlikteyken sürgünlerinizin acısını önemser ve acı çekmenizi engelleyen koruyucularınız için şefkat duyarsınız. Yanlar, kendilerini güvende ve önemsenmiş hissettiren benliğin şefkatini hissedebilir, bu yüzden kendilerini açıp sizinle paylaşmak isterler.
4. Benlik sakin, dengeli ve köklenmiştir. Bu, özellikle yoğun duygulara sahip bir yanla ilişki kurarken faydalıdır. Örneğin eğer benlikte değilseniz yoğun bir keder veya utanç duygusu ezici olabilir ve koruyucular böyle duygulara sahip bir yandan her ne pahasına olursa olsun kaçınırlar. Ancak benliğin sakinliğiyle dengelendiğinizde yoğun duygusu olan bir yandan kaçınmaya gerek kalmaz. Yan size acıyı gösterirken, siz benlikte kalırsınız. Benliğin sakinliği, bu yanı tanıma ve iyileştirmeye dair bu zorlu görevde sizi destekler.

Bütün bu nedenlerden dolayı, benlik İAS çalışmalarında psikolojik iyileşmenin aracıdır. Yanlarınızı iyileştirmenize ve dönüştürmenize yardımcı olur, böylece aşırı duygu ve davranışlarından kurtulur ve yaşamınızda sağlıklı roller üstlenirler.

Ruhun yapısı

Benlik aynı zamanda içsel sisteminizin doğal lideridir. Risk alma cesaretine, gerçeği net görme perspektifine, sorunlara iyi çözümler bulma yaratıcılığına sahiptir. Benlik dengeli ve adildir ve çoğu durumda ne olması gerektiğini görür. Yanlarınızı iyileştirdiğinizde ve size güvendiklerinde, benliğin liderliğine nihayet izin verirler. İdealde, karar alan ve harekete geçen benliktir. Sağlıklı yanlarınız ve terapi sürecinde iyileşmiş yanlarınızla birlikte hareket eder.

Yanlar çok şey sağlar. Belirli bir durumda ihtiyacınız olan yeterlik ve anlayışı sunarlar. Mesela kendiliğinden olma, mizah, organizasyon, sebat yanlarımızdan gelir. Ancak kendi başlarına daha geniş bir yön duygusundan yoksundurlar. Benlik bunu sağlar. Benlik bir orkestra şefi gibi hareket eder; doğru zamanda nefesli sazları devreye sokar, müzisyenlere ne zaman yumuşak çalmaları gerektiğini söyler, saksafon solonun işaretini verir. Her an en iyi hareket tarzını seçer ve sağlıklı yanları yetenekleriyle katkıda bulunmaya davet eder. Yanlarınız da benliğinize ve onun bilgeliğine güvenir.

İdeal durum budur. İAS terapisinden sonra kişilik sisteminiz böyle işler. Ancak çoğumuz buradan başlayamayız. Yaşamımızdaki ve özellikle de çocukluğumuzdaki acı ve travmalar nedeniyle yanlarımız benliği ele geçirip arka plana itmiştir. Erken yaşta yaralandığınızda benliğiniz henüz yaşamın size savurduğu şeyleri kaldıracak kadar gelişmemiştir. Muhtemelen kendinizi bu durumlarla başa çıkamayacak kadar zayıf, kırılgan ve savunmasız hissettiniz. Yanlarınız gözetimsiz ve korumasız hissettiğinde sizi ne pahasına olursa olsun korumak zorunda kaldılar. Görevi devraldılar ve ellerinden geleni yaptılar.

İlkel ve olgunlaşmamış yanlarınız, sizi mümkün olduğunca korumak zorunda kaldılar çünkü tek yapabildikleri buydu. Bir yetişkinin tecrübelerine ve içsel kaynaklarına sahip değildiniz. Bu yüzden yanlarınız sizi tamamen susturmak, sinir krizi geçirmek ya da herkesi memnun etmek yani işe yarayan ne varsa onu yapmak zorunda kaldılar. Böylelikle, benlik bir ölçüde hep gölgede kalmış oldu ve aşırı yanlarınızın etkisi altında, onların yönettiği bir yaşam sürdünüz. Fakat şimdi daha iyi koşullarda yaşayan, becerikli bir yetişkin olduğunuza göre, bu aşırı tepkilere artık ihtiyacınız yok. İAS terapisiyle benliğinize erişmeyi, bu yanları iyileştirmeyi ve içsel sisteminizi dönüştürmeyi öğrenebilirsiniz. İAS terapisinde iki amaç vardır: Birincisi, yanlarınızı aşırı özelliklerini sağlıklı özelliklere dönüştürerek iyileştirmek, ikincisi ise tüm yanlarınızın benliğin liderliğinde işbirliği yapmasını sağlamak.

Bu görsel, içsel sistemin terapi öncesi yapısını göstermektedir. Sürgünler bir perdenin arkasına gizlenmiş olduğu için acısını hissetmezsiniz. Koruyucular liderliği benlikten devralmış, duygularınızı ve davranışlarınızı belirlemektedir. Benliğe güvenmedikleri için onu liderlik edemeyeceği şekilde arka plana iterler.

İAS Terapisinden Önce Kişiliğin Yapısı

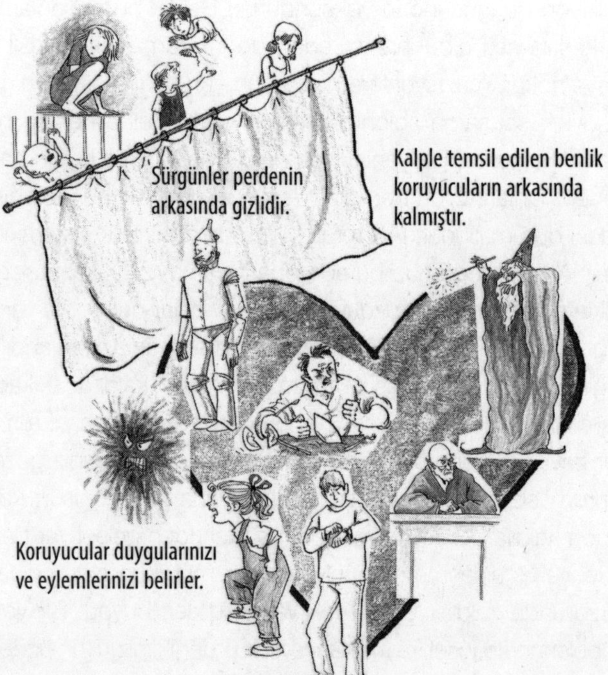

İAS süreci

Şimdi İAS'nin psikolojik iyileşme sürecine göz atalım. Bunun en önemli boyutu benlikte kalmayı öğrenmektir. İAS'nin bunun için birçok etkili yöntemi vardır. Bunlar bu kitapta ele alınacaktır.

Seanslara bir yana odaklanarak başlarsınız. Bu yan genellikle bir koruyucudur. Örneğin, 1. Bölüm'de tanıdığımız Bill'e bakalım. Bill'in yargılayıcı ve rekabetçi bir koruyucusu vardır. Koruyucunun bu özellikleri Bill'in iyi değerlerine ters olduğu için sıkıntı yaratmaktadır. Bill aslında işbirlikçi, kabul edici ve kapsayıcı olmaya inanmaktadır. Bir dereceye kadar böyledir de ancak tehdit altında kaldığı veya sınırlarının zorlandığı durumlarda, yargılayıcı koruyucu yanı kontrolü ele almak üzere ortaya çıkmaktadır. Bill yargılarını genellikle gizleyebilir ancak bu yargılar bir şekilde dışarıya sızdığında onun eleştirel ve sert görünmesine sebep olarak insanları gücendirir. Bu davranışı işyerinde büyük ölçüde bozuşma ve düşmanlığa neden olur. Bill sebep olan kişi kendisi olmasına rağmen bu durumdan gerçekten nefret eder. Bill aynı zamanda karısıyla da yakın ve sevgi dolu bir ilişki kurmak ister ancak aynı koruyucu onunla olan ilişkisinde de alaycı ve dalgacı olabilir. Evlerindeki atmosfer uyumlu değildir. Oysa Bill'in en çok istediği şey uyumlu bir ev ortamıdır.

Bill benimle başladığı İAS sürecinde öncelikle bu koruyucuya odaklanmak istedi çünkü bu yanı belirgin biçimde en yıkıcı olanıydı. Bu yanını oldukça yerinde bir ifadeyle "Yargıç" olarak isimlendirdi. Bill'in Yargıç'la çalışmaya yanaşması bile kolay olmadı çünkü ideallerine yetişemediği için ondan tiksiniyordu. Benlik hiçbir zaman tiksinti duymayacağı için Bill, Yargıç'ı karalarken benlikte olmadığını biliyordum. Bu sadece Yargıç'ı da yargılayan başka bir koruyucu olabilirdi!

Bill biraz çalışmayla benliğe erişebildi. Bu da onun Yargıç'la gerçekten ilgilene-

rek onu tanımasını sağladı. Bill yargılayıcı ve rekabetçi bir evde büyümüştü, bu yüzden Yargıç ebeveynlerini model almıştı. İnsanları eleştirerek ve üstünlük taslayarak, değersiz hisseden ve korkan bir başka yanını telafi etmeye çalışıyordu. Bill, Yargıç'ı tanıdıkça neden böyle davrandığını anladı ve sorunlara yol açmış olsa da onu korumak için gösterdiği çabayı takdir etme noktasına geldi.

Bill, Küçük Billy adını verdiği, kendini değersiz hisseden bu sürgün yanıyla çalışmak için Yargıç'tan izin istedi. Bu çocuğu tanımak paha biçilmezdi. Küçük Billy, bir görevi mükemmel bir şekilde yerine getiremediği veya ev ödevini yeterince hızlı yapamadığı için sabırsız babasının ona vurduğu çocukluk sahnelerini gösterdi. Küçük Billy o zamana kadar Bill'in bilinçdışında saklanmaktaydı. Bill'in ruhunun bodrum katında kilit altında tutulmak Küçük Billy'nin değersizlik duygularını sadece şiddetlendiriyordu çünkü Bill tarafından da reddedildiğini hissediyordu.

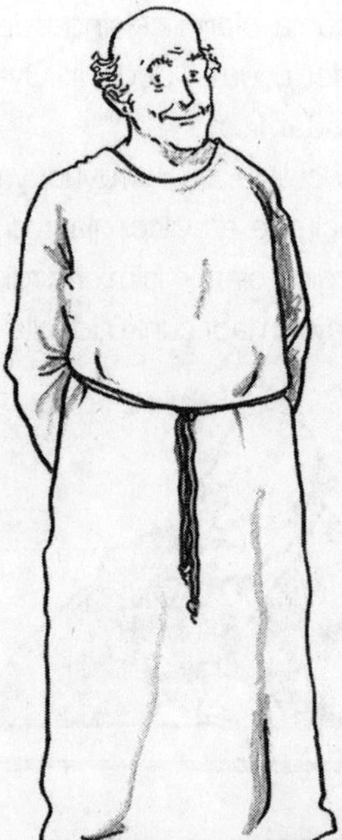

Sürgün yanlarımız, çocukluk yaşantılarının bir sonucu olarak acıları ve olumsuz inançları taşımaya başlarlar. İAS'de bunlar yükler olarak adlandırılır. Küçük Billy değersizlik ve korku yükünü taşıyordu. Yükler yanların yapısında doğal olarak bulunmazlar; geçmişte olanların bir sonucu olarak o yana yapışırlar. İyi haber şu ki İAS terapisi yoluyla bu yükleri bırakmak mümkündür.

Bill, Küçük Billy'ye benliğin şefkati ve ilgisiyle yaklaştı. Bu sürgün yan da bu ilgi ve şefkati içe alarak ilk defa sevildiğini ve değerli olduğunu hissetti. Küçük Billy, Bill'in benliğinden gelen sevgiyle ve benim yönergelerimle taşıdığı yükleri bırakmak için başka adımlar attı. Gerçekte olduğu haline, yani sağlıklı yana dönüşerek ilk kez kendini yeterli, yetkin ve aynı zamanda güvende hissetti. Bu da onun oyuncu, serbest ve özgür olmasını sağladı.

Bu dönüşüm daha da ilerledi. Bill'in yargılayan koruyucusu artık korunacak bir şey olmadığı için rahatlayabilirdi. Artık Billy'nin acılarını telafi etmek için insanları eleştirmesine gerek yoktu. İnsanları yargılamadaki koruyucu rolünü bıraktı ve onlar için nazik bir destekçi ve danışman olarak yeni bir rol üstlendi. Bu da Bill'in insanlara her zaman istediği gibi açık, kabul eden ve işbirlikçi bir tavırla yanıt verebilmesini sağladı. Sonuç olarak işyerinde çok daha etkin hale geldi ve karısıyla kavgaları çarpıcı biçimde azaldı.

İAS sürecinin açıklaması bu giriş bölümü için basitleştirilerek aktarılmıştır. Elbette, kitabın geri kalan kısımlarında ele alınacak başka birçok zorluk ve karmaşıklık vardır. İAS sürecindeki adımların bazıları diğer terapi türlerindeki veya spiritüel çalışmalardaki prosedürlere benzese de İAS bunları eşsiz ve kapsamlı bir süreçte bir araya getirmektedir.

Ruhun dönüşümü

Aşağıdaki görsel, kişilik sisteminin İAS terapisinin bir sonucu olarak nasıl dönüştüğünü göstermektedir. Artık tüm yanlar benliğin öncülüğünde işbirliği yapmaktadır. (Yanlar ayrıca daha sağlıklı roller üstlenmeleri için dönüştürülecektir ancak bu görselde gösterilmemiştir.)

Dönüşen Kişilik Sisteminin Yapısı

Kitabın yapısı

Bu ilk iki bölümde İAS modeliyle tanıştınız ve koruyucular, sürgünler ve benlik hakkında bilgi edindiniz. İAS yaklaşımının yanları iyileştirmek ve dönüştürmek, size en iyi gelecek biçimde işbirliği yapmalarını sağlamak için nasıl çalıştığını gördünüz.

Kitabın geri kalanında, İAS seansları yapmak için adım adım ilerleyen bir prosedür öğreteceğim. Ayrıca, hayatınızdaki olaylar tarafından tetiklendikleri anlarda, yanlarla nasıl çalışılacağını da göstereceğim. 1. Bölüm bir koruyucu yanı nasıl tanıyacağınızı ve benlikte kalabilmeyi açıklıyor. 2. Bölüm, bir sürgün yanı tanıma ve yüklerinden kurtulma adımlarını açıklıyor. Her bölüm genel süreçte belli bir adımı öğretiyor ve bu adımı kendi başınıza veya bir partnerle uygulayabilmeniz için alıştırmalar içeriyor. Bu adımlar, insanların İAS çalışmalarına dair ilgili öyküleri ve İAS seanslarından kopyalarla anlatılmıştır. Bazı bölümler hayatınızdaki yanlarla gerçek zamanlı olarak nasıl çalışılacağını da göstermektedir.

Sizi araştırmaya ve bu kendi kendini iyileştirme macerasına başlamaya davet ediyorum. Yaşadığınız acıları gidermeye ve kendinizi ruhunuzdaki sıkışıp kaldığınız yerlerden kurtarmaya hazırlanın. Şimdi onun zenginliklerini keşfetme zamanı.

3. Bölüm

İçsel bir yolculuğa çıkış: Bir İAS seans örneği

Bu bölüm sizi İAS derslerimdeki bir öğrenciyle yaptığım eksiksiz bir İAS seansında yolculuğa çıkaracak. İAS süreci, iyileşme yolunda bazen tek bir seansta başarılı olabilecek bir yol izler. Bu seansı seçme sebebim, birçok yan için bu iyileştirme sürecini sağlaması. Bu bölüm İAS prosedürü ve neleri başarabileceği hakkında sizlere genel bir fikir verecek.

Christine,[3] Batı Yakası'nda yaşayan, elli yaşında bir üniversite hocası, üç kız kardeşin en küçüğü. İngiliz kökenli ama uzun senelerdir ABD'de yaşıyor. Yıllarca terapiyle ve spiritüel çalışmalarla ilgilenmişti. Psikolojik sorunların nasıl iyileştirilebileceği hakkında daha fazla bilgi edinmek için de benim derslerime katılıyordu. Konuşmanın dökümünden onun oldukça zeki olduğunu ve içsel yaşantısının inceliklerine açıklıkla erişebildiğini göreceksiniz. Benim derslerimden önce bir süre terapiye gitmişti. Bu seanslarda tekrarlayan panik ataklarını, çocukluk dönemindeki hastaneye yatışlarıyla ilişkilendirerek ele almışlardı. Ayrıca kız kardeşlerinin kaçıp onu geride bıraktıkları gibi henüz üstüne çalışmadığı anıları da vardı.

3. Christine (gerçek adı değil) bu kayıt için izin vermiştir. Kitaptaki bütün kayıtlar için bu geçerlidir.

Benim sınıfımda olduğu için İAS modeli hakkında ona bu çalışmada yardımcı olacak birçok bilgiye sahipti. Bu seansı seçmemin sebebi, çalışma oldukça anlaşılır bir şekilde ilerlediği için ilk İAS örneği olarak uygun olmasıydı. Aslında birçok seansta çok daha fazla komplikasyon ortaya çıkabilir ve konudan sapılabilir. İAS bunlarla etkili biçimde başa çıkar. Bunlara dair örnekler kitabın ilerleyen sayfalarında gösterilmiştir.

Christine bu seansa hayatıyla ilgili araştırmak istediği bir konuyu açarak başlıyor. Benim yorumlarım italik olarak yazılmıştır.

Christine: Bazen dikkatim dağılıyor ve aklım karışıyor, bunun üzerine çalışmak istiyorum. Çoğu zaman oldukça net ve dikkatliyimdir ama arada bir zihnim bulanıyor ve aklım karışıyor. Bu da çoğunlukla aklıma en çok ihtiyaç duyduğum anlarda oluyor.

Jay: Tamam. Görünen o ki bazı zamanlar kafası karışan bir yanın var. Bu senin için bir anlam ifade ediyor mu?

C: Evet.

J: O halde kafası karışık olan bu yana odaklanalım. Bunu bedeninde nasıl hissediyorsun?

C: Şöyle... Bu durum olduğunda hafif bir baş dönmesi ve kafamda bir boşluk hissediyorum.

İAS'de yanlarımızı analiz etmiyoruz – onlarla doğrudan temas kuruyoruz.

J: Hımm. O yanını daha iyi tanımak için ondan yeterince ayrı hissedip hissetmediğini kontrol et.

C: Şey, emin değilim. Sanırım hissediyorum. Bunu nasıl anlayabilirim?

J: İçinde aklı karışmış bu yanınla bağlantı kurabileceğin net bir yer olduğunu hissediyor musun?

Çalışmanın etkili olması için Christine o yanıyla tanışırken benliğinde olmak zorunda. Bu da onun, bu yanla temas edebileceği ayrı bir yerde, ayakları yere basan konumda olması gerektiği anlamına geliyor.

C: ... Bunu anlatmakta zorlanıyorum. (duraklama) Bana ne sormuştunuz?

J: Şu anda aklı karışık yanla iç içe geçmiş olabilirsin gibi görünüyor. Onu tanıyabilmen için senden ayrılmasını söyle.

Christine'in şu anda kafasının karışık olduğu oldukça açık. Bu muhtemelen kafası karışık yanının onu ele geçirdiği, onu "kapladığı" anlamına geliyor. Bu nedenle benliğinde olabilmesi için o yandan ayrışmasını istemesini söyledim.

C: Tamam... Şimdi farklı hissediyorum, daha sağlam veya öyle bir şey. Ve aslında o yanı bir duman bulutu olarak görüyorum.

J: Güzel. Kafası karışık o yana karşı ne hissettiğini kontrol et.

C: Yok olmasını isterdim. Kafamın karışmasından nefret ediyorum.

J: Tamam. Bu nefret ve yok olması arzusu da senin bir başka yanından geliyor. Bu yanının kafası karışık yanın yok olmasını neden istediğini anlıyorum. Keskin zekânı korumak istiyor. Ancak kafası karışık yana nefretle yaklaşmak pek işe yaramayacaktır. Onu daha iyi tanımak için nefret eden yanına kenara çekilmeyi isteyip istemediğini sor.

Christine kafası karışmış yandan nefret etmeye devam ettiği için onun hâlâ benlikte olmadığını söyleyebilirim çünkü benlik nefret etmez.

C: Tabii. Mantıklı. Bunu istiyor.

J: Güzel. Şimdi kafası karışık yana karşı ne hissediyorsun?

C: Biraz merak ediyorum, bunu bana neden yapıyor acaba?

Christine, "kafası karışık yanı tanıma" olan bir sonraki adıma geçmemiz için benliğe yeteri kadar ulaştı artık.

J: Tamam. O yanın ne hissettiğiyle ilgili sana daha çok bilgi vermesini veya göstermesini iste.

C: Uykulu ve donuk hissettiğini söylüyor. Boşluk içinde olduğunu hissedebiliyorum.

J: Donuk ve boş hissediyor.

C: Evet. "Uyumak istiyorum. Uyanık veya bilinçli olmak istemiyorum" diyor. Bazen insanların sorularını cevaplayamıyor.

J: Hı hı. O yana adının ne olduğunu veya kendisine nasıl hitap edilmesini istediğini sor.

C: Kafa Karıştırıcı diye duyuyorum.

J: Tamam. Ona Kafa Karıştırıcı diyeceğiz. Ona uykulu ve kafası karışık olarak neyi başarmaya çalıştığını sor.

Kafa Karıştırıcı'nın Christine'e karşı taşıdığı olumlu niyetinin ne olduğunu keşfetmek için bu soruyu soruyorum.

C: Diyor ki, "Hiçbir şey görmek istemiyorum. Hiçbir şey bilmek istemiyorum". Bu yan sadece belirsizlik, kafa karışıklığı ve donukluk yaratmak zorunda. Neler olup bittiğinden haberim olmadığından emin olmak istiyor.

J: Seni olan bitenden korumak için kafa karışıklığı yaratıyor... O yana kafa karışıklığını ve bilmeme halini nasıl yarattığını sorabilirsin.

C: Muhtelif şeyler. Konuyu içimde değiştirip dikkatimi başka yere çekiyor. Huzursuz görünüyor veya hareket ediyor. O zaman da bir noktada kalamıyorum. Dikkati kendi üzerine çekerek ortada ne varsa gölgede bırakıyor. Tüm bu yöntemleri kullanıyor işte. Bu yan şimdi de kafa karışıklığı ve dikkat dağınıklığı yaratmak için havada sihir hareketleri yapan biri gibi görünüyor.

Onu tanımaya başladıkça bir yanın şekil değiştirmesi oldukça yaygındır.

J: Tamam. Kafa Karıştırıcı'ya şunu sor: Kenara çekilip olanları görmene izin verirse ne olacağından korkuyor?

Bu tarz soru belirli bir amaca hizmet eder. Araştırmayı, korunmakta olan sürgün yana doğru yöneltir.

C: Şöyle diyor: "Akıl almaz ve dile getirilemez bir şey olur." O kadar korkuyor ki, o konuya giremiyoruz bile.

Kafa Karıştırıcı perdeye doğru gerileyip Christine'in arkada olanları görmesini engellemek için sihirli hareketler yapıyor.

Christine'in benliği gizli kalmış yanlarını daha iyi anlamak için merak içinde.

J: Anladım, yani bu konudan çok korkuyor.

C: Hayat memat meselesi gibi.

J: Evet. Kafa Karıştırıcı'ya bu görevi ne zamandır sürdürdüğünü sorabilirsin.

C: Sanki ezelden beri bunu yapıyor.

J: Bu görevle ilgili ne hissediyor?

C: Katlanılmaz bir görev ve çok yıpratıcı. Ancak yine de duramıyor.

J: Evet. O yana kendisiyle ilgili bilmeni istediği başka bir şey var mı diye sor.

C: Benim adıma acı çektiği için sevgimi, saygımı ve minnettarlığımı istediğini çok net hissedebiliyorum.

Çoğu yan, rollerini yerine getirdiği için takdir bekler ama bunu nadiren doğrudan ister.

J: Peki, senin buna cevabın nedir?

C: Onu çok takdir ediyorum.

J: O halde Kafa Karıştırıcı'ya bunu söyle.

C: O yanın bu göreve kendini böyle çaresizce adamasını ne kadar takdir ettiğimi kelimelere dahi dökemeyeceğimi hissediyorum. (Christine oldukça duygusallaştı.)

J: Evet. Onu gerçekten anlıyorsun. Peki, bu yan sana nasıl cevap veriyor?

C: Yumuşuyor. Ve o yumuşadıkça bir şeyi çok net anlıyorum. Daha önce nasıl duracağını bilmediğini söylemiştim ya, bunun sebebi benlikle hiçbir bağının olmamasıymış. Onun kendini bırakabileceği, rahatlayabileceği hiçbir şey yokmuş. Ama Kafa Karıştırıcı şimdi yumuşuyor çünkü benim burada olduğumu hissediyor.

Bu benim için çok etkileyici oldu. Christine, Kafa Karıştırıcı'yla benlik aracılığıyla bağlantı kurdu. Bu yüzden Kafa Karıştırıcı artık ona güvenmeye ve rahatlamaya başlıyor. Bu önemli bir adım.

J: Güzel. Kafa Karıştırıcı'ya koruduğu yanı göstermek isteyip istemediğini sor.

Çoğu koruyucu, koruduğu sürgünün acısı son bulana kadar rolünü tamamen bırakmaz. Bu yüzden o kısmı iyileştirmemiz gerekir.

C: Ah! Şimdi Kafa Karıştırıcı'nın ardındaki panik halini azıcık görebiliyorum.

J: Kafa Karıştırıcı, panik halindeki bu yanı tanıman için sana izin veriyor mu?

C: ... Emin değil. Çok gergin.

J: Ona neden gergin olduğunu sorabilirsin. Ne olmasından korkuyor?

Koruyucunun ilerleme konusundaki endişelerini gidermek için bu endişelerin ne olduğunu bulmamız gerekir. Yoksa sürgün üzerinde çalışmamız için bize izin vermez.

C: Kafa Karıştırıcı sürgünün hızla gelip beni batırmasından korkuyor.

J: Sürgünün sizi batıracağını hissederse bize bir işaret vermesini isteyebilirsiniz, çünkü bunun olmasını engelleyebiliriz. Koruyucu bize haber vererek yardımcı olabilir ve siz de benliğe dönebilirsiniz.

İAS'de, kişinin benlikte kalması ve sürgünün duygularıyla boğulmaması için bazı teknikler kullanılır; bunları sonraki bölümde ele alacağız. Koruyucuya bunun mümkün olduğuna dair güvence verip onu bize yardımcı olmaya davet ediyorum.

C: Tamam. Bu uygun görünüyor... Şimdi de bir sürü yargı var. Çok yavaş kalacağım. Her yerde dolanıp duracağım ve hiçbir şey olmayacak.

Bu ilk güvence işe yaramış görünüyor ve şimdi Kafa Karıştırıcı'nın diğer korkuları ortaya çıkıyor. Bu iyi bir şey, çünkü Christine'e bu korkuları gidermesi için de bir şans veriyor.

C: Kafa Karıştırıcı'ya onun endişelerini anlayabileceğimi söylüyorum ama bunun mümkün olacağını sanmıyorum. Daha önce de böyle şeyler denedik ve şans verildiğinde yardımcı olabildiğimi gösterdim. Ve sen (Jay) de destek olmak için buradasın; bu yüzden Kafa Karıştırıcı'ya rahatlayabileceği ve bu kadar çok çalışmak zorunda olmayacağı yeni bir alan bulmak için bir şansı olduğunu söyledim.

Christine koruyucunun bizim ilerlememize izin vererek kazanacağı bir şey olduğunu belirtiyor. Biz ilerlediğimizde koruyucu da rahatlama imkânı bulacak.

J: Güzel. Nasıl cevap veriyor?

C: Pekâlâ, bu görüntüler çok komik. Kafa Karıştırıcı, neler olacağını izlemek için bir bahçe sandalyesine yayılıp bacak bacak üstüne attı. O kadar komik ki... Aman Tanrım! (Kahkaha atıyor.)

Kafa Karıştırıcı'nın yayılması, Christine'in verdiği güvencenin işe yaradığını ve sürgüne doğru devam etmesine izin verdiğini gösteriyor. Yanları ona kolayca güvenebiliyor. Bu da Christine'in kendi üzerinde şimdiden ne kadar çok çalıştığının göstergesi.

J: Güzel.

C: Ve işte sürgün burada. Çok minik, zayıf ve oldukça kırılgan. Bu çok ilginç, çünkü ben uzun boylu ve güçlüyüm. Ama o minicik bir elbise giymiş. Bu küçük, hafif, ufak vücudunun içinde oldukça savunmasız duruyor. Boğazı düğümlenmiş, seyrediyor ve paniklemek üzere.

J: Hımm. Bu yana nasıl hitap edilmesini istediğini sorabilirsin.

C: Sanırım sadece Küçük Kız yeterli.

J: Tamam, Küçük Kız'a neden bu kadar korktuğunu sor.

C: Karanlıkta yalnız bırakılıp kimsenin yanında olmamasından korkmuş. Çok garip! Ama şimdi panikliyor ve bu bana fazla geliyor.

Küçük Kız'ın paniği Christine'i kaplayıp onu benlikten çıkarıyor.

J: Ona korkmasının normal olduğunu ama seni korkusuyla boğmamasını söyle.

Bu Kafa Karıştırıcı'nın korktuğu bir şeydi ama sürgünden onu boğmamasını isteyerek bununla baş edebiliriz.

C: Şimdi iyiyim. Artık o kadar çok korkmuyorum. Panik hissetmesine izin verilmesi iyi oldu çünkü öbür türlü kaçıp giderdi.

Bu, biraz ayrışmasını istemenin, duygularını hissedemeyeceği anlamına gelmediğini sürgüne açıklamanın önemini gösteriyor. Eğer bu sürgün duygularına izin verilmediğini hissetseydi, Christine'e onun yakınında duracak kadar güvenmezdi.

C: Şu an burada olmam onun hoşuna gidiyor. Burada gerçekten birinin (benlik) olduğunu görmek onu şaşırtıyor. Hemen sakinleşiyor ve benimle sadece konuşmak istiyor. Gergin değil.

J: Hı-hı. Şimdi daha rahat ve sana karşı açık.

Artık bu yan onu paniğiyle boğmadığı için Christine benlikte olabilir ve Küçük Kız da sakinleşmesini sağlayan güveneceği birine sahip.

C: Evet, doğru.

J: Sana ne söylemek istiyor?

C: Her şeyin onun için ne kadar zor olduğunu... Her şeyi tek başına yapmak zorunda olduğunu ve gerçekten korktuğunu... Ne olduğunu bilmiyordu. Yanında kimse yoktu. İçimden durumun ne olduğunu ona sormak geliyor.

J: İyi fikir.

C: ... Zihnim hemen araya girip bebekken hastanede yattığımı hatırlatıyor. Ama emin değilim. Onun bana anlatmasını istiyorum.

Sürgünün korkusunun çocukluğunda nereden geldiğine dair Christine'in bir fikri var ama doğru olduğundan emin olmak için bu bilginin sürgünden gelmesini istiyor. Bu nedenle ona soruyor. Bunu yapması, çalışmanın gerektiği gibi canlı ve somutlaşmış şekilde ilerlemesini de sağlıyor.

J: Güzel.

C: Bana karanlık olduğunu ve ışıkların söndüğünü söylüyor. Ve kimse onu sevmiyor. Yanında kimse yok; bu onu kimse sevmiyor demek. Onunla ilgilenecek kimse yok.

Korku, panik ve kimsenin onu sevmediği inancı yüklerini yaratan çocukluk deneyimi buymuş.

C: Benliğin bakış açısından bakınca, bunu duyduğumda ona sarılmak istiyorum. Kucağıma almak istiyorum.

J: Durma, yap bunu.

Christine, Küçük Kız'ı rahatlatmak için içten gelen harika bir dürtüye sahip. Bu yanına yeniden anne-babalık yapıyor; bu da iyileşme sürecinin bir parçası.

C: İçinde hiç gerginlik olmayan bu küçük bedenden çok etkilendim. Yumuşacık, savunmasız, küçük bir beden. Ve beraberinde taşıdığı bir yük, kalbinde bir ağırlık var ... Tamam, kalbindeki ağırlık hiçbir şeyin düzelmeyeceğine dair olan umutsuzluktan geliyor. Ve bu yükü tek başına taşımak zorunda çünkü yanında kimse yok. (duraklama)

İşte orada. Akışı şimdi görebiliyorum. Onu kucaklayacak kimse olmadığında bir kasılma, kapanma oluyor, bir duvar örülüyor. Bu küçük bedenin hücreleri korkuyla izliyor. Bu kalbin ağırlığı zaman içinde oluşmuş. Tek bir olayla olmamış. Sanki ufalanıyor gibi. Ağırlık, onun hiçbir şeyi değiştirememesinden kaynaklanıyor.

Küçük Kız'ın kalbindeki ağırlık, Christine'in rahatlatılmaya ve sarılmaya ihtiyaç duyduğu ama yanında kimsenin olmadığı erken çocukluk yılları boyunca meydana gelen birçok olaya bir tepki. Küçük Kız, ihtiyaç duyduğu ilgiyi görme konusunda gün geçtikçe umudunu kaybetmiş.

J: Bedenin hücrelerinde oluşan şey, neydi o?

C: Tetikte olma, teyakkuz, savunma, koruma ve dünyadan kopma hali. Bir savunma gibi. Hissedilen bir şey bu. Neredeyse dokulardaki bir yırtık gibi. (duraklama) Şimdi korku ve tek başına karanlıkta kalmışlık hissi var. Bu his çok daha genç, çok eskilere gidiyor. Belli bir anı geliyor aklıma. Kolları ve bacaklarıyla çırpınıyor. Birilerinin gelip onu kaldırması gerekli ama gelmiyorlar. Şimdi beşikte bir şeyin sal-

landığı belirsiz bir anı geliyor ... yankılanan bir ses. Bir yere ulaşmaya ve kucaklanmaya çalışma hissi var. Ama orada kimse yok.

J: Umutsuzca kaldırılma ihtiyacı duyuyor ama kimse gelmiyor.

Christine, Küçük Kız'ın hikâyesine tanıklık ederken daha da küçük bir yana ulaştı. Bebek diyeceğim bu yan yalnızlık ve panik hissiyle ilişkili erken dönem anıları taşıyor. Bunun tam olarak hangi zamana denk geldiğini veya dış şartların neler olduğunu hâlâ bilmiyoruz ama iyileşme için buna gerek yok.

C: Evet, bunu söylemem ilginç. Çünkü bu, Küçük Kız'ın hissettiğinden farklı. Bunu tam olarak anlamlandıramıyorum.

J: Evet, tabii. Daha eski olan bu anı başka bir yana ait.

C: Ah, anlıyorum. Küçük Kız daha sonra geliyor.

Bebek'in kucağa alınıp rahatlatılmaya gerçekten ihtiyacı varken beşiğinde mahsur kaldığına dair çok eski bazı anıları var. Christine sonraki birkaç yıl boyunca böyle deneyimler yaşamış gibi görünüyor. Bu da dört yaşında takılıp kalan Küçük Kız'ın yalnızlık ve panik hali, umutsuzluk ve tedbirli olma gibi benzer duygular taşımasına yol açmış.

C: Evet, şu anda sanırım bir şey kendi kendine değişiyor. İkisinin birden orada olduğunu hissedince daha az yük var. (duraklama)

J: Bir tavsiye ister misin?

C: İsterim.

Christine her iki yanın da hikâyelerine ve hislerine tanıklık ettiği için artık onları iyileştirme kısmına geçebilir.

J: Bebek'e odaklanıp yalnız başına kaldığı o odada yanına git. Neye ihtiyaç duyduğuna bak.

C: Onu kucağıma almamı istiyor.

J: İstediğini yap.

C: Daha çok ağlayıp bana yapışıyor. Burnumu kulaklarının etrafına sürüyorum. Bana tutunuyor. Kel kafasını görüyorum. Çok küçük ve pek saçı yok, sadece yumuşak tüyleri var.

J: Senin orada olduğunu hissedebiliyor mu?

Christine, Bebek'e yeniden anne-babalık yapıyor. Bebek'in Christine'in ona verdiği şeyi aldığından emin olmak için soruyorum bu soruyu.

C: Hem de nasıl!

J: Peki, nasıl karşılık veriyor?

C: Yumuşuyor; şimdi ağlaması durdu. Beni hissediyor ve kendini bana bırakıyor. Şimdi minik bir gaz çıkardı. Hani bir bebek ağladığında içinden minik bir sarsıntı geçer ya... Sırtında bunu hissedebiliyorum.

Belli ki Bebek, Christine'in ona yeniden anne-babalık yapmasını açıkça hissediyor.

C: Evet, tamam. Bunun doğru olup olmadığını bilmiyorum ama şöyle: Küçük Kız minik bedeni ve ağır kalbiyle Bebek'i kucağına almak istiyor. Buna izin veriyorum.

J: Tamam.

C: Çok tatlı! Her şey güzel bir oyun saatine dönüştü. Büyük bir sevgi hissediyorum. Sadece benim bu ufaklıklara olan sevgim değil, ikisi de sevgiye bulanmış durumda. Çok rahatladılar. (Derin bir iç çekiyor.)

Yeniden anne-babalık yapma işlemi yolunda gitmişe benziyor; ben de iyileşmenin bir sonraki adımına geçmeyi öneriyorum: Yükleri bırakma.

J: Bebek karanlıkta yalnız bırakılmanın sonucu olarak panik ve yalnızlık gibi belirli duyguları üstlenmiş. Eğer uygunsa yüklendiği bu duyguları bırakmasına yardım edebiliriz. Bu süreçte yüklerin bir kısmı gitmiş olabilir ama onlardan iyice kurtulmak için içsel bir ritüel geliştirmek faydalı olabilir. Bebek'in bu yüklerden kurtulmak isteyip istemediğini kontrol et.

C: (gülüyor, ağlıyor) Tamam, Tanrım...

J: Ne oluyor?

C: Aniden bir hüzün ve acı dalgası hücum etti. Bu soruyu sorduğumda Küçük Kız'la birlikte olabilmek için büyümek istedi. Yolda hiçbir engelin olmadığı, hızlandırılmış bir büyüme olayı gibi. Büyük bir duygu selinin geldiğini hissettim; kalbimden ve vücudumun içinden geçti.

J: Peki, bu iyi bir şey mi?

C: Evet. İyi hissettim.

J: Güzel.

C: Bebek mutlu.

Bu çok tatlı. Bebek, sadece ritüel olasılığından bahsetmemle birlikte yüklerini kendiliğinden bırakmışa benziyor. Tabii ki bu ancak seansta şimdiye kadar gerçekleşen faydalı çalışma sayesinde mümkün olabildi. Şimdi Christine'den yükleri bırakma ritüeline hâlâ ihtiyaç var mı diye kontrol etmesini istiyorum.

J: Ben yükleri bırakma ritüeli yapmayı önerdiğimde içinde bu hissi yaşadın. Şimdi bir bak, bu kadarı yeterli mi, yoksa ritüel hâlâ faydalı olabilir mi?

C: O duygu seli her neyse, o sayede Bebek şimdi iyi; ama Küçük Kız'ın yüklerini bırakma ritüeline ihtiyacı var gibi.

J: Tamam, Küçük Kız hangi yükleri taşıyor?

C: Ağır bir kalp, çaresizlik, hiçbir şeyin değişmeyeceği, bebeğin paniğini ve korkusunu hep taşımak zorunda olacağı düşüncesi.

J: Öncelikle Bebek'in şu anda mutlu olduğundan haberi var mı diye kontrol et.

Bebek'in yüklerini bıraktığından Küçük Kız'ın haberi olsun istiyorum çünkü bu onun umutsuzluğundan ve Bebek'i koruma ihtiyacından kurtulmasını sağlayabilir.

C: Evet. Bebek'le oynamak istiyor. İlginç. Bebekle oynamasına rağmen hâlâ ona bakmalı ve yükünü taşımalıymış gibi bir inancı var. Bebek'in mutlu olduğunu kendi gözleriyle görmesine rağmen hâlâ o ağırlığı ve umutsuzluğu bırakamayacağını düşünüyor.

J: Tamam. Küçük Kız'a taşıdığı ağır kalbi ve hiçbir şeyin değişmeyeceğine dair inancını bırakmak ister mi diye sor.

C: Bu soru kafasını karıştırıyor çünkü kendisinin bu olduğuna inanıyor. O inanç olmadan o da var olmazmış.

J: Ona eğer o inançtan kurtulursa istediği herhangi bir role sahip olabileceğini, kim olmak isterse olabileceğini söyle.

Yanlar, İAS'nin "yük" dediği, çocuklukta edindikleri olumsuz inanç ve duygularla tanımlanmazlar. Kendi içsel potansiyelleri vardır. Bu nedenle bir yükten kurtulup yeni bir rol edinebilirler. Bunu Küçük Kız'a açıklıyorum.

C: Evet, oynayabilmek için yüklerinden kurtulmak istiyor. Bunun eğlenceli olacağını görüyor.

J: Güzel. Bu ağır kalbi ve umutsuzluk inancını nasıl taşıdığına bak. Bedeninde nerede taşıyor?

C: Kalbinin etrafında bir ağırlık var ve gerisi neredeyse kafasının üstünden sırtına ve omuzlarına giydiği ağır bir manto gibi. Ve neşeli olmasına izin yok.

J: Tamam. Bu yükleri sular alıp götürebilir, rüzgârla savrulabilir ya da ışığa gönderebilir, toprağa gömebilir, ateşte yakabilir ya da ona ne uygun geliyorsa o şekilde bırakabilir.

İAS, yükleri doğadaki toprak, ateş, rüzgâr, su veya ışık gibi temel elementlerden birine bırakmanın işe yaradığını buldu. Bu ritüel, yüklerin temel ve güçlü bir şeyle alıp götürüldüğü veya dönüştürüldüğü için bir daha geri gelmeyeceğine delalet eder.

C: Başka kimse bu yükleri taşımak zorunda kalmasın diye onların dönüştürülmesini istiyor. Yani... Yakmak istiyor.

J: Onları ateşte yakmak istiyor. Bunu ayarla.

C: Minik elbisesini yakmak istiyor, sanki yük oymuş gibi. Bu çok garip ama böyle söylüyor. Başka bir elbise istiyor.

J: Bu olurken yükün onun vücudunu terk ettiğini hisset. Yük tamamen gidene kadar ihtiyacı olduğu kadar çok zaman kullan.

C: Bu çok ilginç. Değişirken oldukça şaşkın ve korkmuş hissetti ama sonra ben elini tuttum ve şimdi yeni bir elbisesi var.

J: Tüm yükler gitti mi?

C: Evet.

J: Yükler gittiğine göre, onun içinde hangi olumlu niteliklerin oluşmaya başladığına bak.

Yükleri bırakma ritüeli sona erdiğine göre, sürgünün yapısında doğal olarak bulunan olumlu özellikleri bedeninde hissetmesi için yer açıldı.

C: Küçük Kız minnettar. İkisi beraber yanan elbiseden çıkan dumanları seyrediyorlar. Çok acayip. Buradaki biri tüm bu olanlardan dolayı utanıyor ama zihnimde bu görüntüler beliriyor, o yüzden yine de söyleyeceğim... Seksek oynuyorlar. Yani bunu ben uyduramam. Gerçekten oluyor. Çok tatlı. Minicik ayaklar filan.

J: Bu harika. Yükleri bırakma tamamlanmış gibi görünüyor, şimdi Kafa Karıştırıcı'yı kontrol et. Yaptığın bu çalışmadan haberi var mı, bak.

C: Şezlongda rahatça oturduğunu hatırlıyorum. Ah, şoke olmuş durumda. Diyecek başka söz yok. Ama iyi durumda.

J: Ona hâlâ kafa karışıklığı yaratma ihtiyacı duyuyor mu diye sor.

C: (duraklıyor) Hayır. Buna artık gerek olmadığını hissediyor gibi.

Kafa Karıştırıcı, sadece Küçük Kız ve Bebek acı çekerken kafa karışıklığı yaratma rolünü oynama ihtiyacı duyuyordu. Çalışmayı takip ettiği için bu role artık gerek olmadığının farkına vardı. Artık yeni bir rol edinebilir.

J: Güzel. Farklı bir rol ister mi diye ona sor.

C: Hımm, bakalım. Küçük Kız yalnız hissetmesin diye onun bir çeşit rehberi veya akıl hocası olmak istiyor.

J: Harika! Burada bitirmeden önce herhangi bir yan bir şey söylemek istiyor mu diye bak.

C: Daha önce hiç tanışmadığım bir yan var. Süreci ve diğer yanlar karışmadığında nelerin mümkün olduğu, güzel bir şey yaratılabileceği olasılığını huşuyla izliyor. Her zamanki sınırlayıcı sesler yokken derinlere kadar inip bir şeye ulaşabilirim. Bu durum bu yana çok garip geliyor. Benlik diyor ki, "Bu tabii ki mümkün". Ama bu yan bu derinliklere daha önce hiç inmediğini hissediyor. Çok teşekkür ederim. Benzersiz bir yolculuktu.

Ne harika bir seans! Sürgün ile koruyucular yüklerini bıraktı. Koruyucular koruyucu rollerini bırakıp yeni, sağlıklı roller edindiler.

Özet

Bu seans dökümü İAS'nin iyileştirici gücüne dair güzel bir örnek oluşturuyor. Yanlarımıza saygılı ve özenli bir şekilde dikkat göstermenin, içimizdeki benlikle ilişki ve yükleri bırakma ritüeliyle iyileşebilecek derin yerleri ortaya çıkarmalarına nasıl izin verdiğini gösteriyor. Bu seansın detaylarının İAS süreciyle nasıl bir bağlantısı olduğu hakkında birçok sorunuz olabilir. Bunlar kitabın geri kalanında, siz kendi üzerinizde böyle çalışmayı öğrenirken anlatılacak.

İAS çalışmasıyla neyin mümkün olduğunu tek bir bölümde ortaya koyduğu için bu seansı seçtim. Christine'in süreç boyunca çok az zorlukla karşılaşması istisnai bir durum. Çok az insan böylesine sakin bir yolculuk geçirir. Bu seviyede bir erişim ve iyileşmeyi başarmak için çoğunlukla daha çok direnç ve saptırmayla başa çıkmak gerekir ve genellikle bir seanstan fazla sürer, bazen çok daha fazla. Eğer kendi üzerinizdeki çalışmanız bu kadar pürüzsüz ilerlemezse cesaretiniz kırılmasın. İlerleyen bölümlerde anlatıldığı gibi İAS, ortaya çıkan zorluklarla başa çıkma konusunda uzmandır.

Kısım I:
Benlik ve koruyucular

İnsan ruhu acıdan kaçınmak üzere organize olmuştur. Koruyucuların işi budur, sizi ıstıraptan korumak. Koruyucular, gizli acınızla yüzleşmek zorunda kalmamanız için hayatınızı ve ruhunuzu yöneten çalışkan yanlardır. Sizin iyiliğinizin ve belki de hayatta kalmanızın yaptıklarına bağlı olduğuna inanarak işlerini fazlasıyla ciddiye alırlar. Ruhunuzu iyileştirmek ve dönüştürmek için koruyucuların arkasına gizlenmiş sürgünlere erişmeniz ve onları iyileştirmeniz gerekir. Ancak İAS'de kapıları kırıp sürgünlere doğru koşmayız. Koruyucularımızın savunma ihtiyaçlarına saygı duyar, onları tanımak ve güvenlerini kazanmak için zaman ayırırız. Ancak o zaman kapıları bekleyen bu bekçiler rahatlayıp sürgünlerle çalışmamıza izin verebilir.

İAS süreci aslında oldukça etkili ve nüfuz edicidir ancak paradoksal olarak bunu zorlayıcı taktiklerle değil, koruyuculara karşı özenli ve saygılı davranarak yapar. Ayrıca koruyucular da kendi başına önem taşır. Sürgünler arka plana itildiği için insanlarla ilişkide ve dünyadaki eylemlerimizde koruyucular ön planda bulunur. Sadece sürgünlerimizi iyileştirmek yetmez; koruyucu rollerini bırakabilmeleri, olumlu niteliklerinin ortaya çıkmasına izin verebilmeleri ve iç sistemde sağlıklı roller üstlenebilmeleri için koruyucularımızın da iyileştirilmeleri ve dönüştürülmeleri gerekir.

Sonuç olarak, çoğu İAS seansına bir koruyucuya odaklanarak başlarız. En bilinçli ve kolay ulaşılabilen yanlar oldukları için onlarla başlamak doğaldır. Ancak asıl sebep, İAS'de buna izin vermeme olasılığı olan koruyucudan izin almadan bir sürgünle çalışmanın uygun olmamasıdır.

Bu kitap İAS yöntemini adım adım öğretir. Bir koruyucuyu tanımanın adımları şu şekilde özetlenebilir: Bir oturuma başlarken bir dizi koruyucuya erişirsiniz ve ardından odaklanmak için *hedef* yan adı verilen koruyucuyu seçersiniz. Benlikte kalarak bu koruyucuyu tanır, onun sizin için taşıdığı olumlu niyeti öğrenirsiniz. Koruyucuyla güvene dayalı bir ilişki kurar ve sizi neyden korumaya çalıştığını anlarsınız. Bu, koruyucuyla daha fazla çalışmak veya koruduğu sürgünü iyileştirmek için zemin hazırlar.

Bir koruyucuyu tanımanın beş adımını şöyle sıralayabiliriz. "K" koruyucu anlamına gelir. Bu adımlar 1. Kısım'ın içeriğini oluşturmaktadır.

K1: Bir yana erişim
K2: Hedef yandan ayrışma
K3: Endişeli bir yandan ayrışma
K4: Bir koruyucunun rolünü keşfetmek
K5: Bir koruyucuyla güvene dayalı bir ilişki geliştirmek

Bu terimler, beş adımın her birini ayrıntılı olarak kapsayan 4-8. bölümlerde ayrıntısıyla tanımlanıp açıklanacaktır. Bu adımlar bazen iç içe geçebilir veya farklı bir sırada gerçekleşebilir. Bazen dikkatimizi farklı bir koruyucuya odaklamamız gerektiği için adımların başlangıcına geri dönmek zorunda kalabiliriz. Ancak temel düzen böyledir. 9. Bölüm'de yol boyunca ortaya çıkabilecek çeşitli beklenmedik durumlarla ilgilenerek oturumlarınızı nasıl rayında tutacağınız açıklanmaktadır.

4. Bölüm

İçeriyle tanışmak: Yanlarınıza erişim

Kapı komşunuzun neden günün ve gecenin her saatinde bir sürü tuhaf ziyaretçisi olduğunu anlamak istediğinizi varsayalım. Bunun için bir teleskop kurabilir ve onun evini izleyebilirsiniz. Komşunuzu takip etmesi ve faaliyetleri hakkında bilgi alması için bir dedektif tutabilirsiniz. Eylemlerini açıklamak için teoriler oluşturabilirsiniz. Oysa uzaktan gözlem ve entelektüel tahminlerle keşfedebilecekleriniz sınırlıdır. Ancak yine de psikolojik yaşamımızı genellikle bu şekilde anlamaya çalışırız.

Öte yandan gidip komşunuzun kapısını çalabilir, kendinizi tanıtabilir ve ondan oturup size kendisinden bahsetmesini isteyebilirsiniz. Zaman içinde ona gidip kendinizi anlatabilir, onunla vakit geçirebilir ve zamanla bir dostluk geliştirebilirsiniz. Bu şekilde onun hakkında daha çok şey öğrenirsiniz. İAS içsel yaşamımıza işte böyle yaklaşır. Yanlarımızı kişisel, yaşantısal bir şekilde tanırız.

İçeriye giden yolun başı

Diyelim ki üzerinde çalışmak istediğiniz bir sorununuz var. Hangi yanları keşfetmeniz gerektiğini nasıl anlarsınız? Bu bölümde hangi yanların bir sorunla ilgili olduğunu nasıl belirleyeceğinizi göstereceğiz. İAS'de meselelere yolun başı denir. Yolun başı hayatınızdaki bir deneyim veya zorluktur. Onu takip ettiğiniz takdirde ilginç yanlara ulaşmanızı sağlar. Tepki gösterdiğiniz bir durum veya kişi, duygusal ya da bedensel bir deneyim, bir davranış ya da düşünce kalıbı, bir rüya veya keşfedilecek yanları gösteren başka herhangi bir şey olabilir. Şifaya götürebilecek bir yolun başlangıcı olduğu için ona yolun başı diyoruz. Genellikle hem bir yaşam durumunu hem de bu yaşam durumuna verdiğiniz tepkiyi içerir.

Yolun başı, aşırı roldeki bir yanın veya yanların varlığını gösterir. Burada davranışınız veya duygusal tepkiniz işlevsizdir.

1. Bir yanınız durumu yanlış algılayabilir. Örneğin, patronunuz aslında sadece size yardım etmeye çalışırken bir yanınız bunu yargılama olarak algılayabilir, çünkü patronunuz size yargılayıcı babanızı hatırlatır.
2. Bir yanınız duygusal olarak aşırı tepki verebilir. Örneğin, patronunuz biraz yargılayıcı olabilir ancak bu yan aşırı derecede üzülür.
3. Bir yanınız aşırı veya uygunsuz eylemlerde bulunabilir. Örneğin, bu yanınız sizi yargılıyormuş gibi algıladığı için patronunuza öfkelenir ya da isyan eder ve bu davranış sorunlara neden olur.

Benim için yolun başı, çok iyi tanımadığım büyük insan gruplarında utangaç hissetmektir. Böyle ortamlarda geri çekilme eğilimin-de olurum ve çok dışavurumcu veya açık olmam.

İşte sınıflarımdaki insanlardan bazı örnekler:

1. İşyerinde beni üzen belirli bir kişi.
2. Ne yaparsam yapayım birinin incineceğinden korktuğum bir durum. Sonunda felç olmuş gibi hissettim çünkü iki insan arasında seçim yapmak zorundaymışım gibi geldi.
3. Uçak korkusu.
4. Zor iş projeleri. Bir projenin bir parçası düşündüğümden daha karmaşık ve uzun sürdüğünde, saatlerce yoğun bir şekilde bu işe odaklanır, bütün bedensel ihtiyaçlarımı, kendimle ilgili herhangi bir farkındalığımı ve dikkat gerektiren diğer görevleri göz

ardı ederim. İşin içine çekildiğimi hisseder ama kendimi çekemem.

5. Kontrolcü insanlar. Birinin beni kontrol etmeye çalıştığını hissettiğimde geri çekilip elimden geldiğince çabuk uzaklaşırım.
6. Reddedilmeyle ilgili düşünceler. Bazen biri tarafından reddedildiğimi hissettiğimde, neyi yanlış yaptığımı ve bunun yerine ne söylemem gerektiğini bulmaya çalışarak bunu takıntı haline getiririm.

Bir yolun başında olduğunuzda, aktive olmuş en az bir ve çoğu zaman birden fazla yan vardır. Örneğin, ben yabancılardan oluşan büyük bir grubun içindeyken, en az üç yanım aktif hale gelir: Biri incinmekten korkan, diğeri beni korumak için geri çekilmek isteyen ve üçüncü yan korkuya rağmen insanlara ulaşmak ve onlarla konuşmak isteyen.

Yolun başı durumunda yanları tanımlama

Keşfetmek istediğiniz herhangi bir yolun başı durumunda, deneyiminizi ve davranışınızı inceleyerek bu konuyla ilişkili yanların ilk tanımlamasını yapabilirsiniz. O durumun tetiklediği duygu ve beden tepkilerine ve bununla ilgili düşünce ve arzularınıza karşılık gelen yanlar olacaktır. Böyle bir durumda nasıl davranacağınızı belirleyen yanlar da olacaktır. Bunların her birine sırayla bakalım:

Duygular. Duruma en az bir, belki de birden fazla duygusal tepki göstermeniz muhtemeldir. Örneğin kızgın, üzgün veya korkmuş hissedebilirsiniz. Ayrıca takındığınız tutumları fark edebilirsiniz: Kendinizi yargılayıcı, düşüncesiz, cimri, dikkatli, saçma, şüpheli veya yaramaz hissedebilirsiniz. Nazik veya dengeli olmak gibi benlikten gelen tutumlar dışında, her his, duygu veya tutum bir yanın varlığını gösterir. Ayrıca duygularınızdan kopuk hissediyorsanız, bunun nedeni de muhtemelen bir yandır. Örneğin, bir yolun başı durumunda ölü gibi, kapalı veya soğuk hissediyorsanız muhtemelen buna neden olan bir yan vardır.

Vücut Duyumları. Bir yolun başına tepki olarak ortaya çıkan çoğu vücut hissi, yanlarla ilgilidir. Yediğiniz bir şeyden dolayı mide ağrısı çekmek gibi tamamen fizyolojik duyumlar ve huzurlu, açık veya enerjik hissetmek gibi benliğin bedensel deneyimleri istisnadır. Yanlar, omuzlarınızdaki veya sırtınızdaki gerginlik gibi kas gerilimine neden olabilirler. Kollarınızda ısınmaya, karnınızda soğumaya yol açabilirler. Sertlik, ağırlık, mide bulantısı, boşluk veya tutulma gibi pek çok olası bedensel duyum söz konusudur. Bunları bedeninizin belirli yerlerinde veya bir bütün olarak tamamında deneyimleyebilirsiniz. Ayrıca bedeninizde (veya bedeninizin bir bölümünde) ölü gibi olma hissi veya hissizlik varsa, bunun nedeni de hissetmenizi istemeyen bir yandır.

Düşünceler. Yolun başı durumuna tepki olarak ortaya çıkan birçok düşünce yanlardan gelir. "Çok müdahaleci biri" gibi insanlar hakkında veya "Bu söylediğin çok aptalcaydı" gibi kendinizle ilgili düşünceler söz konusu olabilir. Birçok düşünce kalıbı da yanların varlığını gösterir; örneğin, patronunuzla yapacağınız zorlu konuşma hakkında düşünüp durmak veya insanlar hakkında sık sık yargılayıcı düşüncelere sahip olmak. Düşüncenin yokluğu bile bazen bir yanın varlığını gösterir. Örneğin, zihniniz aniden boşalırsa, genellikle buna neden olan bir yan vardır çünkü belki de tehlikeli olduğunu düşündüğü bir düşünce silsilesine devam etmenizi istemiyordur.

Davranış. Örneğin, geri çekilme veya saldırgan olma gibi bir eylem veya davranış kalıbı bir yanın varlığını gösterebilir. Davranıştan kaçınma da bir yanı gösterir. Örneğin, bir telefon görüşmesinden ya da üzerinde çalışmanız gereken bir projeden kaçındığınızı fark ederseniz, bu erteleyici yandan kaynaklanıyor olabilir.

Arzular. Bazı arzu türleri bir yandan gelir. Bir yan, yakınlık veya başarı isteyebilir. Başka biri görülmek ve takdir edilmek isteyebilir. Üçüncüsü yalnız kalmak isteyebilir. Arzu eksikliği, bir şeyleri istemenin güvenli olmadığını düşünen bir yandan da gelebilir.

Şimdi bir yolun başı örneğine daha ayrıntılı bir şekilde bakalım. Betty, yetişkin oğlunun evini ziyaret ettiğinde, oğlunun torununa sözlü tacizde bulunduğunu görüp onunla bu konuyu konuşmayı düşündü ama tereddüt ediyordu. Bunu keşfetmek için ondan konuyu oğluna açtığını hayal etmesini istedim. Eriştiği yanlara dair şöyle bir liste oluştu:

1. Bir yan oğluyla bu konuda konuşmaktan kaçınmak istiyordu. Buna boğazında, konuşmasını engellemeye yönelik boğucu bir his eşlik etti çünkü bir hata yapabilir ve oğluna acı verebilirdi.
2. Oğlunu ve torununu umursayan, sevgi dolu bir yanı vardı.
3. Bir yanı daha önce iyi iletişim kurmadığı için üzgün ve pişmandı.
4. Bir yanı oğlunun torununa davranışı konusunda hayal kırıklığına uğramış ve utanmış hissediyordu.
5. Bir yanı oğluna kızgın, torununa karşı korumacıydı. "Bunu nasıl yaparsın?" deyip oğlunu itmek istiyordu.
6. Bir yan, kızgın/koruyucu yandan korkar ve bu, midesinde bir rahatsızlık olarak yansır. Bu yan, kızgın yandan bunalıp oğluna kırıcı sözler söylemekten korkar. Bu rahatsız edici yan, bir süre Betty'nin kızgın yanının farkına varmasını engelledi.

Betty'nin bu deneyiminden, tek bir yolun başı olayından pek çok yanın harekete geçebileceğini, Betty'nin duygu ve davranışlarını etkilemek için birbirleriyle etkileşime girdiklerini görebilirsiniz. Bu, bir yanı diğerinden nasıl ayırt edeceğiniz sorusunu gündeme getiriyor. İki duygu çok farklı görünüyorsa veya birbirine karşıysa, bunlar açıkça farklı yanlardır. Örneğin, Betty'nin oğluna olan sevgisi ve ona olan öfkesi o kadar zıttır ki farklı yanlardan geldikleri açıktır. Bir yan diğerini engelliyor veya koruyor gibi görünüyorsa, bu farklı yanların devrede olduğu anlamına gelir. Örneğin, midesi bozulan yanı, Betty'nin kızgın/koruyucu yanına ilişkin farkındalığını bir süreliğine engelledi.

Ancak ya iki yan benzer görünüyorsa? Örneğin, boğulma hissi ve mide rahatsızlığı kabaca aynı tutuma sahip gibi görünüyor, bu nedenle aynı yandan veya iki farklı yandan geliyor olabilirler. Bu düşünerek belirlenemez. Betty bunu ancak onları daha derinlemesine keşfederse ögrenebilir.

Alıştırma: Yolun başı durumunda yanları tanımlamak

Keşfetmek istediğiniz bir yolun başı durumu seçin. Yukarıda açıklanan yaklaşımı kullanarak o durumla ilgili yanların her birinin listesini yapın. Mümkünse her yan için aşağıdakileri yazın:

Yanın adı ______________________

Duygusal olarak ne hissediyor? ______________________

Neye benziyor? ______________________

Bedeninizde nasıl bir his oluşturuyor ve nerede ______ bulunuyor? ______________________

Ne diyor? ______________________

Nasıl davranmanızı sağlıyor? ______________________

Ne istiyor? ______________________

Henüz bu yanları tam olarak keşfetmediniz, bu yüzden onlar hakkında fazla bir şey bilmiyorsanız endişelenmeyin. Sadece bildiklerinizi yazın. Yanı daha iyi tanıdıkça eklemeler yapabilirsiniz.

Bu alıştırmanın ve kitaptaki diğer tüm soruların cevaplarını daha kolay yazabilmeniz için, www.personal-growth-programs.com/ifs-book web sitemden ücretsiz olarak indirebileceğiniz yardımcı bir çalışma kitabı oluşturdum.

Adım K1: Bir yana erişim

İAS seansına üzerinde çalışmanın faydalı olacağına inandığınız bir yana erişerek başlayabilirsiniz. Bu önemli bir konuyla ilgili bir yan olabilir veya şu anda sizde yoğun duygulara neden olan bir yan olabilir. Bu bölümde, yan ile nasıl temas kurulacağı vurgulanmaktadır. Yanı tam olarak nasıl tanıyacağınız sonraki bölümlerde ele alınacaktır. Bu yöntemler herhangi bir yana erişmek için kullanılabilse de 1. Kısım'da genel odak noktası koruyucular olduğu için burada onları vurgulayacağız. Bu işlem sırasında ve herhangi bir İAS seansında gözlerinizi kapatmak en iyisidir. Ayrıca bu çalışmayı başka insanlar, evcil hayvanlar, telefonlar veya bilgisayarlar tarafından rahatsız edilmeyeceğiniz özel bir odada yapmanızı da tavsiye ederim. Bu sayede dikkat dağıtıcı unsurlar azalır ve eriştiğiniz koruyucuya tamamen odaklanabilirsiniz.

Kendi içinize dönün ve duygularınız, imgeleriniz, beden duyumlarınız ve iç sesleriniz yoluyla istediğiniz yanla yaşantısal olarak bağlantı kurun. Bir yana erişmek için çeşitli içsel kanallar vardır:

Duygular. Yanı karakterize eden, onu duyumsamanızı sağlayan duyguyu, tutumu veya arzuyu hissedersiniz.

Beden Duyumları. Yanla birlikte gelen bedensel deneyimi hissedersiniz.

Görüntüler. Yanı temsil eden içsel bir görüntü görürsünüz. Bu kendiliğinden ortaya çıkabilir veya yanı temsil eden görüntüyü arayabilirsiniz. Bu sarkık veya kaslı gibi belirli bir bedensel duruşu veya ifadesi olan, kendinize ait bir görüntü olabilir. Belirli bir yaştaki bir haliniz olabilir. Aynı zamanda ünlü bir kişinin, bir çizgi film karakterinin, efsanevi bir figürün veya bir hayvanın görüntüsü olabilir. Yanların görüntüleri örneğin bir duvar, bir buz sandığı, parlak bir güneş veya yabani otlarla dolu bir bahçe gibi daha soyut da olabilir.

İç Ses. İçeride sessizce kelimeleri söyleyen yanı duyarsınız. Sizinle veya hayatınızdaki biriyle, hatta başka bir yanla konuşuyor olabilir. Bazen eriştiğiniz bedensel his veya görüntü ilk başta çok net olmayabilir. Bunda sorun yoktur; bu sadece o yana henüz tam olarak erişmediğiniz anlamına gelir. Onu 7. Bölüm'de anlatıldığı gibi tanımaya devam ettikçe yan daha net hale gelecektir.

Bir yana nasıl erişileceğini daha iyi anlamak için İAS derslerimden bir örneğe bakalım. İşte Julie'nin deneyimine dair açıklaması.

Julie: Bir yıldır içinde olduğum bir ilişkiyi bitirmeye hazırlanıyorum. Erkek arkadaşım çok muhtaç ve talepkâr görünüyor ve ben bir kontrol manyağı gibi davranıyorum.

Jay: Vücudundaki o yanı nasıl hissediyorsun?

Julie: Bu yanda bir tür sertlik var. Erkek arkadaşıma karşı bende hiç his yok. Genel bir sevgisizlik hali gibi. Ve bu bir sertlik gibi görünüyor çünkü kendimi yumuşak ve sevgi dolu hissetmiyorum. Kapalı gibiyim, ona bağlı değilim, katıyım. Kalbimi ya da kafamın aşağısındaki hiçbir şeyi hissetmiyorum.

Jay: Bak bakalım, o yana karşılık gelen bir görüntü ortaya çıkıyor mu?

Julie: *Oz Büyücüsü*'ndeki Teneke Adam'ı görüyorum. Şimdi daha iyi bir bağlantı kurdum onunla.

Görüntünün bir erkeğe ait olduğuna dikkat edin. Bazı yanların karşı cinsten olması alışılmadık bir durum değildir. Hepimizin içimizde her iki cinsiyete ait özellikler taşıdığımız psikolojide iyi bilinir.

Bu örnekte Julie üç kanal kullanarak yana erişiyor. Vücudunda bir sertlik, duygusal olarak kapanmışlık hissi ve Teneke Adam'ın bir görüntüsünü deneyimliyor. Ancak bir yana erişmek için çok sayıda kanal kullanmak gerekli değildir; sadece bir tane de yeterli olur.

Bazı kanalların sizin için kolay ve doğal olduğunu, bazılarının ise daha zor olduğunu görebilirsiniz. Örneğin, ben görselleştirme konusunda zayıfım, bu yüzden görüntüler aracılığıyla yanlarım hakkında pek faydalı bilgi alamıyorum. Ancak bedenimi ve duygularımı hissederek ve yanlarımın benimle konuştuğunu işiterek yanlara kolayca erişebiliyorum. Diğer insanlar harika görselleştiricilerdir ancak vücut duyumlarına iyi erişimleri yoktur. Ayrıca farklı yanlar farklı kanallar aracılığıyla iletişim kurabilir. Her yanla hangi kanalı veya kanalları kullanacağınızı sezgisel olarak bilirsiniz. İAS, yalnızca bir kanalla çalışan birçok psikoterapi yönteminin aksine, sizin için en iyi olan kanalları kullanmanıza izin verir.

Yanların aktive olması

Bir yana nasıl eriştiğiniz o anda aktif olup olmadığına bağlıdır, bu nedenle önce bu aktivasyonu anlamalıyız. Herhangi bir anda, içinde bulunduğunuz veya düşündüğünüz bir durum nedeniyle aktive olan bir veya daha fazla yan vardır. Aktive olan her yan duygularınızı, bedeninizi, düşüncelerinizi ve davranışlarınızı etkiler. Yanlarınızın geri kalanı uykudadır ancak her an aktive olabilirler. Örneğin, bu resimde Julie'nin Teneke Adam yanı aktive olmuş alanda, geri kalan yanları bir perdenin arkasında, şu an için uyuyorlar.

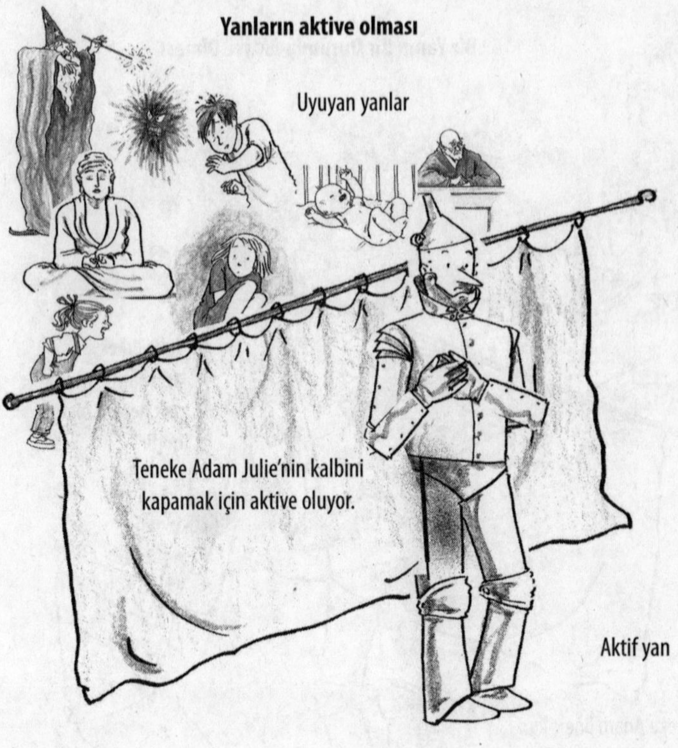

(2. Bölüm'de kişilik sisteminin perdenin arkasında sadece sürgünlerin bulunduğu versiyonunu hatırlıyor olabilirsiniz. O biraz basitleştirilmiş bir anlatımdı. Aslında aktive olmayan bütün koruyucular da perdenin arkasında bulunurlar.)

Yanlar dışsal etkenlere veya içsel hatıralara veya düşüncelere göre harekete geçerler. Yanlarınızdan birine tehlikeli görünen bir kişiyle ilişkideyseniz veya bir durumun içindeyseniz, bu yanınız aktive olup sizi korumak için kişilik sisteminizi ele geçirecektir. Örneğin, Julie'nin Teneke Adam'ı, onu erkek arkadaşının taleplerinden koruması gerektiğini hissediyordu. Kalbi ona açık kalırsa, onun muhtaç yapısı tarafından yutulacağından ve ilişkiyi bitiremeyeceğinden korkuyordu. Bu yüzden uyuyan yanlar grubundan çıktı, aktifleşen alanı ele geçirdi ve Julie'nin yumuşak, sevgi dolu duygularını kapattı.

Bir Yanın Bir Durumla Aktive Olması

Aktivasyon ve erişim

Bir yana erişmeye karar verdiğinizde, halihazırda aktif veya uykuda olabilir. Yanın hangi durumda olduğuna göre farklı şekillerde erişilir. Teneke Adam gibi o anda aktif olan bir yana erişmeye karar verirseniz, bunu yapmak nispeten kolaydır. Sadece bedeninizi ve duygularınızı hisseder, sesleri dinler ve görüntüleri fark edersiniz. Erişim, o yana ışık tutup aydınlatmak gibidir.

Julie'nin benliği feneri Teneke Adam'a doğrultuyor.

Ancak aktif olmasa bile bir yana erişebilir ve onunla çalışabilirsiniz. Önce o yanı aktive etmeniz gerekir. Bunu yapmanın iyi bir yolu, bu yanın aktive edildiği yakın bir zamanı hatırlamak ve o durumda olduğunuzu hayal etmektir. Bunu hayal ederken içinizde ne hissettiğinize, görüntülere veya seslere dikkat edin. Bir başka yol, bu yan aktive olduğunda genellikle nasıl hissettiğinizi hatırlamak olabilir. Örneğin, Julie Teneke Adam'a erişmek isterse, erkek arkadaşıyla en son birlikte olduğu zamanı ve onun nasıl muhtaç olduğunu düşünebilir, ardından neler hissettiğini hatırlayabilir.

Bir Yana Erişmek için Onu Aktive Etmek

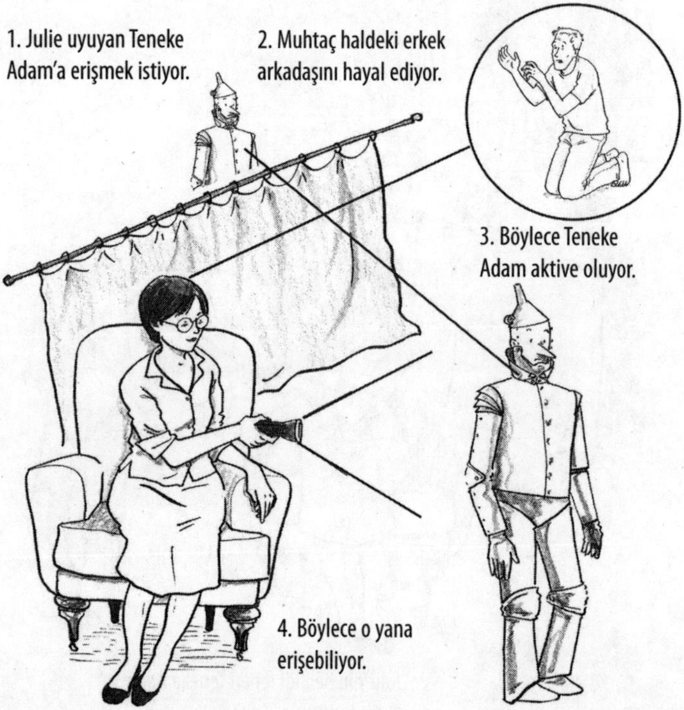

Bir yanı böyle bilerek aktive etmek onu dışsal bir etkenin yapacağı kadar tetiklemez ancak ona erişmenize yetecek kadar aktive eder. Aslında bazen ilk başta aktive olmamış bir yanla çalışmak daha kolaydır çünkü yanın duyguları sizi boğacak kadar yoğun olmayacaktır (yanın sizi boğmasını nasıl engelleyeceğinizi görmek için sonraki bölüme bakın).

Jane'in ilk başta aktive olmamış bir yana erişme çalışması şöyledir:

Jane: Bu dün karşılaştığım bir yan. Ona Bitkin adını verdim. Kız kardeşim beni yargılarken ortaya çıktı.

Jay: Dün kız kardeşin seni yargılarken bu kısmın nasıl hissettirdiğini hatırla.

Yanın şu anda aktif olmadığı açıkça görüldüğü için ondan hatırlamasını istiyorum.

Jane: (duraklıyor) Tamam. Şimdi bir his var. Boynumda, boynumun arkasında, kafatasımın yakınında bir gerginlik hissediyorum.

Jay: Bak bakalım, o yanın bir görüntüsü var mı?

Jane: Büyük, şişkin, kararmış gözleriyle bir kurukafanın resmi beliriyor zihnimde. Deli gibi sinirli. Kendini zor tutuyor.

Jane, Bitkin yana şimdi erişebilmek için onu dünün anısıyla aktive etti.

Alıştırma: Aktif olmayan bir yana erişmek

Şu anda aktif olmayan yanlarınızdan birini seçin. Yanın aktif olduğu bir durumda olduğunuzu hayal edin ve bunun size neler hissettirdiğini fark edin. Bu hissettiklerinizden hareketle duygu, beden, görüntü ve içsel ses gibi kanalların her birini kullanarak o yana erişmeyi deneyin. Yaşadıklarınızı yazın.

Yanın adı ______________________________

Duygusal olarak ne hissediyor? ______________

Neye benziyor? ______________________________

Vücudunuzda nasıl bir his oluşturuyor ve nerede bulunuyor? ______________________________

Ne diyor? ______________________________

Ancak tüm kanallardan erişim elde etmenin gerekli olmadığını unutmayın.

Mevcut deneyimden hareketle yanlara erişmek

Genellikle, bu bölümdeki önceki örneklerde olduğu gibi, zaten bildiğiniz bir yana erişerek oturum başlatırsınız. Ancak bazen hangi yanla çalışacağınız konusunda net bir fikriniz olmaz. O anda keşfedilmesi önemli görünen bir şey hissediyor olabilirsiniz ancak tam olarak hangi duyguların veya deneyimlerin orada olduğu konusunda net olmayabilirsiniz; sadece bir duygu karmaşası söz konusu olabilir. İAS bunu çözmenize yardımcı olabilir. Genellikle belirli bir anda aktive olan birden fazla yan vardır, bu nedenle mevcut tüm yanları belirlemek için o andaki deneyiminizi keşfederek bölgenin bir haritasını çıkarmanız yararlı olur. Ardından, daha fazla çalışmak için birini seçebilirsiniz.

Şöyle bir yol izleyebilirsiniz: İçsel dünyanızı kontrol edip duygularınızı, beden duyumlarınızı, görüntüleri ve sesleri fark edin. Muhtemelen bunlardan biri dikkatinizi daha önce çekecektir. Bir yana erişmek için bu deneyimi kullanın. Ardından aktif olan diğer yanlar hakkında bilgi edinebilmeniz için ondan kenara çekilmesini isteyin. Sonra diğer deneyimlerden birini fark edin ve onunla ilişkili yana erişin. Bulduğunuz tüm yanlara erişene kadar bu şekilde devam edin.

Georgia

Yanlara bu şekilde erişmenin bir örneğini verelim. Georgia'dan o anda farkında olduğu bir yana odaklanmasını istedim.

Georgia: Sen konuşurken başladı bile. Göğsümde siyah bir his. Çok gergin ve katı. Daha fazla içine girdiğimde vücudumda korkuyla bağlantılı küçük şoklar beliriyor.

Jay: Bu yan neye benziyor?

G: Belki birlikte iki yan vardır. Korku, başka bir yana tepki veren bir yandan geliyor gibi görünüyor. Korkmuş yanın içinde bu karanlık yok gibi. Küçük bir çocuğa benziyor, belki dört ya da beş yaşında olabilir. Çok korkmuş.

İki yanın aktive olduğu konusunda haklı. Şimdi bunlardan birine, korkmuş yana erişti.

J: Diğer yana erişebilmek için o yana bir kenara çekilmeye istekli olup olmadığını sor.

G: Şimdi uzaklaştı. Başka bir yan çıktı şimdi, saldırgan. Sanki benim dışımda, önümde duruyor. Üçüncü gözümde (alnında) bir baskı var.

J: O yanın bir görüntüsü var mı, bak bakalım.

G: Erkek, iri, simsiyah, güçlü.

J: Ondan da kenara çekilmesini iste.

G: Üçüncü gözümde bir açıklık görüyorum, içeri ışık giriyor. Saldırı karşısında beni rahatlatıyor gibi görünüyor.

Georgia o anda ortaya çıkan üç yana erişti: korkmuş bir çocuk, siyah bir saldırgan ve rahatlatıcı bir ışık (bu benlik olabilir). Bu deneyim onu etkileyen içsel güçler hakkında ona bir fikir veriyor.

Walter

Walter'ın yanlarına ânında erişme deneyimi:

Walter: Boynumda zehirli bir sarmaşığın verdiği yanma hissini fark ediyorum. Çok sinirliyim.

Yanma hissi bir yandan gelmiyor. Bu zehirli sarmaşığa bedenin verdiği bir tepki sadece, tamamen fiziksel. Ancak sinirlilik hissi muhtemelen bir yanın yanma hissine verdiği duygusal tepki, bu yüzden ondan buna odaklanmasını istiyorum.

Jay: Siniri nasıl hissediyorsun bedeninde?

W: Göğsümde bir baskı gibi hissediyorum.

J: Bu yan neye benziyor?

W: Sanki bir şeyleri kırıp döküyor. Ne kadar sinirli olduğunu ifade edebilmek ona iyi geldi.

Walter ona derken yanı kastediyor.

J: Bak bakalım, başka hangi yanlar var?

W: Sinirli yanı fazla ciddiye almama hissi de var. İzin verme, olanı kabul etme gibi. Yani boynumda zehirli bir sarmaşık var ve bu konuda yapabileceğim hiçbir şey yok. Daha çok rahatlama hissi veriyor.

J: Peki bu yan neye benziyor?

W: Şişman Buda, sadece oturuyor.

J: Başka bir yan var mı, bak.

W: Hafta içi temasa geçtiğim bir yan bu. Çabalayan bir yan. Zehirli sarmaşık gibi düzeltilmesi gereken yanlış bir şey var ve onu çözmeliyim. Değiştiğinden emin olmalıyım. Bunun için çaba sarf etmeliyim. Duramam. Her zaman doğru açıyı, nasıl daha iyi yapabileceğimi bulmam gerekiyor.

J: Bu yanı vücudunun neresinde hissediyorsun?

W: Kafamda hissediyorum, bir şeye iyice sabitlenmiş gibi. A tipi kişilik yapısı, anal tutucu, cimri bir yan. Bu yanı sevmiyorum. Daha rahat olan kendi imajıma uymuyor.

J: Bu yanın bir görüntüsü var mı?

W: Masasında çıldırmış gibi belgelerle çalışan bir muhasebeci.

Walter üç yana da erişti: Bir şeyleri parçalayan bir adam, Buda yanı ve telaşlı bir muhasebeci. Bu ona o andaki içsel manzara hakkında bir fikir veriyor.

Anda Tetiklenen Yanlara Erişmek

Walter'ın aktive olan üç yanı vardı ve hepsine sırayla erişti.

Alıştırma: Mevcut deneyiminizden yanlara erişmek

O andaki deneyiminize odaklanın ve farkında olduğunuz yanların her birine sırayla erişin. Mümkün olduğu kadar çok kanal kullanın. Her yan için yaşadıklarınızı yazın.

Yanın adı ____________________
Duygusal olarak ne hissediyor? ____________________
Neye benziyor? ____________________
Vücudunuzda nasıl bir his oluşturuyor ve nerede bulunuyor? ____________________
Ne diyor? ____________________

Yolun başı durumunda yanlara erişmek

Bölümün başlarında, bir yolun başı durumunda hangi yanların yer aldığını entelektüel olarak nasıl belirleyeceğimiz üzerinde durmuştuk. Yolun başı durumuyla yaşantısal olarak çalışmaya başladığınızda, bu yanlar hakkında daha net hale gelir ve belki de daha fazlasını keşfedersiniz. Ayrıca, bir yolun başı durumuyla ilişkili yanları yaşantısal olarak doğrudan keşfetmeye de başlayabilirsiniz. Şöyle yapabilirsiniz:

Herhangi bir anda, bir yolun başı durumu da tıpkı bir yan gibi aktive olmuş veya olmamış olabilir. Aktive olmuşsa, ona verdiğiniz tepkiyi hissedebilirsiniz. Aktif olmayan bir yolun başı durumunu keşfetmek istediğinizde, o durumun aktif olduğu yakın bir zamanı hayal edin ve neler hissettiğinize bakın veya bu durumun aktif olduğu zamanlarda genellikle neler hissettiğinize dikkat edin. Ardından onunla ilgili tüm yanlara erişebilirsiniz.

Yolun başı durumuyla ilgili duyguları, bedensel duyumları, görüntüleri ve sesleri fark etmek için zihninizi kontrol edin. Genellikle çok sayıda deneyim fark edersiniz. Dikkatinizi çeken birini seçin ve bir yana erişmek için onu kullanın. O yan hakkında bir fikriniz olduğunda, ondan kenara çekilmesini isteyin, ardından bir sonrakine erişin ve bu şekilde devam edin.

Laura'dan bir örnek verebiliriz. Durumu tanımlayarak başlıyor:

Laura: İnşa ettiğim evde kalıyorum. Eski sevgilimle ayrıldığımdan beri artık orada yaşamıyorum. Bölgede seyahat ediyorum. Eski sevgilim gitti ve birkaç günlüğüne burada olmama izin veriyor. Bu durum beni allak bullak ediyor.

"Allak bullak" olması, yolun başı durumunu gösteriyor.

Jay: Bu durumla ilgili yanlardan birini hissedin.

L: Gözlerim doluyor. Sanki suyun altındaymışım gibi, sadece bu konudan bahsedince bile hava almak için yüzeye çıkıyorum. Bir konuşma dürtüsü var. Tüm vücudumu kaplayan bir titreşim gibi, titreme hissi. Bir şey ağlayarak bir şeyleri atmak istiyor gibi.

J: Bu yanın bir görüntüsü var mı?

L: Hans Christian Andersen'in Kibritçi Kız görüntüsü geliyor.

J: Tamam. Başka bir yan var mı, bak.

L: Bunun hangi yan olduğunu anlamıyorum... E, burada biraz güç hissi var. Desteklenme duygusu. Gözlerim iyice açılıyor, kafam biraz yana yatıyor. Sıcak basıyor ve belli belirsiz bir kendini açma hissi var. Bedenimde kavgaya hazırlanma hareketi hissediyorum, adrenalin hücumu gibi.

J: Bu yan neye benziyor?

L: Tehlikeli bir noktaya gelen miğferli, sert, haşin bir savaşçı. O küçük kızı korumak istiyor.

Laura, eski kocasının evinde kalmanın yarattığı yolun başı durumuyla bağlantılı iki yana erişti. Savaşçı elbette bir koruyucu.

Alıştırma: Yolun başı durumundan yanlara erişmek

Hayatınızda sizin için önemli olan bir yolun başı durumunu seçin. Şu anda aktif değilse, kendinizi o durumda hayal edin veya yakın zamanda o durumda bulunduğunuz bir zamanı hatırlayın. Bu durumda ne hissettiğinize dikkat edin. O durumla bağlantılı yanların her birine teker teker erişin. Mümkün olduğu kadar çok kanal kullanın. Her yan için yaşadıklarınızı yazın.

Yanın adı ______________________________

Duygusal olarak ne hissediyor? ______________

Neye benziyor? ______________________

Bedeninizde nasıl bir his oluşturuyor ve nerede bulunuyor? ______________________

Ne diyor? ______________________________

Hedef yana odaklanmak

Buraya kadar bir yana nasıl erişeceğinizi öğrendiniz. Şimdi bir İAS oturumu başlatmak için bu beceriyi nasıl kullanacağınızı göreceksiniz. Bir İAS oturumunun başında, hayatınızdaki bir konuyu tartışmak veya farkında olduğunuz bazı yanlar hakkında konuşmak isteyebilirsiniz. Bununla birlikte, çok geçmeden bu entelektüel anlayışın pek bir değeri kalmaz. İçinize dönme ve kendinizi yaşantısal olarak keşfetme zamanı gelmiştir. Amacınız, derinlemesine tanımak için bir yana odaklanmak olacaktır (ki kitabın geri kalanında bunun nasıl yapılacağını öğreneceksiniz). Buna hedef yan denir.

Bunu yapmak için üç seçeneğiniz vardır:

1. Halihazırda bildiğiniz bir yan ile başlayın ve ona erişin.
2. Şu anda aktive olan tüm yanlara erişin ve ardından odaklanmak için birini seçin.
3. Bir yolun başı durumuyla başlayın. Hangi yanların onunla ilgili olduğunu görmek için analiz edin ve sonra erişmek için birini se-

çin veya yolun başı durumuyla ilgili tüm yanlara yaşantısal olarak erişin ve bunlardan birini seçin.

Bir yanla çalışmaya başladığınızda, uğraşmanız gereken diğerleri de harekete geçebilir. Bazen orijinal hedef yanla çalışmaya devam edeceksiniz, bazen de odağını onlardan birine çevireceksiniz. Bu konu 9. Bölüm'de ayrıntılı olarak tartışılmaktadır.

Alıştırma: Bir partnerle yanlara erişmek

Alıştırma yapmak için bir partnerle çalışıyorsanız, sırayla her birinizin yanlarına erişme denemesi yapabilirsiniz. Bunu üç yoldan biriyle yapın:

1. Bildiğiniz bir yandan başlayarak
2. Bir yolun başı durumuyla başlayarak
3. Mevcut deneyiminizle başlayarak

Bir partnerle nasıl çalışılacağına ilişkin tavsiyeler için 16. Bölüm'e bakın.

Bir yanı gerçek zamanlı olarak fark etmek

Bir yana gerçek zamanlı olarak, hayatınızda aktif olduğu anda erişmek çok faydalı olabilir. Planlanmış bir İAS oturumunun aksine, hayatınızın akışı sırasında yanlarla çalışmayı ifade etmek için "gerçek zamanlı" terimini kullanıyorum.

Günün herhangi bir ânında, bir yanın aktif olduğunu fark ettiğinizde ona hızlıca erişebilir ve sizi nasıl etkilediğine dikkat edebilirsiniz. Ne sıklıkta, hangi koşullar altında tetiklendiği ve duygularınızı, davranışlarınızı ve yaşamınızı nasıl etkilediği hakkında bu size bilgi verir. Örneğin, patronunuzun sizi ofisine çağırdığını varsayalım. Daha o bir şey söylemeden avuçlarınızın terlediğini ve göğsünüzde bir tedirginlik hissettiğinizi fark ediyorsunuz. Böylece gergin bir yanın aktive olduğunu anlarsınız. Ona hızlıca erişebilir ve bir otorite figürü tarafından yargılanmaktan korktuğunu öğrenebilirsiniz; ya da önemli bir telefon görüşmesi yapmak zorunda olduğunuzu varsayalım ancak aradan bir saat geçiyor ve arama yapmak yerine başka işlerle meşgul olduğunuzu fark ediyorsunuz. Kaçınan bir yanın aktive olduğunu anlayabilirsiniz. Ona eriştiğinizde telefon görüşmesinde bir aptal gibi konuşmaktan korktuğunuzu öğrenirsiniz.

Alıştırma: Bir yanı gerçek zamanlı olarak fark etmek

Hayatınızda sık sık aktive olduğu için daha fazla tanımak istediğiniz bir yanı seçin. ____________________

Gelecek hafta boyunca, bu yanın ne zaman aktive olduğunu fark etme alıştırması yapacaksınız. İlk önce, aktive olduğunu gösteren ipuçlarının neler olacağını düşünün. Hangi beden duyumları, düşünceleri veya duyguları size onun aktive olduğunu bildirecek? Örneğin, gergin bir mide, intikam fantezileri veya bir çocuk gibi ağlamak. ____________________
____

Yanın kontrolü ele geçirdiğini size hangi davranış gösterecek? Örneğin, partnerinizden uzaklaşmak, bir konuşmayı devralmak veya çok fazla yemek yemek. ____________________

Bu yanı hangi durumlar veya insanlar etkinleştirme eğiliminde? Örneğin, hoşlandığınız biriyle tanışmak, bir konuşma yapmak veya oğlunuzun itaatsizlik etmesi. ____________________

Bunlar önümüzdeki hafta ne zaman olabilir? ____________________
____

Bu yanın bu zamanlarda aktive olup olmadığını fark etmek için bir niyet belirleyin. Yanın tetiklendiğini her fark ettiğinizde ona erişin ve onun hakkında kısa notlar alın. Not almak için o anda duramıyorsanız, bunu bir sonraki molanızda veya mümkün olan en kısa sürede yapın. Hafızanızda hâlâ canlı olması iyi olur. Her günün sonunda, yanın aktive olduğu anları bulmak için gününüzü gözden geçirin. O anda notlarınıza ekleyin. Bu günlük inceleme, ertesi gün bu alıştırmayı aklınızda tutmanıza da yardımcı olacaktır.

Her gerçekleştiğinde alınması gereken notlar:
Durum ___________________________
Yanı nasıl deneyimliyorsunuz? ___________________________
Yanı tetikleyen durumu nasıl deneyimliyorsunuz? ___________________________

Mükemmellik beklemeyin. Muhtemelen bu sorunun aktive olduğu tüm zamanları yakalamayacaksınız veya her seferinde neler olup bittiği konusunda net olmayacaksınız. Bunu yapmak çok zordur. Örneğin, araba kullanıyor veya bir projeyi bitirmeye çalışıyor veya birisiyle konuşuyor olabilirsiniz; bu nedenle başka pek çok şeyin farkında olmak zor olabilir. Bu normaldir. Sadece elinizden gelenin en iyisini yapın.

Özet

Bu bölümde bir koruyucuya yaşantısal olarak nasıl erişeceğinizi öğrendiniz. Bu, bir yanı tanımada ilk adımdır (K1). Bir yolun başı durumuyla ilişkili yanları belirlemeyi öğrendiniz. Bir yana duygu, görüntü, beden duyumu ve içsel ses yoluyla erişebilirsiniz. Bir yanın aktive olmasının ne anlama geldiğini biliyorsunuz. Aktive olan bütün yanlara erişmek için bir yolun başı durumuyla veya mevcut deneyiminizle çalışabilirsiniz. Belirsiz olan bir yanı yavaş yavaş nasıl netleştireceğinizi ve odaklanacağınız yanı nasıl seçeceğinizi öğrendiniz. Aktif bir yanı gerçek zamanlı olarak fark etmeyi de öğrendiniz. Sonraki iki bölümde bir koruyucuyla başarılı bir şekilde çalışabilmek için benliğe nasıl ulaşacağınız anlatılacaktır.

5. Bölüm

Dengeye ulaşmak: Koruyucudan ayrışmak

Sheila'nın kocası işiyle oldukça meşguldü ve karısına pek fazla ilgi göstermiyordu. Ardından Sheila'nın doğum gününü unuttu. Kırılma noktası bu oldu. Sheila ayağa kalkıp, "Artık beni sevmiyorsun! Önemsediğin tek şey işin. Bütün gününü o bilgisayarın başında geçiriyorsun. Bana ayıracak hiç zamanın yok. Çok bencilsin!" diye bağırdı. Sheila'nın Öfke Nöbeti Geçiren yanı aktive olmuştu. O anda, Öfke Nöbeti Geçiren yan Shelia'yı ele geçirdiği için Sheila o yan haline gelmiş ve benliğe erişimini kaybetmişti.

Bazen bir yanımız kızgın olsa dahi benlikte kalabiliriz. Sheila, "Eşimin beni sevdiğini biliyorum ama şu anda benimle çok ilgilenemiyor çünkü teslim tarihi yakın olan çok önemli bir projesi var. O aslında iyi bir adam" diyebilirdi. Benliğinin sakinliği ve şefkati, kocasıyla makul bir şekilde ilişki kurmasına izin verebilirdi. Ona projesinin nasıl gittiğini sorduktan sonra doğum gününü hatırlatabilirdi.

Bilinç merkezi

Bu durumu bilinç merkezi kavramını kullanarak da açıklayabiliriz. Her birimizin kişilik sistemimizde kimliğimizi, seçimlerimizi, duygularımızı ve algılarımızı belirleyen bir yer bulunmaktadır. Bu merkez, benliğimiz veya bir yanımız tarafından işgal edilebilmektedir. *Herhangi bir anda bilincin merkezinde oturan her kimse, o anda kişiliğimizin yönetiminden sorumludur*. İster bir yan olsun isterse benlik, o sırada bilincin koltuğunda kim oturuyorsa, nasıl hissettiğimizi, niyetlerimizin ne olduğunu, diğer insanları nasıl algıladığımızı, onlarla nasıl ilişki kurduğumuzu, seçimlerimizin ve eylemlerimizin ne olacağını da o belirlemektedir. Son bölümde gördüğümüz duygularınızı ve eylemlerinizi aktif yanın belirlediği fikrinin geliştirilmiş halidir bu. Herhangi bir zamanda, aktive olmuş yanlarınızın tümünün sizin üzerinizde bir etkisi bulunmaktadır fakat bilinç koltuğunda o anda kim oturuyorsa onun etkisi daha ağır basar. Baskın olan duygunuzu ve eylemlerinizi koltuğun o anki sahibi belirlemektedir.

Herhangi bir zamanda bilinç koltuğumuzda kimin oturduğunun tam olarak farkında değilizdir. Aslında koltukta oturan kişi dışarıya bakan kişi olduğu için kendisi bizim için görünmez olma eğilimindedir. Bilinçli veya farkında olan kişi, bilinç koltuğunda oturandır. Bizler bilincin merkezindeki bu kişiyi kendimiz olarak kabul ederiz. O koltukta oturan kişi gözlemci veya tanıktır ve bilincin el fenerini kullanmaktadır. Bu el feneri hangi yanı aydınlatıyorsa onun bilincindeyizdir fakat el feneri nadiren onu tutan kişiye doğru çevrilir. İşte bu yüzden, bilincin merkezinde oturan kişinin farkında olmama eğilimindeyizdir. Tanık görür ama kendisi görülmez.

İdeal olarak bilincin koltuğunda oturan kişi benliktir. Sheila'nın durumunda bu, kocasıyla nasıl bir etkileşime girdiğinden benliğin sorumlu olacağı anlamına gelmektedir. Bilinç koltuğunda oturan kişi, Sheila'nın kocasını nasıl algıladığını (meşgul veya umursamaz olarak), ona karşı nasıl hissettiğini (endişeli/ilgili veya kızgın), ona nasıl davrandığını (makul veya suçlayıcı) ve onun kocasıyla olan etkileşiminde neyi başarmayı çalıştığını (ilişki veya intikam) belirlemektedir. Bilinç merkezi, kimliğinizi yani kendinizi kim olarak kabul ettiğinizi dahi belirlemektedir. Örneğin, Sheila'nın yaşadığı bu durumda, Sheila eğer benlikte olsaydı kendisini kocasına bağlı bir partner olarak kabul ederdi; fakat Öfke Nöbeti Geçiren yan olunca kendisini kocası tarafından kötü muamele gören bir kurban olarak tanımladı.

Benlik, bilinç koltuğunun asıl sahibidir, çünkü aslında o bizim gerçekte kim olduğumuzdur. O bizim temel doğamız, ruhsal merkezimizdir. Herhangi bir yan (Sheila'nın Öfke Nöbeti Geçiren yanı gibi) bilinç koltuğunu devralmadığı ve benliği arka plana itmediği sürece, benlik bilinç koltuğunun asıl sahibidir. Bir yanınız koltuğu ele geçirdiği takdirde, o zaman o yanınız bir süreliğine kişilik sisteminizden sorumlu hale gelir. Bu durum bir anda ve genellikle biz farkına varmadan gerçekleşebilir. Ancak daha sonra da öğreneceğiniz gibi, eğer çok dikkat ederseniz bu değişimi fark edebilir ve onunla çalışabilirsiniz. Yan kenara çekildiği takdirde, benlik otomatik olarak tekrar bilinç koltuğuna geçecektir.

Herhangi bir anda, bilinç koltuğunun sahibiyle özdeşleşmiş durumdasınızdır. Eğer benlik koltuktaysa, benlikle özdeşleşirsiniz. Eğer koltuğu bir yan ele geçirirse, o yan ile özdeşleşirsiniz; yani o anda siz o yan haline gelirsiniz. Bizler kimliğimizdeki bu değişimleri genellikle fark etmeyiz; her zaman aynı bölünmez kişilikte olduğumuzu düşünürüz. Ancak bu değişimler her zaman olmaktadır ve İAS sizin bu değişimlerden haberdar olmanıza yardımcı olacaktır. Kitap boyunca "siz" derken, o anda bilinç koltuğunda oturan kişiden bahsediyorum çünkü siz o olduğunuzu düşünüyorsunuz. Bu bazen benlik olacaktır, bazen ise bir yanınız.

Benliği Kaplamış Bir Yandan İlişki Kurmak

Sheila'nın durumunda, Öfke Nöbeti Geçiren yanı bilinç koltuğunu neredeyse tamamen ele geçirmiş ve benlik arka plana itilmişti. Sheila, Öfke Nöbeti Geçiren yanıyla özdeşleşmişti. İAS terminolojisiyle söyleyecek olursak, bu yan benliği kaplamıştı. Bu yüzden Sheila'nın kocasıyla nasıl bir ilişki kurduğunu artık benlik belirlemiyordu. Sheila öfkesinden ayrışamıyor, kocasının davranışlarını onun bakış açısından anlayamıyor ya da makul bir şekilde hareket edemiyordu. Öfkeli olmak hakkında bile konuşamıyordu. Yapabildiği tek şey öfkesini dışavurmak ve kocasını aşağılamaktı.

Yanın benliği kaplamasını başka bir yolla daha anlatalım: Benliği berrak, sakin ve dengede bir bardak su olarak düşünün. Suya bir çay kaşığı kahve koyarsanız hemen kararır ve güçlü bir koku yayılmaya başlar. Kahve (yan), suyu (benlik) kaplamış ve görünümünü tamamen değiştirmiştir. Su hâlâ oradadır fakat kahve tarafından tamamen kaplanmış durumdadır.

Sheila'nın kocasına karşı duyguları bir saat sonra değişmiştir. Sakinleşmeye başlamasıyla beraber kocasına verdiği tepkiden utanmaya başlamıştır. "Böyle olduğum zamanlardan nefret ediyorum. Onun beni sevdiğini biliyorum. Son zamanlarda gerçekten meşgul ve dikkati dağılmış durumda. Bana ne oldu bilmiyorum. Keşke bu kadar öfkelenen yanım gitse." Tam bu noktada, Öfke Nöbeti Geçiren yanı artık Sheila'yı kaplamış durumda değildir. Ancak bu Sheila'nın benlikte olduğu anlamına da gelmemektedir çünkü şimdi de başka bir yan Sheila'yı kaplamış durumdadır. Sheila, Öfke Nöbeti Geçiren yanını eleştirmekte ve bu yanının gitmesini dilemektedir. Aslında bu, Sheila'nın benliğinden değil, başka bir yanından gelmektedir. Bunun benlikten değil de başka bir yandan geldiğini anlayabiliyoruz, çünkü benlik diğer insanlara olduğu kadar diğer yanlara karşı da açık, meraklı ve şefkatlidir. Benlik hiçbir zaman yargılayıcı değildir ve asla herhangi bir yanı ortadan kaldırmak istemez. Dolayısıyla yargılayıcı bir yan Sheila'yı ele geçirmiştir.

Bu örnek, zor yanlarımızla iki şekilde ilişki kurduğumuzu bize göstermektedir: Ya onlarla kaplanırız ya da onları yargılarız. Ancak her iki tutum da bir yanı tanımaya ya da onunla bağlantı kurmaya yardımcı olmamaktadır. Bir yanı başarılı bir şekilde tanımak ya da bağlantı kurabilmek için benlikte merkezlenmelisiniz ki bu yanınızla merak ve şefkat yoluyla ilişki kurabilesiniz. Bu bölümde ve bir sonraki bölümde, bu iki tutumu nasıl tanıyacağınızı ve benliğe nasıl döneceğinizi öğreneceksiniz. Bu bölüm hedef yan sizi kapladığında bunu nasıl fark edeceğinizi ve benliğe nasıl erişeceğinizi ve kaplanmayı nasıl çözeceğinizi açıklamaktadır. 6. Bölüm, hedef yanla ilgili endişeleri olan bir yanla kaplandığınızı nasıl anlayacağınızı ve ondan nasıl ayrışacağınızı göstermektedir.

Kaplama

Aşağıdakilerden herhangi biri olduğunda, bir yan sizi kaplar ve bilinç merkezinize geçer:

1. Yanın duygularıyla o kadar dolup taşarsınız ki dengeniz bozulur. Bu duyguların içinde kaybolursunuz. Örneğin, eğer yan kızgınlık hissediyorsa, düşünmek için aranıza bir mesafe koyamadan yanın öfkesine kapılırsınız.
2. Yanın inançlarına kapılırsınız ve bu yüzden duruma yönelik perspektifinizi kaybedersiniz. Dünyayı yanın çarpık algısı aracılığıyla görürsünüz. Ayrıca, bunun birçok perspektiften biri olduğunun farkına varamaz, durumu gerçek olarak görürsünüz. Eğer yan dünyanın tehlikeli bir yer olduğuna inanıyorsa, kendi inançlarınızı dünyaya yansıtıyor olabileceğinizi düşünmeden dünyayı böyle görmeye başlarsanız.
3. Benliğinizi yeterince hissetmezsiniz. İçinizde tanıklık etmek istediğiniz yanlarınızdan ayrı olan kısma erişiminiz yoktur. Herhangi bir merkeziniz veya zemininiz bulunmamaktadır.

Kaplama, yanların aktivasyonunun daha aşırı bir şeklidir. Bir yan, onun duygularını hissettiğiniz ve sizi etkilediği ölçüde aktifleşse bile, yine de ondan ayrı hissedebilirsiniz. Duygusal tepkinizin abartılı olduğunu veya bakış açınızın çarpıtılmış olduğunu görebilirsiniz. Daha önceden patronunuza göndermiş olduğunuz bir raporun, patronunuz tarafından sizden yeniden yazılmasını istenildiği bir senaryo hayal edin. Kendinizi yetersiz ve biraz depresif hissedersiniz ancak bunun geçici bir reaksiyon olduğunu fark edecek kadar bir perspektifiniz hâlâ vardır. Patronunuzun eleştirisini değerlendirir, neler olduğunu anlar ve gelecekte neler yapabileceğinizi düşünebilirsiniz. Yetersiz yanınız aktifleşmiştir ancak onunla aranızda hâlâ bir mesafe bulunmaktadır. Yan sizi tamamen kaplamış bir durumda değildir. Benliğiniz hâlâ bilinç koltuğunda oturmakta, bu da sizin temelde yeterince yetkin olduğunuzu görmenizi sağlamaktadır. Kendinizi keyifsiz hissetseniz de bunun geçici olduğunu bilirsiniz.

Bununla birlikte, patronunuza farklı bir tepki verdiğinizi varsayalım. Raporunuzu eleştirmesi canınızı sıkar ve derin bir depresyona girmeden önce ofisten zar zor çıkarsınız. Masanıza oturup çok yetersiz olduğunuzdan emin olarak raporu çöp sepetine atarsınız. Yetersizlik duygusunu yarın geçecek bir şey olarak göremezsiniz. Yetersizliğinize dair inancınızı sadece bir inanç olarak göremezsiniz. Gerçek budur; yetersizsinizdir. Dünyanız iç karartıcı görünür, kendiniz hakkında berbat şeyler hissedersiniz. Hayatınız umutsuzdur, kendinizi boş ve keyifsiz hissedersiniz. Bu durum, yetersiz yanınızın sizi kapladığını göstermektedir. Yetersiz yanınız bilinç koltuğunu ele geçirmiştir. Benliğiniz gizlenmiştir.

Kaplama elbette siyah-beyaz bir mesele değildir, dereceleri bulunmaktadır. Kısa süreli demlenmiş çay gibi, bir yan sizi bir miktar kaplayabilir. Çok miktarda benliğiniz olabilir, orta düzeyde bir benliğiniz olabilir ya da benliğe hiç sahip olamayabilirsiniz. Kısmi kaplama olması, benliğin ve yanın bilinç koltuğunu paylaştığı anlamına gelir; her ikisi de başkalarıyla nasıl ilişki kurduğunuzu etkiler. Eğer Sheila bu durumu yaşasaydı, çok öfkelenmiş olsa da kocasına karşı biraz daha kibar ve mantıklı olabilirdi.

Kısmi Kaplama

Sheila'nın benliği ve Öfke Nöbeti Geçiren yanı kısmen kaplanmıştır (bilinç merkezini paylaşırlar) ve bu yüzden ikisi de Sheila'nın kocasıyla nasıl ilişki kurduğunu etkiler.

Bir koruyucuyu tanımak için gerekenler

Koruyucularla başarılı bir şekilde çalışabilmeniz için kaplama ile başa çıkabilmeniz gerekir. 4. Bölüm'de bir koruyucuya (K1) nasıl erişeceğinizi ve odaklanacağınızı yani onu nasıl hedef yan haline getirebileceğinizi öğrendiniz. Koruyucuyu tanıyabilmek için onunla ilişki kurarken benlikte olmalısınız. Benliğiniz mutlaka bilincin merkezinde olmalı ve yan kesinlikle ayrışmış halde olmalıdır. Böylece benlik, bilincin fenerini koruyucunun üzerine tutabilir ve onunla bir ilişki geliştirebilir. Bu, bazen "ikili bilinç hali" olarak adlandırılan ilginç bir deneyimdir. Böylece hem yanı hem de benliği hissedebilirsiniz. Yana yaşantısal olarak eriştiğiniz için onun duygularını bir ölçüde hissedebilirsiniz. Bununla birlikte, bilinciniz esasen benlikte merkezlenmiştir. Bu kombinasyon olağanüstü iyileştirici bir güç sağlamaktadır.

Bir Yanla Kaplanmadan İlişki Kurmak

Sheila'nın benliği, Öfke Nöbeti Geçiren yandan ayrıdır, böylece bilincin fenerini ona tutarak bu yanı tanıyabilir.

Ancak yan sizi kaplamışsa, bilincin yerini almış ve benliği arka plana itmiştir. Dolayısıyla siz o yan haline gelmişsinizdir. Bu şekilde onu tanıyamaz ya da onunla iletişim kuramazsınız çünkü ortada iki varlık yoktur. Bir ilişki için iki kişi gerekir. Sadece yan varsa, hiçbir ilişki mümkün değildir.

Bir Yanla Kaplandığınızda Onunla İlişki Kurmanın Zorluğu

Sheila'nın Öfke Nöbeti Geçiren yanı bilincin merkezini kaplamıştır, bu yüzden yanla ilişki kuracak ayrı bir benlik yoktur.

Bir yanla başarılı bir şekilde çalışmak için yüzde yüz benlikte olmanız gerekmez; yeterince benlikte olsanız yeter. Yandan ayrı durabilmenize yetecek kadar alana ihtiyacınız vardır. Bilinç merkezinde oturan yandan daha fazla benlik bulunması gerekir. Bu şekilde yana bakıp ona yardım edebilirsiniz. Eğer benlikte değilseniz yana yardım edemezsiniz çünkü yanın hikâyesini olduğu gibi kabul etmiş olursunuz. Bir yan ile başarılı bir şekilde çalışmak için yanın aktifleşmesi ancak sizi fazla kaplamamış olması en iyisidir.

Adım K2: Kaplanma olup olmadığını kontrol etmek

Bir sonraki adım (K2), o yanın sizi kaplayıp kaplamadığını görmek için içeriyi kontrol etmektir. Bunu yapmanın bazı yolları vardır:

O yanın duygularını ne kadar güçlü hissediyorsunuz? Bu yan birine kızgınsa, o öfkeyi ne kadar hissediyorsunuz? Örneğin, eşinizle bir kavganın ortasındaysanız, Sheila'nın yaptığı gibi eşinize bağırıyor musunuz? Öfkenizi sessizce mi hissediyorsunuz? Eşinize size ne kadar korkunç davrandığını *sadece* söylemek mi istiyorsunuz? Yoksa yapıcı bir şekilde iletişim kurmaya çalışabilmeniz için öfkenizle aranızda mesafe var mı?

Yanın bakış açısına (yanın, siz ve diğer insanlar hakkındaki inançları) ne kadar katılıyorsunuz? Örneğin, bir yanınız hayatınızın aşkını bulmanızın imkânsız olduğuna inanıyorsa, bu bakış açısını ne kadar kabul ediyorsunuz? Tatmin edici bir ilişki bulmaktan vazgeçtiniz mi? Hayattan sizin payınıza düşenin bu olduğuna mı inanmaya başladınız? Yoksa bunun sadece irrasyonel bir fikir olduğunu mu düşünüyorsunuz? Sheila'nın durumunda Sheila, Öfke Nöbeti Geçiren yanın kocasının onu sevmediğine dair inancına ne kadar katılmıştı?

Yandan ayrı olup yanın duygu ve inançlarına tanıklık ettiğiniz bir yerde durabiliyor musunuz? İçinizde yanın umutlarından ve korkularından daha büyük, olanlar konusunda nispeten sakin ve net olan bir varoluş alanı bulabilir misiniz? Bu varoluş alanı, bilincin koltuğunda oturan benliktir.

Yana karşı ne hissediyorsunuz? Yanın ne hissettiğine değil, bu yanınız sanki sizin karşınızda oturuyormuş gibi sizin ne hissettiğinize bakın. Eğer hüzünlü bir yana odaklanıyor ve üzüntü hissediyorsanız, bu duygu o yanın duygusudur. Hüzünlü yana karşı sizin nasıl hissettiğinizi bilmeniz gerekmektedir. Onu seviyor musunuz, takdir mi ediyorsunuz, yargılıyor musunuz, nefret mi ediyorsunuz? Bu yana değer veriyor musunuz? Onun hakkında daha fazla bilgi edinmek için istekli misiniz? Yoksa ondan kurtulmak mı istiyorsunuz? Eğer bu sorulara cevap alırsanız yan muhtemelen sizi kaplamamış demektir. Eğer yan sizi kaplarsa bu sorulara cevap vermek zorlaşacaktır. Ne de olsa, yanla bütünleştiğiniz zaman yana karşı bir şeyler hissetmek zorlaşacaktır. Bazen sadece bu soruyu sormak dahi yandan ayrışmanıza yardımcı olacaktır çünkü bu soruyu cevaplayabilmek için yandan ayrı bir yere adım atmanız gerekmektedir. Bu soru, 6. Bölüm'de anlatılan İAS sürecindeki K3 adımı için de oldukça önemlidir, bu nedenle ikili bir işlev görür. Dolayısıyla bu soruyu ileriki bölümlerde tekrar ele alacağız.

Bazen sadece bir yanın sizi kaplayıp kaplamadığını sorgulamak dahi onunla çalışabileceğiniz yeterli ayrışmayı yaratabilir ancak diğer zamanlarda ondan ayrışabilmek için daha fazlasını yapmanız gerekir. Eğer hedef yan sizi kaplamadıysa bir sonraki bölümdeki Adım K3'e geçin. Eğer hedef yan sizi kapladıysa yandan ayrışmak için Adım K2 ile devam edin. Bunu yapmanın çeşitli yolları mevcuttur.

Yanın ayrışmasını istemek

Yanı daha iyi tanıyabilmek için sizden ayrışmasını isteyin. Bunun ne anlama geldiğini anlamak önemlidir. Yanın sizden tamamen gitmesini istemiyorsunuz. Aslında yan ile bağlantı kurmak ve onu anlamak istiyorsunuz. Ancak bunu yapabilmek için ondan ayrı olmanız gerekir. Bir ilişki kurabilmek için iki kişi gerekir. Sizden sadece biriniz olduğunda (yan ya da siz) yan ile bir ilişki kuramazsınız. Dolayısıyla yandan, onunla iletişim kurabileceğiniz bir alanınız olacak kadar sizden ayrışmasını istiyorsunuz. Yanlar genellikle bunu anlar ve bundan ne elde edeceklerini, yani onları anlayacak birinin var olduğunu gördüklerinde ayrılmaya isteklidirler. Bu isteği ifade etmenin farklı yolları da bulunmaktadır. Yandan duygularını kontrol etmesini veya sizi bu duygularla boğmamasını isteyebilirsiniz. Yanın vücudunuzdan dışarı çıkmasını isteyebilirsiniz. Yandan hareket etmesini ve sizin de orada olabilmeniz için size yer açmasını isteyebilirsiniz.

Bu seansta yana sizden sürekli olarak değil, sadece birkaç dakikalığına ayrılmasını istediğinizi belirtin. Onun duygularından ve inançlarından vazgeçmesi için devasa bir adım atmasını istemiyorsunuz. Ondan tamamen dönüşmesini istemiyorsunuz; bu tür bir dönüşüm tüm bir seansı veya bir dizi seansı alır. Seans bittikten sonra eğer isteği buysa yanın sizi yeniden kaplayabileceğini ona açıklayabilirsiniz. Şu anda daha iyi tanıyabilmek için ondan biraz uzaklaşmak istiyorsunuz, hepsi bu.

Bu bir ricadır. Yan size hayır diyebilir. İçsel durumunuzda herhangi bir değişiklik yoksa yan ayrışmamış demektir. Bu durumda ona "Benden ayrılırsan ne olacağından korkuyorsun?" diye sorun. Yan büyük olasılıkla sizin için bu alanı yaratırsa, size onu tamamen uzaklaştırma veya görmezden gelme fırsatı vereceğinden korkuyor. Yanlarımızın pek çoğu bize yabancılaşmış hissetmektedir çünkü daha önce onları tanımak için hiç zaman ayırmamışızdır. Onları gerçekten de kendimizden uzaklaştırdık ve reddetmeye çalıştık. Görülmek ve duyulmak için bildikleri tek strateji, bizi tamamıyla kaplamaktır. Bu durumu tanımak istediğiniz yana açıklayın. Aslında onunla ilişki kurabilmek için ondan ayrılmayı istediğinizi açıklayın. Bu, yanı rahatlatarak ayrılmayı istemesini sağlayacaktır.

Bazen bir yan, sizden ayrılırsa akılsızca bir şey yapacağınızdan korkar. Sizi tehlikeli veya aptalca bir eylemde bulunmaktan koruduğuna inanır. Örnek olarak 2. Bölüm'deki Yiyecek Kontrolcüsü'nü hatırlayın. Eğer sizden ayrışırsa aşırı derece çikolata yemenizden korkar. Sadece seans boyunca birkaç dakikalığına ayrışmak istediğinizi açıklayın ve aptalca bir şey yapmayacağınıza dair güvence verin. Yanınızın koruyucu rolünden vazgeçmesini istemiyorsunuz; sadece onu tanımak için biraz alan istiyorsunuz.

Bu genellikle işe yarar. Bir yanla sadece bu uzun süreli sohbeti yapmak bile ondan ayrışmaya yardımcı olur.

Ayrışmanın diğer yolları

Eğer yan sizden ayrılmıyorsa, siz ondan ayrılabilirsiniz. Ayrılığı yaratmada ve benliğe erişmede daha aktif bir rol alabilirsiniz. Bunu yapmak için bir dizi olasılık bulunmaktadır.

Benliğe geçmek

Benliğinizi yanınızdan ayrı hissetmek için kendi içinizde bir ayrılık deneyimi yaratabilirsiniz. Bunu, yandan ayrılıp sağlam bir zemine geçerek ya da bir tanık duruşuna geçerek ya da merkezlenmiş varoluşun daha derinlerine inerek deneyimleyebilirsiniz. Bazı insanlar bunu yandan uzaklaşarak kendi içlerine doğru bir adım atmak olarak algılamaktadırlar. Bunu, benliğin bilincin merkezine oturabilmesi için merkezi yandan biraz geriye çekmek olarak da görebilirsiniz.

Yanı ayrı olarak görselleştirmek

İzin verin, zihninizde yanın bir görüntüsü belirsin. Bu size aslında yanın ayrı bir varlık olduğunu hissettirecektir. Eğer yan sizden belli bir uzaklıktaysa bu yaklaşım çok daha etkili olacaktır. Yan sizden ne kadar uzaksa o kadar ayrışma gerçekleşecektir.

Görsel ayrımı gerçekleştirmenin başka bir yolu ise yanın bir görüntüsünü çizmek olabilir. Ya da evinizden sizin için yanı temsil edecek bir nesne seçebilir ya da bir dergide veya internette bir resmini bulabilirsiniz. Yanın somut bir temsilinin olması ayrışmaya yardımcı olur.

Karşıt bir yan bulmak

Hedef yanın tam tersi olan veya hedef yanla çelişen başka bir yanın olup olmadığını görmek için kendi içinize bakın. Örneğin, Sheila ne olursa olsun kocasıyla uyumlu olmak isteyen bir yanını bulabilir. O yana erişebilir, ne söylediğini duyabilir. Bu onun, Öfke Nöbeti Geçiren yanından daha fazlası olduğunu fark etmesine yardımcı olur. Daha sonra içinde ne Öfke Nöbeti Geçiren ne de Uyumlu yanın olmadığı bir alan bulabilir. Bu büyük olasılıkla benliktir.

Benlik meditasyonu

Bir an için hedef yana odaklanmayı bırakın ve bedeninizde var olduğunuzu hissettiğiniz bir meditasyon yapın. Meditasyona aşina iseniz, sizin için uygun olan herhangi bir formu kullanabilirsiniz. Eğer değilseniz, aşağıdakileri kılavuz olarak kullanabilirsiniz. Bu kılavuz, birçok duraklama ile yavaşça okunmalıdır. Bir partnerle çalışıyorsanız, ondan size okumasını isteyebilirsiniz.

Omurganız rahat ama düz olacak şekilde sessizce oturun. Gözlerinizi kapatın ve dikkatinizi vücudunuzdaki hislere odaklayın. Omzunuzda gerginlik veya gözlerinizin arkasında baskı hissedebilirsiniz. Göğsünüzde bir sıcaklık veya karnınızda dolgunluk hissi olabilir. Acele etmeden dikkatinizi çeken beden duyumunu fark edin. Bunlar muhtemelen anbean değişecektir. Fark ettiğiniz her duyumu hissetmek için biraz zaman ayırın ve onunla birlikte olun. Dikkatinizin bedeninizden uzaklaştığını fark ederseniz, yargılamadan dikkatinizi nazikçe geri getirin. Bu bir kereden fazla olursa endişelenmeyin. Yargılamadan, dikkatinizi her seferinde bedeninize geri getirin.

Bir süre sonra dikkatinizin karnınıza inmesine izin verin. Karnınızdaki duyumların farkında olun. Ya da sadece karnınızın fiziksel varlığını hissedin. Onunla rahatlayın. Bunun sizi sakinleştirmesine ve dengelemesine izin verin. Bir süre karnınızla yumuşak, açık bir şekilde birlikte olun. Kendiniz olma hissinin derinleşmesine izin verin.

Zaman geçtikçe göğsünüzdeki, kalbinizdeki hislerin farkına varın. Kalbinizin biraz yumuşamasına, o anda uygun olduğu kadar açılmasına izin verin. Kalbinizin tüm yanlarınıza açık olmasına izin verin; yanlarınıza, mücadelelerine ve acılarına karşı şefkat hissedin. Yanlarınızın her birine hoş geldiniz deyin ve kalbinizden onlara bir ilişki bağı uzatın.

Benliğe yeterince sağlam bir şekilde yerleştiğinizde, meditasyonu sonlandırın ve dikkatinizi hedef yana çevirin. Şimdi ondan ayrı hissedip hissetmediğinize bakın.

Bu meditasyonu tercihlerinize ve benzer yönlendirilmiş meditasyonlarla olan deneyiminize göre değiştirmekten çekinmeyin. Sizin için işe yarayan neyse onu kullanın. Böyle kısa bir benlik meditasyonu, herhangi bir yana erişmeden önce bir seansın başında da kullanılabilir. Pek çok insan, her seansa benlikle başlamak için bunun gibi bir meditasyon kullanmaktadır.

Hedef yandan ayrıldığınızda, bir sonraki bölümde bulunan Adım K3'e geçin.

Ayrışmayı gösteren seans dökümü

Bu seans, sınıflarımdan birinde öğrenci olan Ben ile yapılmıştır. Ben, kalabalık bir ailenin en büyüğü olan 45 yaşında Kanadalı bir öğretmendir. Ben'in uyuşturucu bağımlılığı geçmişi vardı fakat uzun yıllardır kullanmamıştı. Seansta kız kardeşiyle yaşadığı bir anlaşmazlıktan bahsetmeye başlamıştı. Bir yanı, kontrolcü olduğu ve başkasının bakış açısını göremediği için kardeşini hatalı görmekteydi. İçine dönüp o yanı tanıyarak seansa başlamasını önerdim.

Jay: Bir dakikanı ayır ve kız kardeşinin hatalı olduğuna inanan yana odaklan. Bu yanı bedeninde nasıl hissettiğine dikkat et.

Ben: Tamam. Bazı duyumları hissediyorum. Kendimi oldukça sakin, net hissediyorum. Ayrıca omzumda "Her şeyi yanlış anladın" diyen bir yandan çok fazla sıkıntı var.

Ben, kız kardeşini eleştiren yana erişmeye başlar başlamaz, karşıt bakış açısına sahip ikinci bir yan ortaya çıktı. Bu oldukça yaygın olan bir durumdur.

J: Anlıyorum. Kız kardeşin hakkında yanıldığını söyleyen bir yan var.

B: Evet. "Biraz daha çaba harcamalısın. Kendini kandırıyorsun" diyor. Bu, kendimden şüphe duymama neden olan, tanıdık bir yan.

J: Kız kardeşini eleştiren yanda kalmak ister misin? Yoksa kendinden şüphe eden yanına mı odaklanmak istersin?

B: Şüphe Eden yan çok daha önemli görünüyor.

J: Tamam. O yandan ayrı mı hissediyorsun, yoksa o yan mı oldun?

O yanla kaplanıp kaplanmadığını kontrol etmesini rica ediyorum.

B: Bunu söylemesi zor çünkü iki yan arasında gidip geliyorum. Şüphe Eden yan beni biraz kaplamış olabilir çünkü ailemle birlikteyken genellikle kafam karışır.

Ben'in ailesiyle birlikteyken Şüphe Eden yanıyla kaplandığı muhtemelen doğrudur. Ancak şimdi önemli olan bu değil. Burada önemli olan şu an o yanla kaplanıp kaplanmadığıdır. O yüzden soruyorum.

J: Peki ama bu şu anda oluyor mu?

B: Evet. Biraz.

J: Tamam. Bu kaplanma konusunu kontrol edelim: Kendinden şüphe ettiğinde, Şüphe Eden yan öğrenebilecek kadar benlikte olduğunu hissediyor musun?

B: Şey, aslında hissediyorum.

J: Peki. Biraz daha ilerleyelim. Şimdi Şüphe Eden yana karşı ne hissettiğini kontrol et.

Bu, kaplanmayı kontrol etmenin başka bir yoludur. Eğer benlik, yan ile kaplanmamışsa Adım K3'e geçeceğiz.

B: Kendimden şüphe etmeyle uzun süredir mücadele ediyorum.

J: Kendinden şüphe duyma geçmişini bilmek önemli. Ama şu anda, o yanına karşı ne hissediyorsun?

Şu anda benlikte olup olmadığını bilmek istiyoruz, bu yüzden soru şimdi ve buradayla ilgili.

B: Şey, kendimi dengesiz hissediyorum. Bu süreci yürütme becerimden şüphe ettiğimi fark ettim, bu yüzden sanırım o yanımla kaplanmış durumdayım. Bu yüzden Şüphe Eden yanın benden ayrışmasını isteyeceğim.

Bu yanın onu kapladığını fark etmek Ben için iyi bir adım oldu. Ve derste öğrendiklerinden, kaplanmış bir yanın ondan ayrışmasını nasıl isteyeceğini biliyor.

J: Evet. Ayrışmasını iste. Böylece onu daha iyi tanıyabileceğini söyle.

B: Tamam. Bir görüntü var...

J: Senden ayrılmaya istekli olduğuna dair bir his var mı?

B: Hayır. Bu yan benden ayrılırsa güvende olacağıma inanmıyor.

J: Ah!

B: Kendimden şüphe etmeyi bırakırsam, başımın belaya gireceğini düşünüyor.

J: Yana senden şüphe etmeyi bırakmasını istemediğimizi bildirebilirsin. Sadece senden onu tanıyabileceğin kadar ayrılmasını istiyoruz.

Yan, sorduğumuzu yanlış anlamış durumda. Şüpheci rolünden vazgeçmek için henüz çok erken. Şu anda Ben'den sadece biraz ayrı olması gerekiyor.

B: Tamam. Bu daha kolay.

J: Bunu yapmaya istekli mi?

B: Evet.

J: O halde şu anda o yana karşı ne hissettiğine bak.

Şimdi yan ondan biraz ayrıştığı için, benliği kontrol etmenin diğer yoluna dönüyorum.

B: Nötr. Biraz meraklı. Biraz temkinli.

Görünen o ki artık Ben, Şüphe Eden yanından K3 adımına geçebileceğimiz kadar ayrışmış durumda.

Bu seans dökümü, hedef yan ile kaplandığınızı nasıl anlayacağınızı ve ondan nasıl ayrışacağınızı göstermektedir.

Alıştırma: Hedef yandan ayrışmak

O sırada sizinle kaplanmış bir yanla kısa bir İAS seansı yapın. Bunu yapmanın üç yolu vardır:

1. Seansa başlarken, sizi kaplamış bir yan olup olmadığına bakın. Hedef yanınız olarak bunu seçin.
2. Sizi çok fazla kaplayan bir yan varsa ve hangi dış olayların onu tetikleme eğiliminde olduğunu biliyorsanız, aktive olup sizi kaplamasının muhtemel olduğu bir günde bir seans yapın.
3. Bir yan sizi kapladığı anda bir seans yapın. Bu bölümde bahsedildiği gibi ayrışma işlemini yapın. Sonra biraz daha devam edip yanı biraz tanıyın. Ne hissettiğini veya ne hakkında endişelendiğini sorun. Ona kendisi hakkında ne bilmenizi istediğini sorun.

Bir partnerle çalışıyorsanız, bu alıştırmayı partnerinizle birlikte yapın. Bunun nasıl yapılacağına ilişkin tavsiyeler için 16. Bölüm'e bakabilirsiniz. Aynı şekilde bunu kendi başınıza da deneyebilirsiniz.

Kaplandığınızı fark etmek

Bir koruyucudan ayrılıp onu tanımaya başladığınızda, daha sonra süreç içerisinde sizi tekrar kaplayabilir. Yan size hikâyesini anlatırken sizi ele geçirebilir yani farkında olmadan o yanınız haline gelirsiniz. Benliğe dönebilmeniz için bunu mümkün olan en kısa sürede fark etmek önemlidir.

Süreç devam ederken yanın kaplamasının nasıl farkına varabilirsiniz? Başlangıçta kontrol ettiğinizde yaptığınız gibi aynı tür deneyimleri izleyin. Duygusal olarak yükselmeye mi başladınız? Yanın inançlarını ve dünya görüşünü benimsemeye mi başladınız?

Bir yan hikâyesini anlatırken sizi kapladığını fark etmenin iki yolu daha vardır.

1. Yanın size söylediklerini üçüncü kişi ağzından aktarmak yerine, yan olarak konuşmaya başlarsınız. "Kız kardeşim bu yanımın canını sıkıyor" demek yerine, "Kız kardeşim tam bir pislik" dersiniz. O yana dışarıdan bakmak yerine o yan haline gelmişsinizdir.
2. Bir kişi ya da olay hakkında detaylı bir hikâyeyi yanın perspektifinden anlatmaya başlarsınız. Durmadan aynı şeyi tekrarlar, ayrıntılarda kaybolursunuz; bunları bir yandan duyduğunuzu veya hatta kendinizi keşfettiğiniz hissini kaybedersiniz. Sadece ne olduğunu veya birinin size nasıl davrandığını açıklarsınız. Hikâyeye duygusal olarak çekilir ve onu objektif olarak göremezsiniz.

Örnek olarak Ben'le yapılan seansta bunun nasıl olabileceğine bakalım. Ben, kız kardeşini eleştiren yanını tanımaya başlıyor.

Ben: Bu yan, kız kardeşimin benimle iletişim kurma şekli nedeniyle kızgın ve yargılayıcı.

Jay: Tamam. O yandan size ne hissettiğini anlatmasını isteyin.

B: Bu kadar kontrolcü olduğu için kız kardeşime kızgın. Çünkü o her zaman her şeyin kendi istediği gibi olmasını ister. Yan, onun beni ele geçirmesinden korkuyor. Geçen gün kız kardeşim annemizi destekli yaşama geçirmek istedi ama ben onunla aynı fikirde değildim. Fakat o beni hiç duymuyordu. Tek yaptığım fikrimi ifade etmekti, fakat o, benim ona dikte ettiğimi söyledi. (Şimdi sesi değişiyor ve giderek sinirleniyor.) Buna gerçekten bozuldum. Sadece annemle ilgilenmenin en iyi yolunun ne olabileceği konusunda kendi fikrimi sunmak istemiştim ve o sanki ona hükmetmeye çalışıyormuşum gibi davrandı. Bu çok tipik.

Ben'in, yanın duygularını bildirmekten, onları kendisininmiş gibi ifade etmeye geçtiği kısma özellikle dikkat edin. "O" yerine "ben" demeye başlıyor.

B: Kız kardeşim hep böyleydi. Ne zaman bir fikrim olsa, onu kontrol etmeye çalıştığımı düşünüyor. Ve sonunda tam olarak beni suçladığı şeyi yapıyor: Beni kontrol ediyor. Bu beni gerçekten rahatsız ediyor ama kavga etmek istemiyorum, bu yüzden susup ona katılıyorum. İki hafta önce...

Ben'in kız kardeşini eleştiren yanı durumu devraldı ve kız kardeşinden şikâyet etmeye başladı. Ben, yanı dinlemiyor ya da kendini keşfetmiyor; sadece şikâyet ediyor. Benlik ortalıkta yok.

Bir yanın sizi kapladığını fark ettiğiniz anda durup düşünün. Ondan ayrışmak için bu bölümdeki yöntemlerden birisini kullanın. Ardından, yanın size kendisinden bahsetmesini isteyip onu dinleyin.

Alıştırma: Yanların günlük kontrolü

Önümüzdeki hafta içerisinde yanlarınızı kontrol etmek için her gün biraz zaman ayırın. 4. Bölüm'de yapmayı öğrendiğiniz gibi, o anda hangi yanların aktif hale geldiğine dikkat edin. Bunu düzenli olarak yaparak iç ailenize dikkat etmeye alışacaksınız. Bu egzersizi yapmak için her gün belirli bir zaman planlayın. Bazı insanlar sabah ilk iş olarak, bazıları ise gece yatmadan önce yapmayı tercih eder. O anda aktive olan her yanın bir listesini yapın. Her biri için aşağıdaki soruları cevaplayın:

Yanın adı ____________________
Ne hissediyor? ____________________
Neye benziyor? ____________________
Bedeninizde nerede bulunuyor? ____________________
Ne söylüyor? ____________________
Nasıl davranmanıza neden oluyor? ____________________

Yan hakkında tüm bu bilgileri bilmiyorsanız endişelenmeyin. Sadece bildiklerinizi doldurun.

Özet

Bu bölümde, bir yanın sizi kaplayarak bilincin merkezine geçmesinin ne anlama geldiğini ve bunun İAS sürecine nasıl müdahale ettiğini öğrendiniz. Artık yanla kaplanmış olup olmadığınızı nasıl belirleyeceğinizi ve yandan nasıl ayrılacağınızı ve benliğe nasıl erişeceğinizi biliyorsunuz. Yanın sizden ayrılmasını isteyebilir ve gerekirse, ayrışmanın onu tanımanızı sağlayacağı konusunda ona güvence verebilirsiniz. Ayrıca çeşitli yollarla doğrudan benliğe geçebilirsiniz. Bu Adım K2'dir. Ayrıca, daha sonraki süreçte yan ile kaplanıp kaplanmadığınızı nasıl anlayacağınızı da öğrendiniz.

Lütfen bu kitapta İAS'yi adım adım bir prosedür olarak öğrettiğimi unutmayın. Bu, bir yöntemi öğrenmenin en iyi yoludur ancak yine de kendinizi bununla sınırlandırılmış hissetmeyin. Kitabı bitirdiğinizde ve modeli gerçekten anlayacak kadar pratik yaptığınızda, isterseniz adımları bırakıp sezgisel olarak da çalışabilirsiniz.

6. Bölüm

Açık ve meraklı olmak: Endişeli yandan ayrışmak

Tanıdığınız birinin sizi, kendinizi ona açmaya teşvik ettiğini varsayalım. Bu kişinin size karşı sinirli veya yargılayıcı olduğunu hissetseniz, yine de açılır mısınız? Tabii ki hayır. Birine içinizi dökecek olsaydınız onun nasıl bir tutum sergilemesini istersiniz? Ben karşımdakinin beni gerçekten merak etmesini ve başka bir amaç gütmeden kim olduğumu benim açımdan öğrenmeye ilgi duymasını isterdim. Beni ve duygularımı önemsemesini ve tabii sıkılmamasını veya kayıtsız kalmamasını isterdim.

Aynısı sizin yanlarınız için de geçerlidir. Onlara karşı açıkça merak duymanıza ve önemsemenize ihtiyaç duyarlar. Bu benlikte olmak demektir. Onlara karşı negatif hisler beslerseniz genelde bunu anlar ve çoğunlukla kendileri hakkında pek bir şey göstermezler.

Önceki bölümde Sheila'nın iki yanıyla tanıştık. Öfke Nöbeti Geçiren yanı eşi doğum gününü unuttuğu için çileden çıkmışken, diğer yanı ise sinirlendiği için onu yargılıyordu. Önceki bölüm Öfke Nöbeti Geçiren yan gibi bir yandan nasıl ayrışacağımızla ilgiliydi. Bu bölüm ise Sheila'nın yargılayıcı yanı gibi yanlardan nasıl ayrışacağımızla ilgili. Bu, hedef yanınıza karşı negatif hisler besleyen yanlardan ayrışmayı içeren ikinci bir ayrışma biçimidir.

Adım K3: Benlikte olup olmadığını kontrol etmek

Farz edelim ki odaklanabileceğiniz bir yana eriştiniz ve ondan ayrışmış durumdasınız. Şimdi bu hedef yana karşı ne hissettiğinizi kendinize sorun. Yan hakkında ne düşündüğünüzü veya onun hakkında ne hissettiğinizi değil. Bu büyük ihtimalle bir değerlendirme sürecini de beraberinde getirecektir; yararlı mı zararlı mı, tanıdık mı yabancı mı gibi. Bizim aradığımız şey bu değil. Onun yerine, bu yana karşı ne hissettiğinizi, onunla nasıl ilişki kurduğunuzu, ona karşı tutumunuzu gözden geçirin. Bu yandan nefret mi ediyorsunuz yoksa onu seviyor musunuz? Memnun musunuz yoksa eleştirel mi? Onu uzaklaştırmak istiyor musunuz? Ondan korkuyor musunuz? Onu merak ediyor musunuz? Ona karşı uzak mı hissediyorsunuz?

Bu yana karşı genelde veya aktif durumdayken ne hissettiğinizle ilgilenmeyin. Asıl soru, ona karşı *şimdi* nasıl hissettiğinizdir. O yanın ne hissettiğini anlamaya çalışmıyorsunuz; ona karşı sizin ne hissettiğinizi anlamaya çalışıyorsunuz. Bazen bir yanın duygusuyla sizin ona karşı ne hissettiğinizi ayırt etmek zor olabilir. Örneğin mutsuz bir yana karşı ne hissettiğinizi gözden geçirirken, ona karşı üzüntü duyduğunuzu fark edersiniz. Bu durumda iki ihtimal vardır: Bu yanın üzüntüsünü deneyimliyor olabilirsiniz veya bu yana karşı acıma ya da merhamet duyuyor olabilirsiniz. İAS sürecinin bu adımında bu yana karşı acıma mı şefkat mi ya da başka ne hissediyorsanız onu bilmek istiyoruz.

Bu sorgunun amacı bu yanla ilişkili olarak benlikte olup olmadığınızı anlamaktır. İAS'nin ana prensiplerinden biri de bütün yanların iyi karşılanmasıdır. Bu da her bir yanı kendisini ortaya çıkarmaya teşvik edecek şekilde meraklı ve şefkatli bir yerden tanımaya çalışmaya gerçekten açık olmamız gerektiği anlamına gelir. Bu bakış açısını kazanmak her zaman kolay değildir. Eğer bir yanınız size problem yaratıyorsa ona sinirlenmeniz doğaldır. Onu yargılamanız ve ondan kurtulmak istemeniz anlaşılabilir. Eğer bu yan gerçekten tehlikeli şeyler yaptıysa, ondan korkmanız da pek şaşırtıcı olmayacaktır.

Gelgelelim, bir yana bu tutumla yaklaşmak iyileşmeye ve barışmaya yol açmayacaktır. Büyük ihtimalle yan size güvenmeyecek ve kendini açmayacaktır. Bundan dolayı İAS'de benlikte olmadıkça bir yanı tanımaya çalışmayın çünkü benlikte olmak yana karşı açık olduğunuzu ve onu kendi bakış açısından anlamak istediğinizi gösterir. Benlikteyken, bu yanı neyin harekete geçirdiği, onun dünyayı nasıl gördüğü ve sizin için ne yapmaya çalıştığıyla ilgilenirsiniz. Yanın acıyı görmezden gelme ve sizi zarardan koruma ihtiyacını anlarsınız.

İAS modelinde örtük halde bulunan spiritüel bakış açısından türeyen bu yaklaşım, yanlarımıza olan genel yaklaşım şeklimizden oldukça farklıdır. Burada bütün yanlarımıza sevgiyle ve onları anlama isteğiyle yaklaşırız. Benlik, spiritüel gerçekliğin derin bir seviyede birbiriyle bağlantılı oluşunu yansıtır. Görünenin aksine, benlik yanlarımızın bizi önemsediğini bilir ve o da yanlarımızı önemser.

Kendinize hedef yanınıza karşı ne hissettiğinizi sorduğunuzda eğer merak, açıklık, şefkat, kabul veya benzeri bir duygu fark ederseniz, benliktesiniz demektir. Bir sonraki adım olan K4'e geçebilirsiniz. Eğer öfke, yargı, korku veya herhangi olumsuz bir şey fark ederseniz, benlikte değilsinizdir. Ama endişelenmeyin, yanlış bir şey yapmıyorsunuz. Bu, sadece sizi kaplayan öfke, yargı veya korku hisseden başka bir yanın varlığını gösterir. Bunu endişeli yan olarak adlandıracağım çünkü hedef yan hakkında endişeleri vardır. Hedef yanın ne tür sorunlara yol açabileceğinden korkar veya endişelenir.

Endişeli bir yan sizi kapladığında durum şöyle görünür: Diyelim ki yeni bir arkadaşı tanımaya çalışıyorsunuz ve üçüncü bir kişi durmadan aranıza girip konuşmayı bölüyor ve arkadaşınızı yargılıyor. Örneğin Sheila'nın bir saat sonra Öfke Nöbeti Geçiren yanını nasıl yargıladığını ve gitmesini istediğini hatırlayın. Bu yargı Sheila'nın endişeli bir yanından geliyordu, benliğinden değil. Sheila kendi içine baktığında, mahkemedeki bir yargıç gibi görünüyordu.

Benliği Kaplayan Endişeli Yan

Sheila'nın Yargıç'ı onu kaplamış durumda yani bilincin merkezinde ve Öfke Nöbeti Geçiren yanla onu yargılayarak ilişki kuruyor.

Endişeli yanlar

Endişeli yan, hedef yana karşı olumsuz veya benlikteyken hissedilen merak, şefkat ve benzeri duyguların dışında duygular besleyen yandır. Endişeli yanlar, hedef yanın hayatınızda ne gibi sorunlara yol açtığının farkındadırlar. Mesela hedef yanın sizi insanlara karşı yabancılaştırmasından, sizi değersiz hissettirmesinden, duygularınızı kapatmasından endişe ederler. Doğal olarak bunlara sebep olan yandan hoşlanmazlar. Ancak endişeli bir yan sizi kaplamışsa, siz böyle hissediyorsunuz demektir. Bu da sizin hedef yana açık ve şefkatli bir yerden, yani benlikten yaklaşmanızı engeller.

Normalde hedef yan koruyucu veya sürgün olabilir. Bu bölümde koruyucularla çalıştığımız için, hedef yan bir koruyucudur. Endişeli bir yan da koruyucudur. Hedef yanın size acı verecek bir şey yapmasından endişelenir ve sizi bundan korumak ister. Yani bu durumda hedef yan ve endişeli yan olmak üzere iki koruyucuyla çalışıyoruz demektir. Hedef yan sizi yoluna çıkan acıdan korumak isterken, endişeli yan hedef yanın aşırı davranışlarıyla ortaya çıkan acıdan korumak ister.

Örneğin Sheila'nın Öfke Nöbeti Geçiren yanı (hedef yan) onu, eşi tarafından incinmekten korumaya çalışıyor. Gelecekte doğum gününü hatırlaması için eşiyle yüzleşmek istiyor, böylece bir daha kırılmayacak. Bu yan aynı zamanda Sheila'nın dikkatini acısından uzaklaştırmaya da yarıyor. Yargıç'ı (endişeli yan) onu Öfke Nöbeti Geçiren yanın sebep olduğu evlilik içi kavgaların acısından korumak istiyor. Bu yan sessizleşip çatışmalara sebep olmayı bırakırsa, her şey yoluna girecek. Bu yaygın görülen bir durumdur; iki yan sizi farklı iki şeyden korurken birbirleriyle çatışırlar.

Burada size iki yan kategorisini sunmuş oldum; koruyucu ve sürgün veya hedef yan ve endişeli yan. Bunu biraz daha açıklayayım. Yanlar, yapısal olarak acı çekiyor veya acıya karşı korunmaya çalışıyor olmalarına bağlı olarak ya koruyucu ya da sürgündür. İkisi de hedef yan olabilir. Bu basitçe, o yana odaklanmayı seçtiğiniz anlamına gelir. Herhangi bir koruyucu da eğer hedef yan hakkında endişeleri varsa, endişeli yan olabilir.

Bazı durumlarda, hedef yana karşı iki tutumun karışımını hissediyor olabilirsiniz. Örneğin açık ve meraklı hissedebilir, aynı zamanda mesafeli ve tedbirli de hissedebilirsiniz. Bu, açık ve meraklı olmak gibi bazı tutumların benlikten, mesafeli ve tedbirli olmak gibi diğer tutumların endişeli yandan geldiği anlamına gelir. Bu durumda endişeli yan benliği kısmi olarak kaplamıştır. Benliğin özellikleri gözlemlenebilir ama yan da hâlâ oradadır. İAS sürecinin sıradaki adımına geçebilmenize yetecek kadar benliğe ulaşana kadar bu endişeli yandan ayrışmanız gerekir.

Eğer benlikte olup olmadığınızdan emin değilseniz, hedef yanın ihtiyacı olan şekilde kendini göstermesinin sizin için kabul edilir olup olmadığına bakın. Bu yana karşı sabit bir fikriniz var mı? Eğer varsa, bu onu pek de merak etmediğiniz anlamına gelir. Bu size, endişeli bir yanın kontrolü ele geçirdiğini gösterir. Bu yanın, hedef yanla ilgili bir gündemi vardır; hedef yanı belirli bir şekilde görmek istiyordur. Diyelim ki belli kişilere kin güden bir koruyucuyu tanımaya çalışıyorsunuz ve bu yanı bir canavar şeklinde hayal ediyorsunuz. Bu yanın kendini güçlü bir silahşor gibi daha iyicil olan başka bir şekilde görmesinin sizin için uygun olup olmadığını kontrol ediyorsunuz. Buna itiraz edeceğinizi fark ediyorsunuz. Bu, onu canavar olarak görmeye şartlandığınızı fark etmenize yardımcı oluyor. Kin güden taraf hakkında yargıları olan endişeli bir yanın sizi kapladığına dair bir ipucudur bu.

Kendinizi hedef yana karşı "doğru" tutuma sahip olmaya zorlamayın. Artık aradığınız benlik tutumlarını bildiğiniz için meraklı ve merhametli olmayı denemek, bu bakış açısını sahiplenmek cezbedici olabilir. Ancak bu sadece gerçekten ne hissettiğinizi maskeleyebilir. Bu yana karşı gerçek tutumunuzu görmek için içeriyi kontrol etmeye mutlaka zaman ayırın. Sonrasında eğer gerekliyse benliğe ulaşmak için ayrışabilirsiniz. Bu oraya ulaşmanın kesin bir yoludur.

Adım K3: Endişeli bir yandan ayrışmak

Kendinize hedef yana karşı ne hissettiğinizi sorduğunuzda benlikten gelmeyen bir tutumunuz varsa, hedef yanı verimli bir şekilde tanımadan önce benliğe geri dönmelisiniz. Aksi halde benlikten olmayan tutum, onunla olan ilişkinizi bozacaktır. Büyük ihtimalle yan size kendisini açmayacak veya koruduğu sürgünle çalışmanıza izin vermeyecektir. Size güvenmiyorsa, sizinle işbirliği de yapmayacaktır.

Ancak İAS'de bütün yanların kabul olduğunu unutmayın. Buna bütün endişeli yanlar da dahildir. Onları da bir kenara itmek istemezsiniz. Benliğinizin müsait olması için endişeli yanı kısaca dinlemek, neler hakkında kaygılandığını anlamak ve sonrasında sizden ayrışmasına yardımcı olmak en iyi yoldur. Endişeli yan uzaklaşmak veya hissettiklerini değiştirmek zorunda kalmaz. Sadece sizden hedef yana karşı açık ve meraklı olabileceğiniz kadar ayrışması gerekir. Bu, Adım K3'ün devamıdır.

Bu süreci şu şekilde başlatabilirsiniz: Endişeli yana ulaşın ve kaygılarının neler olduğunu sorun. Söyleyeceklerini saygıyla dinleyin. Hedef yana karşı olan negatif tutumlarını bulun ve bunları neden taşıdığını anlamaya açık olun. Endişelerine karşı anlayışınızı hissetmesini sağlayın. Duyulduğunu hissedip neden hedef yandan hoşlanmadığını anladığınıza inanırsa, daha çabuk rahatlar.

Sonrasında hedef yanı açık bir yerden tanımanız için kenara çekilmeye razı oluyor mu, sorun. Onu kovmadığınızın güvencesini verebilir, sadece size biraz yer açmasını isteyebilirsiniz. Alternatif olarak, ondan rahatlamasını, kenara çekilmesini, sizden ayrılmasını, bir bekleme odasına gitmesini isteyebilirsiniz. Aynı şekilde hedef yanı meraklı ve açık bir taraftan tanımanıza izin vermesini isteyebilirsiniz. Örneğin Sheila, Yargıç'a Öfke Nöbeti Geçiren yanına neden eleştirel yaklaştığını ve ondan utandığını soruyor. Yargıç bu yanın saldırıları ve yoğun duygularıyla evliliğinde sorun yarattığını söylüyor. Sheila da "Neden bu şekilde hissettiğini çok iyi anlıyorum ama bir kenara çekilip Öfke Nöbeti Geçiren yanı açık bir şekilde tanımama izin verir misin?" diyor.

Aklınızda bulunsun; endişeli yandan kenara çekilmesini rica ediyorsunuz, onu kenara itmiyor veya kenara çekilmeye zorlamıyorsunuz. Bu da onun size hayır diyebileceği anlamına geliyor ki buna da açık olmalısınız. İAS bunu kolaylaştırır, çünkü hayır diyen bir yanla çalışmak için her zaman bir yol vardır. Aşağıdaki bölümde bu ele alınıyor.

Eğer endişeli yan geri çekilirse, hedef yana karşı şimdi ne hissettiğinizi kontrol edin. Açık, kabullenici veya benliğin diğer özelliklerinden birini hissettiğinizi fark edebilirsiniz. Örneğin, Sheila'nın Yargıç'ı kenara çekilmeyi kabul ederse, o an Öfke Nöbeti Geçiren yanını neyin harekete geçirdiğini gerçekten merak edebilir.

Endişeli Yan Kenara Çekilir

Sheila'nın Yargıç'ı kenara çekilir...

Böylece Sheila'nın Öfke Nöbeti Geçiren yanıyla ilişki kurmasına izin verir.

Ancak bazı durumlarda benlik dışı başka bir his, başka bir olumsuz tutum fark edebilirsiniz. Bu, sizi kaplayan ikinci bir endişeli yan olduğunu işaret eder. Bu durumda, prosedürü bu kısımla tekrarlayın. Endişelerini öğrenin ve ondan kenara çekilmesini isteyin. Bütün endişeli yanlar geri çekilinceye ve benliğinizde olana kadar devam edin.

Eğer sormanıza rağmen endişeli bir yanın kenara çekilip çekilmediğinden emin değilseniz, hedef yana karşı hislerinizin değişip değişmediğini kontrol edin. Kendinizi daha az yargılayıcı ve daha açık hissediyorsanız veya bedeninizde ferahlık, rahatlama gibi bir değişiklik fark ediyorsanız, bu da yanın geri adım attığı anlamına gelir. Eğer hedef yana karşı negatif tutumunuz değişmemişse, endişeli yan geri adım atmamış demektir.

Endişeli yan kenara çekilmezse ne yapılmalıdır?

Yanı kenara çekilmeye zorlamak yerine kenara çekilmesini *rica etmeniz* önemlidir. İAS, işbirlikçi bir girişimdir. Yanları asla bir şey yapmaya zorlamayız. Onlarla asla savaşmayız. Buna gerek yok. Bizim için en iyisini istediklerini bildiğimiz için onlarla kolayca tanışıp nasıl işbirliği yapacağımızı öğrenebiliriz. Talep etmek yerine rica ettiğiniz için de endişeli yanın bu ricanızı reddetmesi sorun değildir. Size doğrudan hayır diyebilir veya hedef kısma yönelik duygularınızda bir değişiklik olmayabilir. Bu sorun değil. Aşağıdaki gibi özetlenebilecek ayrışmaya yönelik adımları atabilirsiniz:

1. Endişeli yana kenara çekilmenin önemini açıklayın. Yanların kendi zekâları vardır ve uzlaşmaya açıktırlar.
2. Yan hâlâ kenara çekilmiyorsa, kenara çekildiğinde ne olmasından korktuğunu sorun ve neyden korkuyorsa onunla baş edebileceğinize dair güvence verin.
3. Hâlâ çekilmiyorsa, endişeli yanı hedef yan yapın ve onunla bu şekilde çalışın.

Bu adımlara daha detaylı bakalım.

1. Kenara çekilmenin önemini açıklamak

Endişeli yana rahatlamanın neden yardımcı olabileceğini açıklayın. Hedef yanınızın sizin için problem yaratacağından endişelendiği için kenara çekilip hedef yanı tanımanıza izin verirse onu iyileştirebileceğinizi, böylece artık bir sorun olmaktan çıkacağını açıklayın. Endişeli yan da zaten tam olarak bunu ister. Bu açıklama onun kenara çekilip bu iyileşme yolunda ilerlemenize izin vererek kendi amacını gerçekleştirdiğini fark etmesine yardımcı olur. Örneğin, Sheila'nın Yargıç'ı kenara çekilmezse, Sheila Öfke Nöbeti Geçiren yanını açık bir yerden tanımasına izin verirse onu iyileştirebileceğini ve böylece artık eşiyle kavga çıkarıp durmayacağını açıklayabilir. Endişeli yan bunu anladığında, genellikle geri adım atmaya razı olur. Bunu yaparsa, sonrasında hedef yana karşı nasıl hissettiğinizi kontrol etmeyi unutmayın. Benlikte olduğunuzdan emin olmak ve etraftaki diğer endişeli yanları fark etmek için bunu yapmanız önemlidir.

İAS'yi yeni öğrendiğiniz ve iyileştirmenin nasıl işlediğini henüz bilmediğiniz için hedef yanı iyileştirebileceğinizi söylemeye hazır olmayabilirsiniz. Bu durumda şöyle yapabilirsiniz: Endişeli yana, İAS'nin yanları iyileştirmek için bir yöntemi olduğunu ve yöntemin tamamını henüz öğrenmemiş olsanız bile nasıl yapılacağını öğrendiğinizde hedef yanı iyileştirmeyi planladığınızı açıklayın.

2. Endişeli yana güven vermek

Endişeli yan kenara çekilmeye hâlâ razı değilse, yapabileceğiniz başka şeyler var. Endişeli yana, kenara çekilirse ne olmasından korktuğunu sorun. Korkularını tam olarak anlamak ve onlarla empati kurmak için biraz zaman ayırın. Endişeli yanlar genellikle hedef yana taviz verirlerse onun sizi ele geçireceğinden ve aptal, yıkıcı veya işlevsiz olacağından korkarlar. Mesela Sheila'nın Yargıç'ı Öfke Nöbeti Geçiren yanının kontrolü ele alacağından ve eşiyle çirkin bir kavga başlatabileceğinden korktuğundan kenara çekilmeye razı gelmiyor olabilir (Resim 5.2'ye bakın). Yanın korkularını duyduğunuzda, onu anladığınızı belirtin.

Şöyle düşünün: Diyelim ki sevdiğiniz birinin tehlikeli veya yıkıcı bir şey yapabileceğinden endişe ediyor ve bunu yapmasını koruyucu varlığınızla engelliyorsunuz. O kişinin sizin endişelerinizi gerçekten anladığından emin olana kadar kenara çekilmek istemezsiniz. Aksi takdirde akıbetine nasıl güvenebilirsiniz? Eğer rahatlarsanız, kıyamet kopar. Tam tersine, bu yıkıcı eylemlerin gerçekleşmeyeceğine dair ondan güvence vermesini istersiniz. Endişeli yanlarımız da aynı şekilde hissederler. İAS'de yanların bir şeyi yapmayı isteme ve istememe nedenlerine saygı duyar, onları bir şeye zorlamayız. Bize güvenmelerine ve bizimle çalışmalarına yardımcı olmak isteriz. Bizim için en iyisini istediklerini, ne yapmaya çalıştığımızı ve nedenini anlayınca ve bir de korkuları hakkında onlara güvence verdiğimizde bizimle işbirliği yapacaklarını biliyoruz.

Bu nedenle, endişeli yanın korkularını anladıktan sonra, durumu güvenli bir şekilde ele alacağınıza dair güvence verin. Bu seansta hedef yanın sizi ele geçirmesine izin vermeyip benlikte kalacağınızı, seansın sorumlusunun siz olduğunuzu açıklayın. Sheila'nın Yargıç'ı, Öfke Nöbeti Geçiren yanının kontrolü eline alıp kocasıyla kavga başlatmasından korkuyordu. Sheila bunun olmasına izin vermeyeceğini açıklayabilir. Ona karşı sinirliyken eşiyle doğum günü hakkında konuşmaması gerektiğini bildiği olgun bir yerde, benlikte (Resim 5.1) kalacak.

Ayrıca endişeli yana, hedef yan sizi kaplarsa, benliğe geri dönmenin yollarının olduğunu açıklayın. Endişeli yana, sadece bu seans için kenara çekilmesini istediğiniz konusunda güvence verin. Bundan sonra, sizi korumak için bir şey yapması gerektiğine inanırsa, sizi tekrar kaplayabileceğini belirtin. Örneğin, Sheila'nın Yargıç'ı, kocasıyla kavga edeceğinden hâlâ endişe duyuyorsa, seanstan sonra görevi devralabilir. Endişeli yan gerçekten duyulmak istiyorsa, onu şu şekilde yatıştırın: "Hedef yanı tanıyabilmem için sen kenara çekildikten sonra, seni de tanımak için biraz zaman ayıracağım."

Endişeli yanın başka korkuları varsa, bu konularda da onu rahatlatın. Endişeleri ne olursa olsun, onu her zaman rahatlatabilirsiniz çünkü sizin için en iyisini istiyor. İAS süreci gayet güvenlidir ve sizi iyileşmeye götürecektir.

Endişeli yan ayrışma konusunda çekinceliyse, hedef yanı açık bir yerden tanımayı denemenize izin verip ne olacağını görmeye istekli olup olmadığını sorun. Yakınlarda durup sizi kenardan izleyebilir, gerekli görürse araya girebilir ve sizi koruyabilir. Bu genellikle güven vericidir çünkü yanın koruyucu rolünden tamamen vazgeçmesi gerekmez. Sadece hedef yanla açıklıkla ilişki kurabilmeniz için size biraz alan tanıması gerekir ama yine de nöbet tutabilir.

3. Hedef yanları değiştirmek

Endişeli yan hâlâ kenara çekilmiyorsa, korkularını dindirmek için yoğun bir ilgiye ihtiyaç duyduğu açıktır. Bu nedenle onu hedef yan haline getirin. Odağınızı orijinal hedef yandan endişeli yana çevirin ve onu iyice tanıyın. Örneğin, Sheila'nın Yargıç'ı geri çekilmezse, Sheila onu hedef yan yapabilir. Tüm dikkatini onun üzerinde toplar ve kişilik sistemindeki rolünü öğrenir. Öfke Nöbeti Geçiren yan hakkında endişelenmek, Yargıç'ın hikâyesinin yalnızca bir parçasıdır. Daha büyük olan rolü nedir? Belki genel olarak onu kavgaya girmekten koruyordur. Belki de doğru olanı yapma şampiyonudur. Sheila onun hangi sürgünü koruduğunu da keşfedebilir.

Hedef Yanı Değiştirmek

Sheila dikkatini Yargıç'a çevirebilir. Öfke Nöbeti Geçiren yana sonra dönecektir.

Benlikte olduğunuzdan emin olmak için yeni hedef yana karşı nasıl hissettiğinizi kontrol ederek işe başlamak en iyisidir. Bu kanaldan ilerlerken tam bir seans yapabilirsiniz. Bunda sorun yoktur. Bu yanla çalışmak, orijinal hedef yanla çalışmak kadar değerlidir çünkü muhtemelen bu yan hayatınızda önemli bir rol oynamaktadır. Gelecekte bir seansta her zaman orijinal hedef yanla çalışmaya geri dönebilirsiniz. Alternatif olarak, endişeli yanı tamamen tanıdıktan ve o size güvenmeye başladıktan sonra geri adım atıp orijinal hedef yanla çalışmaya geri dönmenize izin verebilir.

Seans dökümü

Aşağıdaki seans dökümü, endişeli bir yandan nasıl ayrışabileceğinize dair birçok noktayı göstermektedir. Lisa, ABD'nin kuzeydoğusundan 56 yaşında bir grafik tasarımcısıdır. İki kardeşin büyüğüdür. İki kız kardeş arasında büyük bir yaş farkı olduğu için Lisa küçük kız kardeşine birçok yönden annelik yapmak zorunda kalmıştır. Lisa özellikle sanat terapisi aracılığıyla yıllar içinde kendini derinlemesine incelediği için çalışmak istediği hedef yanı belirleyerek seansa başladı. Diğer yanlarının bu yandan utandığını ifade etti.

Lisa: Küçük kardeşimden nefret eden bir yan bu. Arada bir sınırsız bir nefretle ortaya çıkar. Kardeşimin boynunu kırmak istiyor. Çok negatif.

Jay: Bir dakikanı ayır ve o yanı bedeninde hisset.

L: Evet. Midemde yaşıyor, kara bir iblis gibi, baca isiyle kaplı. "Grrrr" diye bir ses çıkarıyor.

Lisa yana erişti (K1).

J: Tamam. O yandan ayrı olduğunu hissediyor musun?

L: Tamamen değil. Onunla ilgilenmemin bir nedeni de bu. Onu hissettiğimde, ondan tamamen ayrı değilim.

J: Ondan tamamen ayrı olmak zorunda değilsin. Orada onu tanımana yetecek kadar benlikte olsan yeter. Durum böyle mi?

Lisa, bir yanın aktive olmasını, yanın kendisini kaplamasıyla karıştırıyor olabilir. Bu yüzden bu ek soruyu sordum.

L: Az çok, evet.

J: Tamam. Bu, devam etmek için yeterli bir ayrışma gibi görünüyor. Yeterli olmadığı ortaya çıkarsa, her zaman bu adıma geri dönebiliriz.

Yan Lisa'yı kaplamış gibi görünmüyor (K2).

J: Kız kardeşinden nefret eden bu İsli yana karşı ne hissettiğine bir bak.

L: Biraz korkmuş.

J: Tamam. O zaman İsli yandan korkan bir yan var.

Bu endişeli bir yan.

J: Korkan yana, bu İsli yanı açık bir yerden tanıyabilmen için şimdilik bir kenara çekilmeyi isteyip istemediğini sor.

L: Biraz geri çekilmeye razı geliyor. Tam omzumun üstünde, çok yakında duruyor, çünkü her an öne fırlayıp beni bu İblis'ten korumak zorunda kalacağına kesinlikle emin. Sanki bu ikisi ayrılamıyorlar.

Endişeli yan biraz kenara çekildi ancak İsli İblis'i tanımaya devam etmemiz için yeterli değil.

J: Tamam. Bu yan seni İblis'ten korumak için nöbet tutuyor.

L: Evet.

J: Bu yan adının ne olmasını isterdi?

L: Gözcü. Bu yan o küçük İblis'e kafayı takmış. Tek amacı İblis'i izlemek. Beni pek iyi tanımıyor.

J: Evet, senin bazı şeylerle başa çıkabileceğine güvenmiyor.

L: Dönüp bana bakamıyor bile. Bakışlarını o küçük İblis'ten ayırmamalı, yoksa kıyamet kopar. Gözcü beni pek görmüyor bile. Sadece ağzının kıyısından bana mırıldanıyor. İşinin çok ama çok önemli olduğundan emin.

Endişeli yanın kenara çekilmemesinin bir nedeninin de benliği tanımaması olduğuna dikkat edin. Gözcü kısmen benliği kaplamış halde, bu nedenle bilincin merkezini paylaşıyorlar ancak benliğin gerçekten farkında değil. Çalışmanın devam etmesi için daha fazla ayrışmaya ihtiyacımız var.

J: Gözcü'ye, eğer bu İblis'i tanımana izin verirse, onu iyileştirebileceğini, böylece bu kadar tehlikeli olmayacağını söyle.

L: Burada bir dakikaya ihtiyacım var. Pekâlâ, bu kesinlikle Gözcü'nün dikkatini çekti. İlk kez dönüp bana baktı. Yüzünde inanılmaz bir ifade var: "Ciddi misin?" der gibi. Ve "Tamam" diyerek bir sandalyeye oturuyor. Tamamen kaybolmadı ama o İblis'i tanımayı aklımdan geçirmemi bile hayret verici buluyor. Oldukça ilgisini çekti.

J: Bunu denemene ve neler olacağını görmene izin veriyor mu?

L: Evet, kesinlikle. Çünkü bakışlarını bana çevirdiğinde, işinden çok sıkıldığını fark etti.

Gözcü kenara çekilip rahatlıyor...

Gözcü artık benliğin farkında olduğu için tedbiri bıraktı ve aslında rolünden bıktığını fark etti. Bu, koruyucular için çok önemli bir değişimdir.

J: Gözcü kenara çekildiğine göre, şimdi İsli İblis'e karşı ne hissettiğini kontrol et.

Endişeli yan kenara çekildiği için tekrar kontrol ediyoruz.

L: Aslında daha da korkmuş hissediyorum. Gözcü kenara çekildiği için korku da arttı.

J: İsli İblis'ten korkan başka bir yan daha var gibi görünüyor. Bu yan, Gözcü sayesinde bir şekilde güvende kalmış ancak şimdi Gözcü geri adım attığından, bu yeni yan gerçekten korkmuş halde. Bu doğru mu?

L: Tam olarak böyle olduğunu fark ediyorum. Dünyanın paramparça olmasından korkan, üzerinde küçük şirin bir elbise olan, iri gözlü, çok iyi küçük bir kız.

İşte ikinci bir endişeli yan.

J: O Küçük Kız'a İsli İblis'i tanıyabilmen için kenara çekilmeyi isteyip istemediğini sor.

L: Evet. İstekli. Gözleri irileşti ama hemen geri adım attı.

J: Güzel. Şimdi İsli İblis'e karşı ne hissettiğini kontrol et.

L: Karnımda biraz gerginlik var ama çok da merak ediyorum. İlgili ve açık olduğumu hissediyorum. Karnımda da heyecan hissetmeye başladım.

J: Bu kadar benlik yeterli mi görünüyor, yoksa endişenin kenara çekilmesini istememiz gerekiyor mu?

L: Bakalım... İşte bu çok ilginç. Endişe başka bir yandan geliyor. Yetersiz hissedip çabalayan, telaşlı, bezgin bir anne gibi görünüyor. Bunalmış ve aciz bir halde. Küçükken kız kardeşime ben bakardım. Ona annelik yapmaya çalıştım. O Anne yanım ağlamaklı, çok üzgün.

Bu, İsli İblis'e karşı olumsuz duygular taşımadığı için onun yüzünden endişelenen bir yan değil, kız kardeşine karşı bir şeyler hisseden başka bir yan. Bir noktada bu yanla çalışmak faydalı olabilir, ancak şu anda İsli İblis'e odaklanmış durumdayız, bu yüzden yoldan çıkmamak için kenara çekilmesini rica ediyoruz.

J: Hı-hı. İsli İblis'i daha açık bir şekilde tanıyabilmek için Anne yanına kenara çekilmeye razı gelip gelmediğini sor.

L: O kısım çok istekli ve başka bir zaman onunla ilgilenmemi istediğini söyleyebilirim.

J: Güzel.

L: Etkilendim. Ona karşı büyük bir şefkat hissediyorum, çok güçlü bir tepki bu.

J: Güzel. Onunla başka bir zaman çalışacağını söyleyebilirsin.

L: Evet. Bu önemli görünüyor.

J: Şimdi İsli İblis'e karşı ne hissettiğini kontrol et.

L: (Gülüyor) Bunu söylemek çok tuhaf. Onu seviyorum.

J: İsli İblis'in senin için yapmaya çalıştığı şeyi anlıyor ve hatta onu takdir ediyor gibisin.

L: Evet. Burada bir değişiklik oldu. Bu dinamiğin gerginliğini hâlâ hissediyorum ama artık o küçük Tazmanya canavarını büyük bir karışıklık yaratacak bir şey olarak görmeyip ona hayranlık duyuyorum. Vay canına! İnanılmaz şekilde çalışan bir testere bu. Bir misyonu var.

Lisa, şimdi İsli İblis'i benliğin bakış açısından gördüğü için onu artık bir iblisten çok küçük bir hayvan olan Tazmanya canavarı gibi görüyor. Bu yanı Gözcü'nün korku ve yargısıyla gördüğünde gözüne oldukça şeytani görünmüştü. Şimdi, benliğin gözünden, şefkat ve merakla bakınca yanın gerçekte ne olduğunu görebiliyor. İmgelerin böyle şekil değiştirmesi oldukça yaygındır.

Lisa bu yanı benliğin gözüyle görüyor, daha iyicil bir şekle bürünmesine izin veriyor.

Lisa adım K3'ü tamamladığı için 7. Bölüm'de göreceğiniz K4'e geçebilir.

Diğer endişeli yan türleri

Endişeli yanlar hedef yana karşı genelde yargılı veya öfkeli hissederler. Ancak başka tutumlara da sahip olabilirler. Bu bölümde, bu endişeli yanlarla nasıl çalışılacağını ele alacağız.

Bazen pozitif duygular da benlikte olmanızı engelleyebilir. Hedef yana çok fazla hayranlık duyarsanız size nasıl problemler açtığını gözden kaçırabilirsiniz. Bu durumda benlikte değilsiniz demektir. Örneğin, patronunuza gerçekten kızan ve işyerinde çok fazla drama yaratan bir yanınız olduğunu farz edelim. Onu keşfetmeye başlayıp ona karşı nasıl hissettiğinizi kontrol ettiğinizde, patronunuza karşı koymasını sevdiğinizi fark edersiniz. Bunun işinize mal olabileceği gerçeğini gözden kaçırabilirsiniz. Bu da benlikte olmadığınız anlamına gelir. Hayranlık duyan bu yandan geri çekilmesini isteyin.

Bazen endişeli yan hedef yandan korkar. Eğer bu yan kenara çekilmiyorsa, bunu kolaylaştırmanın birkaç yolu var. Siz hedef yanı tanımaya çalışırken, korkmuş yandan güvenli ve rahat bir odaya geçmesini isteyebilirsiniz. Bu, ona gitmesi için yeterince güvence verebilir. Ayrıca tedirgin edici hedef yanı pencereden gördüğünüz bir odada hayal edebilirsiniz, bu da güvenliği sağlayacaktır. Hedef yanın birdenbire saldırabileceği korkusunu azaltır.

Alıştırma: Endişeli bir yandan ayrışmak

Hoşlanmadığınız veya sizi endişelendiren bir koruyucu seçin. Örneğin, onu yargılayabilir, ona kızabilir veya ondan kurtulmak isteyebilirsiniz. Ayrıca ona uzak olduğunuzu hissedebilir veya ondan korkabilirsiniz. Bu tutumlar, endişeli bir yanınızdan gelir. Önce koruyucuya (K1) erişin ve ardından gerekirse ondan ayrışın (K2). Daha sonra, bu bölümde yapmayı öğrendiğiniz gibi, endişeli yandan (K3) ayrışma alıştırması yapın. Sonrasında devam edin ve koruyucuyu en azından birazcık tanıyın (K4). Bu adımı henüz ele almamış olsak bile, muhtemelen bunun nasıl yapılacağı hakkında bir fikriniz vardır. Bu yana, onu ve yaşamınızdaki rolünü öğrenmek için bazı sorular sorun. Adımlarınızı yönlendirmek için aşağıdaki Yardım Sayfası'nı kullanın. Ne yapacağınızı bilmenize yardımcı olması için her adımdan sonra sayfaya bakın. Bir partnerle çalışıyorsanız, bu egzersizi birlikte yapmanızı tavsiye ederim. (Bunun nasıl yapılacağına ilişkin ipuçları için 16. Bölüm'e bakın.) Bu tavsiye bundan sonra her bölüm için geçerlidir. Çoğu insan için bu alıştırmaları bir partnerle yapmak daha kolaydır. Ayrıca, bir seansı partnerinizle kendinize ayırdığınızda adımları takip etme olasılığınız daha yüksek olur.

Sonraki sayfada, bir koruyucuyu tanımaya yönelik adımların özeti olan bir Yardım Sayfası bulunmaktadır. Kendiniz üzerinde veya birisiyle ortak çalışırken adımlarınızı buna göre yönlendirebilirsiniz. Bundan sonra her bölümdeki alıştırmaları yaparken bu Yardım Sayfası'nı kullanmanızı tavsiye ederim.

Yardım Sayfası 1:
Bir koruyucuyu tanımak

K1. Bir yana ulaşmak

Eğer yan aktive olmamışsa kendinizi yakın zamanda aktive olduğu bir durumda hayal edin. Bu yanı bedeninizde hissedin veya zihninizde yanın bir görüntüsünü hayal edin.

K2. Hedef yanı ayrıştırmak

Şu anda yanın duygularıyla dolu musunuz ya da inançlarına kapılıyor musunuz, kontrol edin. Eğer öyleyse, yan sizi kaplamış demektir. Hedef yana karşı nasıl hissettiğinizi kontrol edin. Bunu anlayamıyorsanız, onunla kaplanmış olabilirsiniz. Eğer hedef yan sizi kaplamışsa, ondan ayrışmak için bazı seçenekleriniz mevcuttur:

- Onu daha iyi tanıyabilmek için yanın sizden ayrılmasını isteyin.
- Yandan ayrışmak için içsel olarak geri çekilin.
- Yanı sizden uzakta hayal edin veya resmini çizin.
- Yanı muhafaza etmek üzere bir odada hayal edin.
- Kısa bir merkezlenme meditasyonu yapın.

Eğer yan sizden ayrılmıyorsa, ayrılırsa ne olacağından korktuğunu sorun.

Ona ayrılmanın değerini açıklayın ve korkuları konusunda güvence verin.

K3. Endişeli yanı ayrıştırmak

Hedef yana karşı şu anda ne hissettiğinizi kontrol edin. Şefkatli, meraklı, vb. hissediyorsanız, benliktesiniz demektir, bu durumda K4'e geçebilirsiniz. Eğer değilseniz, endişeli yandan ayrışın:

- Hedef yanı açık bir şekilde tanıyabilmek için endişeli yana sadece şu an için kenara çekilmeyi (veya rahatlamayı) isteyip istemediğini sorun.
- Eğer kabul ediyorsa, hedef yana karşı ne hissettiğinizi tekrar kontrol edin.
- Eğer kenara çekilmek istemiyorsa, ona kenara çekilmenin önemini açıklayın.
- Hâlâ istemiyorsa, eğer kenara çekilirse ne olmasından korktuğunu sorun ve korkularını teskin edin.
- Yine olmuyorsa endişeli yanı hedef yan yapın ve onunla çalışın.

K4. Bir koruyucunun rolünü keşfetmek

Koruyucu yanı size kendisinden bahsetmeye davet edin. Yan kelimeler, görüntüler, bedensel duyumlar, duygular veya doğrudan bilme yoluyla cevap verebilir. Yana şu soruları sorabilirsiniz:

- Ne hissediyorsun?
- Ne için endişeleniyorsun?
- Senin rolün ne? Bu rolü oynamak için ne yapıyorsun?
- Bu rolü oynayarak neyi başarmayı umuyorsun?
- Bunu yapmazsan ne olacağından korkuyorsun?

K5. Koruyucuyla güven dolu bir ilişki kurmak

Koruyucuya aşağıdakileri söyleyerek (tabii eğer doğruysa) güvenini artırabilirsiniz:

- Bu rolü neden oynadığını anlıyorum.

- Benim için gösterdiğin çabayı takdir ediyorum.
- Çok çalıştığını biliyorum.

Alıştırma: Yanlarınıza göz kulak olmak

4. Bölüm'de yaptığınız yanların listesine bakın. O zamandan beri keşfettiğiniz bütün yeni yanları, her biri için açıklayıcı paragraflarla bu listeye ekleyin. Eski yanların açıklamalarına, o zamandan beri onlar hakkında öğrendiğiniz her şeyi yansıtan bilgiler ekleyin. Her yan için aşağıdaki bilgileri ekleyin (eğer biliyorsanız):

Koruyucunun adı ____________________
Ne hissediyor? ____________________
Nasıl görünüyor? ____________________
Bedeninizde nerede bulunuyor? ____________________
Ne söylüyor? ____________________
Sizi nasıl davranmaya itiyor? ____________________
Ne istiyor? ____________________
Hangi durumlar onu aktive ediyor? ____________________
Hangi endişeli yanlar ona tepki veriyor? ____________________
Diğer bilgiler ____________________

Yeni bir seans veya alıştırma yaptığınızda, listenize ve açıklamalarınıza eklemeler yapın.

Özet

Bu bölümde, benlikte olup olmadığınızı belirlemek için hedef yana karşı nasıl hissettiğinizi kontrol etmeyi öğrendiniz. Benlikten gelmeyen bir tavrınız varsa, endişeli bir yanınız sizi kaplamış demektir. Adım K3'te, endişeli yandan kenara çekilmesini isteyerek ayrışmayı öğrendiniz. Eğer yan tereddütlüyse, kenara çekilmesi için ona nasıl güvence vereceğinizi biliyorsunuz. Alıştırmalar sırasında adımları takip etmek için kullanabileceğiniz bir yardım sayfanız var. Artık tamamen benliktesiniz ve bir sonraki bölümde hedef koruyucuyu tanıyabilirsiniz.

7. Bölüm

Kendinizi tanımak: Bir koruyucunun rolünü keşfetmek

Hayatınızda ne kadar acı ya da işlev bozukluğu ile başa çıkmaya çalışırsanız çalışın, bütün yanlarınız size yardım etmek için elinden gelenin en iyisini yapıyordur. Bunu duymak size garip gelebilir. Depresyonda veya yalnızsanız, sizi diğerlerinden uzaklaştıran öfke patlamaları yaşıyorsanız, âşık olmak için her zaman yanlış kişiyi seçiyorsanız, bütün yanlarınızın sizin için elinden gelenin en iyisini yapması nasıl mümkün olabilir? Eğer hepsi yardım etmeye çalışıyorsa, neden bu tür problemler yaşıyorsunuz?

Bu bölümde bu soruların cevabını keşfedeceksiniz. Koruyucularınızın her birinin oynadığı bir rol vardır. Her birinin kendi perspektifinden sizin için ne yapmaya çalıştığını öğreneceksiniz. (Tabii ki yanılgı içinde olabilirler ancak bu sizin için ellerinden gelenin en iyisini yapmadıkları anlamına gelmez.) Koruyucular, kazara başınızı ciddi şekilde belaya soksalar bile, zarar görmenizi önlemek için rollerini yerine getirmeleri gerektiğine inanırlar. Bunu bilmek, onları anlamanıza ve onlara karşı şefkat duymanıza, en sonunda da onları dönüştürmenize yardımcı olacaktır. Bu gerçekleştiğinde, pozitif nitelikleri parlayacak ve iç sisteminizin geri kalanıyla uyum içinde çalışarak, gerçekten sizin yararınıza olan yeni roller üstlenebileceklerdir.

Bir İAS seansının adımları boyunca ilerlerken benlikte kalmak için bir koruyucuya eriştiniz ve ondan ayrıştınız. Artık bu koruyucuyla başarılı bir şekilde tanışabilecek konumdasınız.

Bir yanla İAS tarzında çalışmak

Çoğu terapi modelinde bir yanla veya psikolojik bir sorunla ya da tepkiyle çalışmak istediğinizde, onu ya entelektüel olarak analiz eder ya da duygusal olarak içine dalarsınız. Bu olasılıkların her birine sırayla bakalım. (Birçok terapi sistemi yanları açıkça tanımasa bile, ben konuyu yanlar bakımından tartışacağım.)

Bazı terapi biçimlerinde tepkilerinizi veya duygularınızı, psikolojik yapınız hakkında bildiklerinizle ilişkilendirerek anlamaya çalışırsınız. Örneğin, insanlar tarafından değerlendirildiğinizde öfkelenen bir yanınız varsa, babanızın çok yargılayıcı olduğunu hatırlayabilir ve bu yanın duygularının o zamandan geldiğini varsayabilirsiniz; ya da özdeğeriniz konusunda güvensiz olduğunuzu biliyor ve değerlendirmeye tabi tutulduğunuzda bu güvensizliğinizin tetiklendiğini tahmin ediyor olabilirsiniz.

Bu entelektüel yaklaşım iyi bir ilk adımdır ve önemli bilgiler sağlayabilir ancak tahmine ve teoriye dayandığından, size bir yan hakkında tam ve incelikli bir kavrayış sağlayamaz. Üstelik tahminleriniz doğru olsa bile, onunla doğrudan temas halinde olmadığınız için yanı iyileştirmeniz zor olacaktır. Tam dönüşüm için bir yanı doğrudan deneyimlemeniz ve onunla güvene dayalı bir ilişki kurmanız gerekir. Kitap ilerledikçe bunu açıkça göreceğiz.

Diğer terapi biçimleri tam tersi bir yaklaşımı benimser. O yanın içinden çalışabilmeniz için sizden yanın kendisi olmanızı isterler. 5. Bölüm'de ele aldığımız gibi İAS'de buna "kaplanma" denir. Yanı tamamen somutlaştırır ve tüm duygularını hissedersiniz. Bu yan bir göl olsaydı, suya dalmak gibi bir şey olurdu. Değerlendirildiğiniz zaman bir yanın öfkelendiği bir önceki örneğe bakalım. Bu yaklaşımı kullandığınızda yaşantısal olarak o yanın içine girer, onu bedeninizde hisseder ve hatta belki de hissettiği öfkeyi ifade edersiniz. Buradaki fikir, bilginin deneyiminizden gelmesine izin vererek bir yan hakkında çok şey öğrenebileceğinizdir.

Bu oldukça etkili bir yaklaşım olabilir, ancak bir dezavantajı vardır. O yanın içinde kaybolma (sizi kaplaması) ve onun inançlarını benimseme tehlikesiyle karşı karşıyasınızdır. Bu durumda sadece göle dalmakla kalmaz, güçlü akıntılar tarafından aşağı çekilirsiniz. Örneğin, bu değerlendirmeyi yapan kişinin gerçekten yargılayıcı olduğuna ve sizin aşırı tepki verdiğiniz gerçeğini görmezden gelerek herhangi birinin sizin gibi tepki vereceğine inanabilirsiniz. Bu yaklaşımla ilgili ikinci bir zorluk, bir yana daldığınızda, terapi sürecinde çok önemli olan benliğin iyileştiren ve şefkatli varlığıyla doğrudan teması kaybetmenizin kolay olmasıdır.

İAS'de bu yaklaşımlardan farklı bir şey yaparız. Benlikte olduğumuzu hissettikten sonra bir yana sorular sorarak ve yanıtlarını dinleyerek onu tanımaya başlarız. Göle dalmayız; kenarında oturur, ayaklarımız suda, derinliklerine bakarız. Ayrıca yan hakkında, bir uçaktan gölün fotoğraflarını çekmeye benzer şekilde kafamızın içinde bazı düşünsel fikirler de uydurmayız. Bunun yerine, tam olarak orada olur ve derin sularına düşmeden ve kaybolmadan yanın bize anlatacaklarını dinleriz. Duygularını yaşantısal yollarla ama benliğin bakış açısından öğreniriz.

Bu çalışma ve aslında bütün İAS seansı için gözlerinizi kapalı tutmak ve dikkat dağıtıcı şeylerden uzak durmak en iyisidir. Bu, vücudunuzu hissetmenize, görüntüleri görmenize ve içsel diyalogları daha net duymanıza olanak sağlar. Seans ilerledikçe, doğal olarak kendi içinizde daha derine inerek günlük endişelerden ve düşüncelerden uzaklaştığınız ve yanlarınızla daha kolay ve bütünüyle iletişim kurabileceğiniz bir bilinç durumuna gireceksiniz. Bu, normalde farkında olmadığınız bilinçdışı yanlara erişmenizi sağlar.

Adım K4: Bir koruyucunun rolünü keşfetmek

İAS sürecinin bu adımında koruyucunun duygularını, endişelerini, inançlarını ve yaşamınızda oynadığı rolü öğrenirsiniz. Koruyucunun kendisi hakkında bilmenizi istediği her şeye açıksınızdır. Tam olarak erişilebilen ve sizinle konuşmaya hevesli bir koruyucunuz varsa, onu size istediğini söylemeye davet edebilirsiniz. Ancak özellikle ilk başta, yanları belirli sorularla yönlendirmeniz gerekir. Ben genellikle bir koruyucudan bana duygularını veya endişelerini anlatmasını isteyerek başlarım. Yan hakkında zaten bir şeyler biliyorsam da ilk sorum buna istinaden olabilir. Bir yanın güvensiz hissettiğini biliyorsam, onu neyin güvensiz hissettirdiğini veya ne hakkında güvensiz hissettiğini sormakla başlayabilirim.

Bir koruyucuya sorulabilecek en temel ve faydalı sorulara dair örnekler vereyim. Koruyucunun cevaplarına dair örnekler *italik* verildi.

- Ne hissediyorsun?
  Şüpheli ve yargılayıcı olduğumu.

- Ne hakkında endişeleniyorsun?
  İnsanların sana sırt çevirmesinden endişeleniyorum.

- Rolün ne? Bu rolü oynamak için ne yapıyorsun?
  Kime güvenilip kime güvenilmeyeceğini görmek için insanları dikkatlice kontrol ediyorum.

- Bu rolü oynayarak neyi başarmayı umuyorsun?
  Sadece güvenilir insanlara açıldığından emin olmak istiyorum.

- Bunu yapmazsan ne olacağından korkuyorsun?
  İhanete uğrayacağından korkuyorum.

Sorabileceğiniz başka birçok faydalı soru da var. İşte bunlardan bazıları:

- Seni bu kadar kızdıran ne? (Ya da üzen, depresyona sokan veya benzeri)
  İnsanların seni terk etmesine kızgınım.

- İnsanlarla nasıl ilişki kuruyorsun?
  Sana iyi davranmadıklarında bunu onlara söylerim.

- Diğer yanlarla nasıl etkileşim kuruyorsun?
  İnsanları memnun etmeye çalışan yanına karşı savaşıyorum.

- Üzülmek hakkında ne hissediyorsun? (Ya da başka bir duygu)
  Bence çocukça ve aptalca.

- İnsanlara ulaşmak konusunda ne hissediyorsun? (Veya herhangi bir harici olay veya eylem konusunda)
  Korkuyorum ve bundan kaçınmak istiyorum.

- Ne istiyorsun?
  Eleştirilerden korunmak istiyorum.

- Rolünü oynamazsan hangi duyguların ortaya çıkmasından korkuyorsun?
  Kahredici bir üzüntüden korkuyorum.

- Rolünü ne kadar süredir oynuyorsun?
  Yedi yaşından beri.

- Bu rolü üstlenmene ne zaman ve ne sebep oldu?
  Merdivenlere oturup ailemden istediğim şeyi asla elde edemeyeceğimi anladığımda üstlendim.

- Rolün hakkında ne hissediyorsun?
  Bundan çok yoruldum çünkü çoğu zaman çok da işe yaramıyor gibi görünüyor ama yapılması gerekiyor.

- Benden ne istiyorsun?
  Senin için ne kadar çok çalıştığımı takdir etmeni istiyorum.

Tüm bu soruları sormaya kendinizi mecbur hissetmeyin. Yanı ve iyi niyetini öğrenmek için genellikle sadece üç veya dört soru sormanız yeterlidir. Koruyucu merakınızı uyandıran bir cevap verdiğinde, onu takip edin. Yan "Seni korumak istiyorum" diyorsa, "Beni neyden korumak istiyorsun?" diye sorabilirsiniz. Ancak sorgu yargıcı gibi davranmayın. Onu zorlamak yerine, cevaplarının doğal olarak ortaya çıkması için zaman tanıyın ve süreci kolaylaştırmak için gerektiğinde sorular ekleyin. Yanın size kendini, kendi tarzında açmasına izin verin. Bazen yanların bunu yapmalarına yardımcı olacak sorulara ihtiyaçları olur ve diğer zamanlarda bunu yardım almadan yaparlar.

Şu âna kadar iç ses kanalını kullanarak bir yanla tanışmayı ele aldım. Ancak tek yol bu değildir. Ayrıca bedensel duyumları, duyguları veya görüntüleri de kullanabilirsiniz.

Beden ve duygu

Bir yanı tanımak için beden duyumlarını veya duyguları kullanabilirsiniz. Bedeninizde yanı hissedebilir veya duygularına odaklanabilirsiniz. Bir yan karnınızda uğuldayan bir heyecan gibi hissedilebilir. Bu durumda neye heyecanlandığını sorabilirsiniz. Koruyucu bir yan sırtınızda bir gerginlik gibi hissedilebilir. Sizi bir saldırıdan koruduğu veya öfkeyi dizginlediği hissini verebilir. Bir yanın hasret dolu bir hüzün hissettiğini sezebilirsiniz. Siz ona odaklandıkça bu hüznün anlamı yavaş yavaş su yüzüne çıkacaktır.

Bedeninizdeki yanı hissederken, bu deneyimin boyutu veya şekli gibi ayrıntıları fark etmek iyi olur. Küçük bir tüp mü yoksa büyük bir top gibi mi hissediliyor? Sınırları ne kadar? Şekilsiz mi yoksa net bir şekli var mı? Lastik, demir, pofuduk bir pamuk şeker, buz veya ateşten yapılmış gibi göründüğünü fark edebilirsiniz. Fark edebileceğiniz başka birçok özellik vardır. Sıcak mı, soğuk mu, yoğun mu, geniş mi, köpüklü mü yoksa sıkışık mı hissediliyor? Bu niteliklerin her biri size yan hakkında daha fazla bilgi verecektir. Kafanızı pamuk şeker gibi hissediyorsanız, bir yanınız durumu net bir şekilde görmenizi engellemek için zihninizi bulanıklaştırıyor olabilir.

Kalbiniz buz gibi donmuş hissettiriyorsa, bu yanın incinmemeniz için kalbinizi kapattığı anlamına gelebilir. Karnınızdaki titreme güvensiz hisseden bir yanı işaret ediyor olabilir.

Yanın görüntüsü

Bir yanın görüntüsünün zihninizde canlanmasına izin vererek onu görsel olarak da tanıyabilirsiniz. Yanı çatık kaşlı, devasa bir canavar gibi görmeniz onun size ne kadar güçlü ve tehditkâr göründüğünü anlatır. Sizi tehdit eden insanlara saldıran bir canavarı zihninizde görebilirsiniz. Bu, öfkeli bir koruyucunun görsel temsilidir.

Zihninizdeki görüntünün ayrıntılarına bakın. Yan hangi kıyafetleri giyiyor? Yüzünde nasıl bir ifade var? Vücudunun duruşu nasıl? Sizden ne kadar uzakta? Size mi yoksa başka birine mi bakıyor? Ne yapıyor? Ne renk? Yanın diğer insanlarla veya diğer yanlarla etkileşime girdiğini veya dünyada belirli eylemleri gerçekleştirdiğini görebilirsiniz. Yaşamınızdaki rolü hakkında size ayrıntılı bir anlayış kazandıracak ruhsal bir evreye ilerleyerek onu size kendini göstermeye davet edebilirsiniz.

Yanı daha iyi tanıdıkça görüntüsü değişebilir. Yüz ifadesi, aktivitesi veya sizinle olan ilişkisi değişebilir. Boyutu, rengi veya yaşı da. Bir yan başlangıçta griler giyinmiş, bir top gibi büzülmüş, kaşları çatık küçük bir kız olabilir. Benliğinizde olduğunuzu fark ettiğinde ve sizinle bağlantı kurmaya başladığında, aniden canlı renkler giymeye başlayabilir. Oturabilir, size bakabilir ve gülümseyebilir. Bazı durumlarda, bir yan tamamen farklı bir görüntüye dönüşebilir. Örneğin, bu yan iyileştikten sonra etrafta mutlu bir şekilde koşturan, parlak bir tulum içinde daha büyük bir kız olarak görünebilir.

Doğrudan bilmek

Bazen bir yanı bu duyu kanallarından herhangi birini açıkça kullanmadan anlarsınız. Onun hakkında bazı şeyleri fikirleriniz aracılığıyla değil, doğrudan bilme yoluyla bilirsiniz. Bir yana odaklanırsınız ve onun güvensiz hissettiğini hemen anlarsınız. Bunu size kelimelerle anlatmaz, duygusal olarak hissetmezsiniz, sadece bilirsiniz.

Çoklu kanallar

Birçok kişi birden fazla kanal kullanarak yanlarıyla etkileşime geçer. Bir yanı beden duyumları ve duyguların eşliğinde görebilirler, ayrıca yan onlara kendisini kelimelerle anlatabilir. Griler içindeki küçük kız imajına ek olarak, onun üzüntüsünü ve teslimiyetini bedeninizde hissedebilirsiniz, size ne kadar mutsuz olduğunu söyleyebilir. Bazı durumlarda, yana sorular sorabilirsiniz; o da görüntülerle veya vücut duyularıyla yanıt verir. Yan hangi kanalları kullanırsa kullansın, ondan haber almaya açık olun.

Yan belirsiz bir durumdaysa

Bazen bir yan ilk başta net değildir. Belirsiz bir görüntü veya bir duyumla başlar, "iki büklüm olmuş" gibi. Sabırlı ve meraklı bir şekilde deneyimlerinize bağlı kalarak böyle bir yanı tanıyabilirsiniz. Netlik oluşması için onu vaktinden önce zorlamayın. Açık ve ilgiliyseniz, yan kendisinin hoş karşılandığını bilecek ve yapısı birkaç dakika içinde netleşecektir. "İki büklüm olmuş" yan kendisini saldırılara karşı korumak için kıvrılmış bir yan olarak yavaş yavaş ortaya çıkabilir.

Belli belirsiz bir acı hissedebilir veya göğsünüzde bir sıkışma ya da bedeninizde bir boşluk deneyimleyebilirsiniz. Duygu veya görüntü ilk başta tamamen net olmadığında, bu sadece yana erişiminizin hâlâ biçimlenme sürecinde olduğu anlamına gelir. En ilginç yanlardan bazıları bu şekilde başlar. Odaklanma pratiği[4] yanların kademeli olarak açığa çıkmasına izin vermek için mükemmel bir yöntemdir.

Bu netleşme süreci kademeler halinde yavaş yavaş gerçekleşebilir. Acele etmeyin. Yan, karanlık odada bir fotoğrafın tab edilmesi gibi yavaş yavaş ortaya çıkacaktır. Başlangıçta boşluk gibi gelen şey tatminsizlik deneyimini de içermeye başlayabilir. Sonrasında

4. Ann Weiser Cornell, *The Power of Focusing*.

karnınızda olduğunu hissedebilirsiniz. Zamanla kendini doldurulması gereken boş bir çuval olarak gösterebilir. Son olarak, içinde büyük bir boşluk hissettiği için doyurulmaya ihtiyaç duyan bir çocuk olarak kendini gösterebilir.

Yanlara isim vermek

Yanlarınıza isim vermeniz yararlı olabilir. Amacınız her bir yan ile ilişki geliştirmek olduğu için ona bir isim vermek, zaman içinde onu takip edebilmenizi sağlar. Bu isim, Kontrolcü yan veya İsli İblis gibi açıklayıcı bir ifade olabilir. Walter gibi bir kişi ismi de olabilir. Teneke Adam gibi bir karakterin, Buda gibi ünlü bir kişinin ya da Athena gibi efsanevi bir varlığın ismi olabilir.

Bir yana isim dayatmak yerine, onun kendisine bir isim vermesine izin verin. Bu şekilde isim, sizin yanı nasıl gördüğünüzü değil, yanın kendisini nasıl gördüğünü yansıtacaktır. Siz bir yanı Canavar olarak görürken, o kendisini Savaşçı olarak görebilir. Ondan Canavar olarak bahsetmeye devam ederseniz yargılanmış hissedebilir ve sizinle olan iletişimini kesebilir. Bir yanı onun kendini anladığı şekilde tanımak en iyisidir çünkü ona bakış açınız onun hakkındaki önyargınız yüzünden taraflı olabilir ve bu yüzden yanın sizin için ne yapmaya çalıştığını öğrenemezsiniz. Amacınız, yanı onun kendi bakış açısından anlamaktır.

Bazen bir yanın ismi, tıpkı görüntüsü gibi, onu daha iyi tanıdıkça zamanla değişir. Bunun olmasına izin verin. Griler içindeki mutsuz küçük kızın başlangıçta Teslim Olan yan olarak adlandırıldığını varsayalım. Pırıl pırıl tulum içindeki daha büyük kıza dönüştükten sonra ise adı Gözalıcı Kız olarak değişebilir.

Bir koruyucunun olumlu niyeti

Bir koruyucuyu tanıdıkça, bu süreç boyunca onun iyi niyetini bulmak çok önemlidir. Sizin için ne yapmaya çalışıyor? Sizi nasıl korumaya çalışıyor? Bu, size kendisini açma sürecinde doğal olarak ortaya çıkabilir ancak bazen amacını keşfetmek için belirli sorular sormanız gerekir. Şöyle bir soru sorabilirsiniz: "Bu rolü oynayarak neyi başarmaya çalışıyorsun?"

En etkili soru şudur: "Rolünü yerine getirmezsen ne olacağından korkuyorsun?" Bu sorunun etkili olmasının nedeni, koruyucunun sizi korkunç bir olaydan veya bir acı patlamasından koruması gerektiğine inandığını göstermesidir. Bu yüzden ne olursa olsun rolünü yerine getirmesi gerektiğini düşünür. Bu sorunun cevabı, yanın sizi veya bir sürgünü neyden koruduğunu söyler. Rolünü yerini getiremezse ne olacağını düşündüğünü sormayın. Ne olabileceğini sormayın. Her iki soru da muhtemelen sonuçlar hakkında düşünsel bir cevap isteyecek, yanın gerçek motivasyonunu göstermeyecektir. Birisi size ne yapacağınızı söylediğinde öfkelenen bir yanınız olduğunu varsayalım. Öfkeni ifade etmeseydin ne olurdu diye sorarsanız, "Bu kadar çok kavga etmezdin" diye cevaplayabilir. Şüphesiz bu doğrudur, ancak bu cevap muhtemelen öfkeli koruyucudan değil, mantıklı bir yanınızdan geliyordur. Anahtar soru şudur: Yan ne olmasından korkuyor? Diyelim ki öfkeli yana, size emir verildiğinde öfkelenmeseydi ne olmasından korktuğunu sordunuz. "İnsanların seni kontrol etmesinden ve sadece bir kukla olmandan korkuyorum" diyebilir. Bu yüzden sizi öfkesiyle koruması gerektiğine inanıyordur. Bu onun olumlu niyetidir. Aradığınız cevap budur.

Bu cevabın, öfkeli yan tarafından korunan belirli bir sürgünü işaret ettiğine dikkat edin. Bu sürgün, muhtemelen zaten bir kukla gibi kontrol edildiğini hissediyordur. Büyük olasılıkla çocuklukta ona bu şekilde muamele edilmiştir ve mağduriyet hissi ve dolayısıyla korunma ihtiyacı hâlâ devam ediyordur. Dolayısıyla bu özel soru, sürgün ve ona gardiyanlık yapan koruyucu hakkında bilgi sağlayacaktır.

Korumanın iki türü

Koruyucuların olumlu niyetini keşfettikçe, sürgünleri iki yoldan biriyle koruduklarını keşfedeceksiniz.

1. Dışsal Koruma. Bazı koruyucular, yukarıda sözü edilen öfkeli koruyucu gibi, sürgünün diğer insanlardan zarar görmesini önle-

meye çalışırlar. Bu koruyucular, sürgünü savunmasız ve kendini korumaktan aciz olarak görürler. Sonuç olarak, insanların ona zarar vermesini önlemek için gerekli olduğunu düşündükleri her şeyi yaparlar.

2. İçsel Koruma. Bazı koruyucular sizi sürgünün taşıdığı duygusal acıdan korumaya çalışırlar. Sizi duygusal acıya karşı hissizleştirmek için sürekli düşünmenizi sağlarlar. Sürgünün hissettiği acıyı ya da travmayı engellemek için dikkatinizi dağıtır veya sizi tamamen kapatırlar. Bazen de sürgünün çektiği acıyı bastırmak için size konfor, zevk veya özgüven sağlamaya çalışabilirler.

Her iki tip de sürgünleri korur, ancak sürgünle çok farklı iki ilişkileri vardır. Birinci tip koruyucular sürgünü önemser ve onun için en iyisini isterler, bu yüzden onu dünyadan korumaya çalışırlar. İkinci tip koruyucular, sürgün sizi acıya sürükleyebileceği için onun tehlikeli olduğunu düşünürler. Bu yüzden sürgünü yargılar ve uzaklaştırırlar.

Düşmanlarımızı anlamak

Bazı koruyucular bize ciddi sorunlara neden olduğundan, onları genellikle "kötü" ve sistemimizden atılması gereken düşmanlar olarak görürüz. İçsel eleştirmen, yaptığınız her küçük hata için sizi kınar; kendinizi yetersiz ve değersiz hissetmenize neden olur. Sosyal becerilerinizi, zekânızı, görünüş veya yeterliliğinizi eleştirebilir. Görünüşe göre tek yaptığı size saldırmak ve kendinizi kötü hissetmenizi sağlamaktır. Bu yanın ne yaptığını gördüğünüzde, ondan kurtulmak isteyebilirsiniz. İkinci bir örnek, öfkeyle patladığı için düpedüz kötü olarak gördüğünüz bir koruyucu olabilir. Bu koruyucu işten kovulmanıza veya ailenizde büyük bir anlaşmazlık yaşamanıza neden olabilir.

Ancak herhangi bir koruyucuyu tanıdıktan sonra, ne kadar yıkıcı olursa olsun, sonuçta onun düşmanınız olmadığını keşfedersiniz. Sizi zarardan veya acıdan korumak için elinden geleni yapıyordur. Bunu fark ettiğinizde ona karşı yumuşarsınız. Koruyucunun sadece bir yanılgı içinde olduğunu ve sizi korkunç bir acı olarak gördüğü şeyden korumanın başka bir yolunu bilmediğini anlarsınız. Bu, onu anlamanıza ve ona şefkat göstermenize yardımcı olacaktır. Bunu Lisa ve İsli İblis'in bir sonraki seans dökümünde göreceğiz.

Diğer insanları da yüreklerinde iyi niyetli ama ara sıra yanılgı içinde olarak görmenin nasıl olabileceğini hayal edin. O zaman en kötü düşmanlarımızın bile onları utançtan, korkudan ve diğer zor duygulardan korumaya çalışan yanları tarafından yönlendirildiğini anlarız. Davranışları ne kadar külfetli olsa bile onlara karşı yumuşayabiliriz. Hayatımızdaki zor ve yıkıcı insanlara karşı şefkat duyabiliriz. Uluslararası düşmanlarımıza, dünyada bizi tehdit eden insanlara ve en sert şekilde yargıladığımız politikacılara karşı hepimiz böyle hissedebilseydik, dünyanın nasıl bir yer olacağını hayal edin. Belki de onların iyi niyetlerini gerçekten görmeye başlar ve onlarla anlayışla ilişki kurabilirsek, bize aynı şekilde karşılık verecek kadar güvenebilirler.

Lisa ve İsli İblis

Adım K4'ten bazı örneklere bakalım. Seansa geçen bölümde kardeşinden nefret eden İsli İblis yanı tanımaya başlayan Lisa'yla devam ediyoruz. Lisa'nın bu yanla ilişkili olarak benlikte olduğu noktadan başlıyoruz.

Jay: Bu yanı kendisinden ve özellikle de küçük kız kardeşine karşı neler hissettiğinden bahsetmeye davet et.

Lisa: Küçük bir Tazmanya canavarına benziyor. Kendini göstermesine izin verdiğimde saldırmaya hazır küçük bir topaç gibi dönmeye başlıyor. "Gırrr" diyor ve kardeşimin bacağına yapışıp bırakmıyor.

J: İsli İblis'e kız kardeşine ne yaptığını sorabilirsin.

L: Onu yargılamak ve ona saldırmak istiyor ama dış dünyada ona bir şey yapmasına izin vermiyorum. Sadece kız kardeşime karşı gerçekten çok öfkelenmeme neden oluyor ama bunu ona ifade etmiyorum.

J: Tamam. İsli İblis'e kız kardeşine saldırarak neye ulaşmaya çalıştığını sorabilirsin.

L: Bunu kalbimi korumak için yapıyor gibi görünüyor. Koruyucu bir hareket yani. Kendini korkusuzca arbedenin içine atıyor. Bunu özellikle kız kardeşime karşı yapıyor çünkü kalbimin kardeşime karşı bir savunması yok. Onu sevdiğim için kalbim kendini ona karşı kapatamıyor.

Bu bize, yanın kız kardeşine saldırmak olan rolü hakkında bir şeyler anlatıyor. İsli İblis, öfkesinin, Lisa'nın kalbinin kız kardeşinin yargıları tarafından yaralanmasını engellemek için bir bariyer görevi gördüğüne inanıyor. Kız kardeşine karşı hiçbir savunması olmadığını söylemesi ilginç. Bana göre bu, kız kardeşine olan sevgisini köreltebilecek hiçbir koruyucusu olmadığı anlamına geliyor, bu da bir sürgünün kız kardeşine karşı çok açık ve incinmeye karşı savunmasız olduğu anlamına geliyor. Bu sürgünü kalbi olarak adlandırıyor. Bu Kalp yanı çok savunmasız olduğundan ve başka koruyucular ortaya çıkmadığından, İsli İblis onu korumak için öne çıkıyor.

J: Evet. Bu yana kız kardeşine saldırıyı neyin başlattığını sorabilirsin.

L: Eğer kız kardeşim bana sert ve saldırgan bir şekilde yaklaşırsa, bu küçük iblis çıkageliyor.

J: Kalbini korumak için mi?

L: Özellikle kalbimi korumak için. Evet.

Aslında burada Kalp yanından bahsediyor.

J: Yana kız kardeşine saldırmazsa ne olacağından korktuğunu sor.

L: Kalbim çok kırılır.

J: Evet. Kalbin çok kırılır.

İsli İblis, Lisa'nın Kalp yanının kız kardeşinin kırıcı sözleriyle kırılmasını önlemeye çalışıyor.

Lisa artık İsli İblis hakkında iyi bir fikre sahip oldu. İlk başta gerçekten çirkin bir yan gibi görünüyordu ama şimdi bütün bu süre boyunca onun iyiliğini gözettiğini görüyor. Bu seansa bir sonraki bölümde devam edeceğiz.

Ben ve kendinden şüphe eden yan

Ben'in seansına, kız kardeşi hakkındaki algısını sorgulayan ve işi yapma yeteneğinden şüphe eden Kendinden Şüphe Eden yan ile devam edelim. Ben'in bu yanla ilgili olarak benlikte olduğu noktadan başlıyoruz.

Jay: Kendinden Şüphe Eden yanı endişelerinin ve duygularının neler olduğunu söylemeye davet et.

Ben: Şöyle ki Kendinden Şüphe Eden yan içgüdülerimin iyi olmadığını söylüyor, bu yüzden her türlü dürtü veya düşüncemi sorgulamak zorunda.

Artık Kendinden Şüphe Eden yanın Ben ve içgüdüleri arasına bir ayraç koymaya çalıştığını bildiğimize göre, bunu yapmasına neden olan motivasyonu bulmak için ilerliyorum.

J: Tamam. Düşüncelerini ve dürtülerini sorgulayarak neye ulaşmaya çalıştığını sorabilirsin.

B: Kendi güdülerimle hareket etmemi engellemek istiyor. Böylece harekete geçmeden önce dışarıdan gelen bilgiyi kontrol edebilirim. Her ne düşünüyorsam muhtemelen yanlış olduğunu söylüyor.

J: Dürtülerine göre hareket etmene izin verirse ne olacağından korktuğunu sor.

Bu soru, yanın onu korumaya çalıştığı tehdidi ortaya çıkarmayı amaçlamaktadır.

B: Aslında Kendinden Şüphe Eden yan ile yaptığım son konuşmadan farklı bir cevap alıyorum. Şimdi daha az endişeli. İşlerin bu çalışmalara başlamadan önceki kadar korkunç olacağını düşünmüyor. Sanırım hissettiğim şey, "Evet. Kesinlikle batıracaksın ama bu süreçte herkesi kaybetmeyeceksin". Yan, bunun dünyanın sonu olmadığını söylüyor.

Şimdiye kadar yaptığı çalışmalar sonucunda bu yanın biraz rahatladığını bilmek güzel.

J: Korkunun herkesi kaybetmekle ilgisi var. Bu doğru mu?

B: Sanırım altında bu olabilir.

Bu cevap, Kendinden Şüphe Eden yandan değil, Ben'in entelektüel bir kısmından geliyor gibi görünüyor, bu yüzden doğrudan o yana sormasını istiyorum.

J: Yana sor. En çok neyden korktuğunu gör.

B: Evet. Gerçekten aptalca ve yıkıcı olan şeyler yapmamdan ve insanları kendimden uzaklaştırmamdan korkuyor. "Mantıklı ve güvenli olanla bağlantın kopacak."

J: Tehlikeli şeyler mi yapacaksın?

B: Evet. Yaklaşık yirmi yıl önce çok fazla uyuşturucu kullanıyordum ve gerçekten fevri bazı şeyler yaptım. Başımı belaya soktum. Yakın olduğum bazı insanları incittim.

J: Yana korktuğu şeyin bu olup olmadığını sorabilirsin.

B: Evet. Yan bunların her an tekrarlanabileceğini düşünüyor. Bir daha asla olmayacağından emin olmak istiyor.

J: Tamam. Bu yan seni bundan korumak istiyor.

B: Evet. Kontrolden çıkmış ve zararlı olarak görülmemi istemiyor.

J: Evet. Ve tıpkı yirmi yıl önce olduğun gibi şimdi de bunun eşiğinde olduğuna inanıyor.

B: Diyor ki, "Bir kere oldu, bu yüzden her zaman dikkatli olmalısın. Şu an kötü bir risk altındasın". Yani bir daha bana güvenmeyecek.

Bu yanın korkuları bir koruyucu için tipiktir. Geçmişe takılıp kalmış, Ben'in çok olgunlaştığını ve uzun süredir uyuşturucudan uzak kaldığını fark etmiyor. Onu çarpık bir algıyla olgunlaşmamış olarak gördüğü için korumaya devam etmesi gerektiğine inanıyor.

B: Bu yüzden şimdi benlikteyken ona karşı biraz şefkat hissediyorum. Bu yan aşırı endişeliydi, beni tekrar dürtüsel ve çılgınlık yapma travmasından kurtarmak için çok çalışıyor.

Haberler iyi. Ben yanın kendisi için ne yapmaya çalıştığını anlıyor, onu önemsiyor.

Christine ve Kafa Karıştırıcı

Burada, Christine'in 3. Bölüm'de daha önce görmüş olduğunuz Kafa Karıştırıcı ile yaptığı seansın dökümünün bir bölümünü okuyacaksınız. Kafa Karıştırıcı, Christine'in zihnini bulandırıyor, kafasını karıştırıyor, dikkatini dağıtıyordu. Christine'in benlikte olduğu noktadan devam ediyoruz.

Jay: O yanı ne hissettiğini anlatmaya davet et.

Christine: Uykulu ve donuk hissettiğini söylüyor. Boşluk hissediyor.

J: Donuk ve boşluk hissediyor.

C: Evet. "Uyumak istiyorum" diyor. "Uyanık ya da bilinçli olmak istemiyorum." Bazen insanların sorularına cevap veremiyor.

J: Hı hı. Yana adını veya ona nasıl seslenilmesini istediğini sor.

C: Kafa Karıştırıcı kelimesini duyuyorum.

J: Tamam. Ona Kafa Karıştırıcı diyeceğiz. Uykulu ve kafası karışmış olarak neyi başarmaya çalıştığını sor ona.

Bu soruyu Kafa Karıştırıcı'nın Christine için hangi olumlu niyeti taşıdığını keşfetmek için soruyorum.

C: "Bir şey görmek istemiyorum. Bir şey bilmek istemiyorum." Bu yan belirsizlik, kafa karışıklığı ve donukluk yaratmak zorunda. Neler olup bittiğini bilmemi istemiyor.

J: Seni olanlardan korumak için kafa karışıklığı yaratıyor... Yana kafa karışıklığı ve bilmeme halini nasıl yarattığını sorabilirsin.

C: Bunu farklı yollardan yapıyor. Konuyu içsel olarak değiştiriyor, dikkatimi dağıtıyor; çok telaşlı görünüyor veya hareket ediyor, bu nedenle tek bir yerde duramıyor. Dikkati kendine çekip doğal olarak orada olan ne varsa ondan uzaklaştırıyor. Bütün bu yolları kullanıyor. Bu yan şimdi, kafa karışıklığı yaratmak ve dikkat dağıtmak için havada sihirli işaretler yapan birine dönüşüyor.

J: Tamam. Kafa Karıştırıcı'ya, kenara çekilirse ve bir şeyleri görmene izin verirse ne olacağından korktuğunu sor.

C: "Olacaklar akla hayale sığmaz, kelimelerle ifade edilemez" diyor. O kadar korktu ki oraya gidemeyiz bile.

J: Anlıyorum, bu durum onu çok korkutuyor.

C: Ölüm kalım meselesi gibi.

J: Evet. Kafa Karıştırıcı'ya bu işi ne kadar süredir yaptığını sorabilirsin.

C: Sanki ezelden beri bunu yapıyor.

J: Bu görevle ilgili ne hissediyor?

C: Katlanılmaz bir görev ve çok yıpratıcı. Ancak yine de duramıyor.

Christine artık Kafa Karıştırıcı'yı tanıyor. Onu neyden korumaya çalıştığı hakkında bir fikri oldu. Bunca zamandır Christine'i dehşet verici bir şeyden korumaya çalışıyordu. Christine bunun ne olduğunu bilmiyor (ancak ben bunun bir sürgün olduğunu biliyorum) ve Kafa Karıştırıcı, Christine'in bunu öğrenmesini istemiyor. Gerçeği aramasını engellemek için kafa karıştırıyor. Eğer Christine'i arayabilseydi, gerçekten de bu sürgünü bulabilirdi ama Kafa Karıştırıcı onun travmayı kaldıramayacağına inanıyor. Bu seansa 8. Bölüm'de devam edeceğiz.

Alıştırma: Bir koruyucuyu tanımak

Tanımak için bir koruyucu seçin. Şimdiye kadar öğrendiğiniz dört adımı da uyguladığınız bir seans yapın. K1'den K4'e kadar olan adımları takip etmek için 6. Bölüm'deki Yardım Sayfası'nı kullanın. Bir partnerle çalışıyorsanız, partner de Yardım Sayfası'nı takip etmelidir. Bitirdiğinizde yan hakkında öğrendiklerinizi yazın:

Koruyucunun adı ______________________
Ne hissediyor? ______________________
Nasıl görünüyor? ______________________
Bedeninizde nerede bulunuyor? ______________________
Ne söylüyor? ______________________
Sizi nasıl davranmaya itiyor? ______________________
Hangi durumlar onu aktive ediyor? ______________________
Hangi endişeli yanlar ona tepki veriyor? ______________________
Olumlu niyeti ne? ______________________
Sizi neyden koruyor? ______________________
Diğer bilgiler ______________________

Bir İAS seansını bitirmek

Bir seansı bitirirken, çalıştığınız yanlarla saygılı bir şekilde bağlantı kurmak ve çalışmayı sonlandırmak için biraz zaman ayırmak iyi bir fikirdir. Bu biraz da bir ziyaretin sonunda bir arkadaşa veda etmek gibidir. Bu, herhangi bir yanı beklemede bırakmadan ayırmanızı sağlar. Ayrıca gelecek seanslarda ilgilenmeniz gereken yarım kalmış ya da çözülmemiş duygular olup olmadığını da öğrenirsiniz. Bunun yanı sıra o yanla olan ilişkiniz de güçlenir. Sonlandırma için bazı önerilerde bulunmak istiyorum:

Hedef yana kendisini size tanıttığı için teşekkür edin. İş sadece kısmen bitmişse, onunla daha fazla çalışmaya geri döneceğinizi belirtin. Bu, o yanı unutmayacağınız konusunda ona güvence verecektir. Önümüzdeki haftalarda sizden bir şey isteyip istemediğini sorun ve ne isterse vermeyi unutmayın. Örneğin sizden onunla ilişkide kalmanızı isteyebilir. Çalışmayı tamamladıysanız, nasıl olduğunu görmek için onu daha sonra kontrol edeceğinizi belirtin.

Bir kenara çekilip işinizi yapmanıza izin verdiği için endişeli yanlara teşekkür edin ve uygunsa olanlarla ilgili ne hissettiklerine bakın. Bu, kenara çekilmesini istediğiniz yanları sonradan görmezden gelmeyeceğinizi göstermenize yardımcı olur.

Seansı bitirmeden önce bir şey söylemek isteyen bir yanın olup olmadığına bakın. Seans bittiğinde kendilerini bir kenara atılmış hissetmesinler. Bu aynı zamanda size eksik kalan şeyleri keşfetme şansı verir. Bir yan, seansta olan bir şeyden korktuğunu ve yakında ilgiye ihtiyacı olacağını söyleyebilir. Bu şekilde, bir sonraki seansta onunla çalışacağınızı bilirsiniz.

Siz herhangi bir yanınıza bir şey söylemek isteyip istemediğinize bakın. Bu, bir yanla olan ilişkinizi kabullenmeniz ve güçlendirmeniz için bir fırsattır. Hedef yana cesaretine hayran olduğunuzu söylemek isteyebilirsiniz.

Bir koruyucuyla çalıştıysanız ve o size bir sürgünle çalışma izni verdiyse (bu II. Kısım'da ele alınacaktır), koruyucuya teşekkür edin ve sürgünle yaptığınız çalışma hakkında nasıl hissettiğine bakın. Bu, koruyucunun hâlâ ona bağlı olduğunuzu bilmesini sağlar ve koruyucunun yaptığınız işi onaylayıp onaylamadığı konusunda size bir fikir verir.

Alıştırmalardan kaçınma üzerine çalışmak

Bazı insanlar kitabı okurken alıştırmaları yapmak istediklerine karar verirler ancak devam etmezler. Siz de bu durumdaysanız, içinizde neler olup bittiğini keşfetmeniz faydalı olacaktır. Neden bir şey yapmak isteyip sonra bırakırsınız? Genellikle bunun nedeni, gizli bir koruyucunun alıştırmaları gerçekten yapmak istememesidir. Başka bir deyişle, bir yanınız alıştırmaların faydalı olacağına karar vermiş olsa bile, bir yanınız inat eder. Bu, alıştırmalara devam ederseniz güçlü, baş edemeyeceğiniz duygularla karşılaşacağınızdan korkan bir koruyucu olabilir. Ya da bu işten fayda göreceğinizi düşünmeyen ve bu yüzden zahmet etmek istemeyen bir koruyucu olabilir. Bunun bilincinde olmasanız bile kontrol Kaçınan bir koruyucudadır çünkü alıştırmaları yapmıyorsunuzdur.

Bu durumla başa çıkmanın en iyi yolu, bu Kaçınan koruyucuyla çalışacağınız bir seans yapmaktır. Bu seansta, alıştırmaları yapmak istememe hissine odaklanın. Hatta şu anda yaptığınız seansa karşı direndiğinizi bile hissedebilirsiniz. Kalkıp gitmek isteyebilirsiniz ya da kendinize vaktiniz olmadığını söyleyebilirsiniz ya da genel olarak rahatsız hissedebilirsiniz. Bu direnç hissine kulak verin. İnatçılık, kızgınlık veya karşı koyma gibi hissediyor olabilirsiniz. Duygusuzluk veya anksiyete hissedebilirsiniz. Bu duygu her neyse kaçınan kısma erişmenizi sağlayacaktır. Ardından, bu yanı tanımak için İAS adımlarına devam edin. Bu yanın çalışmayı yapmanızı neden istemediğine ve izin verirse ne olacağından korktuğuna dair neler keşfedebileceğinize bir bakın.

Sonra da endişeli bir yana güvence verdiğiniz gibi bu koruyucuya da korkularının gerçekleşmeyeceğine dair güvence verip veremeyeceğinize bakın. Boğucu derecede acı veren duygulara dalmayacağınızı ve tehlikeli yanların sizi ele geçirmesine izin vermeyeceğinizi açıklayabilirsiniz. Yanlarınızla tanışırken benlikte kalacağınıza güvence verebilirsiniz.

Bu güvencenin etkili olması için bir sonraki bölümde ele alınan Kaçınan koruyucuyla güvene dayalı bir ilişki geliştirmeniz gerekebilir. Bununla birlikte, Kaçınan bir koruyucuyla yapılan kısa bir seans bile alıştırmaları yapma isteğinizde büyük bir fark yaratabilir. Böyle bir seans yapıyorsanız ancak kaçınmanız değişmiyorsa, birden fazla kaçınan koruyucu olması mümkündür. Diğerlerini kontrol edip onlarla çalıştığınız bir başka seans daha yapın.

Seans yapmaktan kaçındığınız için bu seansı bile kaçınan koruyucuyla yapmak zor olabilir. Bunu yapmak yerine bahaneler üretmeye devam edebilirsiniz. Böyle bir seansı yapmanın bir yolu bir partnerle randevulaşmaktır. Birisi daha orada olacaksa, kaçınmak daha zordur. Ya da bu seansı, kaçınmanızın ardındaki daha derin konulara inmenize yardımcı olabilecek bir İAS terapistiyle yapabilirsiniz.

Koruyucuları gerçek zamanlı olarak öğrenmek

Koruyucunun aktif olmadığı bir zamanda seans yapıyorsanız, ona erişmeniz zor olabilir. Bu durumda da onun hakkında fazla bir şey öğrenemezsiniz. Öfkeli olmadığınız bir zamanda öfkeli bir yanla çalışmaya karar verirseniz, onunla temasa geçmek zor olabilir. Genellikle bu sorun, 4. Bölüm'de açıkladığımız gibi kendinizi o koruyucuyu aktive eden türden bir durumda hayal ederek çözülebilir. O öfkeli yanla çalışmak için sizi sinir eden biriyle birlikte olduğunuzu hayal edebilirsiniz.

Ancak bu işe yaramazsa, bu koruyucu hakkında bilgi edinmenin başka bir yolu daha vardır. Bu yan gerçekten aktive olana kadar bekleyebilirsiniz. Hayatınızın seyri içinde bu yanın ne zaman tetiklendiğini fark etmeyi amaç edinin (4. Bölüm'deki "Bir yanı gerçek zamanda fark etmek" konusuna bakın). Böyle bir durum olduğunda, yanla tanışmak için biraz zaman ayırın. Bir aktivitenin ortasındaysanız veya bunun mümkün olmadığı bir ortamdaysanız, o zaman mümkün olan en kısa sürede ona zaman ayırın. Bunu bir konuşma bittiğinde, bir sonraki iş molanızda veya o gece yapabilirsiniz. Çok uzun beklemezseniz, yanın hâlâ ona ulaşabileceğiniz bir yerde olduğunu göreceksiniz.

Aynı şey yolun başı durumları için de geçerlidir. Bazen üzerinde çalışmak istediğiniz bir durumun, endişelendiğiniz bir sorunun farkındasınızdır ama burada hangi yanların söz konusu olduğundan emin değilsinizdir. Her şey biraz bulanık görünür. Bu yanlar hakkında gerçek zamanda, hayatınızda aktive oldukları sırada bilgi edinmek faydalı olabilir. Duyguları en çok böyle zamanlarda belirgindir. Böyle bir yolun başı durumunun ne zaman aktive olduğunu fark etmeyi amaç edinin. Aktive olduğunu anladığınızda, o anda aktif durumdaki tüm yanları fark etmeye biraz zaman ayırın ve onlara kısaca temas edin (4. Bölüm'deki "Yolun başı durumundan yanlara erişmek" başlığına bakınız). O anda çok meşgulseniz, bir sonraki boş ânı kullanın. Her bir yana eriştikten sonra, onu tanımak için biraz zaman ayırın. Daha sonra, bu bölümlerle tam olarak tanıştığınız seanslara geçin.

Alıştırma: Yolun başı durumuyla gerçek zamanda çalışmak

Merak ettiğiniz bir yolun başı durumu seçin ______

Alıştırma, önümüzdeki hafta boyunca, bu durumun ne zaman aktive olduğunu fark etmek ve ardından bununla ilişkili yanlara erişmektir. Aktive olma durumunu size gösterecek ipuçlarını bilmek faydalı olacaktır. Ne gibi durumlar veya insanlar bu durumu aktive etme eğiliminde? ______

Bu tetikleyici durumların önümüzdeki hafta ne zaman ortaya çıkması muhtemel? ______

Özellikle o zamanlarda bu yanın aktif hale gelip gelmediğini fark etmeye gayret edin. ______

Bir yolun başı durumunu fark etmenin başka yolları da vardır. Hangi beden duyumları, düşünceleri veya duyguları size bu aktive olma halini bildirir? ______

Hangi davranış size ipucu verir? ______

Yolun başı durumunu her fark ettiğinizde, her bir yana kısaca erişip bunların bir listesini yapın. O anda listeyi yapmak için duramıyorsanız, bir sonraki molanızda veya mümkün olan en kısa sürede yapın. Bu alıştırmayı takip etmenize yardımcı olması için her gece yatmadan önce yolun başı durumunun o gün ortaya çıkıp çıkmadığını düşünmek için biraz zaman ayırın. ______

Yolun başı durumu aktive olduysa, ilgili yanlara eriştiniz mi?____

Eğer erişmediyseniz, sizi bunu yapmaktan alıkoyan neydi? ____

Aktive olduğunu fark etmediniz mi? ____
Fark ettiniz ama egzersizi yapmadınız mı? ____
Eğer egzersizi yaptıysanız, ne öğrendiniz? ____

Not alın ve her gece yukarıdaki beş soruyu yanıtlamaya çalışın. Bu günlük değerlendirme, alıştırmayı ertesi gün de aklınızda tutmanıza yardımcı olacaktır. Yolun başı durumunun aktive olduğu her zamanı fark etmeyi veya her seferinde yanlara erişmeyi beklemeyin. Bunu yapmak zordur. Araba kullanıyorsanız veya bir sohbetin ortasındaysanız, dikkatinizi başka yöne çekmek ve zihninizin işleyişine odaklanmak zordur. Sadece elinizden gelenin en iyisini yapın.

Özet

Bu bölümde içsel diyalog, bedensel duyumlar, duygu, görüntü ve doğrudan bilmeyi kullanarak bir koruyucuyu nasıl tanıyacağınızı öğrendiniz. Bu adım K4'tü. Koruyucuya hangi soruları soracağınızı biliyorsunuz, özellikle olumlu niyetini ve sizi neyden koruduğunu anlamanızı sağlayacak soruları sormayı öğrendiniz. Yanların nasıl adlandırıldığını gördünüz. Bir seansı saygılı bir şekilde nasıl sonlandıracağınızı, alıştırmaları yaparken dirençle nasıl başa çıkacağınızı ve bir koruyucu veya yolun başı durumu hakkında nasıl bilgi edineceğinizi öğrendiniz. Artık koruyucuyu ve sizin için hangi olumlu niyeti taşıdığını anladığınıza göre, bir sonraki bölümde onunla nasıl güvene dayalı bir ilişki geliştirebileceğinizi öğrenmeye geçebilirsiniz.

8. Bölüm

Kendinizle dost olmak: Koruyucuyla güvenli bir ilişki geliştirmek

Kendinizi sevmenin, kendinizin en iyi dostu olmanın ne kadar önemli olduğunu muhtemelen duymuşsunuzdur. Bu sözler önemlidir ancak uygulanması zordur. Kendinizi sevmek ne demek? Bunu nasıl yapmalısınız? Kendinizin en iyi dostu nasıl olabilirsiniz? İAS bu fikirleri somut ve belirli hale getirir. Ne anlama geldiklerini ve bunları nasıl gerçekleştireceğinizi gösterir. Kendinizi sevmek, aslında her bir yanınızı sevmek demektir. Kendinizle arkadaş olmak, her bir yanınızla bir ilişki geliştirmek ve size güvenmelerini sağlamak demektir. İAS yöntemi bunu bir yan etki olarak değil, terapinin merkezî bir yönü olarak alır. Bu bölüm, bir koruyucuyla nasıl güvene dayalı bir bağ kurulacağını gösterir. Daha sonra bunun bir sürgünle nasıl yapılacağını göreceğiz.

Şimdiye kadar bir koruyucuya nasıl erişeceğinizi ve onun hakkında bilgi edinmeyi öğrendiniz. Ancak sadece bilgi ve içgörü kazanmak yeterli değildir; bir koruyucuyla gerçek bir ilişki de geliştirmeniz gerekir. İAS'de başarınızın çok önemli bir kısmı, size güvenmesi için her bir koruyucuyla ne derece ilişki kurduğunuza bağlıdır.

Son bölümde tartışıldığı gibi, koruyucular sizde acı, utanç, korku veya keder uyandıracak durumlara tepki olarak aşırı rollere girerler. Sizi bu tür duygulardan korumak isterken tüm yükün kendi omuzlarında olduğunu düşünürler. Benlikten haberleri yoktur ve sizin tehdit edici bir durumla başa çıkabileceğinize güvenmezler. Bir şey yapmazlarsa bir felaket olacağına inanırlar. Hâlâ hayatın getirdiği sınavlar ve sıkıntılarla tek başına uğraşmak zorunda kaldıkları çocukluk döneminde olduklarını sanırlar.

Aslında bu koruyucuların çoğu siz küçükken koruma stratejilerini geliştirmiş, becerikli ve olgun şekillerde hareket etme kapasitesine sahip olmayan çocuk yanlardır. Dolayısıyla davranışları genellikle bir çocuğunki gibi basit ve aşırıdır. Çocuklukta benimsenen bu stratejiler yetişkinliğe de taşınır. Koruyucu, tehdit olarak algıladığı bir durumla karşılaştığında bildiği tek şekilde hareket ederek çocuklukta öğrendiği ve genellikle yetişkin yaşamınızda işlevsiz olan taktiği kullanır.

Jim'in koruyucusunun stratejisi ne pahasına olursa olsun çatışmalardan kaçınmaktır. Jim ve kız arkadaşı ne zaman bir anlaşmazlık yaşasa Jim ya geri çekilir ya da hemen pes eder. Jim'in Çatışmadan Kaçınan adını verdiği bu yanı Jim'in bir tartışmaya girmesine izin verirse, Jim'in çabucak öfkelenip bağırmaya ve bir şeyler fırlatmaya başlamasından korkmaktadır. Bu koruyucu, ayrıca Jim eğer kız arkadaşından zarar görürse, bir gözyaşı seli içinde eriyip gideceğinden endişelidir. Kız arkadaşı ona ulaşamadığı için yılmıştır. Jim'in korkularının geçmişe dayandığını bilmiyordur. Çocukken, anne ve babasına kızdığında, bazen kontrolden çıkan öfke nöbetleri ve ağlama krizleri geçiriyordu. Ailesi bu yüzden onu sert bir şekilde cezalandırıyordu. Çatışmadan Kaçınan yan, Jim'in zarar görmesini önlemek için ebeveynleriyle herhangi bir anlaşmazlığa girmekten kaçınmayı öğrenmişti. Bu kaçınma stratejisi aslında o zamanlar işlevseldi. Duygusal olarak kontrolden çıkmasını ve dolayısıyla cezalandırılmasını engelliyordu. Jim'in toyluğu ve ebeveynlerinin aşırı tepkisi göz önüne alındığında, Jim'in koruyucusunun bu koşullar altında yapabileceği en iyi şey böyle bir strateji geliştirmekti.

Çatışmadan Kaçınan yan şimdi Jim'in yetişkin yaşamında da herhangi bir çatışma olasılığında geri çekilmeye devam etmektedir. Jim'in çatışmaları daha dengeli bir yerden halledebilecek bir benliği olduğunu bilmiyor. Bu nedenle, her zaman kontrolde olması ve Jim'in duygularının "sızıntı yapmasına" izin vermemesi gerektiğine inanıyor. Bu konuda neden böyle bir telaş hissettiğini anlayabilirsiniz. Öfkelendiğinizde ağır bir şekilde cezalandırılacağınıza inanıyorsanız, siz de tedbirli olursunuz. Bütün bunlar Jim'in farkındalığının dışında devam etmektedir. Jim bir tek çatışmadan nefret ettiğini bilir. Çocukluk evinde beladan uzak durmasına gerçekten yardımcı olan bu kaçınma stratejisi artık işlevsizdir. Jim artık bir çocuk değil ve çatışmalara daha sağlıklı yanıt verme yeteneğine sahip; ayrıca artık onu cezalandıracak ebeveynleri de yok. Dolayısıyla aşırı kaçınma artık gerekli değil. Ancak Çatışmadan Kaçınan yanı bunun farkında değil. Bu alışılagelmiş bir dinamiktir. Çocuklukta iyi işleyen ve uygun olan koruyucu bir strateji, tamamen demode olduğu yetişkin durumlarına da taşınır.

Çatışmadan Kaçınan yan, Jim'in olgunluğunun ve mevcut kapasitesinin farkında olmadan çalışmaktadır. Jim'in benliğinin kız arkadaşıyla aşırı duygusallaşmadan tartışabileceğini öğrenebilirse rahatlayabilir. Jim kız arkadaşıyla bir çatışma yaşadığında Jim'in kız arkadaşıyla ilişki kurmasına izin verebilir ve işlerin yoluna gireceğine güvenebilir.

Benliğe güvenmek

İAS'deki ana hedef, koruyucuların benliğe güvenmeyi öğrenmesidir. Koruyucular o zaman rahatlayabilir ve zorlu durumlarla karşılaştıklarında benliğin kontrolü ele almasına izin verebilirler. Bir koruyucunun, sorunlu yaşam olayları ve altta yatan acıyla başa çıkmak için ihtiyaç duyulan güç, şefkat ve diğer niteliklerle birlikte benliğin orada olduğunu bilmesi gerekir. Koruyucunun sizin (benliğin) onu önemsediğinizi, rolünü anladığınızı ve bütün bu yıllar boyunca sizin için yaptığı işi takdir ettiğinizi öğrenmesi gerekir. Bu, koruyucunun gevşemesini, size güvenmeye başlamasını ve koruduğu sürgüne (veya sürgünlere) erişmenize izin vermesini sağlar. Korkmuş bir çocuk olsaydınız ama etrafında güvenebileceğiniz bir ağabey olduğunu bilseydiniz artık o kadar da korkmazdınız. Yaslanabileceğiniz biri olurdu.

Size güvenebileceğini bilmesi için bir koruyucuyla bağlantı kurmazsanız, bu korkunç yaşam durumlarını kendi başına halletmesi gerektiğine inanmaya devam eder. Sonuç olarak da tüm çatışmalardan kaçınmak gibi işlevsiz bir şekilde hareket etmeyi sürdürür. Muhtemelen koruduğu sürgünle çalışmanıza da izin vermez. Bu nedenle koruyucuların her biriyle güvene dayalı bir ilişki kurmak önemlidir. İAS sürecinde sürgünün yükleri bırakıldıktan sonra, koruyucunun koruyucu rolünü bırakma zamanı geldiğinde güven konusu yeniden önem kazanacaktır. Koruyucu ancak size güvenirse rolünü bırakması mümkün olur.

Benlikte değilseniz bu güven ilişkisi gelişmeyecektir. Benlikteyken gerçekten koruyucuyla bağlantı kurmak istersiniz, onu yalnızca sürgüne erişmek için kullanmazsınız. Kendileri üzerinde çalışma deneyimi olan kişiler, genellikle çocukluk yaralarına mümkün olan en kısa sürede ulaşmayı hedefler. Sürgünlerini iyileştirmenin "asıl hedef" olduğunu düşünürler. İAS'de sürgünleri iyileştirmek işin temelidir, ancak acele etmemek önemlidir. "İşte bir koruyucu. Lütfen kenara çekil ve önemli olan yana, yani sürgüne erişmeme izin ver" demeyin. Koruyucularınızın her biriyle bağ kurmak için zaman ayırın.

Bütün yanlarınızın önemli olduğu, hiçbirinin yolunuzdaki engeller olmadığı şeklinde daha geniş bir bakış açısı benimsenebilir. Her yan bir nedenden dolayı orada bulunur. Hepsini onurlandırıp saygı göstermek gerekir. Bu yüzden, koruyucuların iyi niyetli oldukları gerçeğini yapmacık bir şekilde kabul eder gibi görünmeyin. Bu koruyucunun sizin için ne yapmaya çalıştığını ve koruyucu rolünün onun için neden bu kadar önemli olduğunu düşündüğünü gerçekten öğrenmek isteyin. Size yardım etmeye çalıştığı için bu yanı onurlandırın.

Koruyucunuzu takdir etmek

Koruyucularınızın çoğu uzun yıllardır sizin yararınıza yorulmak bilmeden çalışıyorlardır. Bu gerçekte doğru olsun ya da olmasın, en azından yaptıkları işin sizin yararınıza olduğunu düşünüyorlardır. Hatta aslında, onlar olmasa başınızın dertte olacağına, rollerinin çok önemli olduğuna inanırlar. Çoğu zaman rollerini sevmezler bile ama birinin bunu yapması gerektiğine inanırlar. Yıllarca, kimsenin teşekkür bile etmediği zor ve nahoş bir iş yaptığınızı, sonunda fark edildiğinizde de bir tek şunu duyduğunuzu hayal edin. "Keşke hayatımı böyle mahvetmeseydin. Kenara çekil de önemli oyuncuya, yani sürgüne ulaşabileyim." Koruyucular genellikle yanlış anlaşıldıklarını ve rollerini yerine getirdikleri için yargılandıklarını hissederler. Çünkü onları gerçekten de hep yargılarız. Jim, çatışmalardan kaçınmasının neden olduğu sorunların farkına vardığında Çatışmadan Kaçınan yanını pısırık diye yargıladı. Bu koruyucuların bizi korumak için gösterdikleri çaba karşılığında takdirimize ihtiyaçları vardır.

Rolüyle gurur duyan bir koruyucu bile yıllar geçtikçe bundan sıkılabilir. Dinlenmeyi çok ister ama bunun imkânsız olduğuna inanır. Bir an için bile gevşerse, sizin acıya boğulmanızdan veya tehlikeli bir durumda savunmasız kalmanızdan korkar.

Koruyucular uzun zamandır neden bu rolleri üstlendiklerinin anlaşılmasını ve çabalarının takdir edilmesini bekler. Bir koruyucuyu tanıyıp motivasyonlarını anladıkça, koruyucunun sizin için ne yapmaya çalıştığını takdir etmeniz ve bunu aşağıda açıklanacağı gibi ifade etmeniz çok yardımcı olacaktır. Unutmayın, koruyucu hayatınızda sorunlara neden olsa bile, niyeti iyidir. Onu başka hiçbir şey için takdir edemiyorsanız, bunun için takdir edebilirsiniz.

Dünyadaki spiritüel geleneklerin çoğu bize özümüzde sevgiden oluştuğumuzu ve gerçekliğin aslen iyicil ve sevgi dolu olduğunu söyler. Tüm yanlarımızın bizim için en iyisini istediğini kabulüyle İAS de bu görüşü yansıtmaktadır. Benlik de bu sevgiyi, bütün yanlarımızla derinden ilgilenme ve bağlantı kurma kapasitesiyle sergiler.

Bazı koruyucular karışık rollere sahiptir. Zaman zaman işinize yarayan bir iş yaparlar ancak aşırıya kaçtıklarında sorun çıkarabilirler. Örneğin hayatımdaki görevleri verimli ve organize bir şekilde yapmak için çok çalışan, Başaran adında bir koruyucum var. Bu yan, kariyerimde işlevsel olarak yetkin ve başarılı olmama gerçekten yardımcı oluyor. Ancak görevlerimi yerine getirirken zevk alabileceğime veya hayat dolu olabileceğime inanmıyor. Bu çalışmanın sadece angarya olduğuna ve daha sonra eğlenebilmem için bu işi olabildiğince çabuk bitirmem gerektiğine inanıyor. Sorun şu ki, "daha sonra" hiç gelmiyor çünkü yapılacak işler yığınında her zaman daha fazla iş oluyor. Eskiden hayatımın büyük bir kısmını işlerimi sıkıcı, mekanik bir şekilde yerine getirmek için harcadım, bu da hayatımdaki canlılığı ve keyfi alıp götürdü. Bu koruyucu, yaptığım İAS çalışması nedeniyle biraz gevşemiş olsa bile bazı zamanlar hâlâ sorun oluyor.

Sağlıklı bir iç sistemde bazı koruyucular rollerini oynamaya devam edeceklerdir çünkü yaşamınızı gerçekten iyileştiren önemli rolleri vardır. Ancak bu kez işlerini sağlıklı bir şekilde yapacaklardır. Koruyucular bizi sürgünün acısından korumaya çalıştıkları için aşırı veya işlevsiz hale gelirler. Örneğin, Başaran yanım kendimi iyi ve değerli hissedebilmem için beni hayatta başarılı kılmaya çalışıyor. Bu sevilemez olduğunu hisseden bir sürgünün acısına karşı koruma girişimidir. Bazen sağlıklı bir rol oynayan bir koruyucuyla çalışırken, bu yaptığı için onu takdir etmek çok önemlidir.

Benim hikâyem

Başaran yanımla çalışırken koruyucularla bağlantı kurmanın öneminin kafama dank ettiği zamanı çok iyi hatırlıyorum. Bu yanla birçok kez çalışmış ve onu tanımıştım. Koruduğu sürgünler üzerinde çalışmış ve bir dereceye kadar iyileştirmiştim. Başaran yanın tüm zamanımı bir projeyi çabucak bitirmeye adamak ya da sadece işe çabucak varabilmek için trafikte hızlı gitmek gibi aşırı davranışlarını bırakmak üzerine çalışmıştım. Çalışırken daha yavaştan almayı, daha çok anda kalmayı ve tadını daha çok çıkartmayı amaçlıyordum ve bütün bunların hepsi de bir dereceye kadar oluyordu. Ancak bir gün Başaran yanımla gerçekten işbirlikçi, güvene dayalı bir ilişki kurmadığımı fark ettim. Sadece ondan kaçmaya çalışıyordum.

Bu yüzden onunla yeniden bağlantı kurmak için biraz zaman harcadım ve sadece beni korumaya çalıştığı şeyi değil, aynı zamanda bu yanımın hayatıma kattığı birçok şeyi de takdir ettim. Başaran yanım sayesinde birçok işi halledebiliyorum, bu da hayatımı gerçekten kolaylaştırıyor ve kitap yazmama, sınıflar ve atölye çalışmaları oluşturmama yardımcı oluyor. İlk defa, Başaran yanımı ortadan kaldırmaya çalışmak yerine takdir ettim. Amacımın Başaran yanımı bırakmak değil, onunla işbirliği içinde çalışmak olduğunu anladım; böylece bu süreçte bana daha fazla özgürlük ve canlılık sağlarken işini de yapabilirdi. Tutumumdaki bu değişimin bir sonucu olarak, yanlarım arasındaki daha fazla iç uyumdan kaynaklı olağandışı bir mutluluk duygusu yaşamaya başladım.

Bu çalışmayı bir sabah yapmıştım. Öğleden sonra geç saatlerde, kendimi çok üzgün hissettiğimi fark ettim. Nedenini anlayamıyordum, bu yüzden kendimi keşfetmek için çok zaman harcadım. Başaran yanımın geçmişte onu değersizleştirdiğim ve ondan kurtulmaya çalıştığım zamanlar için üzgün olduğunu keşfettim. Bu duygular o öğleden sonra ortaya çıkmıştı, çünkü ona aşağılayıcı davranmayı bırakmış ve onunla bağlantı kurmak isteyecek kadar saygı duymaya başlamıştım. Aslında onunla olan ilişkimi değiştirdiğim için minnettardı. Bu yüzden de daha önce ona karşı gösterdiğim davranış şeklimle ilgili acısını yaşamakta artık özgürdü. Bu benim için gerçek bir aydınlanmaydı. Yanlarımın onlara nasıl davrandığım konusunda gerçekten duyguları olduğunu ve onlarla olan ilişkimin çok önemli olduğunu fark etmiştim.

Adım K5: Bir koruyucuyla güvene dayalı bir ilişki kurmak

Bu bir koruyucuyu tanımanın son adımıdır. Eylemleri sorunlara yol açsa bile bir koruyucunun sizin için gösterdiği çabaları anlayıp anlamadığınızı ve takdir edip etmediğinizi kontrol edin. Eğer takdir hissetmiyorsanız, bunun nedeni koruyucunun iyi niyetini anlamamanız olabilir. Bu durumda 7. Bölüm'e geri dönmeniz faydalı olabilir. Koruyucunun niyetini anlıyor ama takdir etmiyorsanız, bunun nedeni benlikte olmamanız olabilir. Bu durumda, benlikte olabilmeniz için herhangi bir endişeli yandan ayrışmak için 6. Bölüm'e geri dönün.

Koruyucuyu anlayıp takdir ediyorsanız, bunu onun bilmesini sağlayarak koruyucuyla olan ilişkinizi geliştirebilirsiniz. Bu, yanın sizinle bağlantıda hissetmesine ve size güvenmesine yardımcı olacaktır. Ayrıca, yan ile bağlanma duygunuzu derinleştirecektir.

Aşağıdaki ifadelerden herhangi biri hissettiklerinizi yansıtıyorsa bunu koruyucuya söyleyebilirsiniz.

Neden bu rolü oynadığını anlıyorum.
Bunun neden önemli olduğunu düşündüğünü anlıyorum.
Bu söylediğin bana mantıklı geliyor.
Ne kadar çok çalışmak zorunda kaldığını biliyorum.
Taşıdığın sorumluluğu anlıyorum.
Neleri feda ettiğini anlıyorum.
Benim adıma gösterdiğin çabaları takdir ediyorum.
Çocukken benim için yaptıklarını takdir ediyorum.
Hayatım boyunca benim için yapmaya çalıştığın şeyi takdir ediyorum.
Benim için yapmaya çalıştığın şeyi takdir ediyorum.
Benim için yaptıklarını takdir ediyorum.
Hayatıma nasıl katkıda bulunduğunu görüyorum.

Bu ifadelerden birini söyledikten sonra koruyucunun size nasıl tepki verdiğine bakın. Yanın duygularında genellikle bir değişiklik fark edebilirsiniz. Bir minnet duygusu, daha derin bir bağlantı hissi veya katı duruşunda biraz gevşeme söz konusu olabilir.

Sizin farkınızda olması için yana yardım etmek

Yana teşekkür ettikten sonra herhangi bir yanıt almıyorsanız, sizden haberdar olup olmadığını kontrol edin. Bunca zamandır onunla konuşuyorsunuz, iyi bir sohbet kurduğunuzu sanıyorsunuz. Sizden nasıl haberdar olmaz? Ancak bu şaşırtıcı olsa da bazen o yan sizin orada olduğunuzu bilmiyordur. Bazen bir yan sadece geçmişin farkında olup onunla şu anda konuştuğunuzun farkında değildir. Durumla ilgili sizinki gibi bir perspektife sahip değildir. Bir yetişkin olduğunuzun veya bir benliğinizin olduğunun farkında olmayabilir. Tek bildiği, gördüğü tehlikedir. Örneğin, bir koruyucu şöyle düşünebilir: "Öfkeliyken babama benzeyen birinin bana doğru geldiğini görüyorum. Beni incitmesine engel olmalıyım. Bana yardım edecek kimse yok."

Bazen koruyucular korudukları sürgünün farkında bile olmazlar; sadece kaçınılması gereken bir tehlike veya acı olduğunu hissederler. Kısıtlı vizyonlarının nedeni, birçok yanın bütün bir insandan çok daha dar ve tek boyutlu olmasıdır. Hem onları bekleyen dışsal durumlar hem de iç sisteminiz hakkında sınırlı bir anlayışa sahiptirler. Tetiklendiklerinde basmakalıp şekillerde tepki verme eğilimindedirler. Pek sofistike ve zeki olmayabilirler. Ancak tüm yanlar böyle değildir. Bazıları oldukça zeki ve kurnaz olabilir ancak çoğu oldukça dar görüşlüdür. Onlarla İAS'deki gibi ilişki kurarak ufuklarını genişletmelerine ve farkındalıklarını artırmalarına yardımcı oluruz. Tek başına bu bile faydalı olur.

Yan, sorularınıza cevap verip size kendisi hakkında bilgi veriyor olsa bile, sizin ayrı bir varlık (benlik) olduğunuzun bütünüyle farkında olmayabilir. Şimdiye kadarki konuşma tek taraflı olmuş olabilir. Bunu tam bir ilişkiye dönüştürmeniz gerekir. Başlamak için en iyi yer, sizden haberdar olup olmadığını öğrenmektir. Eğer sizin farkınızda değilse, orada olduğunuzu fark etmesini isteyin. Bu yanla iletişim kurmak için hangi kanalı kullandığınıza bağlı olarak, aşağıdaki yolları kullanabilirsiniz.

(a) Yanı görebiliyorsanız size bakıp bir tepki verip vermediğini kontrol edin. Bakmıyorsa, size bakmasını isteyin.

(b) Yanı, duygularını hissederek veya bedeninizde duyumsayarak fark ediyorsanız, onunla yer değiştirin ve geçici olarak onunla özdeşleşin. Şimdiye kadar benlikle özdeşleşiyordunuz (çünkü bu sizin doğal kimliğinizdir) ama şimdi bilinçli olarak yanla özdeşleşmeyi, yan haline gelmeyi seçin. Yanı duygusal olarak veya bedeninizde hissedin ve sonra bilinçli olarak o duygunun içine girin. Yanı karnınızdaki üzüntü şeklinde hissediyorsanız, o üzüntünün içine girin. O yerden, benliğin varlığını hissetmek için arkaya doğru bakın.

(c) Yan ile iç diyalog yoluyla iletişim kuruyorsanız, yana sizden haberdar olup olmadığını sorun. Olmadığını söylüyorsa, sizi fark etmesini isteyin.

Yandan sizin farkınıza varmasını istediğinizde bu çok önemli bir içsel değişimin başlangıcı olur çünkü daha önce aranızda gerçek bir ilişki yoktu. Şimdi gerçek bir ilişkiye başlıyorsunuz. Birçok yan buna alışık değildir. Bunca zaman bir benliğin olduğunu bilmeden var oldular. Bu durum onlar için kafa karıştırıcıdır; bundan ne anlam çıkaracaklarını bilemezler. Eğer bunu bir yanınızla ilk kez yapıyorsanız, durum sadece yan için değil, sizin için de kafa karıştırıcı olabilir. İlk başta ilişkinin her iki tarafının da nasıl farkında olacağınızı bilemeyebilirsiniz. Acele etmeden sadece hissedin. İç dünyanız, yanlarınızın sizi fark etmesi için yeniden düzenlendiğinde, bu genelde rahatlatıcı bir his verir, içsel bir uyum ve iyilik hissi getirir. Yanlarınız artık yalnızlık hissetmiyordur. Daha büyük iyiliksever bir varlığın mevcut olduğunun farkındadırlar.

Örneğin, Janet'ın çocukken ebeveynleri tarafından görülmediğini ve takdir edilmediğini hisseden Küçük Kız yanı vardı. Bu yan, onlardan onay almak ve onları memnun etmek için elinden gelenin en iyisini yapmakla meşguldü. Janet, Küçük Kız'a ne hissettiğini anladığını söylediğinde, yan hiçbir cevap vermedi. Janet kontrol ettiğinde, Küçük Kız'ın ondan uzağa, anne babasına baktığını gördü. Küçük Kız hâlâ ailesinin onayına ihtiyaç duyduğu çocukluk döneminde olduğuna inanıyordu.

Janet, Küçük Kız'dan kendisinin orada olduğunu fark etmesini istedi. İlk başta Küçük Kız ne yapacağını bilemedi. Geçmişe ve anne babasına o kadar uzun süre odaklanmıştı ki başkalarıyla nasıl ilişki kuracağını bilmiyordu. Ancak Janet varlığını nazikçe belli etmeye devam etti ve Küçük Kız yavaş yavaş onu hissetti. Janet'a başını çevirip baktı. Orada ona dikkat eden başka birinin olduğunu fark etmeye başladı. Birden yalnız olmadığını anladı. Janet ona, ailesi tarafından görmezden gelinmenin ve önemsenmemenin ne kadar acı verici olduğunu gerçekten anladığını söyledi. Küçük Kız artık ihtiyacı olan dikkati ve anlayışı Janet'tan alabilirdi. Küçük Kız neşelenmeye ve iyi hissetmeye başladı. Janet onunla ilişki kurmayı başarmıştı. Bu, Janet'ın içsel bağlantı hissinde büyük bir değişim yarattı.

Janet'ın benliği Küçük Kız'la birlikte...

Küçük Kız sonunda benliğin ilgisini fark edip bu ilişkiye izin veriyor ve mutluluk duyuyor.

Yan sizi fark ettiğinde ona dair anlayış ve takdirinizi tekrar ifade edin ve yanın size nasıl karşılık verdiğini kontrol edin. Muhtemelen şimdi net ve güçlü bir tepki hissedersiniz çünkü bu yanınız artık sizin takdirinizi anlayıp hissedebiliyordur.

Alıştırma: Bir koruyucuyla güvene dayalı bir ilişki kurmak

Şimdi öğrenmiş olduğunuz K1-K5 adımlarını kullanarak bir koruyucuyu tanıyacağınız bir seans yapın. Bu bölümdeki K5 adımına özellikle dikkat edin. Adımları takip etmek için Yardım Sayfası'na uyun. Bitirdiğinizde, yan hakkında öğrendiklerinizi yazın.

Adı ne? ____________________

Ne hissediyor? ____________________

Nasıl görünüyor? ____________________

Bedeninizde nerede bulunuyor? ____________________

Ne söylüyor? ____________________

Nasıl davranmanızı sağlıyor? ____________________

Hangi durumlar onu aktive ediyor? ____________________

Hangi endişeli yanlar buna tepki veriyor? ____________________

Olumlu niyeti ne? ____________________

Sizi neyden koruyor? ____________________

Yan hakkında ne anladınız veya neyi takdir ediyorsunuz? ____________________

____

Yan bu söylediğinize nasıl tepki veriyor? ____________________

Christine ve Kafa Karıştırıcı

Şimdi Christine'in Kafa Karıştırıcı'yla yaptığı seansın başka bir bölümünü okuyacaksınız. Christine'in zihnini bulandırıp kafası karışmış ve dikkati dağılmış hissetmesine yol açan bu yan kelimelerle anlatılamayacak kadar kötü bir şeyin olmasından korkuyordu. Bu bölümün önemli fikirlerine dikkat çekmek için bazı yeni yorumlar ekledim. Christine'in Kafa Karıştırıcı'yı tanıdığı, ancak henüz koruduğu sürgüne geçmediği noktadan devam ediyoruz.

Jay: Bu yan, göreviyle ilgili olarak ne hissediyor?

Christine: Bu işi yapmak olanaksız, çok bunalmış durumda. Yine de durması mümkün değil.

Yanın aslında işinden nasıl yorulduğunu, ancak durmanın güvenli olmadığını hissettiğini fark edin.

J: Evet. Yanın kendisi hakkında bilmeni istediği başka bir şey olup olmadığını kontrol et.

C: Benim adıma acı çektiği için sevgimi, saygımı ve minnettarlığımı istediğini açıkça hissediyorum.

Christine'in Kafa Karıştırıcı'yla ilişkisinin öne çıktığı yer burasıdır (Adım K5). Takdir istemek, gerçek bir ilişkinin oluştuğunun bir işaretidir. Yanların takdir istemesi alışılmadık bir durum değildir ancak genellikle direkt olarak bunu istemezler.

J: Peki buna ne cevap veriyorsun?

C: Büyük bir takdir hissi duyuyorum.

J: Bunu ona ifade eder misin?

C: Bu yanın bu işi yaparken gösterdiği özveri ve çaresizlik derecesini ne kadar takdir ettiğimi kelimelerle bile ifade edemediğimi hissediyorum. (Christine gerçekten duygulandı.)

J: Yani onu gerçekten anladın. Peki, yan sana nasıl tepki veriyor?

C: Yumuşuyor. Ve yumuşadıkça bir şeyi çok net görüyorum. Daha önce nasıl duracağını bilmediğini söylediğimde, bunun nedeni benlikle hiçbir ilişkisinin olmamasıymış. Yanında gevşeyeceği, rahatlayacağı hiçbir şey yoktu. Ama şimdi Kafa Karıştırıcı yumuşuyor çünkü burada olduğumu hissediyor.

Bu beni çok duygulandırdı. Christine, Kafa Karıştırıcı'yla gerçek-

ten bağ kurunca, bu yan ona güvenmeye ve rahatlamaya başladı. Bu önemli bir adım.

C: Benlikle ilgili yaşadığım onca deneyime rağmen bu yana neden hiç dokunmadığını bilmiyorum.

Christine kendisi üzerinde çok sayıda psikolojik ve spiritüel çalışma yapmış, benlikle pek çok deneyim yaşamıştı. Bununla birlikte, geçmişteki bu çalışmalarda Christine, Kafa Karıştırıcı yanıyla benlikten ilişki kurmadığı için bu yan Christine'in benliği hakkında bilgi edinme ve onunla bağ kurma fırsatına sahip olmamıştı.

C: Bir şey daha var. Bu yanım hayatımdaki aşka karşı güvensiz. Bunu biliyordum ama şimdi Kafa Karıştırıcı'nın bugüne kadar benlikle bağlantıda olmadığını gördüğüm için bu güvensizliği farklı bir gözle görüp anlayabiliyorum.

Bu yanın aşka güvenebilmesi için öncelikle Christine'in bu seansta oluşmaya başlayan sevgisine güvenmesi gerekiyor.

Lisa ve İsli İblis

Burada Lisa'nın kalbini korumak için kız kardeşine saldırmak isteyen İsli İblis'le çalıştığı seansın devamını okuyacaksınız. Lisa'nın koruyucuyu tanıdığı kısımdan sonra devam ediyoruz.

Jay: Görünüşe göre İsli İblis'in senin için ne yapmaya çalıştığını anlıyorsun ve hatta belki takdir de ediyorsun.

Lisa: Evet. Değişen şey bu. Yoğunluğunu hâlâ hissediyorum ama şimdi o küçük Tazmanya canavarını korkunç bir karmaşa yaratan bir şey olarak görmekten çok ona hayranlık duyuyorum. Vay canına! İnanılmaz derecede hızla çalışan bir testereye benziyor bu. Bir görevi var.

J: Evet.

L: Bu göreve çok bağlı, ona saygı ve hayranlık duyuyorum. Onu daha fazla tanımayı çok istiyorum.

J: Güzel. Bu yana, ona olan saygını ve hayranlığını ifade et. Bunu sessizce, yüksek sesle veya kalbin aracılığıyla yapabilirsin.

L: (Gülüyor) Bir an durup "Aman Tanrım" diyor. Ayaklarını sürüyor, sanki utanmış gibi. Sonra da gösteriş yapmak istiyor. Bana başka neler yapabileceğini göstermek istiyor (gülüyor). "Gerçekten saldırabilirim. Şunu izle." Bir tür neşe yükselmeye başlıyor. Bu harika. Onu takdir ederek, biraz da şaşkınlıkla izliyorum.

İsli İblis, Lisa'nın takdirini gerçekten kazandı ve artık ona bağlı hissediyor. Bu da onun farklı bir varoluş haline geçmesini sağlıyor.

L: İlginç olan bir başka şey, İsli İblis'in artık kız kardeşimle bir ikili gibi görünmemesi. Kendi içinde bir yan artık o. Kız kardeşim de şu anda bana oldukça farklı görünüyor.

J: Yani İsli İblis zaten orada bulunuyor ve tesadüfen kız kardeşin tarafından tetikleniyor.

L: Evet. Ve ben İsli İblis'e hayran kaldıkça ve onunla ilgilendikçe, kız kardeşim farklı bir kapıdan, yenilenmiş bir havayla geliyor gibi. Sanki kız kardeşimi hiç tanımamışım.

Görünüşe göre Lisa'nın çalışması, kız kardeşiyle yeni bir ilişki kurması için onu özgürleştirdi.

J: İlginç. Bitirmeden önce bir şey söylemek isteyen başka yanlar var mı?

L: Gözcü horluyor, yorulmuş. Küçük Şeytan yan eğlenceli zaman geçiriyor. "Yuppii!" diyerek etrafta koşuşturuyor. Her şeyi hayranlıkla ve hayretle izliyorum. Çok komik: Küçük Şeytan aşırı enerjik bir şekilde etrafta koşturmak için daha fazla alan bulduğundan Küçük Kız bunu kıkırdayarak izliyor. Anne yan da yükünün biraz kalktığını hissediyor. Küçük Şeytan'ın özgürleşmesinde bütün sistemi etkileyen bir şey var. Bir çözülme değil, enerjik bir yükselme gibi. Teşekkür ederim. İlk başta bu bölgeye adım atmaktan çok korkmuştum.

İsli İblis'le olan yeni ilişkisinin bir sonucu olarak Lisa'nın tüm iç sisteminde bir değişim meydana geldi. Diğer yanları artık daha rahat; sistem daha az sert ve daha eğlenceli bir atmosfere sahip. Ayrıca Lisa'nın kız kardeşine karşı farklı bir tutumu gelişti. Bütün bu değişim, her bir yanınızla iyi bir ilişki kurmanın değerini gösteriyor; yanlarınızla iyi bir ilişki kurmanız kendinizle ve başkalarıyla olan bütün ilişkinizi değiştirebilir. Bu çalışma aynı zamanda yanlarınızı bir sistem olarak görmenin önemini de gösteriyor. Bir yanınızla ilişkinizi değiştirdiğinizde, diğer yanlar hakkında hissettikleriniz de değişebiliyor.

Bir yanınız sizinle ilişki kurmadığında

Bu bölümde şimdiye kadar size zaten açık olan bir koruyucuyla bağlantınızı ve güveninizi nasıl geliştirebileceğiniz üzerinde konuştuk. Ancak bazen bir yanınız size karşı o kadar şüphecidir ki daha fazla çalışmak gerekir. Aslında, bazı koruyucular size o kadar güvenmezler ki sizinle konuşmazlar veya size kendilerini göstermezler bile.

Şöyle bir durumu düşünün: Birlikte çalışmak istediğiniz bir koruyucuyu tanıyor ve onun bedeninizde kendini nasıl gösterdiğini biliyorsunuz. Kaplanma olup olmadığını kontrol ettiğinizde, benliktesiniz gibi görünüyor. Bu koruyucuya ne hissettiğini ya da endişelerinin ne olduğunu soruyorsunuz ve hiçbir yanıt alamıyorsunuz. Sonra koruyucunun görüntüsünü almaya odaklanıyorsunuz ama hiçbir şey oluşmuyor. Cevap alamıyor gibisiniz. Bu olağandışı bir durum. Yanlarınızdan yanıt almaya alışkınsınız. Neler oluyor?

Bu tepki eksikliği başka şekillerde de ortaya çıkabilir. Hedef yan sessiz kalmak yerine basitçe sizinle konuşmak istemediğini söyleyebilir. Yanı size arkasını dönmüş, kollarını göğsünde kavuşturmuş, sizi dışlar halde görebilirsiniz. Bir koruyucuyu tanıma sürecindeyken aniden görüntüsünün kaybolduğu veya sizinle konuşmayı bıraktığı da olabilir. Tüm süreç durma noktasına gelir.

Bu iletişim eksikliği, endişeli bir yanın hedef koruyucuya erişiminizi engellemesinden kaynaklanıyor olabilir. Endişeli yan, koruyucunun ilişki kurulamayacak kadar tehlikeli olduğunu düşünüyor olabilir. Huzursuzluk veren fikirlerin yayılmasını engellemeye çalışan bir sansür mekanizması gibi çalışabilir. Hedef koruyucuyla konuşmanızı istemeyen yanlara seslenerek bu olasılığı kontrol edebilir veya böyle bir yanın olup olmadığını görmek için kendi içinizi kontrol edebilirsiniz. Bu yanı bulduğunuzda, onunla da endişeli herhangi bir yanla yaptığınız gibi çalışın (6. Bölüm'e bakabilirsiniz). Benliğinizde kalacağınızı ve hedef koruyucunun kontrolü ele almasına izin vermeyeceğinizi açıklayın ve ondan kenara çekilmesini isteyin.

Bir yan size güvenmediğinde

Bu teknik işe yaramazsa, koruyucunun sizinle ilişki kurmamasının başka nedenlerini ararsınız. Bunun en olası nedeni size güvenmemesidir. İlk olarak, koruyucuya size güvenip güvenmediğini sorun. Diğer sorularınızın hiçbirine cevap vermeyecek olsa bile, buna cevap vermesi muhtemeldir. Size güvenmiyorsa, muhtemelen bunu söyleyecektir. Bir yanın size güvenmemesinin iki nedeni olabilir.

Endişeli bir yanla kaplanmak

Bir olasılık da endişeli bir yanla kaplandığınız için, öyle olduğuna inansanız bile tamamen benlikte olmamanızdır. Yanlarımız genellikle onlara yönelik tutumlarımıza karşı çok hassastırlar. Saf bir yerden mi geliyorsunuz, yoksa onları sevmeyen ve yargılayan endişeli bir yan sizi kaplamış mı, bunu anlayabilirler. Herhangi bir yargı, onlara sizinle konuşmanın güvenli olmadığını hissettirecektir. Bazı durumlarda konuşurlar ancak size kendilerini tamamen açmazlar. Ne de olsa, sizi yargılayan veya kızan birine kendinizle ilgili kırılgan bir şeyi açıklamak istemezsiniz. Yanlarımız da aynı şekilde hissederler.

Kendinize bu koruyucuya karşı ne hissettiğinizi sorun. Gizli bir kızgın veya yargılayıcı yan olup olmadığına bakın. Böyle birini keşfederseniz, kenara çekilmesini isteyin ve bu yeterli olmazsa 6. Bölüm'deki endişeli yanlarla çalışmayı öğrendiğiniz şekilde onunla çalışın. Endişeli yan kenara çekildikten sonra, koruyucu kendini size kolayca gösterecektir. Endişeli yan kenara çekilirse ve koruyucu size hâlâ güvenmiyorsa, endişeli başka bir yan olup olmadığını kontrol edin veya aşağıdaki ikinci olasılığı araştırın.

İhanet geçmişi

Diğer bir olasılık da hedef koruyucunun geçmişte incinmiş, terk edilmiş veya ihanete uğramış olduğu için şimdi siz dahil kimseye güvenmemesidir. Aslında, yan bir benliğin olduğunun gerçekten farkında olmayabilir. Geçmişte insanlara güvendiğinde kırılmıştır.

Böylece insanların güvenilir olmadığına karar vermiştir ve bir daha asla siz de dahil kimseye güvenmeyecektir. Göreviniz, size güvenmeye başlayana kadar bu yan ile hassas ve saygılı bir şekilde çalışmaktır.

Bazı durumlarda bu yan size o kadar güvenmez ki bu güvensizliğinden başka bir şey söylemez. Bu durumda onu zorlamadan sadece onunla birlikte olmalısınız. Yanın size hızla açılmasına dair bütün beklentilerinizi bir kenara bırakın. Karşılığında hiçbir şey beklemeden ona sadece ilginizi verin. Sürece başlamak için acele etmeyin. İnsanlara karşı çok temkinli bir geyikle karşı karşıya olduğunuzu düşünün. Size, ona yaklaşmanıza izin verecek kadar güvenmesini istiyorsunuz. Ne yapardınız? Sizin varlığınıza alışana kadar onunla sadece sessizce oturursunuz. Şüpheci bir yanla da bu şekilde ilişki kurmanız gerekiyor. Ürkek bir hayvana sabreder gibi sabredin; yavaş yavaş size ısınacaktır.

Yan konuşmaya istekli olduğunda sizde neye güvenmediğini sorun. Güven çok geniş bir kavramdır. Bir yan size güvenmediğinde, genellikle korktuğu belirli bir şey vardır. Onu umursayıp umursamadığınıza güvenmeyebilir. Endişelendiği durumlarla başa çıkmak için yeterince güçlü veya zeki olduğunuza güvenmeyebilir. Size açılırsa onu terk etmenizi veya ona saldırmanızı bekleyebilir. Reddedeceğinizden korkabilir. En önemlisi, ilk önce size tam olarak hangi konuda güvenmediğini bulmaktır.

Yan onu rahatsız eden şeyi söylediğinde, size karşı güvensiz hissetmesine yol açacak ne olduğunu söylemeye davet etmek genellikle iyi bir fikirdir. Bunun ne olduğunu bildiğinizi düşünüyorsanız bile (çünkü bu besbelli sizin geçmişinizden geliyor) yandan size kendi sözleriyle anlatmasını isteyin. Duyduklarınıza şaşırabilirsiniz. Bebekken annenize gerçekten yakın hissettiğinizi ve daha sonra büyüdükçe annenizin öfkeli ve mesafeli olduğunu gösterebilir. Neden değiştiğini bilmiyor ama artık ona güvenemiyordur. Bir arkadaşınızla yaptığınız gibi yanın bu konudaki duygularıyla empati kurmak için zaman ayırın ve bunun neden güvensizliğe yol açtığı konusunda anlayışlı olun. Güveninizi kazanmanın en önemli yönü sizin tarafınızdan duyulduğunu hissetmesidir. Onu duyduğunuzu hissettiğinde, geçmişte incindiği gibi davranmayacağınız hakkında yana güvence verebilirsiniz.

Bu diyalog boyunca, yanın gardını indirmesini ve size hemen güvenmesini beklemeyin. İşler genellikle bu şekilde yürümez. Güvensiz yan, "Birine ihtiyacım varken yanımda değildin, şimdi sana neden güveneyim?" diyerek direnebilir. Ondan özür dileyip o zamanlar sizin de genç olduğunuzu, şu anda sahip olduğunuz kaynaklara veya anlayışa sahip olmadığınızı açıklayın. Artık yaşça daha büyük ve daha akıllı olduğunuzu, onun yanında olduğunuzu belirtin.

Size çabuk güvenmesi için yana baskı yapmayın. Güven kendi hızıyla gelir ve zorlanamaz. Sabırlı olun ve yanın size güvenmesi için gereken zamanı kullanmasına izin verin. Bu birkaç seans veya daha uzun sürebilir. Ayrıca, yanın size güvenmesini istemenizin nedeninin size kendisini anlatması olduğunu unutmayın. Diyalogunuzda bu kadar ileri gittiyseniz, o hedefe zaten ulaşmışsınızdır. Yan, size ve diğer insanlara neden güvenmediğini açıklamaktadır. Bu muhtemelen size kendisi hakkında söyleyebileceği en önemli şeydir. Artık size güvendiğini söylemesine gerek yoktur çünkü güven konusundaki sorunlarını açığa vurarak bunu zaten yapmaktadır. Sadece bu şekilde saygılı, zorlayıcı olmayan etkileşime devam edin ve gerekli olabilecek ilave soruları sorarak adım adım ilerleyin. Bu diyalog en sonunda, koruyucunun koruduğu sürgünle çalışıp onu iyileştirmenize izin vermesine yetecek kadar güven oluşturacaktır. Bu gerçekleştiğinde muhtemelen size tamamen güvenebilecektir.

Seans dökümü

Bu seans kaydı şüpheci yanla nasıl çalışılacağını göstermektedir. Carl kırk yaşında, stresli bir yönetim işi olan bir danışanım. Arada bir, özellikle işyerinde insanlara mantıksız bir şekilde öfkeleniyor, bu da insanların sert bir şekilde tepki vermesine yol açıyordu.

Carl: İşyerindeki insanlara çok öfkelenen yanım üzerinde çalışmak istiyorum.

Jay: Tamam. Bedeninde bu yanı hisset.

C: Dişlerimi gıcırdatıyorum ve yumruklarımı sıkıyorum.

J: Güzel. O yana karşı nasıl hissettiğini kontrol et.

C: Bu Öfkeli yanı çok merak ediyorum, neden böyle tepesi atıyor ki?

J: Tamam. Yana onu neyin bu kadar sinirlendirdiğini sor.

C: (duraksama) Herhangi bir yanıt almıyorum.

J: Yanı görebiliyor musun?

C: E, bir bakalım. Evet, haşin bakan bir adam var. Bana sırtını döndü şimdi.

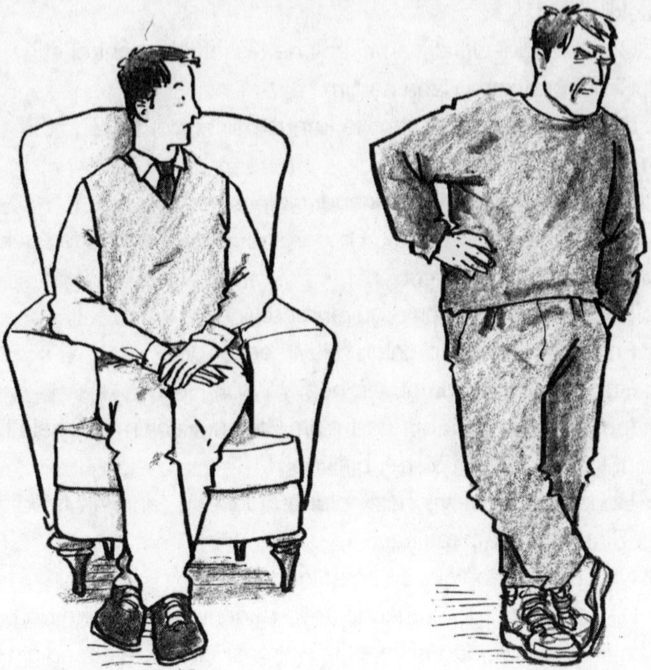

Carl Öfkeli yanıyla ilişki kurmak istiyor ve benlikte olduğunu düşünüyor. **Öfkeli yan ona güvenmiyor.**

J: Belki sana güvenmiyordur. Gerçekten benlikte olup olmadığını görmek için tekrar kontrol et. Yani ona karşı sadece merak mı hissediyorsun, yoksa başka duyguların da var mı?

Bu bir güven sorunu gibi göründüğü için Öfkeli yanın Carl'a kendisini yargıladığı için mi yoksa başka bir olumsuz duygu ortaya çıktığı için mi güvenmediğini kontrol etmek istiyorum.

C: Aslında, şimdi sorduğun için fark ettim de sanki biraz yargı ve kızgınlık hissediyorum. Bu yanın bana bu kadar sorun çıkarmamasını isterdim.

J: Öfkeli yan seninle bu yüzden işbirliği yapmıyor olabilir. Öfkeli yanı açık bir yerden tanıyabilmeniz için Yargılayıcı/Kızgın yana kenara çekilmeye istekli olup olmadığını sor.

C: Tamam. Bunun önemini görüyor, bu yüzden geri adım atmaya istekli.

J: Güzel. Şimdi Öfkeli yana karşı ne hissettiğini kontrol et.

C: Şimdi ona karşı daha açığım.

J: Bak bakalım, şu an seninle konuşmak istiyor mu?

C: Bunu nasıl yapabilirim?

J: Onu neyin bu kadar sinirlendirdiğini sor.

C: Hâlâ bana arkası dönük. Bir dargınlık seziyorum ondan gelen. Soruma da cevap vermiyor.

J: Tamam. Sana güvenip güvenmediğini sor ona.

C: Eh, şimdi bir cevap geldi. "Hayır, asla!" dedi.

J: Güzel. Sana neden güvenmediğini sor.

C: (duraksama) Hâlâ bir yanıt alamıyorum. Sanırım sırtı hâlâ bana dönük ama bu tam olarak belli değil.

J: Buna izin vermeye hazır olduğunda onu tanımak istediğini söyle. Şimdi onunla biraz kal.

C: Ne demek istediğini anlamadım galiba.

J: Dikkatini ona, görüntüsüne veya bedenindeki hissine odakla. Ona karşı anlayışlı olduğun ve sana açılması için acele etmediğin bir yerde dur.

C: Bunu yapmak kolay değil. Burada sadece oturacağım, öyle mi? Ne kadar süreliğine?

J: Şu anda burada sabırsız bir yanın var gibi görünüyor. Bu yanla birlikte sadece oturma fikrine karşı sabırsızlık duyan bir yan olup olmadığını kontrol et.

C: Evet, var. Terapide ilerlemek istiyor bu yan.

J: Bu çok anlaşılabilir çünkü bu seansta bir yere varmak istiyorsun ama Öfkeli yanla böyle çalışmak işe yaramaz. Sabırsız yanına biraz rahatlayıp Öfkeli yanla sessizce oturmana izin vermek ister mi, sor bakalım.

Carl'dan bu yana karşı sabırlı olmasını istemek, bu seansta şimdiye kadar ihtiyaç duyulandan daha büyük düzeyde benlik ve sabır gerektiriyor. Carl'dan sabırlı olmasını istediğimde, orada endişeli, sabırsız bir yanın olduğu ortaya çıktı.

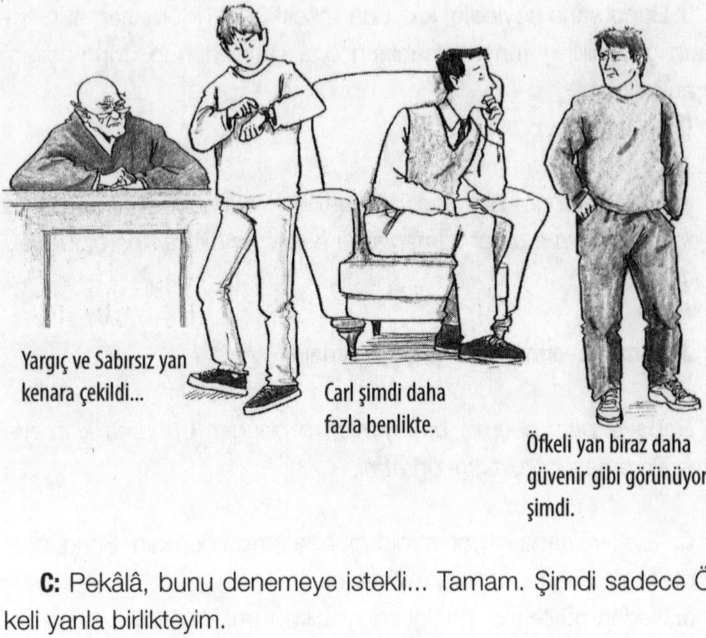

C: Pekâlâ, bunu denemeye istekli... Tamam. Şimdi sadece Öfkeli yanla birlikteyim.

J: Güzel. Onu tanımak istediğini söyle ama ancak o hazır olduğunda.

C: Tamam. Bunu söyledim. (duraksama) Tamam, sırtı bana dönük olmasına rağmen şimdi onu daha net görebiliyorum.

J: Sana daha açık bir şekilde görünmesini takdir ettiğini söyle ona.

Yanlar, onları net olarak görebilmemizi veya görememememizi sağlayacak kapasiteye sahiptir. Yanın daha net bir görüntüye izin verdiğini tahmin ediyorum. Bu da güvenin biraz arttığının bir göstergesi.

C: Tamam. (duraksama) Şimdi yavaşça dönüp bana bakıyor. Görünüşe göre kim olduğumla ilgilenmeye başladı.

J: Güzel. Seninle ilgili neye güvenmediğini söylemeye istekli olup olmadığına bak.

C: Söylediklerime güvenmediğini söylüyor.

J: Hı-hı. Başka ne söylemek ister?

C: Güvenilir biri gibi görünebildiğimi söylüyor ama sonra ona sırtımı dönüyormuşum.

J: Bunu sana söylediği için ona teşekkür et. (duraksama) Geçmişte güvenilir görünen insanların ona sırtını dönüp dönmediğini sorabilirsin.

C: Ah evet, birçok kez.

Carl daha sonra babasının bir alkolik olduğunu, ayıkken Carl'a iyi davrandığını ve diğer zamanlarda küfreden bir sarhoş olduğunu açıkladı.

J: Sana güvenmemesine şaşmamalı.

Babayla olan geçmiş deneyimler, o günden bu yana kimseye güvenilmemesi gerektiğini öğretmiş.

C: "Evet ve sana ihtiyacım olduğunda orada değildin. Şimdi orada olacağına neden inanayım?" diyor.

J: Neden böyle hissettiğini anlayabiliyorum. Ya sen?

C: Evet, sanırım anlayabiliyorum.

J: Ona ne cevap vermek istersin?

C: (yana karşı konuşuyor) O zaman senin yanında olamadığım için üzgünüm. O zamanlar neler olup bittiğinin farkında değildim ve sadece bir çocuktum. Artık senin yanında olacağım. (duraksıyor) Bu konuda bana güvenmiyor.

J: Bu da tamamen anlaşılabilir bir durum. Ama endişelenme, henüz sana güvenmesi şart değil. Acelemiz olmadığını söyle ona. Seninle konuşmaya ve hissettiklerini sana söylemeye bu kadar istekli olduğu için ona teşekkür et.

Aslında bu yan Carl'a bir dereceye kadar güveniyor. Aksi takdirde ona deneyimi hakkında çok fazla şey söylemezdi. Bu noktada sürece devam etmek için daha fazla güvene ihtiyaç yok. Carl'ın sadece elindekileri takdir etmesi gerekiyor. Takdir etme ve zorlamama, güven yaratmada çok işe yarar.

C: Tamam, söyledim. Bu hoşuna gitti. Biraz yumuşamış gibi görünüyor. Duruşu daha rahat ve artık kaşlarını çatmıyor.

Yan, Carl'a biraz daha güveniyor çünkü kendisi olması için ona alan tanıdı. Carl'ın şartları kendisinin belirlemesine izin verdiğini ve onu istediğinden daha ileri gitmeye zorlamadığını görebilir. Kontrolün kendisinde olduğunu, tehlikede olmadığını hissedebilir, böylece rahatlayabilir.

Bu seans, şüpheci bir yanla çalışmanın önemli bazı yönlerini göstermektedir; benlikte olduğunuzdan emin olmak, bu yana karşı sabırlı olmak ve yanın neden size güvenmediğini keşfetmek. Bu yaklaşımı sizinle konuşmayan herhangi bir yana uygularsanız, zamanla ortaya çıkacak ve size açılacaktır. Bu onun iyi niyetinden kaynaklanmaktadır. İşbirlikçi bir yerden ona yaklaştığınızı gördüğünde, köşesine oturup kendini tutmayacaktır. Takım oyuncusu olacaktır.

Alıştırma: Bir yanın güvenini kazanmak

Birlikte çalışmayı denediğiniz ve size yanıt vermeyen bir koruyucu seçin.

Hangi şekillerde size cevap vermedi? ___________________

____

Öncelikle bu yanla ilgili olarak benlikte olduğunuzdan ve endişeli yanlarla kaplanmamış olduğunuzdan emin olun. Herhangi bir endişeli yan keşfederseniz, kenara çekilmesini isteyin, böylece gerçekten benlikte olursunuz.

Endişeli yanlar ___________________________

Bu koruyucunun şimdi sizinle konuşup konuşmayacağını kontrol edin. Hâlâ konuşmuyorsa, bu bölümde anlatıldığı gibi onunla çalışın ve güvenini kazanıp kazanamayacağınıza bakın. Bu çalışmayla ilgili olarak aşağıdaki soruları cevaplayın:

Yan sizde neye güvenmiyor? _______________

____

Geçmişte onu güvensiz yapacak ne yaşandı? ________

Bu çalışma bir seanstan fazla sürebilir.

Bir koruyucunun gerçek zamanda rahatlamasına yardım etmek

Bir yanı tanıdıktan ve onunla güvene dayalı bir ilişki geliştirdikten sonra hayatınızda ortaya çıktığı anlarda onunla çalışabilme şansınız yüksektir. Koruyucunun rahatlamasına yardımcı olup benlikten liderlik etmenize izin vermesini sağlamanın bir yolunu göstermek istiyorum.

Gün içinde bir yanın aktive olduğunu fark ettiğinizde, ona kısa bir an için erişip sizi kaplayıp kaplamadığını kontrol edin. Çoğu zaman sizi kapladığını görürsünüz. Sizi kaplamıştır çünkü onu korkutan ve kontrolü devralması gerektiğine inandıran bir durum ortaya çıkmıştır.

Diyelim ki birçok yabancının olduğu bir partidesiniz ve reddedilmekten korkuyorsunuz. Utangaç bir yan kontrolü devralır ve bir köşeye çekilip insanlarla konuşmanızı engeller. Bu durumla çalışmak için Utangaç yandan sizden ayrılmasını isteyin, böylece benlikte olabilirsiniz. Ona yanında olduğunuzu hatırlatın, böylece o durumla tek başına uğraşmak zorunda kalmaz. Artık bir yetişkin olduğunuz ve benlikte bulunduğunuz için yanın sandığından çok daha fazla kapasiteye sahipsiniz. (Bunu söylüyorum çünkü yan geçmişte takılı kaldığı için sizin sadece bir çocuğun kapasitesine sahip olduğunuzu düşünebilir.) Utangaç yana neyden korktuğunu sorun. Birine yaklaşırsanız veya konuşursanız reddedilmekten veya alay edilmekten korktuğunu söyleyecektir. Yana rolünün ne olduğunu sorun. Rolünün sizi reddedilmekten korumak için geri çekilmek olduğunu söyleyecektir.

Zamanlama uygun göründüğünde yandan biraz rahatlayıp benliğin yönetimine izin vermesini isteyin. Burada Utangaç yandan geri çekilmemesini, bunun yerine bir risk gibi görünse bile insanlarla konuşmanıza izin vermesini istemiş oluyorsunuz. Muhtemelen koruduğu sürgünü iyileştirene kadar korkusunu tamamen bırakmayacaktır ancak sizinle olan bağı sayesinde bir dereceye kadar rahatlar ve insanlarla benlikten iletişim kurmanıza izin verebilir.

Yanın bunu yapabilmesi için sizden bir şey isteyip istemediğini, bir ihtiyacı olup olmadığını sorun. Utangaç yan, insanlarla konuşurken tuhaf davranmayacağınızı ve dilinizin tutulmayacağını bilmek istediğine dair bir şeyler söyleyebilir. Ona entelektüel bir konuşma yapabileceğinize dair güvence verebilirsiniz. (Bundan emin değilseniz, Utangaç yandan kenara çekilmesini istemeden önce bu konu üzerinde biraz çalışın. İletişim becerilerinizi geliştirmek veya altta yatan sürgünle biraz iyileştirme çalışması yapmak isteyebilirsiniz.) Hazır olduğunuzda, bir sonraki partide Utangaç yandan sizin liderlik etmenize izin vermesini isteyin. Benliğin liderliğinde olduğunuz için partide daha iyi vakit geçirirseniz, Utangaç yanın gelecekte size güvenmesi daha olasıdır.

Alıştırma: Bir koruyucunun gerçek zamanda rahatlamasına yardımcı olmak

Sorunlu bir şekilde davranmanıza neden olan bir koruyucunun tetiklendiği bir durumu düşünün.

Zorluğa neden olan koruyucuyu tanıyacağınız bir seans yapın. Bu koruyucu ile güvene dayalı bir ilişki kurun.

Koruyucunun adı ______________________

Nasıl davrandığını açıklayın ______________________

Benlikten hareket edebilseydiniz nasıl davranmak isterdiniz?

____

Koruyucuya, bir dahaki sefere böyle bir durumda sizin liderlik yapmanıza izin verip vermeyeceğini sorun. (Amaçladığınız olumlu davranışı gerçekleştirebilecek yaşam becerilerine sahip olduğunuzdan emin olun.) Hayır diyorsa, nedenini sorun ve ardından o koruyucuyla birlikte çalışarak hemfikir olacağı noktaya gelin. Bu durumun önümüzdeki birkaç hafta içinde ne zaman ortaya çıkabileceğini düşünün.

____

Böyle zamanlarda bu koruyucunun kontrolü alıp almadığını fark etmeyi deneyin. Koruyucu bunu yaptığında rahatlamasına ve sizin liderlik yapmanıza izin vermesi için yukarıda açıklandığı gibi onunla çalışın. Bu işe yararsa, mümkün olan en kısa sürede ne olduğuna dair not alın. Benlikten yönetirken nasıl davranıyordunuz?

____

Sonuçlar nasıldı? ______________________

____

Yan ne zaman aktive olursa bu alıştırmayı yaparak, bu tür durumları önümüzdeki birkaç hafta boyunca takip etmeye devam edin. Her akşam yatmadan önce, durumun ortaya çıkıp çıkmadığını görmek için günü gözden geçirin ve bu alıştırmayı yaptığınızda neler olduğuna dair notlar alın (veya notlarınıza ekleme yapın). Koruyucu sizin liderliğinize izin verdiyse ve işler yolunda gittiyse, artık size daha fazla güvenip güvenmediğini kontrol edin. O sırada durumu fark etmediyseniz veya alıştırmayı yapmadıysanız, sizi durduran şeyi keşfedin. Bu çok sık ortaya çıkmayan bir durumsa bu incelemeyi her gece yapmanız pek mantıklı olmaz. Haftada bir gözden geçirmeye karar verebilirsiniz. Bunun için uygun bir zaman belirleyin.

Özet

Bu bölümde, koruyucuların benliğe neden yabancılaştıklarını öğrendiniz. Adım K5'te her bir koruyucuyla şefkatli ve saygılı bir ilişki kurmanın önemini anlıyor, bunun nasıl bir his olduğunu biliyorsunuz. Bir koruyucuyla ilişkinizde güveni nasıl geliştireceğinizi öğrendiniz. Size güvenmeyen bir yanın güvenini kazanmak için nasıl çalışacağınızı gördünüz. Ayrıca benlikten hareket edebilmeniz için bir koruyucunun günlük yaşamın ortasında rahatlamasına nasıl yardım edeceğinizi de biliyorsunuz.

Artık koruyucuyla güvene dayalı bir ilişkiniz olduğuna göre, koruduğu sürgünle çalışmaya geçebilirsiniz. Bu çalışma 10. Bölüm ile başlayan II. Kısım'da anlatılmaktadır. Ama ondan önce beklenmedik bir durum olduğunda seansları nasıl rayında tutacağımızı ele alacağız.

9. Bölüm

Seansları rayında tutmak: Ortaya çıkan yanları tespit etmek

Bu kitap, İAS sürecini oldukça düzenli ve anlaşılır bir şekilde sunmaktadır. Birlikte çalışmak için bir koruyucu seçersiniz, benliğe geçersiniz ve neredeyse yemek kitabındaki bir tarifi uygular gibi adımları takip edersiniz. Gerçekte ruhumuz bundan daha karmaşıktır. Siz bir yana odaklanırken diğeri beklenmedik şekilde içeri sızabilir ve siz farkına varmadan sizi benlikten çıkarabilir veya odaklandığınız yandan daha yoğun yeni bir duygu bilince dolabilir. Aynı anda farklı, yoğun duygularla dolup taşabilirsiniz. Hazırladığınız bir yemeğin tarifini takip ediyormuşsunuz ama hiç beklemediğiniz anlarda malzemeler tencerenin içine atlıyormuş gibi olur. Bu bölümde İAS'yle çalışırken karşılaşılan bu beklenmedik durumlarla nasıl başa çıkılacağı anlatılacaktır.

Bir seans sırasında amacımız, ortaya çıkan her yana karşı açık kalırken yoldan ayrılmamaktır. İAS ne kaotik ne de katı olmayan akıcı bir yer bulma konusunda harika bir yönteme sahiptir. Bu sayede bir seans sırasında net ve odaklanmış halde kalmaya devam ederken aynı zamanda yüzeye çıkanlara karşı açık da olursunuz. İAS'nin ayrıca terapi sürecinin kontrolünü ele geçirebilecek ve baltalayabilecek hemen göze çarpmayan yanları tespit etmek için kullandığı bazı yollar da vardır. Bu bölümde "yanları tespit etme"nin yöntemlerini öğreneceksiniz. Böylece bunun ne zaman meydana geldiğini anlayabilir ve benliğe dönebilirsiniz.

Bu bölümde öğrendikleriniz sayesinde aşağıdaki durumlardan uzak durabilirsiniz:

- Aslında başka bir yan sizi ele geçirdiği halde benlikte olduğunuza inanmak.
- Çalışmanızın hemen göze çarpmayan bir koruyucu tarafından engellenmesi.
- Siz bir yanla konuştuğunuzu sanırken aslında başka bir yanın cevap vermesi.
- Ortaya çıkan her yeni yanı takip edip izlediğiniz yolu kaybetmek.
- Aynı anda birçok yanın aktive olmasıyla bunalmak.
- Hedef yana katı bir şekilde tutunarak diğer yanları bir kenara itmek veya görmezden gelmek.
- Performansla ilgili endişeler veya süreçle ilgili şüpheler tarafından engellenmek.

Bu durumların her birini sırayla inceleyeceğiz ve bunlarla nasıl başa çıkılacağını açıklayacağız.

En sinsi sorun, bir yanla çalışırken siz farkına varmadan başka bir yanın sizi kaplamasıdır. Aniden dalıp gidebilir ve odağınızı kaybedebilirsiniz, dikkatiniz dağılabilir, duygularınız uyuşabilir veya kafanız karışabilir. Ne yaptığınızdan şüphe etmeye başlayabilirsiniz, süreç soyut ve uzak görünebilir veya yan sizinle konuşmayabilir. Süreciniz ne zaman engellenirse, bunun nedeni genellikle sizi durdurmak isteyen bir koruyucunun kontrolü ele geçirmesidir. Sadece bunun olduğunu fark etmeniz ve işinizi neden rayından çıkarmak istediğini öğrenmek için o koruyucuyla bağlantı kurmanız yeterlidir.

Bazen koruyucular acele etmek, yetersiz hissetmek veya hedef yanı yargılamak gibi başka nedenlerle de ortaya çıkarlar. Bu bölümde "yan tespiti" konusunda ustalaşmayı öğrenecek, böylece bu sorunları ortaya çıktıklarında yakalayabileceksiniz. İşinizi rayından çıkarabilecek altı yaygın koruyucu türü vardır: yargılayıcı, kaçınan, düşünen, sabırsız, yetersiz hisseden ve şüpheci yanlar.

Yargılayıcı yanları tespit etmek

6. Bölüm'de hedef yana karşı olumsuz duyguları olan endişeli yanları ele aldık. Hedef yana karşı nasıl hissettiğinize bakarak endişeli yanla kaplanıp kaplanmadığınızı kontrol etmeyi öğrendiniz. Yargılayıcı, kızgın veya korkmuş hissediyorsanız endişeli bir yanla kaplanmışsınızdır ve hedef yanla çalışabilmek için ondan kenara çekilmesini istersiniz. Ancak bir koruyucuyla çalışmaya başlasanız bile seansta bir süre sonra endişeli yan siz farkına varmadan sizi kaplayabilir. Sonuç olarak hedef yanla bağlantı kurma girişimleriniz, endişeli yanın öfkesi, yargısı veya sakınganlığı tarafından sabote edilir.

Yargılayıcı yanlar, endişeli yanların en yaygın türüdür. Hedef yanı tanıdıkça, ona karşı biraz öfkeli veya eleştirel hissetmeye başlayabilir veya hatta onun yok olmasını dileyebilirsiniz. Belki çalışmaya açık ve yargısız olarak benlikten başlamışsınızdır ancak hedef yanın hayatınızda neden olduğu sorunlar hakkında daha fazla şey öğrendikçe, ondan rahatsız olmaya başlarsınız.

Örneğin, insanlardan daha üstün olduğunu hisseden Kibirli yanı tanımaya başladığınızı varsayalım. Hayatınızdaki bu Kibirli yanın ortaya çıkardığı tüm durumları fark ettiğinizde, onun mutsuzluğunuzda önemli bir faktör olduğunu anlarsınız çünkü kalbinizi uzun süre kapalı tutmuştur. Bu Kibirli yan romantik olarak birlikte olduğunuz kadınlara tepeden bakarak gerçek potansiyeli olan ilişkileri bitirmenize neden olmaktadır. İş arkadaşlarınızı küçümseyerek size kızmalarına neden olur. Size yardımcı olmadıklarında arkadaşlarınıza karşı kibirli davranır ki bu geçmişte bazı arkadaşlıklarınızın bitmesine de yol açmıştır. Bu yanın neden olduğu tüm hasarı görür ve ondan kurtulmak istersiniz. İnsanlarla ilişki kurmanızı engellediği için elinizde olmadan ona karşı kızgınlık hissedersiniz. Bu olumsuz duygular benlikten değil, içeri sızan ve size bulaşan Yargılayıcı yandan gelir. Neden olduğu tüm sorunlar için bir yanınızın

Kibirli yandan rahatsız olması tamamen anlaşılabilir olsa da bu eleştirel tutum onu tanıma girişiminizi baltalayacaktır.

İçeriye şöyle bir yargı da gizlice süzülebilir: Kendini yok eden, sessiz, sizi konuşmaktan veya kendinizi ortaya koymaktan alıkoyan bir yanınız olduğunu varsayalım. İlk başta, onunla bağlantı kurmaya oldukça açık hissediyor ve neden bu şekilde davranmaya gerek duyduğunu merak ediyorsunuz. Ancak onu tanımaya başladıkça, o yanı bir pısırık olarak gören ve onu küçümseyen başka bir yanınız yüzeye çıkıyor. Tam bir ezik! Ondan utanıyorsunuz. Küçümseyen yan sizi kaplamıştır ve Kendini Yok Eden yana sorularınızı açık bir yerden sormuyorsunuzdur artık. Sorular kulağa daha çok saldırı gibi gelmeye başlar. "Seni böyle davranmaya iten ne?" aslında "Senin sorunun ne!" anlamına gelir. Bir süre sonra Kendini Yok Eden yanın görüntüsü kaybolur ve onunla teması kaybedersiniz. Bu yan onu küçümsemenize tepki veriyor ve artık sizinle konuşmak istemiyordur.

Yargılayıcı yanın sizi kapladığını fark ettiğinizde, hedef yanı açık bir yerden tanımak için bu yandan kenara çekilmesini isteyin. Ayrıca neden yargılayıcı olduğunu anladığınızı, ancak bu tutumun işe yaramayacağını da açıklayabilirsiniz. Kenara çekilmezse, endişeli yanlarla çalışmak için 6. Bölüm'de öğrendiğiniz prosedürü izleyin. Bir yanın kenara çekilmekte tereddüt etmesi alışılmadık bir durum değildir. Bununla nasıl başa çıkacağınızı zaten biliyorsunuz. Burada önemli olan bu bilgiyi uygulayabilmeniz için o yanı tespit etmektir.

Kaçınanları tespit etmek

Yaygın görülen başka bir durum: İAS seansınızda sabırsız olmaya başlıyorsunuz; bırakıp hayatınızdaki diğer şeylerle ilgilenmek istiyorsunuz. "Bu seansta yeterince şey yaptım. Sıkıldım. Bu çalışma-

ya daha sonra dönerim." Hayatınızda başka bir şeyin baskısı vardır ve onunla ilgilenmeniz gerekiyordur. Bunlar bir şeyler olduğuna dair bir ipucu verir. Muhtemelen korktuğu bir duygu yüzeye çıkmaya başladığı için hedef yanla veya altındaki sürgünle uğraşmak istemeyen Kaçınan yan sizi kaplamıştır. Kaçınan yan, çalıştığınız koruyucunun altında aşırı korkan bir sürgün olduğunu hissediyor, sizi bu korkudan uzak tutmak istediği için de seansı bitirmenizi öneriyor olabilir.

Kaçınan yan başka şekillerde de çalışabilir. Dalıp gidebilir veya hayal kurmaya başlayabilirsiniz. İşyerindeki bir projeyi, o geceki yemek planlarınızı veya meşgul olduğunuz iş dışında herhangi bir şeyi düşünmeye başlayabilirsiniz. Yan odadaki bir ses ya da köpeğinizin size bakması dikkatinizi dağıtabilir. Normalde bu düşünceler veya uyarıcılar dikkatinizi çekmez, ancak Kaçınan yan, çalışmanıza devam etmenizi engellemenin bir yolu olarak onlara tutunur. Bu yan dikkat dağıtmayı kaçınmaya vesile olarak kullanır.

Bazı Kaçınan yanlar üçüncü bir strateji kullanır. Kafanız karışmış ve kaybolmuş hissedersiniz. Çalışmanın nasıl gittiğini takip edemezsiniz. Yanın size az önce ne söylediğini hatırlayamazsınız. İAS prosedüründe nerede olduğunuzu hatırlamazsınız. Yeni bir duygu ortaya çıkarsa, ondan kenara çekilmesini istemek yerine içinde kaybolursunuz. Bu tür bir kafa karışıklığı genellikle acıdan uzak kalmak için Kaçınan yan tarafından yaratılır.

Çalışmanızı engelleyebilecek başka bir olay, hedef yanla teması kaybetmektir. Görsel olarak çalışıyorsanız yanın görüntüsünü kaybedersiniz. Duygular veya beden duyumlarıyla çalışıyorsanız, duygularınız ölür. Bu genellikle çalışmanın gidişatını tehdit olarak algılayan Kaçınan yanın işidir.

Kaçınan yanı tespit ettiğinizde, onu tanıyabilmeniz için öne çıkmasını isteyin. Sonra ona diğer endişeli yanlar gibi davranın. Çalışmanıza devam etmenize izin verirse ne olacağından korktuğunu sorun. Ardından, eğer uygunsa, duygularını doğrulayın ve endişeleriyle nasıl başa çıkacağınızı açıklayın. Bu genellikle benlikte kalacağınız anlamına gelir. (Bunun nasıl yapılacağı hakkında daha fazla bilgi için 6. Bölüm'e bakın.) Ardından ondan kenara çekilmesini isteyin.

İAS çalışmasını kötü bir şekilde yapmanın gerçekten mümkün olmadığını unutmayın. Yanlarınız böyle araya girmemeliymiş gibi gelebilir size. "Eğer bu işte iyi olsaydım, çalışmayı dikkatim dağılmadan yapabilirdim." Bu doğru değil. Yukarıda bahsedilenler gibi Kaçınan yan tepkileri çok yaygın olarak görülür. Çalışmanız tamamen bloke olsa bile bu sizin yanlış bir şey yaptığınız anlamına gelmez. Bu sadece koruyucunun bir nedenle işleri durdurduğu anlamına gelir. Tek yapmanız gereken o koruyucuya erişmek ve çalışmanızı neden engellediğini öğrenmektir. Sonrasında büyük ihtimalle onunla bağlantı kurabilirsiniz ve devam etmenize izin verir.

Kaçınan yan İAS seansları yapmayı ertelemenize neden olarak da terapi sürecini rayından çıkarabilir. Seansları durmadan ertelersiniz, unutursunuz. Kendinize önce başka şeyler yapmanız gerektiğini söylersiniz. Bu erteleme, muhtemelen seansta ortaya çıkabileceklerden korkan bir Kaçınan yandan kaynaklanır. Bunu çözmenin en iyi yolu, bu Kaçınan yanın hedef yan olduğu bir seans planlamaktır. Onunla çalışıp bu ertelemeleri yapmazsa ve İAS çalışmanızı yapmanıza izin verirse ne olmasından korktuğunu öğrenin. Onunla bağlantı kurun ve korktuğu durumla nasıl başa çıkacağınızı açıklayın. Bu çalışma ertelemeyi azaltmaya yardımcı olacaktır.

Burada şu soruyu sorabilirsiniz: Peki ya Kaçınan'la bu seansı yapmaktan kaçınırsam? Bu durumda seansı bir partnerle planlamanızı tavsiye ederim. Bir başkasına söz vermek, seansı gerçekten yapmanıza yardımcı olacaktır.

Düşünen yanları tespit etmek

Bir koruyucuyu tanımaya başladığınızda benlikte olduğunuzu düşünürken aslında Düşünen yanın kontrolü devralmış olması çok yaygın görülür. Bunun bir emaresi, soru sormak ve yanıtlarını dinlemek yerine hedef yanı analiz etmenizdir. İdeal olarak, hedef yanın size kendisini anlatmasına izin vermelisiniz. Gerçekten benlikte olduğunuzda yanı analiz eden entelektüel bir gözlemci değilsinizdir. Hedef yandan bir şeyler öğrenmeye açık, meraklı bir dinleyicisinizdir. Duyduklarınız genellikle bir şaşkınlık yaratır. Bu şekilde açık değilseniz, muhtemelen Düşünen yanla veya kontrolü elinde tutması gereken ve her zaman her şeyi anlaması gereken bir yanla kaplanmışsınızdır.

Sosyal ortamlarda geriye çekilen bir yanı tanımaya başladığınızı varsayalım. Geçmişte insanların reddetmesinden ve yargılamasından korktuğunuz için geri çekildiğinizi hatırlarsınız. Bu faydalı bir bilgidir ancak Geri Çekilen yandan gelmiyordur; Geri Çekilen yan hak-

kında psikolojik analiz yapmakta olan Düşünen yandan geliyordur. Yanlara yönelik soruları sormuyor, cevaplarını açıklıkla dinlemiyorsunuzdur; Analiz Eden yan kontrolü devralmıştır.

Düşünen yanla kaplandığınızı fark ettiğinizde ona odaklanın. Entelektüel içgörünün faydasını kabul edin ancak siz bir yanı tanımaya çalışırken, süreci rayından çıkaracağını da açıklayın. Benlikte kalabilmek için şimdilik kenara çekilmesini, seansın sonunda tekrar geri gelebileceğini söyleyin. O zaman öğrendiklerinizi önceki bilgilerinizle ilişkilendirebilir ve ruhunuz hakkında daha eksiksiz bir entelektüel anlayış geliştirebilir. Düşünsel yanlar değerlidir ancak doğru zamanda ve yerde olduklarında. Bir yan bu şekilde değerli hissettirildiğinde, sizinle işbirliği yapma olasılığı daha yüksektir.

Düşünen yan kenara çekildikten sonra benlikte kalarak Geri Çekilen yan (veya herhangi bir yan) ile şu şekilde ilişki kurabilirsiniz: Ona geri çekilmesine neden olan korkusunu sorar, cevabını açık bir zihinle beklersiniz. Cevap aklınızdan değil, ruhunuzun başka bir parçasından gelmelidir.

Sabırsız yanları tespit etmek

Aşağıda verilen ve yaygın olarak görülen bu durumu tespit etmek biraz incelik gerektirebilir. Seansa bir süredir devam ediyor ve sonuç almak için acele ettiğinizi fark ediyorsunuz. Doğal olarak kendinizi daha iyi hissetmek için yanlarınızın iyileşmesini istiyorsunuz ama bu kez içinizde çalışmayı yürütmeye yönelik fazladan bir baskı hissediyorsunuz. Sürecin kendi hızında ilerlemesine izin veremiyorsunuz. Mesela, henüz koruyucusuyla tam olarak bağlantı kurmadan bir sürgüne ulaşmak için hızla ilerliyorsunuz veya endişeli bir yan yolunuza çıkıyorsa ona karşı sabırsız davranıyor ve ondan kurtulmak istiyorsunuz. Sizi içeriye hızlıca kabul etmediklerinde yanlarınızı "dirençli" olarak etiketliyor ve onları hızla aşıp geçmek istiyorsunuz. Seansta olması gerekenlere dair bir planınız olduğu için farklı bir şekilde gelişen durumlara karşı açık olamıyorsunuz. Eğer kendinizde bu tutumlardan birini fark ediyorsanız Sabırsız yanlardan biri sizi kaplamış demektir.

Paradoksal bir şekilde yanlarınızı iyileştirmek için acele etmeniz aslında işleri yavaşlatır çünkü yolunuzu tıkayan koruyucuları tetikler. Hedef yanınız onu gerçekten tanımayı istediğinize inanmaz. Bu yüzden de size açılmaz. Sizin sadece sürgüne ulaşmak istediğinizi hissettiği için işbirliği yapmaz. Yanlar gerçekten de onları tanımak istediğinize inanmazlarsa direnç gösterirler. Bu yüzden İAS'de bir meseleyi çözmenin en hızlı yolu yavaşça, sabırla ve bütün yanlara saygılı bir şekilde yaklaşarak çalışmaktır.

Sabırsız yanın sizi kapladığını fark ettiğinizde ona odaklanın. Bu çalışmada hızla ilerleyip iyileşmek istemesini onaylayın ama bunu yapmanın en hızlı yolunun bütün yanlara saygı duyup çalışmanın akışını takip etmek olduğunu ona hatırlatın. Benlikte kalarak çalışabilmek için ondan kenara çekilmesini isteyin.

Benlik zorlamaz. Benlikte olduğunuzda iyileşmeye doğru ilerlediğinizi bilirsiniz ama aceleniz yoktur. Bütün yanlarınıza ve ilerlemenizi geçici olarak engelleyen korkularına karşı saygılısınızdır. Üzerinde çalıştığınız meseleyle ilişkili bütün yanlarınızı tanımak, ne kadar uzun sürerse sürsün size söyleyecekleri her şeyi duymak istersiniz. İyileşme amacınızı gözden kaçırmadan bütün yanların anlaşılması için alan açarsınız.

Benlikteyken ulaşmaya çalıştığınız sürgün kadar "yolunuza çıkan" yanı tanımanın da önemli olduğunu biliriz. Yanları "dirençli" olarak etiketlemeyiz. Dirençli bir yan sizin bu çalışmayı yapmanıza henüz hazır olmayan bir koruyucudur sadece. Bu koruyucu rolünü uzun süredir oynamaktadır. Muhtemelen çocukluğunuzda bu koruyucu role çok ihtiyaç vardı. Bu yüzden bir yana karşı sabırsızlık göstermek yerine ona karşı saygılı olmamız önemlidir.

Yetersiz hisseden yanları tespit etmek

Terapi bazen pürüzsüzce akmaz. Bütün bu savunmalar, korumalar ve acıyla birlikte ruhumuz aslında yapısal olarak karmakarışıktır. Çok acının ve işlevsizliklerin olduğu alanlara odaklanırız çünkü iyileşme buralarda gereklidir. Doğal olarak bu alanlar iyi savunulur. Bu yüzden de kendimiz üzerinde çalışırken karşımıza pek çok zorluk çıkar. Sözgelimi, çok büyük acılar taşıyan bir sürgün çok sayıda sert koruyucu tarafından korunuyor olabilir.

İAS sürecinde zorluklarla karşılaşan pek çok insan yetersiz bir İAS uygulayıcısı olduğundan endişe eder. Benlikte kalamadıklarından veya olanları takip edemediklerinden endişe ederler. Yapısal olarak kusurlu oldukları için iyileşemeyeceklerinden korkarlar. Bu asla doğru değildir; bu yalnızca yanlardan birinin taşıdığı bir inançtır. İAS sürecinde zorluk yaşamaları bazı insanlar için dışarıdan yardım almaları ve bir İAS terapistiyle çalışmayı düşünmeleri gerektiğini gösteriyor olabilir. Bununla birlikte genellikle İAS çalışmasında yetersiz olduğunuzu hissetmek, yetersiz olmanızdan endişe eden bir yanın sizi kapladığı anlamına gelir. Siz yetersiz değilsiniz; yanlarınız yetersiz değil. Sadece yetersiz olduğunu hissediyor. Büyük olasılıkla hayatın diğer alanlarında da yetersiz hisseden bir yan kontrolü ele almıştır. Şimdi İAS çalışması için de böyle hissediyordur. Sizi yetersiz olarak gören Eleştirel yanın yargıları da bu yetersizlik hissini körükleyebilir.

Yetersiz Hisseden yanın sizi kapladığını fark ettiğinizde ona güvence verip kenara çekilmesini isteyebilirsiniz. Aşağıdaki ifadeleri kullanabilirsiniz.

"Bende ya da bu yöntemle ilgili yeterliliğim konusunda bir problem yok. Sadece bir koruyucu daha ileri gitmekten korktuğu için süreci rayından çıkarıyor, o kadar."

"İAS'yi yanlış ya da kötü bir şekilde yapmak mümkün değildir. Sadece yolumuza çıkan koruyucular vardır."

"İAS sürecini yeni öğreniyorum, bu yüzden doğal olarak başta çok iyi olamam ama pratikle daha iyi hale geleceğim."

Sonra yolunuzu kapatan Yetersiz Hisseden yana odaklanıp öğrendiğiniz şekilde onunla çalışın. Ona güvence verdikten sonra kenara çekilmesini ve benliğin güveniyle çalışmanıza izin vermesini isteyin. Genellikle buna izin verecektir. Benlikteyken çalışmanızı engelleyen koruyucuları teker teker çağırıp onları tanıyın. Onlarla ilişki kurarak güvence verin. O zaman İAS çalışmanızı daha verimli bir şekilde sürdürmenize izin vereceklerdir.

Eğer Yetersiz yan kenara çekilmiyorsa, çalışmaya devam etmenize izin verirse ne olmasından korktuğunu sorun. Yargılanmanızdan veya başarısız olarak etiketlenmenizden korkuyor olabilir. Bazı durumlarda çalışmaya güvenle devam edebilmek için onu hedef yan yapmanız ve iyileştirmeniz gerekebilir.

Şüpheci yanları tespit etmek

İAS seansında probleme yol açabilecek başka bir durum da şudur: Bir yanla çalışırken bir ses duyarsınız. "Yandan gelen bu duygunun (veya görüntünün veya cümlenin) gerçekten doğru olduğunu nereden biliyorsun? Bunları sen uyduruyorsun." Veya bir ses, "Bu İAS çalışmasının bir fark yaratacağına gerçekten inandığını düşünemiyorum. Uzun süredir var olan problemleri böyle iyileştiremezsin" der. Bunlar Şüpheci yanların sesleridir. Başka bir ses şöyle der. "Bunun işe yaradığını sanmıyorum. Sen ne yaptığını bilmiyorsun." Böyle bir mesaj duyduğunuzda dikkatinizi Şüpheci yana çevirip onu tanıyın. Bütün yanların yardım etmeye çalıştığını unutmayın.

Burada iki olasılık vardır. Bir tanesi Şüpheci yanın İAS'nin etkinliği ve o anda sürecinizde olanlar konusunda gerçekten endişeli olmasıdır. Diğeri çalışmanın aldığı yön konusunda gizli korkularının olması ve çalışmayı rayından çıkarmak için şüpheciliği mazeret olarak kullanmasıdır. İki durumda da Şüpheci yana odaklanarak başlamak ve sizden şüphelenerek neyi başarmaya çalıştığını sormak en iyisidir. Ya da sizden şüphe etmeyi bırakırsa ve İAS çalışmasına devam etmenize izin verirse ne olmasından korktuğunu sorun. Başka bir deyişle Şüpheci'nin olumlu niyetini ve altta yatan motivasyonu anlamaya çalışın.

Bir yan İAS'nin iyi olup olmadığı konusunda gerçekten endişeli olabilir çünkü durup dururken acıya gömülmek istemiyordur. Ona İAS'nin psikolojik problemleri iyileştirme konusunda uzun bir başarı kaydı olduğunu söyleyin. Eğer Şüpheci yan belirli bazı hatıraların veya duyguların gerçekliği konusunda endişeliyse, bunu gerçekten anlamanın tek yolunun bu hatıraları takip edip neler olacağını görmek olduğunu söyleyin. Bu hatıralar sizi faydalı bir yöne götürecek mi diye görmek için bir deneme yapmanıza izin verip vermeyeceğini sorun. Şüphecilik deneysel bir çalışmanın ortasında olursa terapiyi sabote eder. Ama bir veya bir dizi seanstan sonra çalışmanın gerçekten faydalı olup olmadığını değerlendirmede bu şüphecilik faydalı olabilir. Şüpheci yana şüphelerini seanstan sonra göstermesini söyleyin. Doğru zamanda kullanılırsa şüphecilik çok faydalıdır. Yanlış zamandaysa süreci rayından çıkarabilir.

Eğer Şüpheci'nin endişelerinin, ortaya çıkacak acı veren duygularla veya tetiklenebilecek tehlikeli öfkeli yanlarla ilgili olduğunu keşfederseniz endişelerini doğrulayıp bunlarla nasıl ilgileneceğinizi ifade edin. Sözgelimi, benlikte kalacağınız ve tehlikeli yanların kontrolü ele almalarına izin vermeyeceğiniz konusunda

Şüpheci'ye güvence verebilirsiniz. Sonra da kenara çekilmesini isteyebilirsiniz.

Her şeyi sabote etme eğiliminde olan Şüpheci bir yanınız varsa, birkaç seansı doğrudan bu yanla çalışmaya ayırın. Nedense Şüpheci yanın elinde çok büyük bir güç vardır ve eğer onunla ilgilenmezseniz daha fazla çalışma yapmak mümkün olmaz. Çalışmanın akışına göre güvenli bir şekilde ilerlemenize izin vermesi için onunla biraz çalışmanız gerekebilir.

Alıştırma: Yanları tespit etmek

Bir koruyucuyla başlayarak bir İAS seansı yapın. Başlamadan önce bir kâğıda aşağıdaki sözleri yazın: Yargılayıcı, Kaçınan, Düşünen, Sabırsız, Yetersiz, Şüpheci. Seansı yaparken bu yanlardan herhangi birinin aktive olup olmadığını görmeyi amaçlayın. Eğer aktive olurlarsa onlarla aşağıda anlatıldığı şekilde çalışın. Eğer bir ortakla çalışıyorsanız onun da bu yanlara karşı uyanık olmasını isteyin.

Sürgünleri tespit etmek

Çalışmanızı rayından çıkaracak yaygın görülen durumlardan bir diğeri, konuştuğunuz yanın siz farkında olmadan değişmesidir. Bir yana sorular sorar ve cevapları duyarsınız ama bir noktada cevaplar farklı bir yandan gelmeye başlar. Böyle bir şey olduğunda bunu fark etmek önemlidir. Bu durum genellikle bir koruyucuyla çalışırken korunmakta olan sürgünü duymaya başlamanızla gerçekleşir ama siz bunun olduğunu fark etmez, hâlâ koruyucuyla konuştuğunuzu sanırsınız. Oysa bu durumu fark etmeyi öğrenmeniz gerekir çünkü İAS'de koruyucularla sürgünlerle olduğundan farklı şekilde çalışırız. Sürgünü tanırsınız çünkü utanç, korku, üzüntü veya incinme gibi kırılgan duyguları vardır. Sürgünü keşfetmeye başlamadan önce koruyucudan izin almanız önemlidir, bu yüzden eğer bir sürgün ortaya çıkarsa koruyucuyla işiniz bitene kadar beklemesini isteyin.

Burada 2. Bölüm'deki Christine'in seansından bir örnek vermek istiyorum. Aşağıda 2. Bölüm'de verilen seans dökümüyle birlikte anlatımı kısa tutmak için atlanmış olan kısımları okuyabilir, danışan farkında olmadan koruyucunun sürgüne nasıl dönüştüğünü görebilirsiniz. Christine bazı şeyleri görmek ve bilmek istemeyen bir koruyucuyu tanımlamış, onu tanıyordu. Seansı bu noktadan itibaren izleyelim.

J: Tamam. O yanın ne hissettiğiyle ilgili sana daha çok bilgi vermesini veya göstermesini iste.

C: Uykulu ve donuk hissettiğini söylüyor. Boşluk içinde olduğunu hissedebiliyorum.

J: Donuk ve boş hissediyor.

C: Evet. "Uyumak istiyorum. Uyanık veya bilinçli olmak istemiyorum" diyor. Bazen insanların sorularını cevaplayamıyor.

J: Tamam. O yana adının ne olduğunu veya kendisine nasıl hitap edilmesini istediğini sor.

C: Kafa Karıştırıcı diye duyuyorum.

J: Tamam. Ona Kafa Karıştırıcı diyeceğiz. Ona uykulu ve kafası karışık olmakla neyi başarmaya çalıştığını sor.

C: Diyor ki, "Hiçbir şey görmek istemiyorum. Hiçbir şey bilmek istemiyorum". Bu yan sadece belirsizlik, kafa karışıklığı ve donukluk yaratmak zorunda. Neler olup bittiğinden haberim olmadığından emin olmak istiyor.

J: Seni olan bitenden korumak için kafa karışıklığı yaratıyor... Bu yan onun hakkında başka ne bilmeni istiyor?

C: (duraklama) Şey, bana paniğe kapılmış olduğunu gösteriyor. Bu da yalnız olmasıyla ilgili bir şey. Bu yan için başka türlü bir hayat tarzı mümkün değil.

J: Neyden başka bir hayat tarzı?

C: Aşırı dehşet halinden.

Değişim burada oluyor. Christine şimdi sürgünü duyuyor. Sürgün dehşet içindeyken Kafa Karıştırıcı, karışıklık ve bilmeme hali yaratıyor. Bu yüzden olanları açığa kavuşturmak için bunu soruyorum.

J: Benim biraz kafam karıştı. Bunun hiçbir şey görmek istemeyen yan olduğunu sanıyordum.

C: Madalyonun iki yüzü gibi. Bir şey görmek istemeyen, dehşete düştüğü için görmek istemiyor.

Bu doğru ama dehşeti hisseden yan aslında sürgün, bu yüzden onu tekrar görevi dehşetten kaçınmak olan koruyucuya odaklıyorum.

J: Dehşete düşenin aslında başka bir yan olduğunu düşünüyorum. Dehşete düşen yana biraz daha bekleyebilir mi diye sor. Uygunsa bir şey görmemek görevini üstlenmiş yana tekrar odaklanalım.

C: Evet. Yan şimdi bunu nasıl yaptığını gösteriyor bana. İçeride konuyu değiştiriyor, dikkatimi başka yöne çekiyor. Çok huzursuz görünüyor veya davranıyor, bu yüzden tek bir yerde kalmak mümkün değil. Dikkati kendine çekip diğer şeylerden uzaklaştırıyor. Bütün bu yolları kullanıyor.

Şimdi çalışma tekrar Christine'in koruyucusuna odaklanıyor. Dehşete düşen sürgüne seansın sonrasında geri dönüyoruz.

Dikkatimizi yeniden Kafa Karıştırıcı'ya çevirmek neden önemliydi? 8. Bölüm'den Christine'in Kafa Karıştırıcı'yı takdir ettiği zaman onunla bağlantıda olduğunu hissettiği ânı hatırlayabilirsiniz. Kafa Karıştırıcı, sakinlik ve güç gibi özelliklere sahip olan ve güvenebileceği bir benliğin varlığından habersizdi. Onu fark edince gayet rahatlamıştı. Eğer Christine dehşete kapılan sürgünle kalsaydı, Kafa Karıştırıcı'yla bu ilişkiyi hiç kuramazdı.

Koruyucudan sürgüne doğru gerçekleşen bu değişim genellikle sürgün umutsuzca duyulmak istediğinde gerçekleşir. Sizin yaklaştığınızı hissettiği ve sürgünden kaçmak istediği için kapıya hücum eder. Bunun olduğunu tespit ettiğinizde sürgünden, siz koruyucuyu tanıyana ve ilerlemek için ondan izin alana kadar beklemesini isteyin. Böylece sürgün kendine aldırış edilmediğini hissetmez. Onu tanımak istediğinizi ama koruyucuyla çalışmanızı tamamlayana kadar beklemesini söyleyin.

Disosiyasyon (Kopma) ve bağımlı davranış

Sürgünle çalışırken veya o yöne doğru ilerlerken sürgünün acısından korkan bir koruyucu tetiklenebilir. Böyle koruyucular üzerine daha önce konuştuk ama anlaşılması gereken bir dizi ciddi koruyucu davranışı vardır.

Olasılıklardan biri disosiye olmanızdır. Uykunuz gelir, dalıp gidersiniz veya zihniniz bulanıklaşır veya bedeninizden ve duygularınızdan koptuğunuzu hissedersiniz. Bu durum psikolojide disosiyasyon olarak bilinir. Sürgünün acısını hissetmenizi önlemek için etkili önlemler alan bir koruyucudan kaynaklanır.

Başka bir olasılık da aşırı içmeniz veya aşırı yemenizdir. Ya da alışveriş yapmak, porno izlemek, kumar oynamak veya potansiyel olarak bağımlılık yaratıcı olan başka aktivitelerde bulunmak için zorlayıcı bir arzu duyarsınız. Bu sizi sürgünün acısından uzaklaştırmaya veya sizi yoğun bir acı karşısında hissizleştirmeye veya yatıştırmaya çalışan başka bir koruyucudan kaynaklanır.

Bunlardan biri size oluyorsa disosiye eden veya bağımlılık yaratan yandan öne çıkmasını isteyin ve onu tanımak için biraz zaman ayırın. Onu hedef yanınız haline getirin ve İAS sürecini onu tanımak için başlatın. Bu yanı tanıdıktan ve onunla güvene dayalı bir ilişki geliştirdikten sonra sürgüne ulaşmanıza izin verebilir.

Eğer bu koruyucuyla ilişki kuramıyorsanız veya onunla çalışırken zorlanıyorsanız, sürgün çalışmasını kendi başınıza yapmayı denemeniz iyi bir fikir olmayabilir. Bu aşırı koruyucuların ortaya çıkma nedeni muhtemelen altta yoğun bir sürgün acısının veya travmanın bulunmasıdır. Bu sürgün çalışmasını bir İAS terapistiyle yapmak gerekir. Kendi başınıza veya hatta bir arkadaşınızla bile çalışmaya devam etmeniz tehlikeli olabilir.

Akışı takip etmek

İnsan ruhu çok sayıda renkli iplerle dokunmuş karmaşık bir örgüdür. Bu ipler aktive oldukça birinden diğerine geçmek çok kolaydır. Diyelim ki sevgiliniz sizi ayrılmakla tehdit ediyor ve sizde büyük bir güvensizlik reaksiyonu meydana geliyor. Reaksiyonunuzu incelemeye başlıyorsunuz ve sevgilinize ayrılmak istemesinin sizin hatanız olmadığını kanıtlamaya çalışan savunmacı bir yan keşfediyorsunuz. O yana dönüyorsunuz ama onu tanıma yolunda fazla ileri gidemeden farklı bir yandan gelen dehşet hissini fark ediyorsunuz. Dehşete düşen bu yanı tanımaya başlıyorsunuz ve sevgiliniz giderse yalnız kalmaktan çok korktuğunu keşfediyorsunuz. Aradan uzun zaman geçmeden içinizden hızla yükselen bir ses bunun sizin hatanız olduğunu söylemeye başlıyor. Bu ısrarla duyulmak isteyen yargılayıcı bir yan olduğu için dikkatinizi ona çeviriyor ve söyleyeceklerini dinlemeye başlıyorsunuz. İlişkilerinizde yaptığınız bütün yanlışları size söylemeye başlıyor. Sevgilinizin sizden bıktığına şaşmamak gerek. Kendini yargılayan yanın sizi neden böyle şiddetle azarlaması gerektiğini merak ediyorsunuz. Bu keşfin ortasında kendini yargılamadan kaynaklanan yoğun bir utanç hissi fark ediyorsunuz. Özeleştiri bu yanın kendini değersiz ve sevilmez hissetmesine yol açıyor.

Bütün bunların ortasında dikkatiniz o anda duygusu en güçlü olan yana kayıyor. Hiçbir yanla onu anlamaya ya da onunla bağlantı kurmaya yetecek kadar uzun süre kalamıyorsunuz. Dikkatiniz bir sahadaki oyuncular tarafından oradan oraya atılan futbol topuna benziyor. Bütün bu yanlar ortaya çıkana kadar en başta hangi yanla çalışmak istediğinizi unutmak işten bile değildir.

Ortaya çıktıkça bütün yanlara ulaşmak faydalı olabilir çünkü hepsine duyulma fırsatı verir ama yukarıda anlattığım senaryoda yanlar birbirinin üstüne o kadar hızlı atlar ki hiçbiri gerçekte istediği dikkati alamaz. Sürekli raydan çıktığınız için de iyileşmeye doğru ilerleme kaydedemezsiniz. İAS, ruhunuzu oluşturan dokumada bir seferde bir ipliği takip edip sökmenin ve bu ipliğin temsil ettiği yanı iyileştirmenin yolunu bize gösteriyor. Farklı bir hedef yana geçmek için önemli bir nedeniniz yoksa hedef yanla kalın. Diğer yanlardan kenara çekilmelerini isteyin. Sıranın onlara da geleceğini söyleyip seçtiğiniz yanla devam etmenize izin vermelerini isteyin. Ortaya çıkan bütün yanları takip edebilmek için not alabilirsiniz.

Sözgelimi, savunmacı yana odaklanmaya karar verdiğinizi ve sonra yargılayıcı yanın ortaya çıktığını varsayalım. Yargılayıcı yana onu sonra dinleyeceğinizi ama şimdi savunmacı yanı dinlemeniz gerektiğini söyleyin. Yargılayıcı yandan beklemesini isteyin. Eğer bekleyemezse size yargılarını söylemeye teşvik edin ve söyleyeceklerini merak ve şefkatle dinleyin. Yargılayıcı yan duyulduğunu hissettikten sonra savunmacı yana geçmenize izin vermesini isteyin. Buna büyük olasılıkla artık izin verecektir. Böylece tekrar yolunuza geri dönebilirsiniz. Yargılayıcı yandan devam etmesine izin vermesini istediğinizi unutmayın. Onu kenara çekilmeye zorlamıyorsunuz. İAS'de her zaman rica edersiniz; asla emretmez ya da zorla yaptırmazsınız çünkü yanlarınızla işbirliğine dayalı bir ilişki kurmak istersiniz. Yanlardan kenara çekilmelerini istemenin tekniklerini tekrar gözden geçirmek isterseniz 6. Bölüm'e bakabilirsiniz.

Siz yargılayıcı yanı dinlerken başka yanlar araya girerse onların da kenara çekilmesini isteyin. Onlara daha sonra döneceğinizi söyleyin. Ortaya çıkan ve duyulması gereken bütün yanları takip edin, böylece onları daha sonra dinleyeceğinize dair sözünüzü tutabilirsiniz. Bu sizin hiçbir yanı görmezden gelmeden veya bir kenara atmadan doğru yolda kalmanızı sağlar. Eğer yanlarınız bir kenara atıldıklarını hissederlerse, size kızabilir ve direnç gösterebilirler. Hedef yanı iyileştirene veya seans bitene kadar İAS sürecinin adımlarını takip edin. Sonra yaptıklarınıza dair notlar alın ve sonraki seansta çalışmanıza kaldığınız yerden devam edin.

Hedef yanları değiştirmek

Hedef yanları değiştirmenin uygun olduğu zamanlar vardır ama bunu yalnızca iyi bir nedenle yapın. Örneğin, yargılayıcı yan, siz korkularını inceledikten sonra bile geri çekilmek istemiyorsa onu hedef yan yapmanız gerekir çünkü yolunuzu kapatıyordur. Özeleştiri hayatınızdaki ciddi bir sorun olduğu için de yargılayıcı yanla çalışmaya geçmenin daha önemli olduğuna karar verebilirsiniz. Hedef yanları değiştirmenin bir diğer nedeni de bir yanın hemen o anda duyulmak için ısrar etmesidir. Dördüncü neden, normalde ulaşılması zor olan bir yanın oldukça canlı ve ilginç bir şekilde ortaya çıkmasıdır. O anda erişilebilir olduğu için bu yanla çalışmak için bu fırsatı kullanın. Herhangi bir nedenle hedef yanları değiştirirseniz, daha sonra orijinal hedef yana geri dönmeyi unutmayın.

Hedef yanları değiştirme kararı alırken dikkatli olun. Hedef yanı acıdan veya ürkütücü bir şeyden kaçınmak için değiştirmeyin. Sık sık hedef yanı değiştirdiğinizi fark ediyorsanız, bu bir koruyucunun sizi tehlikeli olduğunu düşündüğü bir deneyimden uzak tutmasının bir işareti olabilir.

Bir yanı diğerinden nasıl ayırt edebilirsiniz?

Bir yana odaklandığınızı ve o anda yeni bir duygunun ortaya çıktığını varsayın. Burada doğal olarak bu duygunun hedef yandan mı yoksa yeni bir yandan mı geldiği sorusu akla gelir. Böyle bir durumda bir yanı diğerinden nasıl ayırt edebilirsiniz? Bunun kesin bir yolu yoktur çünkü bir yan sadece belirli bir duyguyla tanımlanmaz. Eğer üzgün bir yanınız varsa bu yan sadece üzüntüyle tanımlanmaz; aynı zamanda öfkeli ve korkmuş da olabilir. Ayrıca yine üzgün olan başka bir yanınız da olabilir. Bir yan belirli bir özellik veya rolle ya da onun hakkında sahip olduğunuz bir kavramla da sınırlı değildir.

O zaman bir yanı diğerinden nasıl ayırt edeceksiniz? Burada bir kimlik hissi söz konusudur. Diyelim ki üzgün olan bir yana ulaştınız ve sonra incinme hissettiğinizi fark ettiniz. İncinmenin üzgün yandan mı yoksa farklı bir yandan mı geldiğini bilmek istersiniz. Dışarıdan birisinin bunu bilmesinin bir yolu yoktur. Bir yanı diğerinden ayırt etmenin düşünsel bir yolu da yoktur. Bu sadece sezgisel bir şeydir. İncinmenin üzüntüden farklı bir yan olup olmadığını anlamanın yolu, zihninizde bu soruyla o duygunun içine girip hissetmektir. İkisi farklı yanlar mı yoksa tek bir yan mı, bunu hissedebilirsiniz. Ya da bunu yanlara sorabilirsiniz. Büyük olasılıkla size söyleyeceklerdir. Eğer içinizi kontrol ettiğinizde bu sorunun cevabını alamıyorsanız, henüz yanlara tam olarak erişiminizin olmadığı anlamına gelir. Onlarla çalışmaya devam edin. Bir süre sonra cevabı bulursunuz.

Bunalmayla baş etmek

İçsel dünyanız zenginliklerle dolu bir bahçe olabildiği gibi, bir anda yoğun duyguların neden olduğu bir karmaşaya da gömülebilir. Bazen duygu yüklü bir mesele tetiklendiğinde yanlar teker teker ortaya çıkmak yerine hepsi bir anda tetiklenip kontrolü ele almak ve dikkati üzerlerine çekmek için birbiriyle savaşırlar. Yukarıdaki örnekte sevgilinizin sizi ayrılmakla tehdit ettiğini duyduğunuz an her yanınız aynı anda ortaya çıkar. Korku, savunma, öfke, kendini yargılama, utanma ve terk edilme, hepsi aynı anda ortaya çıkar. Başta bu duyguları ayırt edemeyebilirsiniz; sadece içsel karmaşa, çatışma veya kaos yaşıyor olabilirsiniz. Duygu seline kapılıp bunaldığınızı hissedebilirsiniz.

İAS'de bütün yanları iyi karşılamak istesek de onlar yüzünden bunalmak istemeyiz. Bununla baş etmenin yollarından biri yavaşlamak, derin bir nefes almak ve karnınızı ve bacaklarınızı hissetmektir. Bu ayaklarınızın yere basmasını sağlar. Sonra acele etmeden her duyguya (dolayısıyla her yana) sırayla odaklanın. Hepsini aynı anda hissediyor olsanız bile bir seferde sadece bir duyguya ya da deneyime odaklanın. Bunu 4. Bölüm'de öğrendiğiniz gibi sadece yanı fark edip ona ulaşmanıza yetecek kadar yapmanız yeterlidir. Diyelim ki savunmacı bir yanı ayırt ettiniz ve sizi partnerinizin suçlamalarına karşı savunmak istediğini duydunuz. Sonra yalnız kalmaktan dehşete düşen bir yana ulaştınız. Sonra yargılayıcı yanı duydunuz, vs. Her birine mikrofonu verip konuşmasına izin verin. Sadece ona ulaşıp ne hissettiğini anlamanıza yetecek kadar bir süre için yapmanız yeterli olur. Bütün yanlara ulaştıktan sonra neler olduğu konusunda genel bir perspektifiniz olacak ve biraz kaotik gelecektir.

Bu noktada bir hedef yanı seçip onu tanımaya başlayabilirsiniz. Eğer diğer yanlar araya girmeye devam ederse onları dinleyin ama sonra yukarıda konuştuğumuz gibi kenara çekilmelerini isteyin. Böylece yanlardan bunalmaz, keşif ve iyileşmeye giden verimli yolda kalmaya devam edebilirsiniz.

Bütün yanları tanımak

Bunun aksi de olabilir. Seansta bir yere ulaşmaya çok odaklandığınız için orijinal hedef yanda kalmaya o kadar kararlısınızdır ki ortaya çıkan diğer yanları görmezden gelir veya bir kenara itersiniz. Diyelim ki Yargıç dediğimiz yanla çalışıyor ve içinizde olan biten diğer her şeyi görmezden geliyorsunuz. Eğer üzüntü ortaya çıkıyorsa Yargıç'la olan gündeminize uymadığı için ona aldırmıyorsunuz. Eğer Yargıç'tan hoşlanmayan ya da korkan bir yanınız varsa, ondan kenara çekilmesini rica etmek yerine onu kenara çekilmeye zorluyorsunuz. Bu dar görüşlü tutum benliğe değil, katı, hırslı bir yana aittir.

Bu dar bakış açısının yol açtığı iki zorluk vardır:

1. Yargıç'la yaptığınız çalışma için önemli olacak bir şeyi gözden kaçırabilirsiniz. Belki Yargıç'la kutuplaşan veya Yargıç'ın incittiği bir yan ortaya çıkar. Bu yanlar Yargıç'la yaptığınız çalışma için çok önemlidir. Hepsi Yargıç'la etkileşimde bulunan grubun bir üyesidir. Onlarla ilgilenmezseniz bu koruyucuyla yaptığınız çalışmayı asla tamamlayamazsınız. Bu yüzden orijinal çalışmanıza devam etmeden önce onları kabul etmek, kim olduklarını ve Yargıç'la nasıl bir ilişkileri olduğunu anlamak çok önemlidir.
2. Bu hırslı yaklaşım içsel yabancılaşma ve çatışmaya yol açar. Eğer bir yanı görmezden gelirseniz onu önemsediğinize ve tanımak istediğinize inanmaz. Daha sonra onunla çalışmanız gerektiğinde kırıldığından size kendini gösterme olasılığı azalır. Aşırı tutumunu gevşetmesi zor olur çünkü endişeleri konusunda ona yardım etmek için orada olduğunuza inanmaz. Yanlarınızın onları önemsediğinizi bildikleri bir merak ve şefkat atmosferi yaratmak çok önemlidir. Yanlarınız içsel ailenizin bir parçası olduklarını, sizin onlarla şahsen ilgilendiğinizi, onlara değer verdiğinizi ve önemli katkılarda bulunacaklarını düşündüğünüzü hissetmek isterler. Eğer onları görmezden gelir veya bir kenara iterseniz, bu hasarı daha sonra onarmak zorunda kalırsınız. Eğer yanlarınızın o anda müdahalede bulunmalarını istemiyorsanız bile onlara ilgi

gösterin ve onlara karşı saygılı olun. En önemli İAS ilkesini unutmayın. "Bütün yanlar memnuniyetle karşılanır."

Sonraki seansta çalışmaya devam etmek

Çoğu zaman İAS seansını başladığınız çalışmayı tamamlamadan bitirmek zorunda kalırsınız. Başka bir deyişle, hedef yanın ve koruduğu sürgünün yüklerini bırakmadan seansı bitirirsiniz. Sonraki seansa başlarken genellikle önceki seansta kaldığınız yerden başlamak önemlidir. Bu her zaman gerekli değildir. Bazen seansa farklı bir yanla başlamak istersiniz çünkü acil bir şey olmuştur. Ancak önceki çalışmaya geri dönmek için fazla beklemeyin ki yanlarınız bekler halde kalmasın veya başladığınız keşfin yolunu kaybetmeyin.

Önceki seansta kaldığınız yerden şöyle başlayabilirsiniz. Önce üzerinde çalıştığınız yana yeniden ulaşın. Hafızanızı hızlandırmak için notlarınızı gözden geçirin, hedef yanla ilgili öğrendiklerinizi, onunla ilişkinizi ve İAS sürecinde nerede kaldığınızı hatırlayın. Önceki seansta birden fazla yan varsa hangisiyle başlamanızın daha önemli olduğunu hissetmeye çalışın.

Yeniden erişmeniz gereken yanı seçtiğinizde geçmiş seansta o yanınızı görüntü, beden duyumu, duygu ve/veya içsel ses yoluyla nasıl tanıdığınızı hatırlayın. Aynı kanaldan o yana tekrar ulaşın. Sözgelimi, eğer Bakım Veren yanın görüntüsünü önlük bağlamış bir anne olarak gördüyseniz, yana oluşmak için yine bu imajı kullanın. Yana şu anda ne hissettiğini ve sizinle etkileşimde bulunmaya hazır olup olmadığını sorun. Sonra önceki seansta kaldığınız yerden devam edin. Örneğin, Bakım Veren yanı tanıyorsanız ama henüz olumlu niyetini öğrenmediyseniz bunu ortaya çıkaracak sorular sorun. Bazen yanla bağlantınızı yaşantısal olarak yenilemeniz için onu yeniden tanımanız gerekebilir.

Yanın daha öncekiyle aynı olacağı varsayımında bulunmayın. Onun önceki seansta olduğundan farklı hissetmesine veya size farklı şeyler söylemesine hazırlıklı olun. Bakım Veren yan son seansta kocanız için çok endişeliyken şimdi çocuğunuz için endişeleniyor olabilir.

Özet

Bu bölümde siz bir koruyucuyu veya sürgün yanları tanırken kontrolü ele geçiren yargılayıcı, kaçınan, düşünsel, sabırsız, yetersiz hisseden yanları nasıl tespit edeceğinizi ve onlarla nasıl çalışacağınızı öğrendiniz. İAS çalışmanızda yolunuzda kalmayı nasıl başaracağınızı ve aynı anda çok fazla yan ortaya çıkarsa bunalmaktan nasıl korunacağınızı öğrendiniz. Yolunuzda çalışmaya devam ederken ortaya çıkan bütün yanları nasıl kabul edeceğinizi gördünüz. Ayrıca yeni bir seansın başında, önceki seanstan kalan bir yanla çalışmaya nasıl devam edeceğinizi de öğrendiniz.

Bütün bunlar sizin ortaya çıkan bütün yanları görüp kabul etmenizi sağlarken sizi raydan çıkarmalarını engeller. Böylece seansı rayında tutabilirsiniz.

Kısım II:
Sürgünler ve yükleri boşaltmak

Bir koruyucuyu tanıyıp onunla güvenli bir ilişki geliştirdikten sonra onun rahatlamasına ve koruyucu rolünü bırakmasına yardım etme yolunda önemli bir ilerleme kaydetmiş olursunuz. O zamana kadar koruyucu, sürgünün zarar görmesinden ya da sizin sürgünün acısını hissetmenizden korkar. Şöyle düşünün. Okulda zorbalığa uğrayan kız kardeşiniz için endişeleniyorsanız, zorbalar etkisiz hale getirilene ve kız kardeşiniz başının çaresine bakana kadar rahatlayamazsınız. Koruyucular için de durum aynıdır. Biraz rahatlayabilir ama koruduğu sürgün iyileşene kadar korumayı tamamen bırakamaz. Koruyucuyu itip geçmeye veya rolünü tamamen bırakmaya ikna etmeye çalışmak yıkıcı olabilir. Koruyucuyla ilişkiniz düşmanca bir hale bürüneceği için koruyucu sizinle işbirliği yapmak yerine size direnmesi gerektiğini hissedebilir.

Bu yüzden koruyucuyu değişmesi için ikna etmeye çalışarak vakit kaybetmeyiz. Sadece koruduğu sürgünle çalışmak için izin ister, sonra o çocuk tarafı iyileştirmeye geçeriz. İyileşme adımları tamamlandıktan sonra tekrar koruyucuya döneriz. O noktada koruyucu rolünü bırakması daha olasıdır çünkü sürgün artık o kadar kırılgan ve korunma ihtiyacı içinde değildir. Bu yüzden bu çalışmada koruyucudan sürgüne, sonra yine sürgünden koruyucuya şeklinde bir yol izlenir. İAS bu açıdan sürgünleri iyileştirmek için koruyucuları aşıp geçmeye çalışan pek çok terapiden farklıdır. Diğer bazı terapiler koruyuculara saygı gösterip onlarla ilişki kurmaz, bu yüzden de koruyucunun iyileşmesi genellikle eksik kalır. Oysa hayatlarımızı idare eden yanlar koruyuculardır.

II. Kısım'da sürgünün acısını iyileştirme ve yükünü bırakma adımlarını ayrıntılı bir şekilde anlattım. Burası İAS'de sürgünlerle yapılan derin çalışmanın merkezini oluşturmaktadır. Sadece altta yatan acıyı keşfetmekle kalmaz, acıyı dönüştürürüz. Sürgünle çalışmak için koruyucudan izin alındıktan sonra sürgünün acısını şefkatli bir yerden dinlersiniz. Sonra acının çocukluktaki kökenlerini bulur; sürgüne o zamanlar ihtiyacı olan şekilde yeniden ebeveynlik yapar; sürgünü o baskılayıcı durumdan çıkarır ve taşıdığı acıyı veya olumsuz inançları bırakmasına yardımcı olursunuz. Bu da sürgünün dönüşmesini ve aslında doğal olan olumlu özellikleri sergilemeye başlamasını sağlar. Bu gerçekleştikten sonra "koruması altındaki çocuğun" artık güvende olduğunu gören koruyucuya geri döner, koruyucu rolünü bırakmasına ve eğer isterse yeni bir iş seçmesine yardım edersiniz.

Sürgünle çalışmanın yedi adımı 10-15. bölümlerde verilmiştir. Eksiksiz bir psikolojik iyileşme ve kişisel dönüşüm için girdiğiniz bu yolda ihtiyacınız olan her şeyi bulabilirsiniz.

Dikkatli olun

Sürgünlerle çalışırken acı veren ve insanı güçsüz bırakan duygular ortaya çıkabilir. Bu yanlar çocukluk acılarını ve travmalarını taşıdıkları için bu çalışma yoğun duyguları tetikleyebilir ki bu da bazen boğucu olabilir. Çoğu insan sürgün çalışması yaparken birine ihtiyaç duyabilir. Bu çalışmayı tek başına yapmak çok zordur, özellikle de önemli çocukluk acılarıyla uğraşıyorsanız.

Ayrıca bazı insanların geçmişinde o kadar çok acı ve travma vardır ki sürgünleriyle bir İAS terapisti olmadan çalışmak güvenli değildir. Eğer siz de bu insanlardan biriyseniz ve sürgünlerinizle kendi başınıza çalışmaya kalkıyorsanız korkabilir, ciddi şekilde depresif, kafası karışık veya kopuk hissedebilirsiniz. Yeniden içkiye, aşırı yemeye veya başka bir yangın söndürücü faaliyetine başlayacak kadar tetiklenebilirsiniz. Sürgünlerle çalışmanın sizin için tehlikeli olduğunu hissederseniz çalışabileceğiniz bir İAS terapisti bulun.

Bir sürgünü iyileştirmenin adımları

1. Kısım'da bir koruyucuyu tanımanın beş adımını öğrendiniz. Bu beş adım bir sürgünü tanımak için uygulansa da biraz farklı ele alınırlar. Bir koruyucuyu tanıma adımları K1-K5, bir sürgünü tanımanın adımları S1-S5 olarak adlandırılmıştır.

Burada İAS sürecinin bütün adımlarını bulabilirsiniz. Bu adımlar genellikle sıralı ilerler fakat bazen bu sıranın değiştiği zamanlar olur.

1. Bir koruyucuyu tanımak
K1: Bir yana erişmek (hedef yan)
K2: Hedef yandan ayrışmak
K3: Endişeli yandan ayrışmak
K4: Koruyucunun olumlu niyetini keşfetmek
K5: Koruyucuyla güvenli bir ilişki kurmak
2. Sürgünle çalışmak için izin almak
3. Sürgünü tanımak
S1: Sürgüne erişmek
S2: Sürgünden ayrışmak
S3: Endişeli yandan ayrışmak
S4: Sürgünü tanımak
S5: Sürgünle güvene dayalı bir ilişki geliştirmek
4. Çocukluk anılarına ulaşıp tanıklık etmek
5. Sürgüne yeniden ebeveynlik yapmak
6. Sürgünü geri getirmek
7. Sürgünün yükünü boşaltmak
9. Koruyucuyu dönüştürmek

10. Bölüm

İçeriye kabul edilmek: Sürgünle çalışmak için izin almak

Bir koruyucunun aktif olmasının tek nedeni sürgünün acı çekiyor olmasıdır; yani koruyucular bizi sürgünlerin acısından korumak için aşırı roller üstlenirler. Genellikle sürgünlerle ilişki kurmamızı istemezler çünkü acının altında ezilmemizden korkarlar. İAS'nin temel ilkesi şudur: İtirazı olabilecek koruyuculardan izin almadan sürgünlerle çalışmayız. Bu ilkeyi ihlal ederseniz koruyucular sürgünle olan çalışmanızı bölerler. Koruyucuların görevi sizin sürgünün taşıdığı o acıyla bir daha karşılaşmanızı engellemektir. Sonuç olarak içeri dalmaya kalkarsanız kapıyı bekleyen bu aslanları kızdırırsınız. Onlar da uykunuzu getirme, her şeyi mantık çerçevesinde değerlendirme, dikkat dağınıklığı, kopma veya öfke gibi savunmalarla size saldırırlar. Bu da sizin sürgünle çalışmanızı engeller. Bu bölüm sürgünlerin bölgesine girmek için nasıl izin almanız gerektiğini içeriyor. Bir koruyucu o bölgeye girmenize izin vermezse ne yapmanız gerektiğini, kapıyı açması için ona nasıl güvence vereceğinizi açıklıyor.

Korunan sürgünü keşfetmek

Diyelim ki bir koruyucuyla çalışıyorsunuz. Onun hakkında bir şeyler öğrendiniz, pozitif niyetini keşfettiniz, onunla güvenli bir ilişki geliştirdiniz. Bu İAS sürecindeki birinci adımdır (K1-K5). Sonraki adım, koruduğu sürgünle çalışmak için koruyucudan izin almak olacaktır. Ama öncesinde koruyucunun hangi sürgünü koruduğunu bulmanız gerekir. Bunu yapmanın çok sayıda yolu vardır.

Bazen siz koruyucuyla çalışırken sürgünün duyguları ortaya çıkar. Diyelim ki her zaman haklı olması gerektiğini düşünen bir koruyucuyla çalışıyorsunuz. Onu tanırken göğsünüzde bir acı hissetmeye başlarsınız. Bu büyük olasılıkla korunmakta olan sürgünden kaynaklanıyordur.

Bazen sürgünün sesini duyarsınız. Sözgelimi bir koruyucuyla çalışırken, "Çok yalnız ve dışarıda bırakılmış hissediyorum" diyen bir ses duyarsınız. Bu bir koruyucunun konuşması gibi değildir, bu yüzden büyük olasılıkla sürgündür.

Bazen bir koruyucu imgesinin arkasında veya altında bir sürgünün imgesini görür veya başka bir yolla bu ilişkiyi fark edersiniz. Diyelim ki karanlıkta kaybolmuş küçük kız çocuğunun acısını hissetmemeniz için sizi sürekli meşgul tutan bir koruyucunuz var. Küçük kızı meşgul koruyucunun arkasında görebilirsiniz.

Koruyucuya bu rolünü sergilemezse ne olmasından korktuğunu sorabilirsiniz. Cevap genellikle sürgünü işaret eder çünkü koruyucunun orada olma nedeni sürgünü korumaktır. Koruyucu sizin kırılacağınızdan, korkacağınızdan veya yalnız hissedeceğinizden korktuğunu söylüyorsa, genellikle bu duygulardan birini taşıyan bir sürgünü koruyordur. Eğer koruyucu yargılanacağınızdan veya aşağılanacağınızdan korktuğunu söylüyorsa, geçmişte yargılanmış veya aşağılanmış bir sürgünü koruyor olabilir.

Koruyucudan koruduğu sürgünü size göstermesini isteyebilirsiniz. Karşılıklı güven oluşturduysanız koruyucu bunu yapacaktır.

Buraya kadar koruyucuyla sürgün arasında bire bir ilişki varmış gibi anlattım ama kişilik sisteminiz bundan çok daha karmaşıktır. Bazen bir koruyucu birkaç sürgünü koruyabilir veya birkaç koruyucu tek bir sürgünü koruyabilir. Bu yüzden korunmakta olan sürgünü ararken iki, üç, hatta daha fazla sürgünle karşılaşmaya hazırlıklı olun. Eğer birkaç sürgün bulursanız onlarla yine teker teker çalışmanız gerekir. Bu yüzden bu sürgünlerden birini seçin ve diğerlerini sonraki seanslarda hatırlayın.

2. Adım: İzin istemek

Korunmakta olan sürgünü bulduktan sonra bu çocuk yanı tanımak için koruyucudan izin isteyin. Açık bir evet veya hayır cevabı alabildiğiniz gibi, sürgüne giden yolun açık veya kapalı olduğu hissini de duyabilirsiniz. Ya da bazen sürgün birdenbire bilince çıkabilir ki bu da izin verildiğini gösterir. İzin aldıktan sonra bu sürgünle temas kurmanıza itiraz eden başka koruyucular olup olmadığını kontrol etmek iyi olabilir. Eğer izin alamadıysanız, aşağıdaki "Koruyucuların Korkuları" bölümüne bakın.

Bu adım İAS kullanmanın en büyük üstünlüğünün, yani işbirliğine dayalı yaklaşımının altını çizmektedir. Sevgiliniz tarafından terk edilme acısını hissetmemek için kalbinizin kapandığı bir durumu düşünün. Pek çok terapi modelinde bu kapanmaya odaklanılır ve altta yatan acıyı iyileştirmek için kalbinizin açılması sağlanır. Ama bu yol kalbinizi kapatan koruyucu yanla savaşmanız gerektiği anlamına gelir. Bu yan yoğun acıyı hissetmemeniz için kalbinizin kapalı kalması gerektiğine inanmaktadır. Onunla savaşmak genellikle geri teper. Siz onu aşmaya çalıştıkça o sizinle daha çok savaşır. Ve eğer bu koruyucuyu aşmayı başarırsanız çarpıcı, katartik bir iyileşme yaşayabilirsiniz ama bu koruyucu ona saygı duymadığınız için büyük olasılıkla kısa bir süre sonra toparlanır ve geri gelir.

İşin içinde iki yan olduğunu anlamak çok önemlidir. Koruyucu sizi acıdan uzak tutarken acıyı *zaten* hissetmekte olan bir sürgünün bulunduğunu fark etmeyebilir. Sizin sürgünün acısını hissetmenizi önlemekten ziyade, acıyı tamamen yok ettiğini bile sanıyor olabilir. İAS kullanırken koruyucuyu yıkıp geçmeye çalışmazsınız; kalbinizdeki sıkışmanın yok olmasını bile istemezsiniz. Onun yerine koruyucuya sürgünün zaten acı içinde olduğunu gösterir, var olan acısını geçirmek için sürgünle çalışmak üzere izin istersiniz. Bu şekilde koruyucu sizin acıya neden olmaya değil, yardım etmeye çalıştığınızı anlar, izin verme olasılığı artar.

Koruyucuların korkularıyla ilgilenmek

Eğer koruyucu izin vermek istemezse, onun izni olmadan içeriye paldır küldür girmeyeceğiniz konusunda ona güvence vermeniz faydalı olur. Sürgüne ulaşıp ulaşmayacağınızın tamamen ona bağlı olduğunu söyleyin. Bu gergin olan koruyucuları genellikle rahatlatır ve size güvenmelerini sağlar. Koruyucuya sürgünle ilgili endişelerini veya sizin sürgünle temas kurmanıza izin verirlerse ne olmasından korktuklarını sorun. Koruyucular genellikle neden korktuklarını açıkça söylerler. Aşağıda koruyucuların en sık rastlanan sekiz korkusunu ve koruyucuların sürgüne ulaşmanıza izin vermelerini sağlamak için bu korkularla nasıl ilgilenebileceğinizi bulabilirsiniz.

1. Sürgünün acısı çok büyüktür

Koruyucu, sürgünün acısının çok büyük olduğunu ve sizin bununla baş edemeyeceğinizi söyler. Ya da sürgünün acısıyla hiç uğraşmak istemediğini söyler. Aynı şekilde, sürgünün içine çekileceğiniz, acı dolu kara bir delik gibi olduğunu söyleyebilir. Bazı koruyucular sürgünün acısıyla boğulacağınızı söyleyebilir.

Sürgünün acısıyla ilgili endişe ne olursa olsun, koruyucuya bu korkusunun yerinde olduğunu söyleyin. Çoğu insan gerçekten de sürgünlerinin acısıyla mahvolabilir. Eğer bilinçli, dikkatli bir şekilde yapılmazsa bu sürgünle çalışmak zararlı olabilir. Koruyucuya sizin de çok fazla acı istemediğinizi açıklayın. Sürgünle çalışırken doğrudan acının içine dalmak yerine benlikte kalarak sürgünün bu acıdan çok fazla etkilenmesine izin vermeyeceksiniz. Sürgünden ve acısından ayrı olduğunuz bir yerde duracak, acının içine çekilmeyeceksiniz. (Bunu nasıl yapacağınızı 11. Bölüm'de bulabilirsiniz.)

Normalde iki aşırı uç arasında gidip geliriz. Ya sürgünün acısı bizi ele geçirir ya da koruyucunun savunmalarının gerisinde kalırız. Koruyucunun bildiği tek şey budur, bu yüzden başta izin vermek istememesi şaşırtıcı değildir. Eğer kapıları açarsa yine sürgünün etkisi altında kalacağınızı sanır. İAS bu iki seçenekten daha farklı bir şey yapar. Sürgünle benliğin güvenli köşesinden çalışmanıza yardım eder. Bu yeni yolu koruyucuya gösterirseniz anlayacak, yumuşayacaktır.

Koruyucuya, sürgünün acısı sizi kaplarsa İAS'nin sürgünden ayrışmanızı ve yeniden benliğe dönmenizi sağlayacak yolları olduğunu da açıklayabilirsiniz. 5. Bölüm'de koruyucudan ayrışmanın yollarını öğrendik. 11. Bölüm'de sizi etkisi altına alan sürgünden nasıl ayrışıp benliğe döneceğinizi öğreneceksiniz. Zor güvenen bir koruyucunuz varsa, devam etmeden önce 11. Bölüm'ü okumanız faydalı olabilir. Böylece koruyucuya güvence verebilirsiniz.

Koruyucuyu ayrışma sürecine yardım etmesi için de davet edebilirsiniz. Boğulmanızdan korktuğu için sizin sürgünle çalışmanızı izleyebilir ve sürgünün sizi aşırı duygularla etkisi altına almaya başladığını fark ettiği an size ayrışmanız için işaret verebilir. Aktif rol oynayabileceği için bu davet koruyucuya daha fazla güven verecektir.

2. Bir anlamı yok

Koruyucu sürgünün acısını ortaya çıkarmanın bir anlamı olmadığını söyler. Sürgünün iyileşebileceğine inanmıyordur. Geçmiş geçmiştir ve değiştirilemez. Geçmişi gömüp hayatınıza devam etmeniz gerekir.

Koruyucunun neden böyle düşündüğünü anladığınızı belirtin. Sürgün bu acıyı çok uzun zamandır taşımaktadır. Belki daha önce onu iyileştirme çabaları gösterdiniz ve işe yaramadı. Bu yüzden koruyucunun bu yeni çabanın da işe yaramayacağını düşünmesi şaşırtıcı değildir. İAS'yi kullanarak sürgünü *iyileştirebileceğinizi* açıklayın. İAS'nin sürgünleri iyileştirmede kayda değer bir başarısı var. 3. Bölüm'de bu iyileşmenin gerçekleştiği metni hatırlayın. Bu güvence koruyucunun izin vermesi için genellikle yeterli olur.

Ama eğer yeterli olmazsa koruyucudan sürgünle kısa bir süre için İAS kullanmayı denemenize izin vermesine izin verip vermeyeceğini sorun. Koruyucu da orada sizi izleyip bu işlemin gerçekten iyileşme sağlayıp sağlamadığını görebilir. Olumlu sonuçları gördükçe yumuşama ihtimali artar. İAS'yle başarılı sonuçlar aldıkça sizin de güveniniz artar, koruyucularınız size daha fazla güvenir ve içeriye girmenize izin verir. Bu yüzden çalışmaya çok fazla acı taşımayan sürgünlerle başlamak iyi bir fikir olabilir. Böylece onlara ulaşabilir ve iyileştirebilirsiniz. O zaman koruyucularınız bu yöntemin işe yaradığını görür ve daha yoğun acılar taşıyan sürgünlere ulaşmanıza izin verirler.

Bu da işe yaramazsa, birkaç seans İAS terapistiyle çalışmak iyi bir fikir olabilir. Deneyimli İAS terapisti sürgünlerinizi iyileştirmenize yardımcı olur. Ayrıca benim derslerimden birine katılabilir, diğer insanların kendileri üzerinde nasıl çalıştıklarını görür ve becerilerinizi biraz daha geliştirebilirsiniz. O zaman koruyucularınız İAS'nin işe yaradığına ve sizin de başarıyla uygulayabileceğinize inanırlar.

3. Koruyucu yok edilmek istemez

Koruyucu, eğer sürgünü iyileştirmenize izin verirse ruhunuzda bir rolü kalmayacağını, bu yüzden gücünü kaybedeceğini ya da yok olacağını söyler. Bu ona bir ölüm gibi geleceği için böyle bir şeyin olmasını istemez. Yanlar yok olmaya karşı direnirler, ölmek istemezler.

Koruyucuya sürgünü iyileştirdiğinizde rolü gereksiz de olsa yok olması gerekmediğini söyleyebilirsiniz. Sisteminizde yeni bir rol üstlenebilir. Bir yan rolüyle ya da göreviyle tanımlanmaz. Bir yan bu rolü yıllar önce üstlenmiş ve azimle yerine getiriyor olabilir. Ama bu onun gerçekte kim olduğunu göstermez. Eğer sürgün iyileşir ve koruyucu yaptığı işin artık gereksiz olduğunu fark ederse, istediği yeni bir rol üstlenebilir. Koruyucuya her zamanki rolünü oynaması gerekmese ne yapmak isteyeceğini sorun. İşi duygulardan uzak durmak olan Düşünen yan hayatın anlamını düşünen bir filozof olmayı seçebilir. Koruyucu varlığının risk altında olmadığını fark edince size devam etmeniz için izin verme olasılığı artar.

4. Sürgün zarar görür

Koruyucu eğer sürgün kendini gösterirse pısırık, çirkin, değersiz veya kötü görüneceğinden, dolayısıyla yargılanacağından ve reddedileceğinden korkar. Koruyucu, sürgünün azar işitmek veya saldırıya uğramak gibi daha doğrudan bir şekilde zarar görmesinden bile korkuyor olabilir. Burada üç olasılık söz konusudur: Zararın sizden, birlikte İAS uyguladığınız partnerinizden veya başka insanlardan gelmesinden korkar. Bunları sırasıyla inceleyelim.

(a) Eğer koruyucu sürgüne sizin zarar vereceğinizden korkuyorsa, bu sizin bir yanınızın sürgüne öfkeli olduğunu gösteriyor olabilir. Koruyucu bunu hisseder. Eğer sürgün zayıf ve küçükse, zayıflıktan nefret eden ve bunun için sürgünü cezalandırmak isteyen bir yanınız olabilir. Sürgüne karşı ne hissettiğinize bakarak bunu kontrol edin. Gerçekten de sizi kaplayan böyle bir yanınız olduğunu keşfederseniz sürgüne daha açık ve şefkatli bir yerden yaklaşabilmek için ondan kenara çekilmesini isteyebilirsiniz. Eğer kenara çekilmezse önce cezalandırıcı yanla çalışmanız gerekebilir.

Eğer benlikteyseniz koruyucuya sürgünü samimiyetle önemsediğinizi ve onun için en iyisini istediğinizi, dolayısıyla sizinle güvende olduğunu söyleyin. Koruyucunun size güvenmesi için onunla daha derin bir bağlantı kurmanız gerekebilir. Size güvendikten sonra sürgünle görüşmenize izin verecektir.

(b) Eğer koruyucu İAS yaptığınız partnerinize güvenmiyorsa, onda neye güvenmediğini sorun. Partneriniz benlikteyse koruyucuya partnerinizin sürgünü önemsediğini ve ona zarar vermeyeceğini söyleyin.

(c) Koruyucu aynı zamanda hayatınızdaki diğer insanların sürgüne zarar vermesinden korkuyor olabilir. Sürgün seansta ortaya çıkıyorsa, günlük hayatınızda da ortaya çıkıyor olabilir. Sözgelimi koruyucunuz sürgünün erkek arkadaşınızın yanında ona çok muhtaç gibi görünmesinden ve erkek arkadaşınızın bunun için sizi reddetmesinden korkuyor olabilir. Bu bazen haklı bir korku olabilir, bazen değil. İki olasılığa da bakacağız.

Eğer gerçekte erkek arkadaşınız sizi ona muhtaç olduğunuz için reddetmiyorsa, koruyucunun korkusu çocukluktan geliyor olabilir. Belki de çocukken ihtiyaçlarınızı göstermeniz güvenli değildi. Bu durumda koruyucuya anlayış gösterin çünkü bu korku geçmişte gerçekti. Sonra koruyucuya artık hayatınızın sürgün için güvenli olduğuna dair güvence verin. İhtiyaçlarınız için reddedilmeyeceksiniz. Bu güvence sayesinde koruyucu sürgünle çalışmanıza izin verebilir.

İhtiyaçlarınızı gösterdiğinizde erkek arkadaşınız sizi gerçekten de reddediyorsa koruyucudan sürgünle sadece bu seansta çalışmak için izin isteyin. Daha sonra koruyucu geri gelip eğer bunu gerekli görüyorsa sürgünü saklayabilir. Bu kadarı korucuyu rahatlatmaya yetmiyorsa hayat şartlarınız derin terapi çalışması yapacak kadar güvenli olmayabilir çünkü hayatınızda sürgünlerinizi gördüğünde veya önemli terapötik değişimler yaptığınızda kötü bir şekilde reaksiyon verecek insanlar olabilir. Eğer durum böyleyse sürgünlerinize gidip onları dönüştürmeden önce ilişkinizle veya aile durumunuzla ilgili bir şey yapmanız gerekebilir. Durumunuzu iyileştirmek için çift veya aile terapisi de yapan bir İAS terapistiyle çalışmanız gerekebilir.

5. Koruyucu sizin yeterliliğinize inanmaz

Koruyucu, size kırılgan sürgünle çalışmanıza izin verecek kadar güvenmediğini söyler. Size hangi konuda güvenmediğini sorun. Doğru yolda kalamayacağınızdan veya ne yapacağınızı bilmemenizden veya sürgünü umursamamanızdan korkuyor olabilir.

İAS sürecini yeni öğrendiğinizi ve alıştırma yaptıkça daha iyi olacağınızı söyleyin. Kırılgan sürgün konusunda dikkatli olacaksınızdır. Koruyucudan kapasitenizi geliştirmek için ilerlemenize izin vermesini isteyin. Daha deneyimli hale gelene kadar acısı çok yoğun olan sürgüne gitmeyeceğiniz konusunda ona güvence verin. Eğer bir partnerle çalışıyorsanız partnerinizin bu süreçte size yardım edeceğini söyleyin.

Bazen koruyucuların korkuları haklıdır çünkü çalışmayı kötü bir şekilde yürütecek bir yanınız olabilir. Belki bir yanınız dalıp gitmenize yol açacak veya acıya çok hızlı giriş yapacaktır. Bu yanlarınız tetiklenirse onlarla çalışacağınızı ve kenara çekilmelerini isteyeceğinizi söyleyin. Ortamı daha güvenli hale getirmek için önce onlarla çalışmanız gerekebilir. Bu, koruyucuya güvence vermek için iyi bir yoldur. Böylece size izin verecektir.

6. Bir sır açığa çıkabilir

Koruyucu, sürgünün gizli kalması gereken bir sırrı söylemesinden korkar. Bu genellikle çocuklukta üzeri örtüldüğü için bilincinde olmadığınız bir şeydir. Bu sırrın ortaya çıkması tehlikeli olabileceği için onu taşıyan çocuk yan sürgün edilmiştir. Koruyucu sizin hâlâ o aile ortamında olduğunuzu düşünür. Bu yüzden sırrın açığa çıkması tehlikelidir. Artık bağımsız bir yetişkin olduğunuzun ve ailenizin sizin üzerinizde bir gücü olmadığını fark etmez. Koruyucunun korkusunun siz küçükken gerçekten bir endişe kaynağı olduğunu kabul edin. Sonra koruyucuyu bugüne getirin. Ona aradan zaman geçtiğini gösterin, şimdiki hayatınız ve kapasitenizle ilgili bilgi verin. Bu şekilde sırrın size artık zarar veremeyeceğini görecektir.

Bazen sürgün koruyucunun sizin için çok fazla olduğunu düşündüğü bir sırrı taşıyor olabilir. Koruyucuya benlikte kalacağınızı, böylece her şeye dayanabileceğinizi söyleyin. Ortaya çıkacak bilgiyle tetiklenen bir yan olursa onu rahatlatacağınızı açıklayın.

7. Tehlikeli bir koruyucu tetiklenebilir

Koruyucu sürgünün acısının ortaya çıkmasının, tehlikeli veya yıkıcı olan farklı bir koruyucuyu tetikleyeceğini söyler. Koruyucu, öfke atağı geçirecek veya tıkınırcasına yeme krizine girecek bir koruyucuyu aktive etmekten korkar. Bu doğru olabilir. Gerçekten böyle bir olasılık vardır. İAS'de bu aşırı koruyuculara yangın söndürücüler denir. Sürgünün acısını söndürmek için dürtüsel bir şekilde atlarlar. Bu hareketlerinin yıkıcı sonuçlarını düşünmezler. Ne pahasına olursa olsun acıyı geçirmek isterler. Acıdan kaçmak için son çare onlardır. Sıradan koruyucular acıya karşı korumada başarısız olurlarsa, yangın söndürücüler bu acının altında ezilmemeniz için ne gerekirse yaparlar. Bu yüzden bakım veren veya düşünen yan gibi ılımlı bir koruyucuyu aşıp geçerseniz yangın söndürücü tetiklenebilir. O da sürgünün acısını durdurmak için düşüncesizce ve yıkıcı bir şekilde hareket edebilir. Bu genellikle bir seanstan sonra olur. Bir yangın söndürücü sizi sürgünün acısından uzaklaştırmak için bir ilişki yaşamanıza ya da trafik kazası yapmanıza yol açabilir. Ilımlı bir koruyucu daha tehlikeli olan bir koruyucunun farkında olup sizi sürgünü ortaya çıkarmamanız için uyarabilir.

Öncelikle böyle bir yangın söndürücünüz olup olmadığını kontrol edin. Eğer varsa koruyucunun endişesini kabul edin. Sonra yangın söndürücüyle ilişki kurup onu tanımaya çalışın. Olumlu amacını öğrenip güvenli bir ilişki kurun. Ardından sürgünle ilişki kurmak için onun iznini alın. Bu izin devam etmenizi güvenli hale getirecektir. Daha sonra baştaki koruyucuyu tekrar kontrol edin; artık yangın söndürücü patlama yaşamayacağı için bu koruyucu sürgüne gitmenize izin verecektir.

8. Sürgün yeniden yaralanacaktır

Koruyucu, sürgünün yeniden yaralanmasını istemediğini söyler. Bunun nedeni koruyucunun sahip olduğu bir yanlış anlamadır. Koruyucu, sürgünü çocukluktaki gibi yaralanmaktan koruduğuna inanmaktadır. Eğer bu doğru olsaydı sürgünün aynı acıyı yeniden yaşamasına izin vermenin doğru olup olmadığı sorgulanabilirdi. Fakat aslında sürgün çocukluktaki o ortamda sıkışıp kalmıştır. Yaranın acısını zaten hissetmektedir. Koruyucu sadece sizi bu acıdan uzak tutmaktadır. Eğer bunu koruyucuya açıklarsanız muhtemelen sürgüne ulaşmanız için size izin verecektir.

Koruyucuların izin vermesini engelleyen en yaygın korkuları ve onlarla ilgili olarak ne yapılabileceğini gördük. Bununla birlikte bu seçenekleri ve cevapları ezberlemeniz gerekmez. Önemli olan ilkelerdir. Koruyucunun neden korktuğunu öğrenin ve süreci güvenli bir şekilde idare edeceğiniz konusunda ona güvence verin.

İnatçı bir koruyucuyla çalışmak

Diyelim ki her şeyi denediniz ve koruyucu o kadar inatçı ki hiç kıpırdamıyor bile. O zaman ne yapacaksınız? Bazen sürgüne ulaşmanıza güçlü bir şekilde direnç gösteren bir koruyucunuz olabilir çünkü dikkatli olacağınıza güvenmiyordur ya da ona saygı duyduğunuzu hissetmiyordur. Onu zorla geçerek ya da etrafından sinsice dolaşarak sürgüne gitmenizden korkuyordur. Koruyucu rolünün esas olduğuna ve ihlal edilmemesi gerektiğine inanıyordur. Böyle bir koruyucu söz konusu olduğunda sürgünle çalışsanız da çalışmasanız da onun patron olduğunu söylemek faydalı olacaktır. Onun koruma ihtiyacına saygı duyduğunuzu ve onun izni olmadan bir şey yapmayacağınızı söyleyin. Bu gerçekten de doğrudur. Ne kadar uzun sürerse sürsün, İAS'de bütün koruyuculardan izin almadan sürgünle asla çalışmayız. İAS'de işbirliği içinde çalışırız. Koruyucuya gücünü elinden almayacağınızı söyleyin. Eğer sadece o kabul ederse ilerleyebilirsiniz. (Tabii ki samimi olmalısınız.) Koruyucuya bunu açıkça belirtirseniz size güvenmesi kolaylaşacaktır. Onunla savaşmayıp işbirliği yapacağınızı fark ettiğinde rahatlayacaktır. Sizi dinlemeye istekli olduğunda da korkuları konusunda ona güvence verip size izin vermesini sağlayabilirsiniz.

Yeni bir rol vaadi

İzin almaya yönelik bir diğer etkili yaklaşım da koruyucuya umut vermek olabilir. Koruyucular gerekli olduğuna inandıkları rollerine sıkı sıkıya sarılsalar da genellikle bu rollerinden yorgun düşmüşlerdir. Bir koruyucu üstlendiği bu rol yüzünden yargılama veya eleştiri gibi sevimsiz şeyler yapmak zorunda kalabilir. Üstelik bu rolü genellikle çok işe de yaramaz; sürgün yine de zarar görür. Bu uzun, zorlu bir yoldur ve koruyucu hiç takdir görmez; hatta diğer yanlar görevini yerine getirdiği için koruyucuyu yargılarlar. Koruyuculara rolleri hakkında ne hissettiklerini sorarsanız çoğunlukla çok yorgun olduklarını, bu rolü bırakmak istediklerini ama bunun mümkün olmadığını söylerler.

Bir koruyucudan izin almak için ona nasıl umut verilebileceğini aşağıdaki senaryoda okuyabilirsiniz. Bundan önce korunmakta olan sürgünü bulmuş olmanız gerekmektedir.

Siz: Koruduğun sürgünü iyileştirebilirsek yine de bu işi yapman gerekir mi?

Koruyucu: Bunu yapabileceğinizi sanmıyorum.

Siz: Tamam ama diyelim ki yaptık. Yine de bu işi yapmaya devam eder misin?

Koruyucu: Hayır, sanmam. Aksine çok rahatlarım.

Siz: Onun yerine ne yapmak istersin?

Koruyucu: Sürgünü desteklemek isterim (ya da başka bir pozitif rol ister).

Aslında içten içe bütün koruyucular bunu ister.

Siz: İyileşebileceğini göstermem için sürgünle çalışmama izin verir misin? O zaman bu yorucu işi bırakıp sürgünün destekleyicisi olabilirsin.

Koruyucu: Peki, deneyebilirsin.

Bu yaklaşım koruyucuya meşakkatli, tatsız ve takdir edilmeyen bir işi bırakıp koruyucu için olduğu kadar sizin için de iyi olan başka bir rolü üstlenmesi için umut verir.

İzin aldıktan sonra

Hedef koruyucudan izin aldığınıza göre artık sürgünle çalışabilir misiniz? Bu, sürgünün tehlikede olduğunu düşünen başka koruyucuların olup olmamasına bağlıdır. Genellikle sürgünle çalışmaya geçebilirsiniz ama başka direnç varsa onunla şimdi ilgilenmek akıllıca olur. Yoksa bu koruyucular sürgünle olan çalışmanızı sürekli böleceklerdir. Bu yüzden eğer gerekli görünüyorsa sürgüne ulaşmanızı istemeyen başka koruyucular olup olmadığını sorun. Genellikle ortaya çıkarlar. Onlara da ilk koruyucuyla olduğu gibi korkularını sorup rahatlatabilirsiniz. Böylece sürgünle kesintisiz bir şekilde çalışabilmeniz için yol açılmış olur.

Fakat bazen koruyucular daha sonra tekrar ortaya çıkabilir. Siz sürgünle çalışırken eğer koruyucu sürgünden gelen acıyla tehdit altında olduğunu hissederse acıyı engellemek için yeniden aktive olabilir. Uykunuz gelebilir veya dikkatiniz dağılabilir. Öfkelenebilirsiniz. Böyle bir koruyucu tetiklendiğinde bunu fark edebilmek için yanları tespit etme becerinizi kullanın (9. Bölüm). Eğer bu size izin verenle aynı koruyucuysa sürgünle çalışmanızda kararınızı değiştirecek ne olduğunu sorun. Genellikle bunun nedeni sürgünün acısının yoğun bir şekilde yüzeye çıkmaya başlamasıdır. Neden korktuğunu öğrenip bu korkusu konusunda ona güvence verin. Eğer izin almadığınız yeni bir koruyucuysa bu koruyucuyla biraz daha zaman geçirmeniz, onu tanımanız, olumlu niyetini anlamanız, hatta bu yanla 1. ve 5. adımları geçmeniz gerekebilir. Sonra sürgünle çalışmanıza devam etmenize izin vermesi için izin isteyin.

Bazen sürgünün acısı sizi boğacak kadar tehdit ediciyse bir koruyucu bunun olmasını önlemek için durmadan araya girebilir. O zaman koruyucudan izin bile almadan önce sürgünle sizden ayrışması için müzakere edebilirsiniz. Bunu 11. Bölüm'de ele aldık. Koruyucu, sürgünün sizi etkisi altına almayacağını kabul ettiğini görünce çalışmaya devam etmenize izin verecektir.

Bu bölümdeki yönergeleri takip ettiğiniz halde koruyucudan izin alamıyorsanız veya çalışmanızı bozmak için durmadan araya giriyorsa bu sürgünle (veya başka bir sürgünle) kendi başınıza çalışmanız güvenli olmayacaktır. Size daha fazla destek ve tecrübe sunabilecek bir İAS terapistiyle çalışmanız gerekebilir.

Christine'in Kafa Karıştırıcı yanından izin almak

İzin alma süreciyle ilgili şu örneğe bir bakalım. 3. Bölüm'de gördüğümüz Christine'in Kafa Karıştırıcı yanıyla nasıl çalıştığımıza dair bölümü aşağıda okuyabilirsiniz. Bu yan kafa karışıklığı ve boşluk yaratarak Christine'in seansın bu bölümünde henüz adı geçmeyen bazı şeyleri görmesini engelliyordu. Önce Christine'in sürgünün kim olduğunu nasıl gördüğüne bakalım.

Jay: Kafa Karıştırıcı'ya kenara çekilir ve ne sakladığını görmene izin verirse ne olmasından korktuğunu sor.

Bu soru, bizi korunan sürgüne doğru götürür.

Christine: "Olacaklar akla hayale sığmaz, kelimelerle ifade edilemez" diyor. Çok ürkütücü, oraya gidemeyiz bile.

J: Anlıyorum, bu durum onu çok korkutuyor.

C: Ölüm kalım meselesi gibi.

J: Kafa Karıştırıcı'ya bu şekilde korumaya çalıştığı yanı sana göstermeyi isteyip istemediğini sor.

C: Ah! Şimdi Kafa Karıştırıcı'nın arkasındaki panik durumunu görür gibiyim.

J: Kafa Karıştırıcı'ya paniğe kapılan bu yanı tanımana izin verip vermeyeceğini sor.

C: ... Tamam. Bundan pek emin değil. Çok endişeli.

J: Neden endişe ettiğini sorabilirsin. Ne olacağından korkuyor?

C: Kafa Karıştırıcı, sürgünün gelip beni yutmasından korkuyor.

J: Sürgünün seni yutmaya başladığını hissederse bize bir işaret verebilir, böylece bunun olmasını engelleyebiliriz. Bu koruyucu sürgünün seni yutmaya başladığını bildirerek bize yardımcı olabilir. O zaman tekrar benliğe dönebilirsin.

Bu listemizdeki ilk korkuydu: Sürgünün acısı boğucu olacaktır. Bu yüzden burada Christine'in bu yana benlikte kalacağı konusunda güvence vermesini sağlıyorum.

C: Tamam. Şimdi iyi görünüyor... Şimdi bir sürü yargılama geliyor. Çok yavaş gideceğim. Her yeri dolaşacağım ama bir şey olmayacak.

İlk güvence işe yaramış gibi görünüyor. Şimdi Kafa Karıştırıcı'nın diğer korkuları ortaya çıkacak.

C: Kafa Karıştırıcı'ya korkusunu anladığımı ama böyle bir şey olacağını sanmadığımı söylüyorum. Bunu daha önce de denedik ve fırsat verildiğinde faydalı olduğumu gördüm. Ve Jay, sen de destek olmak için oradasın, bu yüzden Kafa Karıştırıcı'ya onun da rahatlayabileceği ve bu kadar çok çalışmak zorunda olmayacağı yeni bir alan bulmak için bunun iyi bir fırsat olabileceğini söylüyorum.

Christine, bizim devam etmemize izin vererek koruyucunun da kazanacağı bir şey olduğunu, artık rahatlayabileceğini ileri sürüyor.

J: Güzel. Buna nasıl karşılık veriyor?

C: Pekâlâ, bu görüntüler çok komik. Kafa Karıştırıcı bir şezlonga uzanmış, bacak bacak üstüne atmış, neler olacağını izlemek için bekliyor. Çok komik. Tanrım. (Gülüyor).

Kafa Karıştırıcı'nın arkasına yaslanması bize Christine'in güvencesinin işe yaradığını ve sürgünle ilerlememiz için izin verdiğini gösteriyor.

Fran'in koruyucusundan izin almak

Burada Fran'le yaptığımız seanstan bir bölüm göreceksiniz. Fran, İçsel Aile Sistemi eğitimlerimden birinde öğrenciydi. O günkü toplantıda sürgünden ayrışmayı öğreniyorduk. Fran gönüllü oldu çünkü çalışmaktan korktuğu sürgünü tanıyor ve ona yardım etmek istiyordu.

Fran: Biraz tereddütlüyüm çünkü sanırım sürgün çok büyük. Ama onunla çalışmak için bu fırsatı kullanmak istiyorum.

Jay: Bu sürgünle çalışmanı istemeyen bir koruyucu olup olmadığını sor bakalım. Varsa kendini bize göstersin.

Seansa bir sürgünle çalışarak başlarsanız, devam etmeden önce bu kontrolü yapmak iyi bir fikirdir.

F: Ah Tanrım, ileri geri yürüyen öfkeli koruyucuları görebiliyorum. "Bu çizgiyi geçip sürgünle konuşacağını mı sanıyorsun? Şaka yapıyorsun herhalde?" Öfkeli ifadeleriyle beni korkutmaya çalışıyorlar.

J: Daha ileri gitmeden biraz durup mümkün olduğunca benliğe ulaşmaya çalışalım.

Burada Fran'e 5. Bölüm'deki gibi kısa bir merkezleme meditasyonu yaptırdım. Gerçek meditasyon burada yer almıyor.

F: Tamam. Benlikte olduğumu hissediyorum ama çok kırılgan. Bana yumruklarını sallayan o figürleri görüyorum ama şimdi onlardan daha ayrılmış haldeyim. Daha önceki gibi korkmak yerine daha çok gözlemliyorum.

J: Peki, güzel. Onlara karşı şu anda ne hissediyorsun?

F: Merak ediyorum. Sakinim.

J: O koruyuculara endişelerinin neler olduğunu sor.

Sürgünle çalışmaktan neden korktuklarını araştırmanın bir yolu budur.

F: Bir üzüntü hissi var. "Bunu kaldıramayacaksın, bu yüzden hiç başlama bile. Daha önce de böyle başladın, sonra bizi terk ettin" diyorlar.

J: Bu ne anlama geliyor, biliyor musun?

F: Önce acı çeken yanlarla ilgilenmeye başlıyorum, sonra devamını getirmiyorum. Uzaklaşıp onları yeniden sürgün ediyorum.

Bu haklı bir korkudur. Sürgünlerle ilişkisini sürdürmeyeceğinden korkuyorlar.

J: Anlıyorum. Yani seanstan sonra onları yeniden terk etmenden korkuyorlar. Bunun doğru olup olmadığına dair bir fikrin var mı?

F: Galiba doğru. Bazen orada kalıyor, acıyı hissetmeye veya hikâyeye tanıklık etmeye başlıyorum ama sonra ne yapacağımı bilmiyorum. Daha sonra boğulduğumu hissedip kendimi yeniden kapatıyorum. O yanımla ilişki geliştirecek kadar uzun süre kalmıyorum.

J: O zaman bugünkü ders faydalı olacaktır. Sürgünle kalamamanın nedeni seni kaplaması olabilir. Eğer ondan ayrışabilirsen onunla kalabilirsin çünkü onun tarafından boğulduğunu hissetmezsin.

F: Şu âna dek bunun bir problem olduğunu fark etmemiştim.

J: Bu koruyucularına eğer ayrışma pratiği yapmana izin verirlerse sürgünle kalabileceğini söyleyebilirsin.

Buradaki ana fikir Fran'in sürgünlerini terk etmesinin bir nedeni olmasıdır – sürgünleri tarafından boğulduğunu hissetmektedir. Sorumsuz davranıyor değildir. Fran bu durumla ilgilendikten sonra sürgünleriyle daha tutarlı bir şekilde kalabilir.

F: Bu fikri sevmiş gibiler. Ama şimdi de bir yanın küçük bir çocuğa siper olduğunu, beni cezalandırıcı bir tanrı gibi gördüğünü görüyorum. Bana güvenmiyor. Benim tehlikeli olduğumu düşünen bir ebeveyn figürü gibi görünüyor.

Ebeveyne benzer koruyucu Fran'in sürgüne erişmesini engelliyor.

Koruyucu grubuna korkuları konusunda güven verildi ama şimdi başka bir korku ortaya çıktı.

J: Yani senin sürgünü incitmenden korkuyor.

K: Evet, nazik olmamamdan korkuyor. Sert olacağımı düşünüyor. Sürgünden gerçekçi olmayan şeyler bekleyeceğim. Sürgünün olduğundan büyükmüş gibi davranmasını isteyeceğim. İşte burada titremeye başlıyorum ve güvenim kayboluyor. Sert olmaktan korkuyorum.

Belli ki Fran'in sürgünden bir şeyler talep eden bir yanı var ama şimdi önemli olan soru bu yanın şu anda Fran'i kaplayıp kaplamadığı. Eğer kaplamamışsa bu konuda koruyucuya güven verebilir, o da Fran'in sürgüne gitmesine izin verebilir.

J: Şu anda sürgüne karşı katı olduğunu hissediyor musun, bak bakalım.

Koruyucu Fran'in sürgünle çalışmasına izin veriyor.

F: Hayır, şu anda öyle hissetmiyorum. Bu çocuğa karşı sıcak duygular hissediyorum.

J: Bunu koruyucuya söyle. Bu çocukla çalışmana izin verip vermeyeceğini sor.

F: ... Bu iyi geldi. Şimdi sakin. Sürgünün bulunduğu mağaranın önünde ince bir tül perde var. Ama itici değil. Perdeyi açabilirim. Destek verecek bakıcı tipli figürler var.

J: Yani sana izin veriyor gibi mi?

F: Evet. Yoldan çekilip içeri girmem için alan açıyor.

İkinci koruyucu da izin vermiş gibi görünüyor. Fran artık sürgünle çalışmaya başlayabilir.

Bu seansın geri kalanını 11. Bölüm'de göreceğiz.

Alıştırma: Sürgünle çalışmak için izin almak

Koruduğu sürgünle çalışmak için koruyucudan izin alma alıştırması yapacağınız bir seans yapın. Mümkünse daha önceden tanıdığınız bir koruyucu seçin. Koruyucuya yeniden girin, benlikte olmaya dikkat edin. Koruyucunun olumlu niyetini öğrenip 7. ve 8. bölümlerde anlatıldığı gibi onunla güvene dayalı bir ilişki geliştirin. Sonra sürgünün kim olduğunu öğrenip ondan bu bölümde anlatıldığı gibi izin almaya çalışın. İzin aldıktan sonra sürgünü onun neler hissettiğini size anlatmaya davet edin. Keşfettiğiniz şeyleri yazın:

Koruyucu ____________________

Olumlu niyet ____________________

Bu rolü oynamasa ne olmasından korkuyor? ____________________

____

Sürgün ____________________

Koruyucu, sürgünle temasa geçersen ne olmasından ______ korkuyor? ____________________

Sürgün ne hissediyor? ____________________

Özet

Bu bölümde koruyucudan koruduğu sürgünle çalışmak için izin almayı öğrendiniz. Bu sürgünü tanımlamayı biliyor, koruyucuların sizi içeri almalarına engel olan korkularını anlıyor ve onları nasıl rahatlatacağınızı biliyorsunuz. Koruyucuya yeni bir rol olasılığı sunmayı ve siz sürgünle çalışırken durmadan araya giriyorsa ne yapmanız gerektiğini öğrendiniz.

11. Bölüm

Acınızı ortaya çıkarmak: Sürgünü tanımak

Bu bölümde İAS işleminin üçüncü adımını, yani sürgünü tanımayı ele alacağız. Ama ondan önce sürgünü daha iyi tanımak faydalı olacaktır. Bu yüzden şimdi sürgünlerin gündelik hayatımızda duygu ve davranışlarımızı nasıl etkilediklerine bakalım.

Sürgün aktive olursa

4. Bölüm'de bir koruyucunun aktive olmasının ne anlama geldiğini ele aldık. Hayatınızda rahatsız edici ya da tehditkâr bir şey olduğunda bir koruyucu sizin bir şekilde zarar görmemeniz için kontrolü ele almak ister. Sözgelimi o bölümde gördüğünüz gibi, Julie'nin erkek arkadaşı fazla muhtaç davrandığında Julie'nin Teneke Adam koruyucusunu aktive ediyordu. Bu da Julie'nin kalbini kapatıp erkek arkadaşıyla ilişkisini koparmaya çalışıyordu.

Sürgünler de hayatınızdaki olaylar, insanlar veya durumlar yüzünden aktive olabilir. Ama bir sürgün aktive olduğunda koruyucusu da aktive olur. Örneğin, John çekici bulduğu bir kadınla tanışır. Bu onun tedirgin hisseden, sosyal açıdan beceriksiz ve reddedilmekten korkan Güvensiz sürgün yanını harekete geçirir. Bu sürgüne tepki olarak bir koruyucu da ortaya çıkıp sürgünün reddedilmesine engel olmak için John'u bu kadından uzaklaştırmaya çalışır. Ona da Çekingen koruyucu diyelim.

Çoğu zaman sürgünü fark etmeyiz çünkü sürgünler bilincin dışına itilmiştir. Eğer bir şey fark ediyorsak bu koruyucunun davranışıdır çünkü davranışı kontrol eden koruyuculardır. Bu yüzden John bu çekici kadından uzak durduğunun farkında olabilir ama bunun arkasında Güvensiz sürgünün olduğunu bilmeyebilir. Eğer John çekingen davranmayıp kendini bu kadınla iletişim kurmaya zorlarsa gergin ve tedirgin olduğunu hissedebilir ve o zaman Güvensiz sürgünün farkına varabilir. Tabii ki John yeterince farkındalığı olan biriyse sürgünü yine de fark edebilir.

Özetleyecek olursak: Bizi tetikleyen çoğu durumlarda en az iki yan söz konusudur. Genellikle önce sürgün, sonra onu korumak üzere koruyucu tetiklenir. Ancak koruyucu o kadar hızlı ortaya çıkabilir ki sürgünü hiç fark etmeyebiliriz. Aslında koruyucunun görevi budur: Sürgünün acısını hissetmemizi engellemek.

Bazen bir sürgün aktive olduğunda koruyucu hemen önüne atlamaz ve biz durumu doğrudan sürgünle deneyimler, onunla hareket ederiz. Mesela John tedirgin ve yetersiz hissetmesine rağmen çekici bulduğu o kadınla hemen etkileşime girebilir ve bu duygularıyla tutarlı şekilde davranarak sakarlıklar yapar, kekeler, geri planda kalmaya çalışabilir. Bu durumda sürgün John'u kaplamış demektir.

Sürgünün kontrolü ele aldığı başka bir örnek verelim: Jane dört aydır Ralph'le çıkıyordur. Başta bu ilişki konusunda çok heyecanlı olsa da Ralph'in fazlasıyla benmerkezci olduğu için ona iyi davranmadığını fark etmeye başlar. Jane'in pek çok yanı Ralph'ten ayrılmaya hazırdır. Ama bir erkekle ilişkide olmaya çaresizce ihtiyaç duyan bir sürgünü de vardır. Buna Muhtaç yan diyelim. Bu yan Ralph'i kaybetmekten ve yalnız kalmaktan ölesiye korkmaktadır. Muhtaç yan yalnızlık duygusundan ne pahasına olursa olsun kaçmak ister. Bu yüzden Ralph'le olan ilişkiye tutunur. Jane'i kaplar ve Ralph'ten ayrılmasına izin vermez.

Sürgünler davranışlarımızı iki şekilde etkiler. 1) Jane'in Muhtaç yanı ve John'un Güvensiz yanı gibi kontrolü ele alabilirler. 2) John'un Çekingen koruyucusu gibi koruyucuları tetikleyebilirler. Bir koruyucu kontrolü ele alıyorsa sürgünü hiç fark etmeyebilirsiniz ama sürgün alttan alta koruyucunun davranışını etkiliyordur. Bu yüzden bir meseleyi keşfetmeye çalıştığınız durumlarda, bir sürgün doğrudan ya da dolaylı olarak mutlaka işin içindedir.

Bir sürgünü tanımak

Şimdi İAS sürecine geri dönelim. Son bölümde koruyucudan sürgünle çalışmak için izin aldınız (2. Adım). Bu bölümde 3. Adım yani sürgünü tanıma üzerinde duracağız. Bu adım, S1-S5 arasındaki beş alt adımı içerir. Bu adımlar bir koruyucuyu tanımanın adımları olan ve daha önce öğrendiğiniz K1-K5 adımlarının aynısıdır. Önce sürgüne yaşantısal olarak ulaşın (S1). Sonra benlikte olduğunuzdan emin olun çünkü koruyucular için olduğu gibi sürgünü iyi bir şekilde tanımak için de bu gereklidir. Benlikte olduğunuzda sürgünün acısıyla boğulduğunuzu hissetmez (S2) ve ona şefkat gösterebilirsiniz (S3). Böylece sürgünü tanıyabilir (S4) ve onunla güvenli bir ilişki geliştirebilirsiniz.

Adım S1: Sürgüne ulaşmak

Geçen bölümde ikinci adımda koruyucunun hangi sürgünü koruduğunu öğrenip onunla çalışmak için izin aldınız. Şimdi bu sürgünü tanımak için onunla yaşantısal olarak temas etmeniz gerekiyor. 4. Bölüm'de bir yana ulaşırken yapmayı öğrendiğiniz şekilde bu sürgünü de bedeninizde duyumsayacak, duygularını hissedecek veya görüntüsünü göreceksiniz.

Bazı vakalarda siz koruyucuyla çalışırken bile sürgün kendini gösteriyor olabilir. Duygularını hissetmiş ya da görüntüsünü görmüş olabilirsiniz. Bu durumda sürgüne zaten ulaşmışsınız demektir. Bununla birlikte ilave bir kanal üzerinden yana olan erişiminizi genişletebilirsiniz. Duygularını zaten hissediyorsanız sürgünü temsil eden bir görüntünün de olup olmadığına bakabilirsiniz.

Adım S2: Sürgünden ayrışmak

Çocukluk yaralarıyla çalışmanın iki tehlikesi vardır. Birincisi acının sizi istila etmesidir; diğeriyse acının dayanılmaz olmasından korktuğunuz için sürgünden kaçınmanızdır. Sürgünler duyulmak ve iyileşmek isterler ama ne yazık ki bazen sizi duygularıyla boğarak kendilerini duyurmaya çalışırlar. Bildikleri tek şey budur. Sürgünlerin sizi bu şekilde kaplaması ürkütücüdür çünkü sürgünün çaresizlik girdabına çekildiğinizi hisseder, acının ve kaosun derinliklerine gömülürsünüz. Travmayı bu şekilde yeniden yaşamak zarar verici olabilir. Eğer böyle bir şey olursa koruyucular araya girip sürgüne ulaşmanızı engellerler. Sizi bu şekilde acıdan korumayı yıllardır kendilerine görev edinmişlerdir, bu yüzden otomatik olarak tepki verirler. Hissizleştiğinizi veya kopup gittiğinizi fark edersiniz; dikkatiniz dağılır veya öfkelenirsiniz. Bu ve diğer reaksiyonların hepsi acıdan korkan koruyuculardan kaynaklanır ve bunun iyi bir nedeni vardır; bu acıyla baş etmeniz gerçekten de zor olabilir.

İAS sürgünün acısını güvenli bir şekilde keşfetmenin bir yolunu bulmuştur. Benliğinizde kalarak sürgünle *ilişki* kurduğunuzda sürgünün kendisi haline *gelmezsiniz*. Sürgünle bütünleşir ve benliğinizle teması kaybederseniz acı gerçekten de dayanılmaz olabilir. Bununla birlikte sürgünden ayrıştığında benlik her şeyle baş edebilir. Benlikteyken sakin, ayakları yere basan bir halde durabilirsiniz; böylece acı ve travma sizi etkileyemez. Sürgünün duygularıyla boğulmaya başlarsanız, yani sürgün benliği kaplamaya başlarsa İAS'nin ayrışma için kullandığı etkili teknikler vardır. Böylece tekrar sakin zemine geri dönebilirsiniz.

Bu yaklaşım kullanışlıdır çünkü çoğu vakada sürgünün acısını doğrudan hissetmeniz gerekli değildir. İAS genellikle tanıklık etmenin sonraki iyileşme adımları için ortamı hazırlamak için yeterli olduğunu keşfetmiştir.

Bu yaklaşımın pek çok faydası bulunmaktadır. Yeniden travmatize olmamanın yanı sıra sizi sürgünden uzak tutacak bir savunma ordusuyla da karşılaşmazsınız. Bu size zaman kazandırır. Üstelik bazen sürgünlerle çalışmanın tek yolu budur. Aksi halde koruyucular sürekli engel çıkarırlar veya süreci baltalayabilirler. Benlikte kalarak sürgünün acısına şefkatle tanıklık edebilir, sürgün için iyileşmenin ve dönüşümün aracı olabilirsiniz. Ayrıca benlikte olduğunuzda kendi terapi sürecinizi başarıyla yönetecek bakış açısına da sahip olacaksınız.

Ayrışma süreci

Sürgüne ulaştıktan sonra eğer sürgünün duygularını güçlü bir şekilde hissediyorsanız hemen ayrışmak için çalışmanız gerekir. Başta çok fazla duyguya maruz kalmasanız bile sürgünün sizi kaplamasına karşı hazırlıklı olun çünkü bu yokuş aşağı gidişe yol açabilir. Bu şekilde ayrışarak sürgünün etkisi altına girmeden benlikte kalabilirsiniz. Benliğe dönmeden önce acının çok fazla artmasına izin verirseniz ayrışmanız daha zor olur. Hatta eğer sürgünün çok fazla acı ya da travma taşıdığını hissediyorsanız daha en başında ayrışma anlaşması yapmanız iyi bir fikir olabilir. Eğer sürgün ayrışırsa onun için orada olabilirsiniz. En güvenli yol budur.

Bir sürgünden ayrışmanın veya ayrışma anlaşması yapmanın en iyi yolu şudur. Sürgüne sizi duygularıyla ve acısıyla kaplamazsa ona yardım edebileceğinizi söyleyin. Bundan başka sürgünden duygularını kontrol altında tutmasını, sizi etkisi altına almamasını veya sizden ayrı durmasını isteyebilirsiniz. Sürgüne eğer benlikte kalabilirseniz onun hikâyesini dinleyebileceğinizi ve ona yardım edebileceğinizi söyleyin. Sürgünden duygularını bastırmasını, bu duyguları hissetmemesini istemiyorsunuz, sadece ona yardım edebilecek sağlam bir zeminde kalmak için duygularını sizden ayrı tutmasını istiyorsunuz. Bu İçsel Aile yönteminin en etkili buluşlarından biridir. Schwartz sürgünlerin iyileşme sürecinde işbirliği yapma ve eğer isterlerse hissedeceğiniz duygunun yoğunluğunu kontrol etme kapasitelerinin olduğunu keşfetmiştir. Eğer bu şekilde sorar, bunun iyileşme sürecine faydasının olacağını açıklarsanız çoğu sürgün acılarını sizden uzak tutmayı ister ve bunu başarırlar.

Sürgünden duygularını kontrol etmelerini istediğinizde bazen hayır derler veya duygu yoğunluğunda bir değişiklik fark etmezsiniz. O zaman sürgüne duygularını kontrol ederse ne olmasından korktuğunu sorun. Çoğu zaman sürgünler onları umursamayacağınızı düşünürler. Sizi duygularıyla boğmazlarsa yeniden sürgün edileceklerinden korkarlar. Bu çok anlaşılır bir durumdur. Çoğumuz sürgünlerimizi engellemek ile acılarının istilasına uğramak arasında gider geliriz. Bu yüzden sürgün size sesini duyurmasının tek yolunun kontrolü ele geçirmek olduğunu görmüştür. Sizden ayrışmak istememesine şaşmamak gerek! Sizden ayrışırsa onu göndermenizden korkar. Sürgüne İAS kullandığınız için bu kez daha farklı olacağınızı söyleyin. Acısını gerçekten görmek, hikâyesine tanıklık etmek istiyorsunuz.

Ama bunu yapabilmek için Benlik'te olmanız gerekir. Bu şekilde sürgün sizi nazik bir dinleyici, ilgili birisi veya bakım veren bir ebeveyn gibi deneyimleyebilir. Sizin onu kovmayacağınızı anladıktan sonra sizden ayrışmayı kabul edecektir. İşbirliği yapmasının duyulmasını sağladığını görecektir ki en çok istediği şey duyulmaktır.

Eğer bu yaklaşım işe yaramazsa bir sürgünden ayrışmanın başka yolları da vardır. Bunların çoğu koruyucudan ayrışma yollarıyla benzerdir (5. Bölüm). Sürgünden bir adım geri çekildiğinizi içsel olarak hissedebilirsiniz. Kısa bir merkezleme meditasyonu yapabilirsiniz. Sürgünü sizden uzakta hayal edebilirsiniz.

Eğer bu görselleştirme tekniğini kullanırsanız, sonrasında sürgüne yaklaşmak istersiniz. Sürgünü tanıdıkça (S4) ve sizi kaplama tehdidi azaldıkça ona yavaş yavaş yaklaştığınızı hayal edebilirsiniz. Sizi kaplamamasına dikkat edin, gerekirse biraz geri çekilin. Bu görselleştirme sizin sürgünden hem nasıl ayrı olduğunuzu hem de onunla daha fazla ilişki kurduğunuzu sembolize eder (S5). Amaç, sürgünden ayrı kalmaya devam ederken ona duygusal olarak mümkün olduğunca yakın hissetmektir. Bunu yapmak ip üstünde yürümek gibi olsa da mümkündür. İnsanlar bu ânı genellikle sürgünü kucaklayıp ona sarılma şeklinde görselleştirirler.

Sürgünden ayrışıp benliğe geri geldiğinizde bir iki dakika ayırıp benliği tam olarak yaşamaya çalışın. Böylece deneyiminizi iyice sağlamlaştırırsınız. Benliğin özelliklerini bedeninizde nasıl hissettiğinizi fark edin. Karnınızda bir doygunluk hissedebilirsiniz. Bütün bedeninizde bir sükûnet ve gevşeme hissedebilirsiniz. Ayaklarınızın yere sağlam bastığını hissedebilirsiniz. Kalbinizin yumuşayıp sevgiyle dolduğunu hissedebilirsiniz. Bu deneyimle kalın, böylece onu bedeninizde iyice hissedebilirsiniz. Bu sizin gelecekte sürgün tarafından istila edilmenize engel olur. Benliği iyice hissettikten sonra sürgüne geri dönüp onu tanımaya çalışın. Sürgünle çalışmaya başlamadan önce benlik deneyiminizi bu şekilde sabitlemek de faydalı olabilir.

Christine, Küçük Kız'dan ayrışıyor

Burada Christine'in 3. Bölüm'deki seansından sürgünden ayrışmayı gösteren kısa bir bölüm bulacaksınız. Bu noktada sürgünle temas kurmak için izin alıyor.

Christine: İşte sürgün. Çok küçük ve sıska, çok da kırılgan. Bu çok ilginç çünkü ben uzun boylu ve güçlü kuvvetliyim. Üzerinde küçük bir elbise var. Ufak tefek bedeniyle incinebilir görünüyor. Boğazı düğüm düğüm olmuş, paniğin eşiğinde.

Jay: Hı-hı. Bu yana adının ne olmasını istediğini sorabilirsin.

C: Galiba sadece Küçük Kız diyeceğim ona.

J: Peki, Küçük Kız'a neden bu kadar korktuğunu sor.

C: Karanlıkta yalnız kalmaktan ve kimsenin olmamasından korkuyor. Çok ilginç. Ama şimdi paniğe kapılmaya başladı. Bu kadarı benim için çok fazla.

Küçük Kız'ın paniği Christine'i kaplıyor.

J: Korkmasının sorun olmadığını söyle ama seni korkusuyla boğmasın.

C: Tamam. Şimdi iyiyim. Artık çok korkmuyorum. Paniğe kapılmasına izin verilmesi iyi geldi, yoksa giderdi.

Burası sürgünden ayrışmasını istemenin duygularını hissetmesine izin verilmediği anlamına gelmediğini göstermesi açısından önem taşıyor. Eğer bu sürgün duygularına izin verilmediğini hissederse yanında kalacak kadar Christine'e güvenemez.

C: Burada olmam hoşuna gitti. Burada gerçekten de birinin (benliğin) olduğunu görüyor. Çok şaşkın. Sakinleşiyor. Benimle sadece konuşmak istiyor. O kadar duygu yüklü değil.

J: Hı hı. Şimdi daha rahat ve sana karşı açık.

Artık bu yan Christine'i paniğiyle kaplamadığı için Christine benlikte kalabilir. Böylece Küçük Kız ona güvenebilir ve sakin kalır.

C: Evet, öyle.

Bilinçli kaplama

Ayrışma gereklidir ama bir istisnayla. Bazen sürgünün acısını hissetmek iyidir. Eğer bu deneyim sizi yolunuzdan etmiyor ya da kaygılanmanıza yol açmıyorsa kendinizi rahat bırakabilirsiniz. Hatta bazen bu acıyı hissetmek size iyi gelecektir. Sürgün de acısını doğrudan hissetmenizi ister çünkü bu ona tanıklık ettiğinizi iyice hissetmesini sağlar.

Sürgünün acısını bu şekilde deneyimlemek sizin aynı anda hem benlikte olduğunuz hem de bilinçli bir şekilde sürgünle bütünleştiğiniz anlamına gelir. Sürgün duygularını, onları hissetmenize izin vererek gösteriyordur. Bu deneyime dayanabildiğiniz, sakin kalabildiğiniz, koruyucularınız tetiklenmediği ve sürgüne eşlik edebildiğiniz sürece sorun yoktur. Sürgünün acısını belirli bir sınıra kadar hissetmek iyidir. Eğer acı çok fazla olursa bunu sürgüne söyleyip kontrol altına almasını isteyin.

Bazı durumlarda acıyı tamamen hissedip hatta bunu ifade edebilirsiniz. Bu yönde ne kadar gidebileceğinizi öğreneceksiniz. Bu yaklaşım bazı katartik terapi yöntemleriyle benzerdir. İAS'de ancak güvenli ve verimli olacaksa bu yönde ilerleriz.

Buna bilinçli kaplama diyorum çünkü sürgünün sizi kapladığını bilir ve buna izin vermeyi tercih edersiniz. Bu farkında olmadan sürgün tarafından kaplanmaktan veya duygusal olarak boğulmaktan çok farklıdır. Bilinçli olarak sürgünle kaplandığınızda sürgünün duygularını yaşarken bile sürgünden çok daha büyük ve güçlü olan bir varlığa (benliğe) bağlısınızdır. Bu size sürgünün acısına tolerans göstermeniz için bir fırsat sağlar.

İçsel yapınızı kontrol ettiğinizde bilinçli kaplanmanın sizin için doğru şey olup olmadığını bilirsiniz. Sürgünün acısından ayrışacak mısınız, yoksa sizi kaplamasına izin mi vereceksiniz, bunu anlayabilirsiniz. Buradaki en önemli kriter acıya katlanıp katlanamadığınızdır. Ne kadar benlikte olur ve sürgüne karşı şefkat hissederseniz, bilinçli kaplanma o kadar mümkün olur. Ancak bilinçli kaplanmanın her zaman ayrışarak benlikte kalmaktan daha iyi olmadığını da aklınızdan çıkarmayın. Sürgünler çoğu zaman acılarını hissetmemize ihtiyaç duymazlar; tanık olmak genellikle yeterlidir.

Adım S3: Endişeli yanlardan ayrışmak

Bir sürgünü yeterince iyi bir şekilde tanımak için benlikte olmanız önemlidir. Bunu yapmak için sürgüne karşı ne hissettiğinizi kontrol edin. Meraklı, kabul edici, bağlantılı ve şefkatli hissediyorsanız benliktesiniz ve devam edebilirsiniz demektir. Eğer yargılayıcı veya öfkeli hissediyorsanız veya sürgünden korkuyor ya da uzaklaşmak istiyorsanız benlikte değilsiniz, sizin sürgünle çalışmanızdan endişe eden koruyucu yanla kaplanmışsınız demektir (6. Bölüm'e bakınız). Orijinal hedef yanınız olan ilk koruyucudan onunla çalışmak için izin almıştınız ama sürgünü açmanın güvenli olduğunu düşünmeyen başka yanlar da var olabilir. Bu endişeli yan onlardan biridir. Endişeli yandan kenara çekilmesini isteyin, böylece sürgünün dönüşmesine yardım edebilecek bir pozisyonda olabilirsiniz. Bu genellikle koruyucunun rahatlaması ve tekrar benliğe dönmeniz için yeterli olur. Artık sürgünü tanımaya geçebilirsiniz.

Endişeli yan geri çekilmek istemezse, geri çekilirse ne olmasından korktuğunu sorun. Bu sizin sürgüne karşı açık olmanızı engelleyen koruyucunun korkusunu ortaya çıkaracaktır. Bu korku muhtemelen 10. Bölüm'de anlatılan korkulardan biri olacaktır. Yani sürgünün acısından korkmak; değişimin mümkün olduğuna inanmamak; koruyucunun yok olacağından veya sizin yeterli olmadığınızdan endişelenmek; sürgünün zarar göreceğinden, bir sırrın ortaya çıkacağından veya tehlikeli bir koruyucunun tetikleneceğinden korkmak gibi durumlar söz konusu olabilir. Koruyucunun endişesini öğrendikten sonra ona 10. Bölüm'de öğrendiğiniz gibi güvence verebilirsiniz, böylece o da kenara çekilip benlikte kalmanıza izin verebilir.

Bazen bir koruyucu sürgünle çalışmanızdan korkmaz ama sürgüne karşı olumsuz duyguları vardır. Bu da sizin sürgünü ilgili bir yerden dinlemenize engel olur. Bunun en sık görülen nedenlerinden ikisini ve koruyucuya nasıl karşılık vereceğinizi aşağıda bulabilirsiniz.

(1) Koruyucu hayatınızda problemlere yol açtığı için sürgüne kızıyordur. Örneğin sürgünün korkuları ilerlemek için risk almanızı önlemektedir. Ya da sürgünün değersizlik duyguları sizi depresyona sokmaktadır. Bu yüzden sürgünden hoşlanmayan ve bu problemi çözmek için ondan kurtulmaya çalışan bir koruyucunun bulunması şaşırtıcı değildir. Fakat bu yaklaşım iyileşmeye götürmez. Koruyucuya sürgünün kontrolü ele almasına izin vermeyeceğinizi söyleyin. Sizin amacınız sürgünün taşıdığı korku veya güvensizlik yükünü bırakmasına yardım etmek, böylece hayatınızı daha fazla bozmamasını sağlamaktır. Bu cevap koruyucunun sürgünle ilgili endişesine doğrudan hitap ettiği için söylediklerinizi kabul edecektir.

(2) Koruyucu sürgüne karşı yargılayıcı hissedebilir çünkü sürgün korkuyordur, güvensizdir veya sadece fazla duygusaldır. Bu yargılar genellikle ebeveynlerin siz küçükken size karşı sergiledikleri tutumları yansıtır çünkü koruyucular bazen ebeveynleri model

alırlar. (Psikoterapide buna içselleştirme denir.) Koruyucuyla birlikte bu yargıları nereden aldığını keşfederseniz koruyucu bunların aslında sürgünle ilgili gerçekler değil, ebeveynlerinden aldığı tutumlar olduğunu fark edebilir. Sürgünün aslında küçük ve savunmasızken başına gelen şeyler yüzünden korktuğunu veya güvensiz hissettiğini, yani bunun aslında sürgünün hatası olmadığını da açıklayabilirsiniz. Bu da koruyucunun yargılarının hafiflemesini sağlayabilir. O zaman sürgüne yardım edebilmeniz için kenara çekilmesini isteyebilirsiniz.

Şefkatin önemi

Sürgünlerle başarılı bir şekilde çalışmayla ilgili bir konu daha var. Sürgünden sadece ayrışmanız değil, ona karşı şefkatli ve bağlantılı hissetmeniz de önemlidir. Bir sürgünle çalışırken bir koruyucuya karşı olduğunuz gibi açık ve meraklı olmanız yeterli değildir çünkü şefkat sürgünün acısının iyileşmesinde hayati bir rol oynar. Sürgünle birlikteyken tamamen benlikte olabilmeniz için şefkatli ve bağlantılı olmak gerekir. Başta sürgüne karşı sadece merak hissetmek yeterliyken, onun duygularını ve hikâyesini dinledikçe genellikle dayanılmaz olan acısına tanıklık edeceksiniz. Hiçbir şey engellemediği takdirde bu tanıklık kalbinizin şefkatle açılmasını sağlayacaktır.

Şimdi şefkat ve empati arasındaki farka ve birbirleriyle ilişkilerine bakalım. Empati bir başkasının veya sürgünün duygularıyla dolmak anlamına gelir. Şefkat ise birisinin ya da sürgünün acısına karşı sevgi dolu bir nezaket hissetmektir. Empati genellikle şefkate yol açar; birisinin acısıyla dolarsınız, bu da ona karşı şefkat hissetmenizi sağlar. Bu yüzden ikisi genellikle birlikte meydana gelir. Ancak özellikle de sürgünle ilişkiniz açısından birbirlerinden nasıl farklı olduklarını anlamanız önemlidir. Eğer bir sürgüne karşı şefkat hissetmeden empati hissediyorsanız sürgün tarafından kaplanmanız ve benlikle temasınızı kaybetmeniz tehlikesi mevcuttur. Şefkat hissederken sürgüne karşı ilgili ve sevgi dolu olsanız bile ondan ayrı, dolayısıyla benlikte kalmayı başarırsınız.

Şefkat sürgünlerle çalışmanın esasıdır. Sürgünlerin acısı o kadar büyük ve çetrefilli olabilir ki sizdeki bu hassas, nazik özellik olmadan size açılmaları zor olabilir. Bir arkadaşımızın şefkatini hissettiğimizde en incinebilir yerlerimizi ona açabilecek kadar güvende hissederiz kendimizi. Sürgün yanlarımız da aynı şeyi hisseder. Ortaya çıkıp görülebilmeleri için şefkatimize ihtiyaçları vardır. Sürgünler yalnızca çocukluk yaralarının acılarını taşımakla kalmaz, bizim tarafımızdan da reddedilmiş hissederler çünkü biz de yıllardır onları itmiş ve içsel ailemizden dışlamışızdır. Bu durum onların acılarına bir de aşağılanmayı ekler. Küçükken incinmişlerdir, sonra da acılarına dayanamadığımız için biz onları sürgün etmişizdir. Bu yüzden sonsuz bir sürgündedirler.

Neyse ki şefkat acı çeken bir insanın acısına karşı verilen doğal bir tepkidir, tabii kişi benlikte olduğu sürece. Bir İAS seansında yıllarca bodrumda kilitli kalan sürgüne nihayet görülme armağanını vermek üzere benlik oradadır. Benlik çocuk yanın acısına ve ıstırabına şefkatle tanıklık ettiğinde sürgün belki de ilk kez görüldüğü için minnettar ve dokunaklı hisseder. Sonunda yalnız değildir.

Sürgüne karşı ne hissettiğinizi kontrol ettiğinizde bazen sadece nötr hissedebilirsiniz. Kendinizi ondan ayrı ama sevecen veya bağlantılı hissedebilirsiniz. Bunun nedeni genellikle sürgünden uzak kalmak isteyen endişeli yanın, entelektüel yanın veya korunaklı kalmak isteyen yanın sizi kaplamış olmasıdır. O endişeli yana rahatlamasını söyleyip doğal bağlantı hissinizin ve şefkatinizin ortaya çıkmasına izin vermesini isteyin. Bunu yapmazsa ne olacağından korktuğunu sorup bu endişelerle daha önce koruyucularla çalışırken anlatıldığı şekilde çalışın. Bu koruyucu rahatladıktan ve sürgüne yönelik doğal ilgiyi hissetmenize izin verdikten sonra sürgünün acısını ve olumsuz inançlarını öğrenmeye başlayabilir, onunla sevgi dolu bir bağ kurarak sonraki iyileşme adımları için sağlam bir temel oluşturabilirsiniz.

Peter'ın endişeli yanları

Aşağıdaki görüşme kopyası Peter'ın sürgünle çalışmaya başladığı ve sürgünden hoşlanmayan bazı yanlarıyla ilgilenmesi gereken seansın bir kısmını göstermektedir. Koruyucuyu ve koruduğu sürgünü daha önceden keşfetmişti.

Peter: Pekâlâ. Şimdi sürgünle temas halindeyim. Bir şey için çok üzülmüş küçük bir çocuk bu.

Peter sürgüne ulaştı (S1).

Jay: Koruyucuya o küçük çocukla çalışmana izin verip vermeyeceğini sor.

P: Tamam, dedi. Vay canına, çok kolay oldu.

J: Güzel. Çocuğun üzüntü duygusunun seni kaplamasından endişe ediyor musun?

P: Hayır. Öyle bir durum yok.

Çocuğun Peter'ı kaplaması en azından şimdilik mesele gibi görünmüyor (S2).

J: Tamam. Şimdi çocuğa karşı ne hissettiğine bak.

Bu kontrol Peter'ın benlikte olup olmadığını görmeye hizmet ediyor (S3).

P: Şey, galiba bu konuda sorun yok... Bir dakika, galiba bir yargılama fark ediyorum. Aslında sürgüne yönelik büyük bir yargı var. Hoşuma gitmedi bu.

J: Yani çocuğu yargılayan ve ondan hoşlanmayan başka bir yanın var. O yana sor bakalım, çocuktan hoşlanmamasının nedeni neymiş?

P: Çocuğun bir bebek gibi zayıf ve duygusal olmasından hoşlanmıyor. Bu yan benim güçlü ve eksiksiz olmama çok yatırım yapmış, o yüzden bu bebeksi yandan hoşlanmıyor.

J: Bu endişeli yana o çocuğun çok küçük olduğunu, bu yüzden zayıf ve duygusal olmanın onun elinde olmadığını söyle. O güç, çocuk olgunlaştıkça gelecek. Bu yanının senin eksiksiz olmanı istemesinde sorun yok. Sen hem güçlü olabilir hem de yoğun duygular taşıyan küçük bir yana sahip olabilirsin. Sen bir yetişkinsin, bu küçük yan değil.

P: Evet, tamam. Yan için mantıklı geldi, biraz geri çekiliyor.

Endişeli yan güven duyduğu için geri çekildi.

J: Güzel. Şimdi o küçük çocuğa karşı ne hissettiğine bak.

P: Oh! Şimdi de çocuğun mutsuzken çığlıklar atıp ağlamasından ve kontrolden çıkmasından gerçekten nefret eden başka bir yan çıkıyor. Böyle bir davranışa dayanamıyor bu yan.

J: Pekâlâ. Bu yan, böyle bir davranışın nesinden nefret ediyor?

P: Çocukken kontrolü birkaç kez kaybettim ve bunun için ciddi şekilde cezalandırıldım. Yetişkinken de birkaç kez oldu bu. Bunlar gerçekten zor zamanlardı. Moralimin çok bozuk olduğu zamanlarda bir sürü insanı kendimden uzaklaştırdım. Bu küçük çocuk bana çok sıkıntı verdi.

Artık bu endişeli yanın derdinin ne olduğunu öğrendiğimize göre ona güven verebiliriz.

J: Bir yanının bu durumdan çok mutsuz olması ve sürgüne karşı tetikte olması kesinlikle anlaşılabilir bir durum. Ama o yana, bu çocuğun acısını bırakmasına yardımcı olmayı amaçladığımızı hatırlatır mısın? Çocuk acısını bıraktıktan sonra kontrolden çıkma olasılığı çok daha düşük olacak. O endişeli yana kenara çekilip bu çocukla yürekten bağlantı kurmana izin verip vermeyeceğini sor.

P: Düşünüyor... Tamam. Kenara çekilecek ama sürgünün hayatımda kontrolden çıkıp işleri yeniden mahvetmesini istemiyor.

J: Bunda sorun yok. Sadece seansın geri kalanında biraz geriye çekilmesi yeterli.

P: Evet. Bunu yapacak.

Bu yan rahatladığı için tekrar kontrol ediyoruz.

J: Peki. Şimdi sürgüne karşı ne hissettiğine tekrar bak.

P: (duraklıyor) Gerçekten çok incindiğini görebiliyorum. Aynı zamanda kandırılmış da. Bu yüzden çıldırmış gibi bağırıyor. Ona karşı biraz sıcaklık hissetmeye başladım. Daha iyi olmasına yardım etmek istiyor gibiyim.

J: Harika. Sürgünden sana ne hissettiğini anlatmasını ya da göstermesini iste.

Peter şimdi sürgünle şefkatli bir yerden ilişki kurmaya başlıyor. Bu da onun benlikte olduğunu gösteriyor (S3). Böylece sürgünü tanımaya geçebiliriz.

Adım S4 ve S5: Sürgünü tanıyıp onunla güvenli bir ilişki geliştirmek

Tam olarak benlikte olduğunuzda sürgünü tanımaya başlayabilirsiniz. Esas olarak sürgünün hissettiği duyguları ve bu duyguları tetikleyen durumları anlamaya çalışabilirsiniz. Sürgünler söz konusu olduğunda fazla soru sormanız gerekmeyebilir. Sürgünü sadece hissettiğini veya bilmenizi istediği başka ne varsa onu anlatmaya davet edin. Sürgünler duyulmak isterler; acılarına tanık olunmasını ve anlaşılmayı beklerler. Sadece sürgüne karşı açık olmanız ve kendisini size göstermeye davet etmeniz gerekir. Kendini memnuniyetle gösterecektir. Onu neyin bu kadar üzdüğünü ya da hangi duyguyu hissediyorsa onu sorabilirsiniz. Sürgünü tanıdıkça başka sorular ortaya çıkabilir. Sormaya çekinmeyin. Böylece bu çocuk yanı daha iyi anlayabilirsiniz. Sürgünü bedeniniz veya duygularınızla da hissedebilir ve onu böyle de tanıyabilirsiniz. Hatta bazı sürgünler o kadar küçüktür ki sözcüklerle iletişim kuramazlar. Onları sadece bedeninizle tanımanız gerekir.

Sürgünü tanıdıkça ona karşı ne hissettiğinizi, özellikle şefkatli ve ilgili olup olmadığınızı sürekli sorgulamanız gerekir. Şefkatinizi sürgüne iletmeye özen gösterin. Bunu sözcüklerle yapabilirsiniz ama özellikle doğrudan yüreğinizle yaparsanız daha etkili olur. Bir an için şefkatinize eşlik eden beden duyumlarına odaklanın. Mesela kalbinizde yumuşak, sıcak bir parıltı hissedebilirsiniz. Yüreğinizdeki bu sevgi dolu şefkati sürgüne yansıtın. Sürgünü genellikle bedeninizde belirli bir yerde hissedersiniz. Şefkatinizin kalbinizden buraya doğru akmasına izin verin.

Sonra sürgünün sizin bu ilginize nasıl tepki verdiğine bakın. Almıyor gibi görünüyorsa sizin farkınızda olup olmadığını kontrol edin. 8. Bölüm'de koruyucularla yaptığınız gibi sürgünden de sizi fark etmesini isteyebilirsiniz. Sürgün sizi fark ettikten sonra ona yine şefkatinizi iletin. O zaman sizi hissedebilir. Eğer sürgün size bunu yapacak kadar güvenmiyorsa, 8. Bölüm'de öğrendiğiniz gibi güven meselesiyle çalışın. Sürgünle olan ilişkinizin durumundan emin değilseniz ona yönelik ilginize gerçekten güvenip güvenmediğini sorabilirsiniz. Sürgünle olan ilişkiniz bu süreç boyunca derinleşecektir. Sonraki bölümlerde bu ilişkiyi güçlendirmek için atabileceğiniz adımları anlatacağım.

Fran sürgünle ilişki kuruyor

10. Bölüm'de Fran'in sürgünle görüşmek için izin aldığı yerden devam ediyoruz. Sürgünü tanımak için atılacak bütün adımları görebilirsiniz.

Jay: Sürgünü hissettiğinde bana haber ver.

Fran: Cüzzamlı bir çocuk gibi. Bir mağarada. İçeriye hafif bir ışık süzülüyor. Sürgünün cildinde delikler ve yaralar var, çok da zayıf.

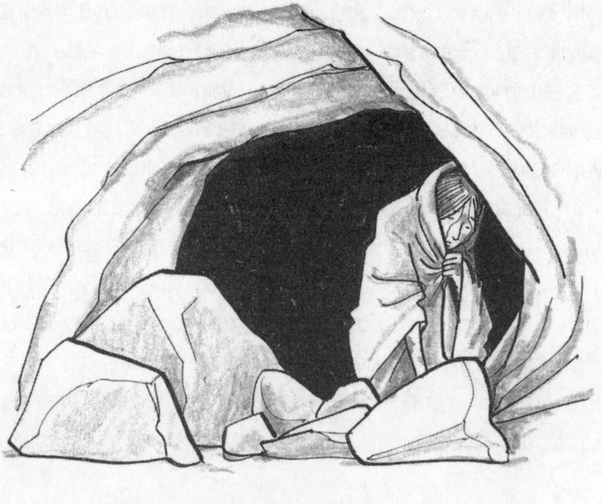

Fran sürgüne ulaşmış durumda (S1).

J: Sürgünden onun yanında olabilmen için seni acısıyla boğmamasını iste.

F: "Beni acınla boğmazsan acını anlayacak kadar hissetmekle birlikte acının etkisinde kalıp kaçmam gerekmez. Gerçekten burada seninle kalmak istiyorum" diyorum ona.

J: Peki, sürgün bu isteğine nasıl karşılık veriyor?

F: "Tamam, bakalım" dedi. Şimdi karnımda bir üzüntü hissi duyuyorum. Sorun değil. Bu kadar acıyı hissetmeye dayanabilirim.

Sürgün onu kaplamamayı kabul etmiş gibi görünüyor. Üzüntü sürgünden geliyor. Fran sürgünle bir dereceye kadar kaplanmaya hazır görünüyor. Sürgünün bu kadar acısına tahammül edebiliyor, böylece adım S2'yi tamamlamış oluyoruz.

F: Sürgün köşede sıkışıp kalmış, ona karşı çok şefkatli hissediyorum.

Fran'in ona karşı şefkatli hissetmesi onun benlikte olduğunun bir işaretidir (S3).

J: Bunu ona söyle.

F: Ona doğru yaklaşıyorum ama bana dönmüyor. Onunla aynı anda nefes alıp veriyorum. Ona dokunmak doğru gelmiyor ama ona bir adım mesafedeyim.

Sürgüne yaklaşmanın doğru bir yoludur bu. Sürgüne yavaşça yaklaşmak burada iki işleve hizmet eder. (1) Araya biraz mesafe bırakmak Fran'in sürgünün acısıyla kaplanmasını engeller. (2) Sürgüne, Fran'i biraz daha iyi tanıması için şans verir.

J: Senin farkında mı?

F: Evet.

J: Senin ilgini kabul edebiliyor mu?

F: Evet. Sanırım. Bütün mağarayı merhametli bir hisle dolduruyorum.

J: Güzel. Sürgünden ne hissettiğini biraz daha anlatmasını iste. Artık aralarında açıkça bir ilişki olduğuna göre (S5) sürgün duygularını daha fazla gösterecek kadar güvende hissedebilir kendini (S4).

F: Şimdi yüzünü bana döndü. Yanağından bir damla yaş süzüldüğünü görüyorum. Üzüntüsünü hissedebiliyorum... Ona dokunabilecekmişim gibi gelmiyor ama elimi gözyaşının üstüne koyup okşuyorum... Acının bir kısmı benim bedenimden geçiyor gibi. Ama hâlâ benlikte olduğumu hissediyorum.

Fran sürgünü yatıştırıyor.

J: Peki, bu kadarını hissetmek senin için uygun mu?

F: Evet.

Bu kadar bilinçli kaplanmanın dayanılır olup olmadığını görmek için yeniden kontrol etmesini istiyorum.

F: Bir dalga gibi seyrediyorum. Çok narin.

J: Bu kadar hassas bir şekilde farkına vardığın için memnunum.

F: Eğer dalgayla birlikte kalabilirsem daha fazla orada olabiliyorum... Mağarada çok yaygın bir ışık var... Acı dalgalarını hissederken sanki acıyı alıyor ve bir şekilde dağıtıyorum... Sanki sadece orada durup dalgaları ve acıyı izlemek, benlikten gelen ışıkla kalmak sürgünde düzeltici bir etki yaratıyor.

Fran benlikte kalarak sürgünün acısını hissetmenin bir yolunu buldu. Bunu kısmen acıyı dağıtarak yapıyor, böylece acının içinde boğulmuyor. Sanırım bunun nedeni sürgünün daha önce onu acısıyla boğmamayı kabul etmesiydi. Bu sayede ışığın sembolize ettiği benliğin varlığıyla sürgünü yatıştırmayı başardı.

J: Sürgün senin farkında mı?

F: Evet, kontrollü bir şekilde.

Burada aralarındaki ilişkinin sürgün tarafından bilinçli bir şekilde deneyimlenip deneyimlenmediğini kontrol ediyorum.

Ne hoş bir çalışma! Zaman kısıtlaması yüzünden seans burada sona erdi. Henüz sürgünün acısının ne kadar olduğunu bilmiyoruz, bu yüzden Fran daha sonraki bir seansta çalışmaya devam ederken bunu sorabilir. Ya da sonraki bölümdeki 4. Adım'a geçmeye hazır olabilir.

Alıştırma

Sürgünü tanıdığınız bir seans yapın. Mümkünse daha önceden çalışmak için izin aldığınız biriyle başlayın. Sonra S1 ve S5 adımlarına ilerleyin. Adımlarda size rehberlik etmesi için Yardım Sayfası 1'le birlikte aşağıdaki Yardım Sayfası 2'yi kullanın. Eğer sürgün hazır değilse koruyucuyla başlayın. Onu tanımak için adımları takip edin, koruduğu sürgünü bulun ve sürgünün adımlarına ilerlemek için izin alın. Sonra çalışmanızla ilişkili cevapları aşağıya yazın.

Sürgün: ____________________

Sürgün sizden ayrılırsa ne olmasından korkuyor?: ____________________

Endişeli yanlar ve korkuları: ____________________

Sürgünün duyguları: ____________________

Böyle hissetmesine neden olan duygular: ____________________

Sürgün size nasıl cevap veriyor?: ____________________

Sonraki sayfada sürgünü tanımak için gereken adımların özeti olan Yardım Sayfası 2'yi bulabilirsiniz. Kendi üzerinizde ya da bir başkasıyla çalışırken bu sayfa adımlarınıza rehberlik edecektir. Sonraki alıştırmalarınızda bu sayfayı 6. Bölüm'deki Yardım Sayfası 1'le birlikte kullanmanızı tavsiye ederim.

Yardım Sayfası 2:
Bir sürgünü tanımak

2. Sürgünle çalışmak için izin almak

Koruyucudan size sürgünü göstermesini isteyin.

Sürgünü tanımak için ondan izin alın.

İzin vermezse sürgüne ulaşırsanız ne olmasından korktuğunu sorun.

Olasılıklar şunlardır:

- Sürgünün acısı çok büyüktür. Sadece benlikte kalıp sürgünü tanıyacağınızı, acısına dalmayacağınızı açıklayın.
- Sürgüne gitmenin bir anlamı yoktur. Bir anlamı olduğunu, sürgünü iyileştirebileceğinizi açıklayın.
- Koruyucunun bir rolü kalmayacak, bu yüzden yok olacaktır. Koruyucunun sisteminizde yeni bir rol seçebileceğini söyleyin.

3. Sürgünü tanımak

S1: Sürgüne ulaşmak

Duygularını hissedin, bedeninizde duyumsayın veya imgesini görün.

S2: Sürgünden ayrışmak

Eğer bir sürgün sizi kapladıysa:

- Ona eşlik edebilmeniz için sürgünden duygularını kontrol altında tutmasını isteyin.

- Sürgünden bilinçli bir şekilde ayrışıp benliğe geri dönün.
- Sürgünü sizden biraz uzakta hayal edin.
- Merkezlenme yapın.

Eğer sürgün duygularını kontrol altında tutmuyorsa:

- Tutarsa ne olmasından korktuğunu sorun. Duygularına ve hikâyesine gerçekten tanıklık etmek istediğinizi ama bunun için ondan ayrışmış olmanız gerektiğini açıklayın.

Bilinçli kaplanma: Eğer buna dayanabiliyorsanız sürgünün acısını hissedin.

S3: Endişeli yanlardan ayrışma

Sürgüne karşı ne hissettiğinize bakın.

Eğer benlikte değilseniz veya şefkat hissetmiyorsanız endişeli yanlardan ayrışın.

Koruyucular genellikle sürgünün acısının etkisi altında kalmanızdan korkarlar.

Benlikte kalacağınızı ve sürgünün sizi etkisi altına almasına izin vermeyeceğinizi söyleyin.

S4: Sürgünü tanımak

Ona ne hissettiğini sorun. Neden bu kadar korktuğunu ya da acı çektiğini (ya da başka hangi duygu varsa onu) sorun.

S5: Sürgünle güvene dayalı bir ilişki geliştirmek

Sürgüne hikâyesini bilmek istediğinizi söyleyin.

Ona karşı şefkat hissettiğinizi ve onu önemsediğinizi ifade edin.

Sürgünün orada olduğunuzu hissedip hissetmediğini ve şefkatinizi nasıl karşıladığını kontrol edin.

Alıştırma: Sürgünü gerçek zamanda fark etmek

Daha önceden tanıdığınız bir sürgün seçin. Sonraki hafta sürgünün ne zaman aktive olduğuna dikkat edin. Bunu daha kolay yapabilmek için genellikle bu sürgünü tetikleyen türde durumları düşünün. ____

Böyle durumlar bu hafta ne zaman ortaya çıkabilir? ________________________________

Böyle bir durumda olduğunuzda sürgünün tetiklenip tetiklenmediğine dikkat edin. Eğer tetikleniyorsa ne hissediyor? ____________________________

Bu sürgünü korumak için aktive olan bir koruyucu var mı? Varsa bu hangi koruyucu ve nasıl davranıyor? ____________________________________

Eğer koruyucu yoksa sürgün nasıl davranıyor? ____________________________________

Özet

Bu bölümde İAS sürecinde 3. Adım'ı ve S1- S5 alt adımlarını öğrendiniz. Sürgünün acısından veya travmasından ayrışmanın neden önemli olduğunu ve gerekirse nasıl ayrışacağınızı öğrendiniz. Bazı durumlarda sürgünün duygularıyla bilinçli bir şekilde kaplanmanın faydalı olabileceğini gördünüz. Bir sürgünle çalışırken şefkatin ne kadar önemli olduğunu ve onu yargılayan endişeli yanlardan ayrışmanın önemini artık anlıyorsunuz. Bir sürgünü nasıl tanıyacağınızı ve onunla güvene dayalı bir ilişkiyi nasıl kuracağınızı biliyorsunuz. Ayrıca sürgünlerin günlük hayatta nasıl tetiklenebileceğini ve koruyucuları nasıl aktive ettiklerini anlıyorsunuz.

Sürgünü bir kez tanıdıktan ve o size güvenmeye başladıktan sonra yeni bölümde ele alınan 4. Adım'a geçebilirsiniz.

12. Bölüm

Başladığı yeri bulmak: Çocukluk anılarına ulaşmak ve tanıklık etmek

Psikolojik meselelerimizin ardındaki en önemli güçlerden biri çocukluktan itibaren taşıdığımız travmalardır. İAS modelinin bu konudaki bakış açısına göre sürgünler yük taşırlar. Yükler acı hissi veya kişinin kendisi ya da dünyayla ilgili taşıdığı inançlardır. Terk edilme, değersizlik, dayak yeme korkusu veya utanç bu yüklerden bazılarıdır. Geçmişte, genellikle de çocuklukta gerçekleşen kötü bir olay veya ilişki hazmedilip işlenmediği için sürgün yükü bugüne kadar taşır. Diyelim ki küçükken fazla kucaklanmadınız. Okuldaki çocuklar tarafından alaya alındınız. Amcanız sizi kemerle dövdü. Ne zaman fikrinizi söyleseniz veya kendinizi ifade etseniz cezalandırıldınız. Anneniz size onun mutsuzluğundan sizin sorumlu olduğunuz mesajını verdi. Babanız size aptal dedi.

Baba örneğini biraz daha ileriye taşıyalım. Babanız tarafından yargılandığınız için aptal olduğuna inanan bir sürgün yanınız vardır. Bugünkü hayatınızda çocukluğunuzdaki o ilişkiyi hatırlatan bir şey olur. Birisi size babanızın davrandığı gibi davranır. Belki patronunuz işinizde hata bulur. Bu da utanç hisseden Küçük Çocuk sürgününüzü tetikler.

Yanın bir hatırayla aktive olması

Bu olay sadece Küçük Çocuk'un utancını değil, aynı zamanda utanca karşı koruyan koruyucuları da tetikler. Bu koruyucular sizi hissizleştirir, savunmacı hale getirip patronunuzla kavgaya sokar veya sarhoş eder. Bu senaryo çocukluk hatıralarımızın günlük davranışımızı ve duygularımızı nasıl etkilediğini gösterir.

İAS sürecinin en önemli amaçlarından biri de sürgünlerin acıdan ve korkudan kurtulmak için yüklerini bırakmalarına yardım etmektir. Böylece incinebilir sürgünleri korumak için aşırı ve katı davranışlar sergileyen koruyucular da bu zorlayıcı davranışları bırakabilirler. Bununla birlikte bir sürgünün yükünü bırakmasından önce bu yükün kökenine tanıklık edilmesi gerekir. Böylece sürgün sonraki iyileşme adımlarına açık hale gelir.

Bu yüzden bir sürgünü tanıyıp onunla bağlantı kurduktan (Adım 3) sonraki adım bu yükü yaratan çocukluktaki duruma ulaşıp tanıklık etmektir. İAS sürecindeki Adım 4'ü bu bölümde ele alacağız. Sürgünler yüklerinin nerede oluştuğunu bilirler ve genellikle sorulduğunda anlatırlar. Bu da derine gömülmüş hatıralara ulaşmayı bile kolaylaştırır.

Çocukluk hatıralarını işlemek

Acı veren zor bir deneyim yaşadığınızda psikolojinizin sağlıklı kalabilmesi için bu deneyimin işlenmesi gerekir. Deneyimi tam anlamıyla hissedebilmeniz, ondan bir anlam çıkarmanız ve bu deneyimi kendinizle ilgili olumsuz, doğru olmayan bir bakış açısı yaratmayacak şekilde kimlik kavramınızla bütünleştirmeniz gerekir. Yetişkin hayatındaki deneyimlerin bile bu şekilde işlenmesi gerekir. Sözgelimi, eşinizi kanserden kaybettiniz. Bu kaybın yarattığı acıyı ve diğer duyguları hissetmeniz, üzerinde düşünmeniz, arkadaşlarınızla konuşmanız ve hissettiğiniz suçluluk duygularıyla çalışmanız gerekir. Bu birkaç ay boyunca tekrarlarla devam ettikten sonra durumu kabul etmeye başlarsınız.

Tehdit edici veya travmatik bir deneyim bedeninizi savaş-veya-kaç stres reaksiyonuna sokar. Bir soyguncu tarafından silahla tehdit edildiğinizde bedeniniz aşırı alarm ve korku haline geçer. Daha sonra olanlar hakkında konuşup korkuyu hissetmeniz bedeninizin fizyolojik tepkisini tamamlayıp normal gevşeme durumuna geçmesine yardımcı olur.

Zor bir durum da kendinizle ilgili kötü hissetmenize veya insanlara karşı güvensiz olmanıza yol açabilir. Diyelim ki iyi bir performans gösteremediğiniz için işten çıkarıldınız. Bu durum kendinizi yetersiz hissetmenize yol açar. Bunun üzerine bir süre düşündükten sonra dünyanın adil olmadığına inanmaya başlarsınız. Dışarıdan alacağınız bir destekle bu konuyu enine boyuna düşünmeniz, eğer bir eksiğiniz varsa neyi kötü yaptığınızı ve bu durumun ne kadarının ofis politikasıyla alakalı olduğunu anlamanız gerekir. Böylece bu deneyimi ruhunuzla ve benlik hissinizle bütünleştirebilirsiniz. Bu da sizin kendinizle ilgili olumsuz bir yargıya varmadan hatalarınızdan ders çıkarmanıza yardımcı olur.

Bir yetişkin olarak travmatik bir deneyim yaşadığınızda genellikle onu gerektiği şekilde işlemenizi sağlayacak kaynaklarınız vardır. Problemi nasıl ifade edeceğinizi bilirsiniz; entelektüel ve duygusal olarak daha olgunsunuzdur; arkadaş, aile ve terapistinizden destek alabilirsiniz. Çocukken ise genellikle zorlu durumları işleyecek kaynaklarınız yoktur. Bunu kendi başınıza yapamazsınız. Bu yüzden ebeveynlerinizin ya da diğer yetişkinlerin hassas desteğine ihtiyacınız vardır. Bir deneyim ne kadar acı dolu ve travmatikse onu işlemek için o kadar çok desteğe ihtiyacınız olur. Bu desteği de genellikle alamazsınız çünkü ya ebeveynleriniz buna ihtiyacınız olduğunu fark etmez veya bu desteği verecek kapasitesi yoktur ya da daha kötüsü, bu travmatik olayın kaynağı ebeveynlerinizin kendisidir.

İşlenmeyen bir deneyim onu yaşayan sürgün için bir yük yaratır. O çocuk yanı iyileştirmek ve yükünü boşaltmak için deneyimin yeniden yaşanması ve işlenmesi gerekir. Bu deneyime benliğin tanıklık etmesi bu işlemin önemli bir adımıdır.

Adım 4: Çocukluk kaynağına ulaşmak

Bir sürgünü tanımaya başladığınızda size önce ne hissettiğini ve bugünkü hayatınızda onu tetikleyen durumları gösterir. Onu tanıdıktan ve onunla bağ kurduktan sonra bu yükün en başında oluşmasına neden olan olayı sorun. (Bazen sürgün size kendiliğinden gösterir, o zaman sormanız gerekmez.) Aşağıdakilere benzer şeyler söyleyebilirsiniz:

- Çocukken böyle hissetmene yol açan şeye dair bir hatıra ya da görüntü gösterir misin bana?
- Çocukluğunda bu rolü ilk olarak üstlendiğin zamanı gösterir misin bana?
- Küçükken buna inanmayı nasıl öğrendiğini gösterir misin bana?

Bu hatıranın sürgünden gelmesi önemlidir. Kendiniz bulmaya çalışmayın. Hatıralarınızı didikleyip hangisi üzerinde çalışacağınıza karar vermeye çalışmayın. Bu entelektüel bir çaba olup fazla işe yaramaz. Sadece sürgüne hatırasını sorun ve ne çıkacağını görmek için bekleyin. Genellikle bir hatıra kendiliğinden gelir. Hatta bilinçli olarak hatırlamadığınız bir ilişki ya da bir olaya dair bir görüntü bile görebilirsiniz.

Eğer sorduğunuzda sürgün size bir şey göstermezse bunun pek çok olası nedeni vardır. Bu nedenleri ve onlarla nasıl ilgileneceğinizi aşağıda bulabilirsiniz.

1. Çok kesin olan açık bir hatıra arıyor olabilirsiniz (aşağıdaki hatıra tiplerine bakınız). Bu sürgünün size gösterebileceği anıları kısıtlar. Bu beklentiyi bırakıp örtük hatıralara, görüntü parçacıklarına, bedenin hafızasına, vs. açık olun.
2. Henüz sürgünle tam bir ilişki kuramamış olabilirsiniz. Bu durumda duygularına ve içsel durumuna tanıklık ederek sürgünü tanımaya devam edin. Onunla biraz daha yakın bir ilişki kurunca tekrar hatırayı sorun. Şimdi ortaya çıkma ihtimali daha yüksektir.
3. Sürgün size hatırayı göstermek istemiyordur. Belki bu hatırada size açmaktan korktuğu bir sır gizlidir. Mesela babanızın bir ilişki yaşadığı bilgisi gibi. Sürgüne artık bir yetişkin olduğunuzu ve bu bilginin artık tehlikeli olmadığını söyleyin. Belki hatıranın ken-

disi bir problem değildir ama sürgün bu hatıranın getireceği duygularla baş edemeyeceğinizi düşünüyordur. Hatırayı görmenize izin verirse ne olmasından korktuğunuzu sorun ona. Sonra ona benlikte kalacağınızı ve duyguların sizi etkisi altına almayacağını söyleyin.

4. Hatırayı görmenizi istemeyen bir koruyucu vardır. Bunun nedeni yukarıdakilerden biri olabilir. Koruyucuya aynı soruyu sorun: Hatırayı görmenize izin verirse ne olmasından korkuyor? Sonra korkuları konusunda onu rahatlatın.

Hatıra tipleri

Bazen sürgüne bir hatırayı sorduğunuzda size açıkça hatırladığınız kesin bir durumu gösterir. Mesela, sekiz yaşındayken okuldan eve gelip annenizi ciddi bir depresyonla yatakta bulmuşsunuzdur. Buna açık hatıra denir. Belirli bir durumu açıkça hatırlıyorsunuzdur. Ancak bütün hatıralar böyle değildir. Hatıralar zihinde sonradan göstermek üzere kaydedilmiş film görüntülerine benzemez. Bazı hatıralar belirsiz beden duyumları veya çocukluğumuzun ilk dönemlerinden parça parça görüntüler şeklinde kendini gösterir. O kadar açık olmayan hatıralara örtük hatıralar denir. Ani bir saldırı hissi, şize doğru gelen bir yumruk görüntüsü, doyurulmak için kolları ileri doğru uzatma hissi gibi parça parça görüntüler ve duyumlar söz konusu olabilir.

Örtük hatıralar söz konusu olduğunda görebildiğiniz veya hissedebildiğiniz orijinal olaydan daha fazlası vardır; size yalnızca bir kısmı gösterilmiştir. Bunun pek çok nedeni olabilir.

1. Olayın geri kalanına ulaşılamıyordur. Örneğin, eğer üzerinize gelen belli belirsiz bir el görüntüsü görüyorsanız bu annenizin size çok vurmasından kaynaklanıyor olabilir. Eğer bu hatırayla kalabilirseniz hatıranın tamamı ortaya çıkabilir.
2. Hatıra bir koruyucu tarafından bloke ediliyordur. Eğer dayağı yeniden hissederseniz yaşayacağınız acıdan korkuyor olabilir.
3. Hatıra, çok küçük olduğunuz için beyninizin henüz bir hatıra oluşturacak kadar gelişmediği bir döneme ait olabilir. Sadece

belli belirsiz görüntüler ve duyumlar mevcuttur. Henüz sözcüklerin var olmadığı beden hafızası söz konusudur.

Örtük hatıraların önemli olmadığına inansanız da iyileşme için açık hatıralar kadar faydalıdırlar. Böyle bir hatıra ortaya çıktığında ona tanıklık edin, sürgünü daha fazla bilgi vermesi için teşvik edin. Sadece açık ve ilgili olun. Sürgüne daha fazla ulaşabildiğinizde ve size daha fazla şey anlatmaya hazır olduğunda daha fazla bilgi gelecektir. Ancak netlik için zorlamayın çünkü bu sürecin kendiliğinden açılmasını engeller. Acıyı ve ıstırabı açıklamak sürgün için hassas bir süreçtir; ona kendi hızında anlatması için izin verin. Ayrıca olanları tam bir açıklıkla anlamak da şart değildir. Hatıranın ayrıntılarını bilmek önemli olsa da, bu bilgi olmadan da iyileşme sürecindeki sonraki adımlara geçebilirsiniz.

Başka türde hatıralar da vardır. Bunların bazıları belirli bir olaydan ziyade ebeveynlerinizle ilişkinizi (düşmanca tavırlı, kontrolcü, mesafeli) veya ailenizde size nasıl davranıldığını (görmezden gelinme, suçlanma) temsil eden genel görüntüler olarak ortaya çıkar. Zihninizde babanızın yanlış bir şey yaptığınız için sizi azarladığına dair bir görüntü vardır ama yaşınız ve "yanlış bir şey"in ne olduğu açık değildir. Buna genel hatıra denir. Defalarca olan bir şeyi temsil eder. Babanız çocukluğunuz boyunca sizi aynı ses tonu ve aynı yüz ifadesiyle yüzlerce kez azarlamıştır. Bir genel hatıra bütün bu olayları temsil eder. Bu yüzden bu hatırayı İAS sürecinde iyileştirirseniz bütün bu hatıraları iyileştirmiş olursunuz. (Bunu nasıl yapacağınızı sonraki bölümlerde göreceksiniz.)

Bazen açık bir hatıra büyük bir yığını temsil eder. Diyelim ki yedinci sınıfta matematik ödevini anlamadığınız için babanızın sinirlendiği belirli bir olayı gördünüz. Bu hatıra genellikle babanızın size bağırdığı bütün o diğer zamanları temsil eder.

Sürgün size sembolik bir hatıra da gösterebilir. Bir rüyanın psikolojik bir şeyi temsil etmesi gibi bu hatıra da başınıza gelen şeyi sembolik bir şekilde temsil edebilir. Sözgelimi, Juan zihninde suda yüzen bir deniz bitkisi görür. Bu bitkinin okyanusun tabanına bağlı olması gerekir ama akıntıda sürüklenip gidiyordur. Juan bunu araştırdığında bu görüntünün hayatının ilk dönemlerinde annesine güvensiz bir şekilde bağlanmasını temsil ettiğini fark eder. Deniz bitkisi bebekliğini, okyanusun tabanı da annesini temsil etmektedir. Deniz bitkisi olması gerektiği gibi okyanusun tabanına bağlı değildir. Bu da annesiyle olan bağlantısızlığını temsil etmektedir. Eğer sembolik bir hatıra görürseniz bunu minnetle kabul edin ve zaman içinde neyin ortaya çıkacağını görmek için onunla kalın. Bunun yanı sıra sürgüne ne demek istediğini de sorabilirsiniz. Ancak sürgünü netlik için zorlamamanız çok önemlidir; sadece ortaya çıkacak şeyi görmek için bekleyin.

Çocukluktaki kaynağa tanıklık etmek

Sürgün size hatırayı gösterdikten sonra ondan ayrıntıları istediği gibi doldurmasını isteyin. Bunu görüntüler yoluyla yapabileceği gibi size neler olduğunu anlatabilir veya hatırayı başka şekilde hissedebilirsiniz. Şefkatli bir tanık olarak sürgünün yanında olun. Size acı dolu deneyimler gösterebilir, bu yüzden bu deneyimleri özenle kabul edip yaşadıklarına saygı gösterin. Başına gelenleri size göstererek onun öncülük etmesine izin verin. Sürgünler görülmek ve anlaşılmak isterler.

Her hatıranın iki yönü vardır: Sürgünün başına gelenler ve sürgünün neler hissettiği. Mümkünse size ikisini de göstermesine izin verin. Size sadece ne olduğunu gösterirse bunun ona ne hissettirdiğini sorun. Size sadece duygularını söylerse bu duygulara neyin neden olduğunu sorun.

Yaşadığı şeyi size gittikçe daha fazla açmaya başlayan sürgünün yanında kalın. Sürgünün kendine göre bir hızda bilgi vermesine izin verin. Hatıranın bütün ayrıntılarının ortaya çıkması biraz zaman alabilir. Bu arada sürgünle bağınız derinleşir, daha fazla şeyin ortaya çıkması mümkün hale gelir. Başta çocukluktaki bir durumu ve sürgünün bu yüzden nasıl hissettiğini görürsünüz. Ama bu deneyimle kalmaya devam ettikçe duyguları daha açık, acısı daha belirgin hale gelir. O zamana kadar sürgün sizi kaplamadan daha fazla acıya tanıklık edebilirsiniz, çünkü sürgünle bağlantınız daha iyi hale gelmiştir ve ona karşı şefkat hissediyorsunuzdur. Sürgün acıyı ne kadar hisseder ve siz buna ne kadar tanık olursanız iyileşme o kadar derinleşir.

Sürgün olup bitenler konusunda öfke de hissedebilir. Acı gibi bu duygulara da tanıklık etmek gerekir. Siz sadece sürgünü öfkesini göstermeye teşvik edin. Sürgün içsel imajinasyon yoluyla öfkesini sadece ifade etmeyi bile isteyebilir. Bir koruyucu öfkesini daha büyük bir acıya karşı koruma olarak kullanırken sürgünler acıyı genellikle taşırlar. Sürgünün öfkesi bir savunma değildir ve ona tanıklık edilmesi gerekir.

Eğer sürgün size bir dizi hatıra gösterirse bunda sorun yoktur. Ancak bu hatıraların bir duygu veya meseleyle ilişkili olmasına dikkat edin. Eğer sürgünün acısı insanlar tarafından yargılanmaksa, bütün hatıralar çocukken yargılandığı veya kendini kötü hissetmesine katkıda bulunan olaylarla ilgilidir. Eğer bu anılar alakasız konularla ilgiliyse sürgünden esas meseleye odaklanmasını isteyin. Sonraki seanslarda bu konularla ilgilenmek üzere geri döneceğinizi ama bir kerede yalnızca bir konuyu iyileştirebileceğinizi söyleyin.

Anlaşılmış hissetmek

Zaman zaman sürgüne bu hatırayla ilgili önemli olan her şeyi gösterip göstermediğini, bilmenizi istediği başka bir şey olup olmadığını sorun. Hatırayı ortaya anlatmayı bitirdikten sonra bu olayın onun için ne kadar acılı olduğunu anlayıp anlamadığınızı kontrol edin. Eğer anlamadıysanız gerçekten anlayana kadar soru sormaya devam edin.

Sonra sürgüne olayın *ne kadar kötü olduğunu anladığınızı hissedip hissetmediğini sorun*. Bu önemli bir sorudur. Süreçteki sonraki soruya geçmeden önce sürgün sadece acısını anlatmakla kalmamalı, acısının gerçekten duyulduğunu ve anlaşıldığını da hissetmelidir. Eğer acısını anladığınızı hissetmiyorsa size daha fazla şey göstermesi gerekip gerekmediğini ya da duygusal olarak anladığınıza inanıp inanmadığını sorun.

Belki de sürgün neler yaşadığını herhangi birinin anlayabileceğine inanmakta zorlanıyordur. Belki de herhangi birine güvenmekte zorlanıyordur. Bu durumda ona birisine güvenmesini bu kadar zorlaştıracak ne olduğunu sorun. Ona anlayış gösterin. Ayrıca yaşadığı şeyle ilgili ne anladığınızı da açıklayın. Bu size güvenmesini sağlayacaktır. Tabii ki sizin de benlikte olmayıp sürgünün acısıyla yeterince empati yapmıyor olmanız da mümkündür. O zaman sürgüne karşı tamamen açık olmanızı engelleyen endişeli yandan ayrışmanız gerekir. Bu şekilde onu duyduğunuzu hissedecektir.

Tanıklık etmenin faydaları

Tanıklık etme sürecinden elde edilecek çok büyük faydalar vardır.

1. Gizli hatıralar ortaya çıkıp iyileşir. Sürgün ve hatıraları ruhumuzun derinliklerine gömüldüğünde tam iyileşme mümkün değildir. Yaralı yan gün ışığına ihtiyaç duyar. Eğer hatıraya dair sadece entelektüel bir anlayış içindeyseniz bu iyileşmeyi sağlamaz. Hatıranın hem hissedilip hem anlaşılması için hem duygusal hem de entelektüel olarak açılması gerekir. Ancak bu sürgünün acısını hissetmeniz gerektiği anlamına gelmez. Son bölümde anlatıldığı gibi, genellikle sürgünün hissetmesi yeterlidir.
2. Hatıra benliğin rehberliği ve desteğiyle işlenir, böylece deneyim tamamlanıp birleştirilir. Daha önce anlattığımız gibi, fizyolojik stres reaksiyonu azalır.
3. Sürgün benlik tarafından iyice anlaşılır. Orijinal olarak meydana gelen şeyle sürgünün şu anda hatırayı anlatırken yaşadığı şey arasında büyük bir fark vardır. Sürgün bu kez yalnız değildir. Orijinal olay özellikle zordur, çünkü sürgün onunla başka birinin yardımı veya anlayışı olmadan, kendi kendine baş etmek zorunda kalmıştır. Bu sürgünlerden sürekli duyduğum bir şey; çok yalnız hissediyorlar, paylaşabilecekleri kimse yok. Bu terapi seansında benlik deneyime tanıklık etmek ve anlayış göstermek için oradadır. Bu sürgün için iyileştirici bir şeydir. Böylece benlikle aralarında daha büyük bir bağ oluşur. Bu da İAS sürecinde ilerledikçe benliğin daha ileri bir iyileşmenin etkeni olması için ortam hazırlar.

Benlik çocukluk hatırasına tanıklık eder

Benlik, orijinal olayda Küçük Çocuk'un utancına tanıklık eder.
Çocuk bu kez yalnız hissetmez çünkü benlikle bağlantı halindedir.

4. Sürgün taşıdığı yükün geçmişten geldiğini, kendisine ait bir şey olmadığını anlar. Değersiz hisseden çocuk yan, ailesinde böyle hissettirildiğini öğrenir. Bu şekilde değersizlik duygularının gerçek olmadığını görebilir: Bunlar çocuklukta taşımaya başladığı yüklerdir. Bu yüzden bırakılabilirler ve kendi içsel değerini deneyimleyebilir.

Bir koruyucunun çocukluk kökenlerine tanıklık etmek

Acı veren çocukluk deneyimlerinden gelen yükleri sadece sürgünler taşımaz. Koruyucular da yük taşır. Çocukken başınıza zararlı ya da travmatik bir şey geldiğinde acıyı sürgün taşırken koruyucu genellikle acıyı durdurma rolünü üstlenir. Koruyucunun amacı bu olayın bir daha olmasını veya sizin bu acının altında ezilmenizi önlemektir. Yükü acı (veya negatif inanç) olan sürgünün aksine, koruyucunun rolü onun yüküdür. Bütün koruyucuların görevlerini çocukluk travması sırasında almadığına dikkat etmek gerekir; bazıları bu görevi sonradan üstlenir. Örneğin, görevi sizi duygusal acıdan korumak olan entelektüel yan yıllar sonra gelişebilir. Ancak pek çok koruyucu doğrudan çocukluk travmasına bağlı bir yük taşır, bu yüzden bu yüklerin kökenlerine tanıklık etmek faydalı olabilir. Bunun dışında iki koruyucu tipiyle de aynı şekilde çalışılır.

İAS sürecinin akışında, bir koruyucunun olumlu niyetini keşfettikten ve onunla bir ilişki geliştirdikten sonra genel prosedür 10. Bölüm'de öğrendiğiniz gibi onun koruduğu sürgünle çalışmak için izin istemeyi gerektirir. Ama bazen koruyucudan, bu koruyucu rolün gerisindeki çocukluk hatırasını göstermesini de isteyebilirsiniz. Önce sürgünü tanımak ve sonra hatırayı sormak yerine koruyucuya doğrudan hatırayı sorabilirsiniz. Bunu da sürgünle çalışırken yaptığınız şekilde yaparsınız.

Sezginizin koruyucuya ne zaman soracağınız konusunda sizi yönlendirmesine izin verin. Eğer koruyucu geçmişteki yaranın yeniden ortaya çıkmasından çok endişeleniyorsa doğrudan bu yaranın hatırasını sorabilirsiniz. Diyelim ki sesini yükselten ve öfkeli görünen herkesi yatıştırıp rahatlatmak için çabalayan bir yanla çalışıyorsunuz. Bu koruyucuya Yatıştırıcı diyelim. Yatıştırıcı'ya insanları yatıştırmazsa ne olmasından korktuğunu sorabilirsiniz. İnsanların size bağıracaklarından, hatta şiddet kullanacaklarından korktuğunu söyler. Yatıştırıcı'dan, siz küçükken bu kadar korkmasına neden olan hatırayı göstermesini isteyebilirsiniz. Muhtemelen size bağırılması veya fiziksel şiddet kullanılmasıyla ilgili bir hatırayı gösterecektir.

Siz bu hatıraya yukarıda anlatılan şekilde tanıklık ederken Yatıştırıcı sizi doğal bir şekilde öfke ve şiddeti yaşayan sürgüne götürecektir. O zaman sürgüne tanıklık edebilirsiniz. Sürgünün olayla ilgili deneyimi koruyucununkinden farklıdır. Böyle travmatik bir şey olduğunda hatırayı hem sürgün hem de koruyucu saklamakla birlikte bunu farklı şekillerde yaparlar. Ama ikisi de sizi orijinal olaya götürebilir.

Christine sürgünlerine tanıklık ediyor

Şimdi çocukluktaki kökenlere nasıl ulaştığını görmek için Christine'in Küçük Kız adını verdiği sürgünle yaptığı seansı görelim. Bu, karanlıkta tek başına kalmış sürgündü. Christine bu noktada ondan ayrıştı. Artık onu tanımaya hazır.

Jay: Sana ne söylemek istiyor?

Christine: Bu durumun onun için ne kadar zor olduğunu. Hepsini kendi başına yapmak zorunda olduğunu ve gerçekten çok korktuğunu söylüyor. Neler olduğunu bilmiyordu. Kimse yoktu yanında.

Christine'in geçmiş zaman kipini kullanmasından küçük kızın çocukluk ortamında olduğunu ve Christine'in bunu fark ettiğini anlayabilirsiniz. Ama o zaman ne olduğunu hâlâ bilmiyoruz. Bu yüzden sormak faydalı olacaktır.

C: Ona ne olduğunu sormak istiyorum.

J: Makul.

C: ... Zihnim hemen araya girip Küçük Kız'ın hastanede olduğunu söylüyor ama emin değilim. Onun bana söylemesini istiyorum.

Christine'in Küçük Kız'ın nerede olduğu konusunda bir fikri var ama bunun doğru olduğundan emin olmak için bilginin doğrudan sürgünden gelmesini istiyor, bu yüzden ona soruyor. Bu da bu çalışmanın canlı, gerektiği gibi bedene dayalı olmasını sağlıyor.

J: Güzel.

C: Bana karanlıkta olduğunu ve ışıkların sönük olduğunu söylüyor. Kimse onu sevmiyor. Yanında kimse yok, demek ki kimse onu sevmiyor. Ona bakacak kimse yok.

Korku ve panik yükünü ve kimsenin onu sevmediği inancını ya-

ratan çocukluk deneyimi burası. Spesifik bir olaya dayanmadığı için bu örtük bir hatıra. Şimdi biraz daha fazlasına tanıklık edecek.

C: Şimdi benliğin bakış acısıyla onu duyduğumda ona sarılmak, kucağıma almak istiyorum.

J: Al kucağına.

Küçük Kız'ı rahatlatmak için Christine'in içinden gelen doğal, harika bir dürtü var. Bu da onların bağını derinleştiriyor.

C: Bu küçük bedende hiç gerilimin olmaması beni şaşırtıyor. Çok yumuşak, savunmasız küçük bir beden. Kalbinde taşıdığı bir ağırlık var... Evet, kalbindeki ağırlık hiçbir şeyin iyi olmayacağına dair umutsuzluktan geliyor. Kimse yanında olmadığı için de bu yükü kendi başına taşımak zorunda. (duraklıyor)

İşte burası. Bağlantıyı bana gösteriyor. Kimse onu kucaklamayınca bir kasılma, bir kapanma, duvar örme başlıyor. Bedenindeki hücrelerde korku dolu bir izleme var. Kalpteki bu ağırlık zamanla oluşmuş. Tek bir olay değil buna neden olan. Parça parça oluşmuş. Ağırlık hiçbir şeyi değiştirememesinden kaynaklanıyor.

Bu genel bir hatıra. Christine'in çocukluğunda yıllar boyunca gerçekleşmiş çok sayıda olayın temsilcisi. Kucaklanmaya veya rahatlatılmaya ihtiyacı olan durumlarda kimsenin olmaması sonucunda bu yan ağırlık ve kapanma yükünü taşımaya başlamış.

J: Peki, hücrelerinde oluşan o şey neydi?

C: Tetikte olma, uyanık olma, korunma ve dünyaya karşı kapanma. Bir savunma gibi. Hissedilen bir şey bu. Bir kumaştaki bir pürüz gibi. (duraklıyor)

C: Şimdi korkma hissi var, kendi başına karanlıkta kalma. Bu duygu çok daha eskiden geliyor. Belirli bir hatıra yok. Kollarını ve bacaklarını sallıyor. Birinin gelip onu alması gerekiyor ama gelmiyorlar.

Bu hatıra daha küçük bir yandan geliyor. Bu sürgüne Bebek diyorum.

C: Şimdi beşikten sarkan bir şeye dair belli belirsiz bir hatıra görüyorum... boş bir ses. Bir yere ulaşma hissi var, kucaklanmak isteme. Ama kimse yok.

Bu hatıra hem örtük hem genel; belli belirsiz ve onunla kimsenin ilgilenmediği başka pek çok durumu temsil ediyor.

J: Bebek umutsuzca kucağa alınmak istiyor ama kimse yok. Christine bu hatıraların önemli noktalarına tanıklık ettiğine göre İAS sürecindeki bir sonraki adıma geçebiliriz.

Melanie utanç duyan sürgüne tanıklık ediyor

Bu metin sürgüne tanıklık etme konusunda daha fazla şey gösteriyor. Melanie utanç yükünü taşıyan bir sürgüne ulaştığı birkaç İAS seansı yapmıştı. Utanç sürgünüyle çalışmak için koruyucudan izin almıştı. Bu yüzden hemen başlayabildik.

Jay: Utanç sürgününe odaklan. Hissettiğinde bana haber ver.

Melanie: Utanç sürgünüyle temas kurdum. Yüzü yere dönük bir ayçiçeği görüyorum.

J: Peki, ona karşı ne hissediyorsun?

M: Bir şey hissediyor muyum bilmiyorum ama destekleyici bir tutum içindeyim. Sürgünün biraz mahcup hissettiği için hikâyesiyle ilgilendiğimizi anlıyorum.

J: Onu neler hissettiğini göstermeye ya da anlatmaya davet et. Onu destekleyebilmen için seni duygularıyla boğmamasını, benlikte kalmana izin vermesini söyle.

Burada Melanie'nin sürgünle ilişkideyken benlikte olup olmadı-

ğını kontrol ediyor, sürgünün onu kaplaması ihtimaline karşı önlem alıyorum.

M: Kronik bir keder hissediyor. Bu keder hep onunla. Gidecek bir yer yok gibi. Bu bir boşluk, hiçlik. Sürekli düşmek ama dibe hiç varmamak gibi. Şimdi bana küçükken bunu nasıl hissettiğine dair bir hatıra gösteriyor. Kara bir delik var. O deliğe düşüyor ve ondan hiçbir şey kalmıyor. Sadece kara delik var.

Melanie sürgünü tanıdıkça genel çocukluk hatırası kendiliğinden ortaya çıkıyor.

M: Bu kara deliği hissettiğim o zamanları hatırlıyorum. Tam bir hiçlik. Ne bir anlam ne bir madde, bağlanacak hiçbir şey yok.

J: Orada duygusal olarak ne hissettiğini sorabilirsin.

M: Bana söyleyemiyor. Orada öyle büyük bir korku ve anlamsızlık var ki... Ölü gibi hissediyor aslında.

J: Yani iki hissi var aslında – korku ve ölü gibi olma.

Sürgünün ifade ettiği duyguları adlandırmak önemlidir.

M: Evet, doğru. Şimdiye kadar böyle bir farkındalığım olmadığı için büyük bir üzüntü hissediyorum şimdi. Bu çok ciddi. Çok ağır... anlatacak kelime bile bulamıyorum.

J: Ne kadar ağır olduğunu anladığını söyle ona.

Melanie sürgünün nasıl hissettiğini anladığı için bunu sürgüne de iletmesini istiyorum. Böylece aralarında bir bağ kurulacak.

M: “Ne olmuş yani” diyor. “Anladıysan ne olmuş?”

J: Umutsuz mu hissediyor?

Sürgünler genellikle duyulmak ve anlaşılmak isterler. Bu yüzden bu sürgün anlaşılmayı umursamadığına göre içinde bulunduğu açmazda herhangi bir şeyin düzeleceği konusunda umutsuz olduğunu varsayıyorum.

M: Evet. Aynı zamanda çok güçsüz hissediyor. Evet. "Bunu seninle paylaştım. İçsel hiçliğimi seninle paylaştım." Evet, galiba umutsuz. "Açıklamaya çalışmanın bile ne anlamı var ki?" diye düşünüyor.

J: Bizimle paylaşmaya devam ederse bu duyguları bırakmasına yardım edebileceğimizi söyle ona.

Bunu sürgüne daha iyi hissedebileceğine dair umut vermek için söylüyorum. Bu da çalışmaya engel olmasını önler.

M: Bunu söyledim ona. Dirençli değil ama bir beklentisi de yok.

J: Buna gerek yok. Bu kadarı yeterli.

Bu yanın yapabileceklerimize inanması gerekmiyor; sadece çalışmanın ilerlemesine izin vermesi gerekiyor.

M: Ebeveynlerimin hiç affedici insanlar olmadıklarını gösteren bir sürü hatırası olduğunu söylüyor. Bir kere hata yaptıysam aynı hata için defalarca cezalandırırlardı. Bu bir örüntüydü, çok sağlam bir örüntü.

J: Ebeveynlerinin onu nasıl cezalandırdığını sor ona.

M: Bir şey döktüğüm için çok bağırdıkları bir zamanı görüyorum. Çok korkuyor ve kendini kötü hissediyor.

J: Çok korkmuş.

M: Evet. Onda bir eksik varmış gibi hissediyor. (duraklıyor) Şimdi daha sonraki bir zamanı gösteriyor. Misafirler var. Babam o şeyi dökmemi anlatıyor onlara. Oh, galiba elbiseme bir şey dökülmüş. Babam bu konuda benimle alay ediyor ve herkes bana gülüyor.

J: Aa! Peki, küçük kız bu durumda ne hissediyor?

M: Dehşete kapılmış. Yok olmak istiyor. (duraklıyor) Galiba sadece sakar değil, pis falan olduğuyla ilgili bir şey de ima ediliyor. En azından küçük kız öyle hissetmiş.

J: Bu korkunç!

Melanie'nin babası onun utanç taşıyan sürgünüyle alay ediyor.

M: Ve bunu tekrar tekrar yapıyorlar. Aynı hikâyeyi farklı insanlara anlatıp duruyorlar. Sanki küçük kızı böyle aşağılamak çok komik bir şeymiş gibi.

J: Bu şekilde tekrar tekrar cezalandırılmanın nasıl bir şey olduğunu sor ona.

M: Bir pislikmiş gibi hissediyor. En iyi böyle tanımlanabilir.

Bu çok etkileyiciydi. Christine sürgünün deneyiminin derinliğine ulaştı.

J: Evet. Sana göstermek istediği başka bir şey olup olmadığını sor.

M: Gerçekten çok öfkeli.

J: Öfkesini sana istediği şekilde ifade etmesi için onu teşvik et.

M: Onlara bağırıyor,

J: Evet. (duraklıyor)

Öfke sürgünün ifade etmesi gereken duygulardan bir tanesi. Genellikle sürgünler yaralandıkları zaman öfke hissedemez veya gösteremezler. Bunu şimdi yapmak çok tatmin edicidir.

J: Bilmeni istediği başka bir şey var mı?

M: Hepsi bu kadar gibi. (duraklıyor) Kendimi çok üzgün hissediyorum.

J: Onun üzüntüsünü mü hissediyorsun, yoksa ona karşı bu hissettiğin şey şefkat mi?

M: Ona karşı büyük bir şefkat hissediyorum çünkü o "pislikmiş gibi hissetme"yi yeni duydum. Yani değersiz hissetmek bile bir şey ama bir pislikmiş gibi hissetmek, bu gerçekten çok kötü. Mesajı gayet açık bir şekilde aldım.

J: Şefkatini bir şekilde ona ifade et. (duraklama)

Küçük Kız, Melanie'ye neye ihtiyacı olduğunu gösterdiği için Melanie'nin ona şefkat göstermesi çok önemli. Bu aralarındaki bağlantının güçlenmesine yardımcı olur.

J: Şimdi de sürgünün durumun ne kadar kötü olduğunu senin anladığını hissedip hissetmediğini bir kontrol et.

M: Onu duyduğumu biliyor. Sonunda onu duyduğuma sevindi.

Sürgünün duygusal olarak tam anlamıyla anlaşıldığını hissedip hissetmediğini görmek için yaptığımız son kontrol buydu. Sürgün anlaşıldığını hissettiği için Melanie İAS sürecindeki bir sonraki adıma geçebilir. Bunlar da 13 ve 14. bölümlerde açıklanıyor.

Alıştırma: Bir çocukluk hatırasına ulaşmak ve tanıklık etmek

Bir sürgünün çocukluk hatırasına ulaşıp tanıklık edin. Mümkünse ulaşmanıza daha önceden izin verilen ve bir dereceye kadar çalışmış olduğunuz bir sürgünle başlayın. Bu kadar ilerlediğiniz bir sürgün yoksa bir koruyucuyla başlayın ve onu tanımak için gerekli adımları takip edin. Sürgüne ulaşın ve onu tanımaya başlayın. Sonra bu bölümde öğrendiğiniz gibi acısının çocukluk kökenlerine ulaşıp tanıklık edin.

Sürgün ______________________________
Sürgünün duyguları ve inançları ______________________________
Çocuklukta ne olmuş? ______________________________
Sürgün bu yüzden ne hissetmiş? ______________________________
Sürgüne karşı şimdi ne hissediyorsunuz? ______________________________
____

Sürgün durumun ne kadar kötü olduğunu anladığınızı hissediyor mu? ______________________________

Özet

Bu bölümde sürgünün taşıdığı yükün kökeni olan çocukluk hatırasına nasıl erişeceğinizi öğrendiniz. Yükün ne olduğunu ve erişilebilen hatıraların farklı türlerini artık biliyorsunuz. İAS sürecindeki 4. Adım olan çocuklukta olanlara nasıl tanıklık edeceğinizi ve orada olanların sürgüne neler hissettirdiğini öğrendiniz. Tanıklık etme sürecinin faydalarını anlıyor, sürgünün sizin tarafınızdan anlaşılmış hissedip hissetmediğini nasıl kontrol edeceğinizi biliyorsunuz. Bu da bir sonraki ilk açık iyileşme adımına giden yolu hazırlamış oluyor.

13. Bölüm

İçinizdeki çocuğa önem vermek: Sürgüne yeniden ebeveynlik yapıp onu geri getirmek

Bu ve sonraki bölüm iyileşme adımlarıyla ilgili. Bu yüzden önce iyileşmenin ne olduğunu konuşalım. Yanlarımız, çocukluktaki o sırada işleyemediğimiz acı veren veya travmatik deneyimler yüzünden üzerlerine yük alırlar. O deneyimleri değiştiremeyiz; olan zaten olmuştur. Ama *üzerimizdeki etkilerini değiştirebiliriz*. Yetişkin hayatlarımızda nasıl hissedip davrandığımızı belirleyen şey deneyimlerin kendisi değildir; bu deneyimlerin ruhumuzdaki kalıntılarıdır. İAS bu kalıntılara yükler diyor. Mevcut meselelerinize neden olan şey, ruhunuzun çocukluğunuzda belirli inançları, bedensel gerilimleri ve duyguları taşıyacak şekilde yapılandırılmış olmasıdır. Bu yüzden geçmişi değiştiremeseniz de geçmişin zihninizdeki kodlanma şeklini değiştirebilirsiniz. İyileşmeyle bunu ifade ediyorum.

İAS genellikle içsel çocuk şeklinde tanımlanan yapı için sürgün ifadesini kullanır. Ancak insanlar çoğu zaman sadece tek bir içsel çocuk varmış gibi konuşurlar. İAS'de her birinin ayrı yükler taşıdığı çok sayıda içsel çocuk veya sürgün olduğu kabul edilir. Her sürgün kendine has şekilde iyileştirilir çünkü her birinin kendi duyguları, yükleri ve hatıraları vardır.

Sürgünün acısına son bölümde öğrendiğiniz şekilde tanıklık ettikten sonra İAS sürecindeki 5. Adım olan yeniden ebeveynlik ve 6. Adım olan geri getirmeye geçebilirsiniz. Bu adımların ikisi de bu bölümde ele alınacak.

5. Adım: Sürgüne yeniden ebeveynlik yapmak

Benlik, acı veren orijinal deneyimin yerine yeni, pozitif bir deneyim sunabilir. Sürgün tanıklık etme adımında size bir hatıra gösterir. Bu hatıra açık, örtük, genel, belirsiz veya net olabilir. Sürgün acı ve negatif inançları aldığı belirli bir durumu veya ilişkiyi göstermektedir. Eğer sürgün birbiriyle ilişkili birkaç hatıra gösteriyorsa, yeniden ebeveynlik ve sonraki adımlar için odaklanmak üzere bu hatıralardan birini seçmesini isteyin.

Sürgüne şöyle yeniden ebeveynlik yapabilirsiniz: Zihninizde orijinal hatırada sürgünün yanına gidin. Diyelim ki sürgün mutfakta ona yardım ederken annenizin sizinle alay ettiği bir hatırayı gösteriyor. Mutfakta o çocuk yan ve annenizle olduğunuzu hayal edin. O sahneye benliğin sükûnet ve şefkat gibi özellikleriyle güçlenmiş olan tüm o yetişkin bilgi ve kapasitenizle, benlik olarak girmeye dikkat edin. Sürgün o zamanlar birine nasıl ihtiyaç duyuyorsa o şekilde onun yanında olun. Anlayışa, ilgiye, desteğe, onaya, korunmaya, cesarete veya sevgiye ihtiyacı olabilir. O durumda onu iyileştirmek ve olanları düzeltmek için neye ihtiyacı olduğunu hissedin. Sözgelimi, görülmeye veya kendisinin kötü olmadığını, olanların onun hatası olmadığını duymaya ihtiyacı olabilir. Sürgünün neye ihtiyacı olduğunu hissetmenin yanı sıra bunu ona sorabilirsiniz de.

Neye ihtiyacı olduğunu anladığınızda hayalinizde bunu ona verin. Görsel bir imge, beden duyumu, duygusal teması kullanabilir, onunla konuşabilirsiniz. Benlik aracılığıyla sürgüne yeniden ebeveynlik etme, ona ihtiyacı olan iyi ebeveynliği sağlama kapasiteniz mevcut. Bu sürgün için çok tatmin edici olduğu gibi sizin için de ayrıca faydalı olur çünkü buna umutsuzca ihtiyacı olan bir yanınıza güven ve rahatlık sağlamak harika bir histir. Ayrıca aranızdaki bağı da derinleştirir.

Yeniden ebeveynlik yapma süreci beyinde yeni nöral yollar oluşturur. Bu yüzden ruhunuz ve hayatınız bu kadar çarpıcı bir şekilde değişir. Çocuk yanınıza çocukluğunuzun bir yönüyle ilgili yeni bir deneyim kazandırırsınız. Eski deneyimi iyileştiren ya da onun yerini alan bir deneyim. Bu kez siz benlik olarak çocuğun en derindeki ihtiyaçlarını karşılarsınız ki bunlar aslında o erken çocukluk döneminde karşılanmamış ihtiyaçlardır. Bir an için size sanki geçmiş değişmiş gibi numara yapıyormuşsunuz gibi gelse de aslında sürgünle şimdiki zamanda yeni, sağlam bir ilişki yaratmaktasınızdır. Bu da sürgüne iyi ve mutlu bir hayatı olabileceğini gösterir. Sürgün aslında geçmişte değildir; şimdiki zamanda, buradadır. Sadece acı dolu o çocukluk ortamında olduğunu sanır. Bu yüzden sizinle yeni bir deneyim ve yeni bir ilişki yaşadığında onu aslında şimdiki zamanın gerçekliğine yaklaştırmış olursunuz. Sürgün sadece ideal bir ebeveynin nasıl olacağını hayal etmez. Siz onun için ideal bir ebeveyn olursunuz. Bu olduğunda da sürgün dönüşür. Kendisi ve bütün dünya hakkında farklı hisseder.

Sözgelimi, sürgün çocukken bakım görmediyse onu kalbinize bastırabilir, onu sevdiğinizi söyleyebilirsiniz. Karnı aç olduğunda değil de biberonla ve saatle beslendiyse onu kollarınıza alıp emzirebilirsiniz. Aile problemleriniz için suçlandıysa olanların onun hatası olmadığını, onun iyi bir çocuk olduğunu söyleyebilirsiniz. Üzgün olduğunda alaya alındıysa, o zamanlar dökemediği gözyaşlarını şimdi akıtmasına izin verebilirsiniz. Üzüntüsünün içinde bulunduğu durum için son derece doğal bir tepki olduğunu, böyle hissetmesinin yanlış olmadığını söyleyebilirsiniz. Eğer babanız sürgüne tokat attıysa o sahneye girip onu babanızdan koruyabilir, böylece güvende hissetmesini sağlayabilirsiniz. Eğer anneniz onu ihmal ettiyse sahneye girip annenizin hayaliyle konuşabilir, bir çocuğa böyle davranamayacağını söyleyebilirsiniz. Sürgüne onunla gerçekten ilgilendiğinizi de söyleyebilirsiniz.

Eğer ebeveynlerinizin ona değer vermesi için üstün başarı göstermesi veya iyi bir performans sergilemesi gerektiyse sizin için bir şey yapmasına gerek olmadığını söyleyin ona. Siz onu olduğu haliyle seviyor ve değerli buluyorsunuz. Eğer ebeveynlerinizin onu dinleyecek zamanı olmamışsa siz onun hayatıyla ilgili ayrıntıları dinleyebilirsiniz. Eğer çok yalnız kalmışsa siz onun dostu ve oyun arkadaşı olabilir, onunla eğlenebilirsiniz. Eğer ona dünyanın düzenini açıklayan ve becerilerini geliştirmesi için onu destekleyen biri olmamışsa bunu onun için siz yapabilirsiniz. Eğer ebeveynlerinin duygularından sorumlu tutulmuşsa öyle olmadığını söyleyin; anne babası yetişkinken o yalnızca küçük bir çocuktu. Öfkeli ya da muhtaç olduğu ya da cinsel duygular hissettiği için utanç duyuyorsa bu duyguların bir çocuk için son derece doğal olduğunu, duyguları taşımasında hiçbir sorun olmadığını söyleyebilirsiniz.

Sürgünü herhangi bir şekilde değiştirmeye çalışmayın. Ondan farklı hissetmesini ya da kendisi hakkında daha iyi şeyler düşünmesini istemeyin. Sizin ona yeniden ebeveynlik yapmanız sonucunda bu doğal olarak meydana gelecektir. Ona sadece ihtiyacı olan şeyi sağlayın; o zaten özgür, mutlu, değerli, emniyette ve özgüvenli hissedecektir. Eğer sürgün sizden gelecek için, mesela sonraki birkaç hafta için bir şey isterse bu önemlidir ama bununla seansın sonraki bir bölümünde ilgilenin. O anda onunla teması koparmayın; ihtiyaçlarının o anda karşılanması gerekir. Bu yüzden sürgünün sizden o anda ne istediğini öğrenin, böylece bu isteği seansta karşılayabilirsiniz.

Eğer hazır değilseniz

Yeniden ebeveynlik yapmak taklit edilecek bir şey değildir. Sürgünü içtenlikle sevmeli, onunla ilgilenmeli veya ona saygı duymalısınız. Sarılma veya teşvik etme gibi ona ihtiyacı olan şeyi gerçekten vermek istemelisiniz. Eğer benlikteyseniz bunu kolayca yapabilirsiniz. Benlik sürgünün ihtiyacına tam gereken duygu veya eylemle karşılık vermek ister çünkü benlik şefkat ve sevgi halidir. Sürgüne ihtiyacı olan şeyi vermek istemiyorsanız bu bir koruyucunun sizi kapladığı ve sizi benlikten çıkardığı anlamına gelir.

Bunun nasıl olduğuna bakalım. Belki sürgünden uzak durmak isteyen bir koruyucu kontrolü ele almıştır çünkü sürgünün ihtiyaçlarından veya acısından korkuyordur. Bu durumda benlikte olduğunuz ve sürgünün acısından zarar görmeyeceğiniz konusunda bu koruyucuya güvence verin. Sürgünden ayrışma konusunda biraz daha çalışmanız gerekebilir (11. Bölüm'deki S2 adımına bakın). Başka bir olasılık da sürgünün kırılganlığını yargılayan başka bir koruyucunun bulunmasıdır. Bu yanın kırılganlığın kötü olduğu fikrine nereden kapıldığını sorup kenara çekilmesini isteyin.

Mesela yeterince sevecen veya yeterince güçlü olmadığınız için sizin sürgüne bakma kapasitenizin olmamasından korkan bir yan bulunabilir. Ona benliğin çok büyük, sevecen ve zengin kaynaklı olduğunu, bu yüzden sürgünün ihtiyacı olan her şeyi halledebileceğini söyleyin. Bir bebeğe ya da yaralı bir çocuğa nasıl bakılacağını bilmemenizden endişe eden bir yan varsa, sadece sürgüne odaklanarak ne yapılması gerektiğini bileceğinizi söyleyin. Bu korkular genellikle yetersiz hisseden bir yandan kaynaklanır. Bu yandan kenara çekilmesini ve ortaya çıkanlarla baş etme konusunda benliğe güvenmesini isteyin. Ayrıca bu yetersizlik inancının nereden geldiğini de keşfedebilirsiniz.

Bir koruyucu sürgünün ihtiyaçlarının çok fazla olmasından korkabilir. Benlikteyken her türlü ihtiyaçla baş edebileceğinizi söyleyin. Bir sürgünün ihtiyaçları genellikle boğucu görünür çünkü sizin küçüklüğünüzden beri bastırılmaktadır. Ayrıca bu sürgün çok uzun zamandır görmezden gelinmektedir. Bu durum herkesin ihtiyaçlarını yoğun hale getirir. Siz bu çocuk yanın ihtiyaçlarını karşılamaya başladıktan sonra ihtiyaçların aciliyeti hızla azalır ve bütün süreç daha kolay hale gelir.

Sürgünün ihtiyaçlarını karşılamanın sizin yoğun hayatınızda çok fazla zaman alacağından korkan bir yan vardır. Bu işin etten kemikten bir bebeğe bakmak kadar zaman alıcı olmadığını açıklayın. İçinizdeki çocuk her gün sadece biraz ilgiyle kolayca tatmin olur. Fazla zamanınızı almaz.

Siz endişeli yanlara güvence verdikten ve onlar kenara çekildikten sonra sürgüne benlikle yeniden ebeveynlik yapmaya geçebilirsiniz.

Durumu yeniden işlemek

Sürgün bazen sizin çocukluğunuzdaki durumu değiştirecek bir şey yapmanızı ister. Bu da geçmişteki hatıranın üstüne yeni bir deneyim ekler, böylece sürgüne yapılmış olan şeyi telafi eder. Diyelim ki sürgün onu tacizci ebeveynden korumanızı istiyor. Bunu yapın. Koruyucu bir eylemde bulunup durumu zihninizde sürgünün tacize uğramayacağı şekilde yeniden canlandırın. Durumun farklı olduğunu hayal edin. Eğer gerekirse en güçlü ebeveyni bile durduracak kadar irileşip güçlenebilirsiniz.

Ebeveynlerinizle konuşup ona bu kadar kötü davranmamaları gerektiğini söylemenizi isterse, bunu yapın. Onlara sürgüne nasıl davranmaları gerektiğini ve bunun onun için neden önemli olduğunu söyleyebilirsiniz. Ebeveynlerinizin de bu söylediklerinizi anladıklarını hayal edin. Sizi dinledikten sonra yaptıklarının yanlış olduğunu anlasınlar ve çocuğun iyiliğini istedikleri için ona farklı davranmak istesinler. Eğer sürgün sizden bir ebeveyni dövmenizi veya hatta onu mahvetmenizi bile istese bunu da yapın. Gerçek dünyada böyle bir şeyi tabii ki yapmak istemesek bile, bazen şiddet fantezileri bir sürgünün kendini daha güçlü ve korunmuş hissetmesine yardımcı olabilir.

Sürgünün ihtiyacı ne olursa olsun, sizin amacınız bunu ona vermek olmalı. Bu yüzden olayı değiştirmeniz, sürgünün ihtiyaç duyduğu, onun iyileşmesini sağlayacak hale getirmeniz gerekebilir. Bu sizin olanları unutmanız gerektiği anlamına gelmez. Sadece psikeniz yeniden yapılandırıldığı için yeni deneyim bugünkü hayatınızda nasıl hissedip davranacağınız konusunda temel etken haline gelir.

Bazen bu değişimi hayal etmek zordur. Diyelim ki babanıza sürgüne nasıl davranması gerektiğini anlatıyorsunuz ama onun olumlu bir şekilde karşılık verdiğini hayal etmede zorlanıyorsunuz çünkü onun böyle davrandığına dair hiçbir deneyiminiz yok. Burada şunu yapabilirsiniz: Zihninizde iyileştirici şekilde karşılık verecek farklı bir baba imajı oluşturun. Bunu yapmanın pek çok yolu vardır. Bir tanesi babanızın sağlıklı bir versiyonunu düşünmek olabilir. Psikolojik problemleri olmasaydı babanız nasıl biri olabilirdi, onu hayal edebilirsiniz. Ya da babanızın ruhsal, manevi özünü yani benliğini davet edebilirsiniz. Bunu hayal edemezseniz kendi babanızın yerine ideal bir baba hayal edin. Sürgüne sağlıklı bir şekilde karşılık verecek özelliklere ve duygulara sahip bir baba yaratın. Sonra bu babayla konuşup sürgüne nasıl davranması gerektiğini anlatın. O zaman babanız sürgünün iyileşmesi için doğru şekilde karşılık verecektir. Eski sahneyi bu yeni sona ulaşacak şekilde düzeltin. Sürgün babasıyla başlayan bu iyileştirici ilişkiyi iyice içine sindirsin. Böylece yeni "hatıralar", sürgünü geçmişin yüklerinden kurtaran ve şimdiki zamanda kendiniz hakkında daha iyi hissetmenizi sağlayan yeni nöral yollar oluşur.

Buraya kadar çocukluktaki ebeveynlerle ilgili bir durumla ilgili konuştum. Ancak konu kardeşiniz veya bütün aileyle ilgili olabilir. Teyze, amca veya büyükbabayla ilgili de olabilir. Parktaki zorba çocuklar bile olabilir. Orijinal durum yetişkin hayatınızda başınıza gelen ve travma yaşadığınız bir olay da olabilir. Sözgelimi Irak'a savaşa gönderildiyseniz yeni yükler edinebilirsiniz. Durumun kiminle ilişkili ya da ne zaman olduğundan bağımsız olarak çalışma ilkeleri aynı kalır. Durumu sürgünün ihtiyacı olan şekilde daha iyi hale getirin. Sürgünü iyileştiren ve özgürleştiren yeni bir hatıra oluşturun.

Yeniden ebeveynliği içselleştirmek

Sürgüne ihtiyacı olan şeyi verirken, sizin ona sağladığınız bu yeniden ebeveynlik deneyimini içselleştirip içselleştirmediğine bakın. Mesela sizin ilginizi hissediyor mu? Sevildiğini hissedip rahatlıyor mu? Ona ne kadar değer verdiğinizi söylüyorsanız, kendini değerli hissediyor mu? Eğer hissetmiyorsa bunun üç olası nedeni vardır.

1. Sürgün orijinal çocukluk ilişkisinin o kadar içinde kalmıştır ki sizin farkınızda bile değildir. Sadece geçmişte kaybolmuştur. Bu yüzden sürgüne önce sizin farkınızda olup olmadığını sorun. Eğer değilse ona yaklaşın, dikkatini çekmek için omzuna dokunun ve sizi fark etmesini sağlayın. Bu bazı sürgünler için büyük bir değişim olabilir çünkü o âna dek kendi dünyaları içinde yalıtılmış haldedirler. Başka birinin varlığından bile habersizdirler. Sürgünün dikkatini çekmek için ne kadar zaman gerekiyorsa kullanın. Eğer onu hayalinizde görebiliyorsanız yüzünü size çevirene, size ve ona teklif ettiğiniz şeye dikkat edene kadar bekleyin. Eğer sürgünü bedeninizde hissediyorsanız, bir an için sür-

gün olun. Sürgünden benliğe doğru bakın, böylece siz sürgün olarak benliğin size verdiği şeyi alın.

2. Bazı sürgünler yeniden ebeveynliği hissetmekte zorlanırlar çünkü kimseye güvenmezler. Bir sürgün daha önce güvenilir bir yetişkinle hiç karşılaşmamış olabilir. Bu yüzden güvenmek onun için zordur. Durum böyleyse, sürgünün güvensizliğinin nereden kaynaklandığını keşfedip onunla empati kurun. Ayrıca size hemen güvenmesini beklemeden sürgünle biraz zaman geçirmek de önemlidir; zaman içinde yavaş yavaş güvenmeyi öğrenecektir.
3. Bazen bir sürgün yeniden ebeveynliği hissedemez çünkü ihtiyaç duyduğu şeyleri sizin yerinize gerçek ebeveynlerinden almaya saplanmıştır. Annesi ya da babasıyla ilişkisini bir şekilde yeniden başlatmayı ve bu kez her şeyin iyi gitmesini istiyordur. Ya da yeniden ebeveynliği belirgin bir ebeveyn figüründen almak istiyordur veya siz bir şekilde uygun görünmüyorsunuzdur. Bu özellikle sürgün annesi tarafından doyurulmak istediği zamanlarda görülür. Annesine o kadar odaklanmıştır ki ihtiyacı olan şeyi sizden alamaz, özellikle erkekseniz. Durum böyleyse, zihninizde ebeveynin ideal bir modelini ya da sürgünün ihtiyaç duyduğu özellikleri taşıyan ideal bir ebeveyn yaratın. Bunun nasıl yapıldığını bu bölümde "Durumu yeniden işlemek" kısmında anlatmıştık. Sözgelimi ideal, besleyici bir anne figürü yaratıp sürgünle ilgilenmesini ve onu sevmesini sağlayabilirsiniz.

Sürgünün yeniden ebeveynliği hissetmesini önleyen bütün engelleri kaldırdıktan sonra biraz benlikte kalıp sürgünün yeniden ebeveynlik deneyimini hissedin. Mesela sevgi, destek ve şefkati hissedip bunların bedeninizde nasıl deneyimlendiğini fark edin. Bu sizin deneyimi derinlemesine yaşamanızı ve bedende somutlaştırmanızı sağlar. Şefkati kalbinizdeki sıcaklık olarak hissedebilirsiniz. Sürgüne verdiğiniz desteği kollarınızdaki bir güç veya kalça kemiğinizdeki bir destek gibi hissedebilirsiniz.

Daha sonra sürgünün sizin yeniden ebeveynliğinizi hissetmesinden kaynaklanan güzel duygularda gevşemesi, bu duyguları bedeninde hissetmesi için izin verin. Adımlarında bir hafiflik ve çeviklik yaşayabilir. Kalbinde hoş bir duyum hissedebilir. Bedeninde derin bir rahatlama hissedebilir çünkü hayatında ilk kez kendini güvende hissetmektedir.

Christine bebeğe yeniden ebeveynlik yapıyor

Burada Christine'in Bebek adını verdiği sürgüne yeniden ebeveynlik yapmasına ait metni okuyacaksınız. Bütün metni 3. Bölüm'de görmüştük. Orada Küçük Kız adında başka bir çocuk yan daha mevcuttu. İkisi de korkmuş ve terk edilmiş hissetmişlerdi. Küçük Kız umutsuz ve ağırlaşmış hissediyordu.

Jay: Bebek'e odaklan ve onu yalnız olarak gördüğün yere git. Neye ihtiyacı var, onu gör.

Christine: Onu kucağıma almamı istiyor.

J: Hadi al.

C: Daha şiddetli ağlayıp bana iyice yapışıyor. Burnumla kulağını okşuyorum, biraz daha yapışıyor bana. Kel kafasını görüyorum. Çok küçük, fazla saçı yok. Şimdi biraz yumuşadı.

J: Orada olduğunu hissediyor mu?

Bu soruyu Bebek'in Christine'in sergilediği yeniden ebeveynliği hissedip hissetmediğini görmek için soruyorum.

C: Çok iyi hissediyor.

J: Peki, nasıl tepki veriyor?

C: Yumuşuyor. Artık ağlamıyor. Bana iyice sokuluyor. Şimdi hafifçe geğirdi. Hani bir bebek ağlayıp sustuktan sonra içinden bir sarsıntı geçer ya. Sırtında bunu hissedebiliyorum.

Bebek açıkça Christine'in yeniden ebeveynlik yapmasına olumlu yanıt veriyor.

C: Peki, tamam. Bu doğru mu bilmiyorum ama Küçük Kız bu küçük bedeniyle Bebek'i kucağına almak istiyor. Buna izin vereceğim.

J: Tamam.

C: Çok tatlı! Bütün her şey bir oyun saatine dönüştü şimdi. Çok yoğun bir sevgi hissediyorum. Sadece benim bu iki küçüğe gösterdiğim sevgi değil. İkisi de yoğun bir sevgi banyosu içinde gibiler. Çok rahatladılar. (İçini çekiyor.)

Küçük Kız da Bebek'e sevgi veriyor. Bazen yanlar birbirine bir şey vermek ister. Burada da Küçük Kız iyileşmeye katkıda bulunuyor; sevgiyi aldığı gibi veriyor da. Çok hoş bir durum!

6. Adım: Sürgünü geri getirmek

Sürgünün ihtiyacı olan şeylerden biri de geri getirilmektir. Çocuklukta içinde bulunduğu o durumdan kurtulmak ister. Özellikle de taciz varsa veya tehdit altında olduğunu, kapana kısıldığını hissediyorsa. Bu her zaman gerekli olmayan, isteğe bağlı bir adımdır. Sürgün bunu kendi başına düşünemeyebilir, bu yüzden ona oradan çıkmak isteyip istemediğini sormak uygun olur. Onu oradan çıkarıp sizinle birlikte olabileceği güvenli, rahat bir yere götürmenizi isteyip istemediğini sorun. Eğer bunu isterse onu götürebileceğiniz çok sayıda yer var.

1. Onu şimdiki hayatınızda güvenli, hoş bir yere, mesela evinize götürebilirsiniz.
2. Onu bedeninize alabilir, mesela kalbinize koyabilirsiniz.
3. Kendini güvende hissedebileceği, ilgi göreceği, dinleneceği ve başka neye ihtiyacı varsa karşılanacağı hayalî bir yere götürebilirsiniz. Mesela okyanusta oynamak veya bir ormanda dere kenarına gitmek isteyebilir. Sizinle ve hatta başka insanlarla ihtiyacı olan şekilde birlikte olabileceği bir ortam olmalı. Mesela bir sürgün kendisini kabul edip oynayan bir grup çocukla birlikte olmak istemişti.

Sürgün oradan çıkarılmaya hazır olduğunda nereye gitmek istediğine karar versin, oraya götürün. Başka yanların da gelmek isteyip istemediğini kontrol edebilirsiniz. Bazı yanlar seansta neler olduğunun farkındadır. Bu yeni yerde sürgün nasıl istiyorsa öyle birlikte olun. Bu güvenliğin ve özgürlüğün keyfini çıkarması, sizinle ve diğer insanlarla istediği gibi etkileşimde bulunması için ona zaman tanıyın. Bu deneyimi ve ortaya çıkan olumlu duyguları hissedip hissetmediğini kontrol edin.

Sürgünler bazen geri getirildikten sonra bile çocukluklarında çaresizce sıkışıp kaldıkları o korkunç ortama geri dönmek zorunda kalacaklarından korkarlar. Onu götürdüğünüz bu yeri sevseler bile bazıları bunun kalıcı olduğuna inanmaz. Eski ortamda olmaya çok alışıktırlar. Bu yüzden sürgüne bir daha asla o eski ortamına geri dönmek zorunda kalmayacağına dair güvence vermek faydalı olur. Bu yeni yerde sonsuza kadar sizle kalabilir. Bu çok rahatlatıcı ve cesaretlendiricidir.

Bazen geri getirme işlemi sanki eski yaşantılar hiç olmamış rolü yapmak gibi gelebilir kişiye. Ama unutmayın ki sürgün zaten geçmişte yaşamıyor, sadece öyle olduğunu düşünüyor. Aslında sizin bütün diğer yanlarınız gibi bugünde yaşıyor. Bu yüzden onu geri getirmek aslında şimdiki gerçekliğe yaklaştırmak anlamına gelir.

Eğer sürgün geri getirilmek istemezse, bu sadece geri getirmenin gerekli olmadığı anlamına gelebilir. Bunun isteğe bağlı olduğunu unutmayın. Ama sürgünün bugüne gelmek istememesinin başka nedenleri de olabilir. Bu kulağa çok tuhaf gelse de bazen sürgün acı dolu çocukluk ortamına bağlıdır. Bunun birkaç nedeni olabilir.

1. Oradan ayrılırsa ebeveynlerini kaybedeceğinden korkar. Bu durumda ebeveynlerinin istediği özelliklerini alıp gerisini bırakabileceğini söyleyebilirsiniz. Yetim kalmayacağını da söyleyin; ebeveyni siz olacaksınız.
2. Kardeşinden sorumlu olduğunu hissedebilir. Bu durumda onu da getirebilir.
3. O olmazsa ailenin dağılacağından korkabilir. Bu kendi başına bir yüktür. Bu yüzden bir önceki adıma gidip aileden sorumlu oldu-

ğu düşüncesinin ona ne zaman verildiğine dair hatıralara tanıklık etmek gerekir. Bu yükü bıraktıktan sonra oradan çıkmayı isteyecektir.

Bazen bir sürgünü geçici olarak bulunduğu ortamdan çıkarmak işe yarayabilir. Tanıklık etme veya yeniden ebeveynlik adımlarını tamamlayamadan seansın sonuna gelmiş ama sürgünü o korkunç, acı veren çocukluk ortamında bırakmak istemiyor olabilirsiniz. Kalıcı geri getirmenin anlamlı olacağı kadar yeterli çalışma yapmadığınızda sürgünü geçici olarak geri getirebilirsiniz. Sürgüne bir sonraki seansa kadar kalabileceği güvenli bir yere gitmek isteyip istemediğini sorun. Sonraki seansta onu çocukluk ortamına geri götürüp tanıklık ve yeniden ebeveynlik etme adımlarını tamamlayabilirsiniz. Bundan sonra sürgün kalıcı olarak geri getirilebilir.

Olacakları sürgün kontrol ediyor

Yeniden ebeveynlik ve geri getirme işlemleri sırasında sürgünün neye ihtiyacı olduğunu ve ne istediğini sürekli kontrol ettiğimize dikkat edin. Bu bize yeniden ebeveynliği ve geri getirmeyi nasıl yapacağımıza karar vermede rehberlik eder. Sürgünün neye ihtiyacı olduğunu bildiğinizi varsaymak iyi bir fikir değildir. Sürgünün aklına gelmeyen seçenekleri önerebilirsiniz ama ona sormadan neye ihtiyacı olduğuna siz karar vermeyin. En iyisini sürgün bilir. Ne istediğini görmek sizi de şaşırtabilir. İyileşmesi için neyin gerekli olduğunu sürgün sizden daha iyi hisseder. Ayrıca ona olanların kontrolünün sürgünde olması da iyileştiricidir. Çocuklukta durum bunun tam tersidir. O zamanlar ona acı verse bile kendisine yapılan bir şeye itiraz hakkı yoktu. Bu da sürgünlerin kendilerini güçsüz ve çaresiz hissetmelerine yol açar. Şimdi onun kontrolde olmasına izin vererek bu durumu telafi edebilirsiniz. Bu onun güçlü ve güvende hissetmesini sağlayacaktır.

Melanie, Utanç sürgünüyle yeniden ebeveynlik ve geri getirme adımlarını gerçekleştiriyor

Aşağıdaki kayıt geçen bölümdeki Melanie'nin Utanç sürgününe nasıl yeniden ebeveynlik yapıp onu geri getirdiğini gösteriyor. Bu sürgün arkadaşlarının yanında anne babası tarafından alay edilen çocuk yandır. Melanie buraya kadar olan kısımda tanıklık etmeyi bitirmişti.

Jay: Pekâlâ. Şimdi senden çocuk yanın tekrar tekrar cezalandırıldığı ve kendini bir pislik gibi hissettiği o sahneye gitmeni istiyorum. Kendini daha iyi hissetmesini sağlaman veya o durumu değiştirmen için senden ne istiyor, bak bakalım.

Melanie: Bu çok tuhaf. Özgürlüğe ihtiyacı olduğunu söylüyor. Ne demek istediğini anlamaya çalışıyorum.

Jay: Özgür olabilmek için senden ne istediğini sorabilirsin.

M: Evet, hımm. Ona böyle davrandıkları zaman olaylardan kaçabilmeyi istiyor ama böyle şeyler her gün oluyor.

J: Bu durumda iki olasılık düşünebilirim. İlki onu koruyarak ebeveynlerinin onu cezalandırmasını engellemen olabilir. İkincisi de onu oradan çıkarman alabilir.

M: İkisinin de olmasını istiyor.

J: Tamam. Korumayla başlayalım. Diğer insanların yanında onunla alay eden babasından nasıl korunmak istiyor?

M: Şey... Babasına durmasını söylememi istiyor. Aslında yaptığı şeyin acımasızca olduğunu ve onu perişan ettiğini açıklamamı istiyor.

J: Güzel. Bunu yap.

M: Tamam.

J: Baba nasıl tepki veriyor?

M: Çok şaşırıyor. Aslında çocuğu utandırmak istemiyor. Durmayı kabul ediyor.

J: Baba bunu bir daha asla yapmayacağını kabul etsin.

M: (duraklama) Evet. Kabul ediyor. Ama hiç anlamıyor da. Bunun çocuğu ne kadar incittiğini anlamıyor.

Melanie, Utanç sürgününü babadan koruyor.

J: Çocuk onun gerçekten anlamasını istiyor mu, yoksa onu oradan çıkarmanı mı tercih ediyor?

M: Onu oradan çıkarmamı istiyor.

Olanları kontrol edebilmesi için sürgüne ne istediğini sormak çok önemlidir.

J: Tamam. Hadi onu çıkaralım. Onu bugünkü hayatında bir yere veya bedenine veya kendini güvende ve rahat hissedebileceği herhangi bir yere getirebilirsin.

M: Şimdi bedenimle deneme yapıyoruz, onu kucağımda taşıyorum, bulmaya çalışıyoruz... Onu sırtımda taşıyabilirim galiba. Bu sorun olmaz. Böyle daha hızlı da hareket edebilirim. Hem korunma hem de kaçış gibi.

J: Onu sırtına al. Hoşuna gidiyor mu bak.

M: Biraz garip geldi. İyi olmadı galiba.

J: Neyin iyi olacağına bak.

Melanie'nin sürgünü bedenine alması fikrini gerçek anlamıyla aldığını düşünüyorum. Sürgünü gerçek bir çocuk gibi taşımak gerekmez oysa.

M: Ormana kaçıyoruz.

Melanie, Utanç sürgününü ormana götürüyor.

Melanie hayalî bir yer seçti. Bu işe yaradı gibi görünüyor.

J: Orada kendini nasıl hissediyor?
M: Özgür hissediyor.
J: Bedeninde neler oluyor özgür hissederken?

M: Hafif ve çevik hissediyor, coşkulu.

J: Harika! Senden başka bir şey isteyip istemediğine bak.

M: Bu özgürlüğün sürekli olacağına dair bir tür garanti hissediyor.

J: Ormanda seninle olmak onun için yeterli mi, yoksa başka bir şeye daha ihtiyacı var mı?

M: Eğlenmeyi ve gülmeyi seviyor. Daha çok eğlenmek ve gülmek istiyor. Şu anda gülüp gülemeyeceğimden emin değilim. Oradan kaçmasının komik olduğunu düşünüyor.

J: Eğleniyor mu?

M: Evet. Gerçekten çok komik buluyor bu durumu. "Ha ha. Oradan kaçtım."

J: Şu anda tatmin olmuş durumda mı?

M: Evet.

Alıştırma: Sürgüne yeniden ebeveynlik yapmak ve onu geri getirmek

Sürgüne yeniden ebeveynlik yapıp onu geri getirdiğiniz bir seans yapın. Mümkünse daha önce biraz çalıştığınız bir sürgünle başlayın. Eğer böyle bir sürgün yoksa bir koruyucuyla başlayın, onu tanıyın, bu sürgünle çalışmak için izin isteyin ve çocukluk hatırasına tanıklık edin. Sonra bu bölümde öğrendiğiniz gibi sürgüne yeniden ebeveynlik yapın ve uygunsa onu geri getirin. Bu seansta size rehberlik etmesi için aşağıdaki Yardım Sayfası 3'ü kullanabilirsiniz (1 ve 2'yle birlikte).

Sürgün ______________________________

Çocuklukta ne olmuş? ______________________________

Sürgün bu olanlar yüzünden ne hissetmiş? ______________________________

____

Sürgüne nasıl ebeveynlik yapıyorsunuz? ______________________________

____

Eğer sürgün geri getirilmek istiyorsa onu nereye ______________________________

getiriyorsunuz? ______________________________

Diğer sayfada Yardım Sayfası 3 bulunuyor. Bir sürgünü iyileştirmenin adımlarının özetinden oluşan bu formun kendiniz üzerinde çalışırken veya birisine eşlik ederken adımlarınıza rehberlik etmesi amaçlanmaktadır. Sonraki uygulamalarınızda 1 ve 2 numaralı yardım sayfalarını da kullanmanızı tavsiye ederim.

Yardım Sayfası 3:
Bir sürgünü iyileştirmek

4. Çocukluktaki kökenlere ulaşıp tanıklık etmek

Sürgünden çocuklukta böyle hissetmeyi öğrendiği zamana ait bir görüntü veya hatıra göstermesini isteyin.

Sürgüne bunun ona neler hissettirdiğini sorun.

Sürgünün tanıklık etmenizi istediği her şeyi gösterip göstermediğini kontrol edin.

Tanıklıktan sonra sürgünün, durumun ne kadar kötü olduğunu anladığınızı hissedip hissetmediğini kontrol edin.

5. Sürgüne yeniden ebeveynlik etmek

Benlik olarak çocukluktaki o ortama girip sürgüne iyileşmek ya da olanları değiştirmek için neye ihtiyacı olduğunu sorun; sonra hayal etme yoluyla sürgünün ihtiyacını karşılayın.

Sürgünün yeniden ebeveynliğe nasıl karşılık verdiğini kontrol edin.

Sizi göremiyorsa veya ilginizi hissedemiyorsa nedenini sorup bununla çalışın.

6. Sürgünü geri getirmek

Sürgünün ihtiyacı olan şeylerden biri çocukluktaki o ortamdan çıkarılıp kendini güvende ve rahat hissedebileceği bir yere götürülmektir.

Onu mevcut hayatınızdaki veya hayalî bir yere götürebilir ya da bedeninize alabilirsiniz.

7. Sürgünün yükünü boşaltmak

Sürgünün taşıdığı yükleri (acı veren duyguları veya olumsuz inançları) adlandırın

Sürgüne yüklerini bırakmak isteyip istemediğini ve hazır olup olmadığını sorun.

Eğer istemiyorsa, yükleri bırakırsa ne olmasından korktuğunu sorun. Bu korkularla ilgilenin.

Sürgün yükleri bedeninde nerede taşıyor?

Sürgün yükleri neye bırakmak istiyor? Suya, ışığa, rüzgâra, ateşe veya başka bir şeye bırakabilir.

Yükler gittikten sonra sürgünde hangi olumlu özelliklerin veya duyguların ortaya çıktığını fark edin.

8. Koruyucu rolü bırakmak

Koruyucunun sürgündeki değişikliği fark edip etmediğini sorun. Etmemişse sürgünü koruyucuyla tanıştırın.

Koruyucunun şimdi bu koruyucu rolün artık gerekli olmadığını fark edip etmediğine bakın.

Koruyucu kişilik sisteminizde yeni bir rol seçebilir.

Sürgünle yeniden ebeveynliği izlemek

Bir seansta sürgüne yeniden ebeveynlik yapıp onu geri getirmek tam bir iyileşme için genellikle yeterli değildir. İyileşme için sürgünle bir ilişki geliştirmek gerekir. İlişki kurmak iyileşme ve dönüşümün hayati önem taşıyan bir yönüdür ama bu ilişkinin seanstan sonra da sürdürülmesi gerekir. Bu sizin sürgünle olan bağınızı güçlendirir; bu ilişkiyi kişilik sisteminiz ve hayatınızla bütünleştirir. Seansın sonunda sürgüne bir iki hafta için ne istediğini sorun. Büyük olasılıkla onu unutmamanızı ve bağlantıda kalmanızı isteyecektir. Bu çok önemli. Sonraki birkaç hafta boyunca onu kontrol edin. Unutmamak için bunu not edin. Eğer sürgünü unutursanız yaptığınız iyi çalışmanın etkisi azalır.

Her kontrolde önce sürgüne ulaşın. Bunu yapmanın en iyi yolu seans sırasında ona nasıl ulaştığınızı hatırlamaktır. Zihninizde bir imajı var mıydı? Onu bedeninizde hissettiniz mi? Duygularını hissettiniz mi? Sürgünü temsil eden bu imajı, beden duyumlarını veya duyguları yeniden hatırlayarak ona ulaşabilirsiniz.

Sürgünün şimdi nasıl hissettiğine bakın. Hâlâ size bağlı hissediyor mu? Yeniden ebeveynlik veya geri getirmeden kaynaklanan olumlu duyguyu hâlâ hissediyor mu? Yoksa yine çocukluğunda hissettiği o acının içine mi gömülmüş? Belki de şimdiki hayatınızda onu rahatsız eden bir şey oluyordur. Sürgünün ne hissettiğini görmek için biraz zaman ayırın. Sonra ona seansta yaptığınız yeniden ebeveynliği tekrarlayın. Mesela onu kollarınıza alıp sevdiğinizi söyleyin. O anda ihtiyacı olan her şeyi verin ona. Bu kontrol etme işleminin çok uzun sürmesi gerekmez. Genellikle günde sadece birkaç dakika sürer.

Bu sizin birbirinizi daha iyi tanımanıza ve ilişkinizi derinleştirmenize yardımcı olur. Zamanla onu gerçekten önemsediğinizi hissetmeye başlayacaktır. Bu özellikle çocukken terk edilmiş veya kandırılmış çocuklar için çok önemlidir. En çok birisine güvenmekten ve yine terk edilmekten korkarlar. Siz de onları unutursanız bu yarayı tekrar açarsınız. Onunla bağlantı kurduğunuz tek bir seans onları tam anlamıyla iyileştirmez. Zaman içinde onlarla düzenli, tutarlı bir şekilde bağlantıda kalacağınızı bilmek isterler.

Sürgünü düzenli aralarla kontrol etmeye ek olarak günlük hayatınızda tetiklendiği zamanlarda da ona yeniden ebeveynlik edebilirsiniz. Bu sizin onunla ilişkinizi güçlendirip iyileşmesini artırır. Bunun için size bir alıştırma veriyorum.

Alıştırma: Sürgüne gerçek zamanda yeniden ebeveynlik yapmak

Geçmişte yeniden ebeveynlik yaptığınız bir sürgünü seçin.

Sürgünün adı ______________________________

Çocukluktaki durum. ______________________________

Sürgüne yeniden ebeveynlik yaptınız mı? ______________________________

____

Önümüzdeki hafta boyunca bu sürgüne yeniden ebeveynlik yapmaya devam edeceksiniz. Sürgünün tetiklenme olasılığının farkında olmak için aşağıdaki soruları cevaplayın:

Ne tür durumlar ya da insanlar bu sürgünü aktive ediyor?

____

Bu hafta bu tür durumlar ne zaman olabilir? ______________________________

____

Bu yanın böyle zamanlarda aktive olup olmadığını fark etmeye istekli olun. Bir sürgünü fark etmenin başka yolları da vardır. Hangi beden duyumları, düşünceler veya duygular bu sürgünün tetiklendiğini size haber verebilir? ______________________________

____

Sürgünün tetiklendiğini fark ettiğinizde ona odaklanmak için zaman ayırın. Ne hissettiğine ve neye ihtiyacı olduğuna bakın. Büyük olasılıkla ona seansta yaptığınız gibi ebeveynlik yapmanızı ister. Bunu yapmak kolay gelir çünkü neye ihtiyacı olduğunu artık biliyorsunuz. Sürgüne tekrar yeniden ebeveynlik yapın. Nasıl tepki verdiğine bakın. ______________________________

____

Özet

Bu bölümde bir sürgüne çocuklukta olan şeyin iyileşmesi için yeniden ebeveynlik yapmayı öğrendiniz. İAS sürecinde bu işlem 5. Adım'dır. Bazen olayın farklı bir şekilde yaşanması için durumun yeniden işlenmesi gerekir. Yeniden ebeveynlik yapmanıza engel olan bir yan varsa ondan ayrışmayı da öğrendiniz. Verdiğiniz şeyi sürgünün alıp almadığını da kontrol etmeniz önemli.

Ayrıca sürgünün oradan çıkarılıp güvenli bir yere götürülmek isteyip istemediğini öğrenmeyi ve bunu nasıl yapacağınızı da öğrendiniz. Bu da 6. Adım'daki geri getirme işlemini oluşturmaktadır. Bu adımlar tamamlandıktan sonra iyileşmedeki son adım olan yükleri boşaltmaya hazırsınız demektir.

14. Bölüm

Yaralı çocuğu iyileştirmek: Sürgünü yüklerinden kurtarmak

İAS sürecinin bu aşamasına geldiğinizde sürgünün acısının çocukluktaki kökenlerine ulaşıp tanıklık etmiş, sürgüne yeniden ebeveynlik yapıp uygunsa geri getirmişsiniz demektir. Sonraki adım olan yükleri boşaltma bu bölümde anlatılacaktır. Yükler sürgünün doğal yapısında bulunmaz; bu yüzden bırakılabilirler. İAS bakış açısına göre çocukluktaki olay sırasında sürgünün kendisi değil, yükleri meydana gelir.

Yanların ve yüklerin kaynakları

Burada çok temel bir soru karşımıza çıkıyor: Yanlar nereden geliyor? Yükler nasıl oluşuyor? Buna hayatın başından itibaren bir bakalım. Bebekler doğduklarında bazı doğal özellikler taşırlar: Sevimlilik, saldırganlık, oyunculuk, hassasiyet, sessizlik, canlılık, temas isteği, vs. Her bebeğin kendine has özellikleri vardır ki bunlar yenidoğanın ruhunun/bedeninin doğal farklılığıdır. Sorumluluk, olgun sevgi, yaratıcılık, sağlamlık, vs. gibi diğer özelliklerse çocuk büyürken ve daha sonra geliştikçe ortaya çıkar. İAS'de bütün bu özellikler yanlar olarak görülebilir. Ama bu erken dönemde yanların yükleri yoktur. Bir yükün oluşması için işlenemeyen acı dolu bir deneyimin yaşanması gerekir. Bu yüzden doğuştan gelen bu yanlar sürgün veya koruyucu olarak düşünülmez, bunlar sadece sağlıklı yanlardır.

Çocuk büyürken acı dolu veya travmatik bir olay meydana geldiğinde genellikle bu olayı yaşayan belirli bir yan vardır. Diğer yanlar bu deneyimden kaçarken bir yan kaçamadan o deneyimde sıkışıp kalır çünkü *birinin* bu deneyimi yaşaması gerekir. Diyelim ki küçükken sürekli olarak kucaklanmak için annenize uzanıyorsunuz ama onun dikkati başka yerde ya da size aldırmıyor. Kucaklanmak için uzanan Sevecen yan olabilir. Dolayısıyla reddedilmeleri ve incinmeleri bir yük olarak bu yan üstlenir.

Bazen bir yan bir kahraman gibi öne çıkıp acı veren deneyimi karşılar. Deyim yerindeyse sisteme atılan kurşunu göğüsler. Mesela, eğer babanız sizi dövüyorsa sert bir yan bunu karşılamak için ortaya çıkar. Benliği travmadan korumak için darbeyi o alır. Küçük bir çocukta benlik tam olarak gelişmemiştir, bu yüzden travmayı karşılayacak gücü ve sağlamlığı yoktur. Bu yüzden yanlar benliği saklayarak güvende tutmak isterler. Benliği bilincin dışında tutarak acı veren yaşantıdan uzak tutarlar. Böylece benlik yaşamı boyunca saf ve bütün olarak kalır. Ama ne yazık ki yetişkinlikte hâlâ gizli kaldığı için ona ulaşmak zor olur.

Travmatik deneyimi benliğin yerine yaşayan yan da bununla baş edemez ve sonunda yaralanır. İyileşene kadar ısrarla varlığını sürdüren acı dolu bir duygu veya olumsuz bir inanç gibi bir yükle kalakalır. Yukarıdaki örnekteki Sevecen yan çok yoğun olduğu için hazmedilemeyen bir incinme yaşar, bu yüzden bu yan kırılma yükünü taşır. Ondan sonra artık Sevecen yan gibi görünmez; sadece İncinmiş yan gibi görünür. Ama incinmenin altında o yanın orijinal sevgisi hâlâ oradadır ve yükü terapi yoluyla serbest bırakıldıktan sonra doğal yapısı tekrar ortaya çıkacaktır.

Şimdiye kadar zarar görüp acı dolu yükleri üstlenen yanlar hakkında konuştuk. Bunlar tabii ki sürgünlerdir. Bildiğimiz gibi koruyucu yanlar da mevcuttur. Koruyucu yanlar, incinebilir ruhlarımızı zararlı olayların dayanılmaz acısına karşı korumaya çalışırlar. Koruyucu yanların yükleri ilk acı değil, üstlendikleri koruyucu rollerdir. Yukarıdaki örneğe devam edecek olursak, diyelim ki Sevecen/İncinmiş yan çok defalar yaralanır ki Kendine Yeten yan sonunda anneye uzanmanın bir anlamı olmadığına karar verir çünkü bunu ne zaman yapsanız yara alıyorsunuzdur. Sevecen yan annenin ihtiyacınız olan şeyi vermesini sağlayamıyordur, bu yüzden sürekli yaralanmayı önlemek için tek çözüm ihtiyacın kendisini ortadan kaldırmaktır. Kendine Yeten yan artık Kendini Kapatan koruyucuya dönüşmüştür. Onun rolü ve yükü ihtiyaçlarınızı, özellikle de Sevecen/İncinmiş yanın ihtiyaçlarını kapamaktır.

İhtiyaçları Kapatan koruyucu, İncinmiş koruyucuyu sürgüne gönderir. Sürgünler duygular ve inançlarla yüklenirken koruyucular aktif, amaca yönelik roller üstlenirler. İhtiyaçları Kapatan koruyucu sonunda koruyucu rolünü bıraktığında Kendine Yeten yan olarak orijinal doğasına geri dönebilir.

Yetişkin olana kadar çok sayıda sürgün ve koruyucu yanınız ile yükleri olmayan sağlıklı yanınız olacaktır. Bu yanlar neşe, oyunbazlık, güç, zekâ, vs. gibi orijinal özellikler sergilerler. İAS'nin amacı bütün sürgünlere ve koruyuculara, yani bütün yüklü yanlara yüklerini bırakmaları için yardım etmektir. Bu yanlar böylece tekrar gerçek hallerine geri dönebilir ve doğal olumlu özelliklerini sergileyebilirler.

7. Adım: Yükleri bırakmak

Sürgün çalışmasının zirvesi olan yükleri bırakma adımı, sürgünün yüklerini bırakarak dönüştüğü içsel bir ritüelle gerçekleştirilir. Sürgün bundan sonra doğal özelliklerini sergileyebilir. Bu İAS sürecindeki 7. Adım'dır. Aşağıda ayrıntısıyla açıklanan yüklerin bırakılması adımına acının ve olumsuz inançların bırakılmasını sembolize eden belirli bir şekil verilmiştir. Bu süreç, sözgelimi olumsuz inançların bir kâğıda yazılıp ateşe atılması gibi bazı dışsal ritüellere benzer. Ama burada her şey hayal gücüyle yapılır. Bu adım genellikle insanlar üzerinde derin bir etki yaratır.

Burada şöyle düşünüyor olabilirsiniz: "Basit bir ritüel büyük bir değişime nasıl yol açabilir? Bu gerçekçi olmayan bir düşünceye benziyor. Ben inanmıyorum böyle bir şeyin olabileceğine." Bu mantıklı soruya bölümün ilerleyen sayfalarında yer vereceğiz.

Önce 4. Adım'da tanıklık ettiğiniz çocukluktaki sahnenin sonucu olarak sürgünün taşıdığı yükü veya yükleri adlandırıyoruz. Sürgün bu konuda daha önce mutlaka konuşmuş olsa da açıkça belirtmek işe yarar. Sürgün utanç, korku veya incinme gibi duygusal bir yük taşıyor olabilir. Aynı zamanda "Değersizim" veya "Kimse beni umursamıyor" gibi olumsuz bir inanca da sahip olabilir. Sürgünün taşıdığı bütün yükleri arayacak değilsiniz. Sadece seansta çalıştığınız durumun sonucu olarak oluşan yükleri bulmanız yeterlidir.

Sürgünün hazır olup olmadığını kontrol etmek

Daha sonra sürgüne yükleri bırakmak isteyip istemediğini sorun. Buna hazır olup olmadığını da sorabilirsiniz. Evet derse, aşağıda anlatılan ritüele geçebilirsiniz. Hayır derse, bunun birkaç nedeni olabilir.

1. Önce başka bir şey gerekli olabilir. Mesela, sürgünün anlatması gereken başka şeyler olabilir. Benliğe daha fazla güvenmek isteyebilir. Daha fazla yeniden ebeveynliğe ihtiyacı olabilir. Diyelim ki seansın başlarında ebeveynlerinizin sürgünü umursamadıklarına dair bir hatıraya tanıklık ettiniz. Sürgünün ne kadar incindiğini öğrendiniz ama size o seansta bu incinmenin bütün etkilerini göstermemiş olabilir. Mesela ne kadar yalnız hissettiğini, gidebileceği hiç kimse olmaması konusunda ne kadar umutsuz olduğunu anlatamamış olabilir. Bunları saklıyor değildir, sadece yeri gelmemiştir. Taşıdığı yükleri bırakmadan önce deneyiminin bu yönlerine de tanıklık etmek, işlemek gerekebilir. 4. Adım'a geri dönün ve yeni duygulara tanıklık edin; daha sonra tekrar dönüp yükleri bırakma işlemine geçin.
2. Sürgün yüküne bağımlı olduğu için bırakmak istemez. Bu durumda bırakırsa ne olmasından korktuğunu sorun. Korkuları her neyse onlarla nasıl ilgileneceğinizi açıklayarak sürgüne güvence verebilirsiniz. Diyelim ki sürgün annesini mutlu etme yükünü ta-

şıyor; annesinin iyiliğinden sorumlu olarak ona kendini yakın hissetmektedir. Bunu bırakırsa annesiyle bağının kopacağından korkabilir. Bu durumda annesiyle bağını sürdürmeye devam edebileceğini söyleyebilirsiniz. Ayrıca artık sizinle bağlantısı olduğunu da söyleyebilirsiniz.

3. Sürgünün yükünü bırakmasını istemeyen bir koruyucu olabilir. Bu durumda koruyucunun neden korktuğunu bulup ona güvence verin. Diyelim ki sürgün değersizlik yükü taşıyor. Koruyucu bu yük olmasa kendinize güven duyup amaçlarınızın peşinden koşmaya kalkacağınızdan korkar. Ama bunun ailenizdeyken olduğu gibi vurulup düşmenize yol açacağına inanır. Koruyucuya artık ebeveyninizin merhametine kalmış bir çocuk olmadığınızı, artık bu riskleri almaktan doğan sonuçlarla baş edebilecek kapasiteniz olduğunu hatırlatın.
4. Bir koruyucu sürgün yükünü bıraktığı takdirde şimdiki hayatınızda bulunan ebeveyn ya da eş gibi biri tarafından saldırıya uğramanızdan korkar. Diyelim ki sürgün deli olduğu yükünü taşıyor. Çünkü çocukluğunuzda kendini coşkuyla dışavurduğu için ebeveynlerini korkutmuş, ona deli demişlerdir. Belki bunu şakayla söylemişlerdir ama sürgün ciddiye almıştır. Bu yüzden koruyucu sürgün yükünü bıraktığı takdirde sizin yine kendinizi dışavurmanızdan ve eşiniz tarafından yargılanmanızdan veya alaya alınmanızdan korkuyor olabilir. Burada iki olasılık söz konusudur:

   a) Eğer bu yalnızca geçmişten bugüne taşınan bir korkuysa, koruyucuya artık böyle bir şeyin olmadığını söyleyin. Eşiniz böyle bir şeyi asla yapmayacaktır.

   b) Eğer eşiniz gerçekten de coşkunuzla alay ediyorsa sürgünün bu yükü bırakması güvenli olmayacaktır. Bu yükü bırakmaya kalkışmayın bile. Bunun yerine enerjinizi eşinizle işleri düzeltmeye harcayın, böylece sizin daha dışavurumcu olmanızı kabul edebilir. Bazen bu çok zor da olsa hayatınızda bazı dışsal değişiklikler yapmadan içsel çalışmanız fazla ileri gitmez. Eşinizden gelecek olan tehlikeyi çözdükten sonra koruyucunun sürgünün yükünü bırakmasına izin verip vermeyeceğini kontrol edin.

Yükleri boşaltmayla ilgili bir tereddüt varsa, ritüel başlamadan önce çözümlemeniz iyi olur. Sürgün ve onunla bağlantılı koruyucular bu yükü bırakmaya tam anlamıyla hazır olmadan önce harekete geçmeyin. Bunu anlamanın yolu sürgüne sormaktır. O hazır olduğunu söyleyecek, koruyucular da itiraz etmeyecektir.

Bazen sürgünün yükleri bırakma ritüeline ihtiyacı olmaz. Önceki tanıklık etme, yeniden ebeveynlik ve/veya geri getirme adımları onu zaten iyileştirmiş ve dönüştürmüş olabilir. Sürgünün ihtiyaçlarıyla ilgilenmek taşıdığı acıyı ve olumsuz inançları bırakmasını sağlamış olabilir. Buna kendiliğinden yükleri bırakma denir. Bu durumda yükleri boşaltma ritüelini yapmaya gerek olmaz. Sürgüne sorun. Ritüelin gerekli olup olmadığını size söyleyecektir. Eğer bir şüphe varsa ritüeli gerçekleştirin. Yükleri boşaltma gerekli değilse 7. Adım'a geçebilirsiniz.

Yükleri boşaltma ritüeli

Sürgün hazır olduğunda yükleri bedeninde nasıl taşıdığına bakın. Bazen kasların gerilmesi, midede bir kaygı yumağının oluşması veya sürgün aktive olduğunda başı öne eğmek gibi fiziksel bir duruşa geçmek şeklinde bedensel bir problem söz konusu olabilir. Yük fiziksel olarak da görülebilir. Mesela sorumluluk yükü omuzlarda ağır bir çuval gibi görünebilir veya yalnızlık yükü kalpte bir delik gibi resmedilebilir.

Yükün sürgünün bedeninde nasıl taşındığı anlaşıldıktan sonra yükü nasıl bırakmak istediğini sorun. İAS'de yükü hava, su, toprak, ışık veya ateş gibi doğal elementlerden birine bırakmanın çok faydalı olduğu görülmüştür çünkü elemente bırakmak yükün doğal ve güçlü bir şey tarafından alınıp götürülmesini veya dönüştürülmesini sembolize eder. Sürgüne teklif edilecek pek çok seçenek vardır. Bir yük:

1. Işığa bırakılabilir,
2. Suyla yıkanıp gidebilir,
3. Rüzgârla uzaklara taşınabilir,
4. Toprağa gömülebilir,

5. Ateşte yakılabilir,
6. Ya da iyi gelen başka ne varsa ona bırakılabilir.

Eğer dindar veya manevi yönü güçlü biriyseniz yükü Tanrı'ya veya ilahi bir güce verebilirsiniz. Ne yapılacağına sürgün karar versin. Sonra bu durumu zihninizde canlandırın. Böylece sürgün yükü istediği şekilde bıraksın. Sürgün bunu kendi başına yapabilir veya isterse ona yardım edebilirsiniz. Diyelim ki sürgün suyun karnındaki gerginliği alıp götürmesi için okyanusa girmek istiyor. Ona okyanusta eşlik edebilirsiniz. Ya da sorumluluk yükünü yakmak istiyor. Büyük bir şenlik ateşi yakabilir, omuzlarındaki ağır sorumluluk çuvallarını küle dönene kadar alevlere atabilirsiniz. Gökyüzünden inen parlak beyaz bir ışık huzmesi sürgünün kalbindeki boşluğu kapatabilir.

Bütün bu dikkatli hazırlıklarınıza rağmen ritüel yine de işlemeyebilir ya da ritüelin bir noktasında yükleri bırakma işlemi durabilir. Bunlar sürgünün tam olarak hazır olmadığını gösterir. Hazır gibi görünmektedir ama ritüel başlayınca hazır olmadığı ortaya çıkar. Bunun nedeni "Sürgünün hazır olup olmadığını kontrol etme" başlığı altında önce sıraladığımız nedenlerden biri olabilir. Bu nedenle yine aynı şekilde ilgilenmek gerekir.

Bazen sürgün bu noktada yükün sadece bir kısmını, mesela yarısını bırakmaya hazır olabilir. Bu sorun değildir. Şimdilik mümkün olduğunca yükü bırakabilir, sonraki seanslarda geri dönüp kalan yükleri de bırakabilirsiniz. Ayrıca yükü bırakmasına neyin engel olduğunu da kontrol edebilirsiniz. Örneğin, sürgün yükün hepsini bırakmaya hazır olmayabilir çünkü benliğin gelecekte onunla birlikte olmaya, ona yardım etmeye devam edip etmeyeceğini görmek istiyor olabilir. Bu da sürgünle ilişkiyi devam ettirmenin ne kadar gerekli olduğunun göstergelerinden biridir. Sürgün bir kez sizin onu terk etmeyeceğinizi gördükten sonra yükün geri kalanını bırakabilir.

Ritüelden sonra

Yükler bırakıldıktan sonra sürgün gerçekten olduğu hale dönmekte özgürdür. Artık yük gittiğine göre sürgünde hangi olumlu özelliklerin veya duyguların ortaya çıktığını fark edin. Bu özellikler sürgünün doğal yapısını oluşturur; yükler yüzünden bu özellikler gömülü kalmış veya ifadeleri engellenmiştir. Mesela sürgün artık neşe, güç, oyunbazlık, özgürlük, sevgi ve hafiflik hissedebilir. Bu deneyimlerin tadını çıkarmak ve sürgünün bedeninde, aynı zamanda sizin bedeninizde nasıl ortaya çıktıklarını hissetmek için biraz zaman ayırın. (Bu noktada sürgünün sizi kaplamasına izin vermek ve onun deneyimlerini hissetmek iyi olur çünkü bu deneyim siz ve bütün sistem için iyileştiricidir.)

Diyelim ki sürgün değersizlik yükü taşımaktadır. Bu yük bırakıldığında bir hafiflik ve neşe hissi duyar çünkü o ezici inançtan kurtulmuştur. Bu deneyimi başınızdaki bir hafiflik ve uğultu hissi gibi hissedebilirsiniz. Sürgün zayıf olma yükü taşıyorsa güçlü ve kudretli hissedecektir. Bu deneyimi omurganızdaki bir dikleşme ve kollarınızdaki canlı bir enerji şeklinde hissedebilirsiniz. Hepsini bedenınizde iyice hissetmek ve bu yeni özellikleri ve duyguları kimlik hissinizle bütünleştirmek için bir süre bu deneyimlerle kalın.

Bu deneyimi yaşarken nasıl açıldıklarına dikkat edin. Bu tür tezahürler durağan değildir. Hafiflik hissi oyunbaz ve enerjik hissetme haline dönüşebilir. Olumsuz inançla aşağı çekilen sürgünün doğal enerjisi artık özgürce ortaya çıkabilir. Bu deneyim açılmaya devam ettikçe sürgün ilk kez olduğu haliyle iyi olduğunu fark etmeye başlar. Bu da yüksek bir benlik saygısı ve değerli olma hissi getirir. Bu duygu bir ikramiye değildir; sizin doğuştan kazandığınız bir haktır. Bu değeri hak ediyorsunuz ama şimdiye kadar değersizlik hissi yüzünden engellenmiştir. Artık sürgün yükünü bıraktığı için dönüşmektedir. Sürgün kendisi hakkında iyi şeyler hissederken siz de öyle hissedersiniz.

Yüklerin başarılı bir şekilde boşaltılması için ne gerekir?

Bu noktada, "Uzun süredir var olan bir duygu ya da davranış örüntüsünü değiştirmek gerçekten bu kadar kolay olabilir mi? Sadece acıyı bıraktığın fantezisini kurmak gerektiğine inanamıyorum. Bu kadar kolay olamaz" diye düşünüyor olabilirsiniz. Tabii ki bu kadar kolay değil. Dönüşümü sadece yükleri bırakma ritüeli sağlamaz; yükleri bırakmak dönüşüm sürecini başlatır. Süreçteki bütün adımlar gereklidir ve yükleri bırakma ritüelinin istenen etkiyi yaratması için hepsi tamamlanmış olmalıdır. Yükleri bırakma ritüeli aslında bu adımlar silsilesinin tepe noktasıdır: Bütün İAS sürecini güçlendiren aşamadır.

Ayrıca bütün iyileşme adımlarını her sürgün ve acı dolu hatıra için yapmalısınız. Yükleri boşaltma ritüelini yaparken bunu belirli bir hatıra ve ondan kaynaklanan yükler için yaparsınız, sürgünün taşıyor olabileceği bütün yükler için değil. Sürgün o hatıraya has yükleri bırakır. Bu da belirli miktarda dönüşümü sağlar. Ancak eğer sürgün başka hatıralarla ilgili farklı yükler taşıyorsa, o yüklerin de işlenip bırakılması gerekir. Sürgünün taşıdığı her önemli hatıra için iyileşme adımlarını tekrarlamalısınız. Bütün bunlar tamamlandığında bu sürgün dönüşür ama ayrıca iyileştirilmesi gereken başka sürgünler de vardır. İAS etkili bir modeldir ama her şeyi bir anda iyileştirmez. Her önemli hatıraya tanıklık edip her sürgünü iyileştirmek için zaman ve enerji harcamanız gerekir.

Yükleri boşaltma ritüelinden sonraki birkaç hafta sürgünle ilişkiyi sürdürmelisiniz. 13. Bölüm'de ifade edildiği gibi sürgünle her gün görüşüp onunla ilişkinizi güçlendirmeniz önemlidir. Bunu yapmazsanız yük geri dönebilir.

Yükler çok sayıda neden yüzünden geri gelebilirler. Bu yüzden yükleri bıraktıktan sonraki seansta sürgüne yeniden ulaşmayı ve yükün hâlâ gitmiş halde olup olmadığını ve sürgünün gerçekten değişmiş olup olmadığını kontrol etmeyi unutmayın. Eğer öyleyse bu özgürlük hissinin ve dönüşen sürgünün olumlu özelliklerinin keyfini çıkarıp olanları kutlayın. Eğer sürgün geri gelmişse bunun nedenini bulun. Bunun nedeni genellikle "Sürgünün hazır olup olmadığını kontrol etmek" başlıklı bölümde sıralanan dört nedenden biridir. Yüklerin neden geri geldiğini bulmak için yanlarınıza sorular sorun; sonra bu meseleyi daha önce anlatıldığı şekilde ele alın. Sonra tekrar yükleri boşaltın. Bu kez işe yarayacaktır.

Sürgün yüklerini gerçekten bıraktıktan sonra bile davranış örüntüsünü değiştirmek için genellikle daha fazla şey gerekir. Sürgün yüklerini bıraktıktan sonra ilk başladığınız koruyucuya geri dönüp koruyucu rolünü bırakmasına yardım edin. Problemli davranışınız o zaman değişecektir. Bu bir sonraki bölümde anlatılacaktır.

Melanie'nin Utanç sürgününün yükünü boşaltmak

Melanie'nin Utanç sürgünüyle olan seansının geri kalanına dönerek yükleri bırakma örneğini görelim. Buraya kadar Melanie hatıralara tanıklık etmiş, Utanç sürgününü ebeveynlerinden koruyup ormanda güvenli, keyifli bir yürüyüşe çıkarmıştı. Kaldığımız yerden devam edelim:

Jay: Utanç yükünün ebeveynleri tarafından cezalandırılması yüzünden hangi yükleri taşıdığına bakalım. Bir pislikmiş gibi hissetmişti. Ve utanç yükü vardı. Başka bir şey var mı?

Melanie: Sanırım bir noktada bunun kendi hatası olduğunu düşünüyordu.

J: Kendi hatası olduğu inancı var.

M: Ayrıca insan olmadığı, kusurlu olduğu inancı da var. Biraz kötü olduğuna ve bu yüzden cezalandırıldığına da inanıyor.

J: Evet... Bu duygu ve inançları bırakmak isteyip istemediğini sor ona.

M: İstiyor ama biraz şüpheli.

J: Bırakmaya hazır olup olmadığını sor.

Sürgün tereddütlü olduğu için gerçekten hazır olup olmadığını sormak istedim.

M: Evet. Çünkü özgürlüğe gerçekten değer veriyor.

J: Bu yükleri bedeninde nasıl taşıyor, bak bakalım.

M: Eklemlerinde ve göğsünün sol tarafında taşıyor.

J: Bu yüklerin bir şekli var mı?

M: Göğsünde ve eklemlerindeki cıvık cıvık çamur gibi.

J: Pekâlâ. Bu yükü ışığa bırakabilir, rüzgâra savurabilir veya suyla yıkayabilir; isterse toprağa gömebilir veya ateşte yakabilir.

M: Şey, ışık huzmesinin ona doğru dönmesini istiyor.

J: Işık huzmesinin ona doğru döndüğünü, çamuru alıp götürdüğünü gör. Çamurun bedeninden ayrıldığını hisset. Çamur gidene kadar öyle kal. Ne kadar sürerse sürsün. Gittiğinde bana haber ver.

Melanie'nin Utanç sürgünü yükünü ışığa bırakıyor.

M: (duraklıyor) Hımm. Rengi pembeye dönüyor. Evet. Çok hafif ve özgür hissediyor.

J: Güzel. O hafiflik ve özgürlük duygusunu ve ortaya çıkan diğer şeyleri biraz hisset. Senin ve onun bedenine yayılmasını bekle.

M: Parlamaya başladı. Çok keyifli hissediyor. (duraklıyor) Kıkırdıyor. Bu çok güzel. Kirli bir şeyden parlak bir varlığa dönüştü.

Utanç sürgünü ve Melanie'de olağanüstü bir değişime tanık oldum. Melanie bu değişimin seanstan sonra da uzun süre devam ettiğini söyledi.

Christine, Bebek'in ve Küçük Kız'ın yüklerini boşaltıyor

3. Bölüm'de verilen Christine'in seansına geri dönüyoruz. Christine o âna kadar yalnız bırakılan Bebek ve Küçük Kız'a tanıklık etmiş ve Bebek'i sevgiyle kucaklamıştı.

Jay: Bebek karanlıkta yalnız bırakılmasının sonucu olarak panik ve yalnızlık gibi bazı duyguları benimsemiş. Eğer onun için uygunsa şimdi bu duyguları bırakabiliriz. Bu süreç sırasında duyguların bir kısmını bırakmış olabilir ama yükleri tamamen bırakmak için içsel bir ritüeli gerçekleştirmemiz faydalı olur. Yükleri bırakmak isteyip istemediğini görmek için Bebek'i kontrol et.

Christine: (gülüyor, ağlıyor) Tamam, ah Tanrım.

J: Neler oluyor?

C: Önce bir üzüntü ve acı hücumu oldu, sonra ona bu soruyu sorduğumda Küçük Kız'la birlikte olabilmek için büyümek istedi. Hiçbir engelle karşılaşmadan hızlandırılmış bir büyüme gibi bir şey bu. Büyük bir duygu hücumu hissediyorum; kalbimin içinden geçiyor.

J: Bunu hissetmek iyi mi kötü mü?

C: İyi.

J: Güzel.

C: Bebek mutlu.

Bu çok hoştu. Bebek sadece bu ritüel olasılığından bahsetmemle birlikte yükleri kendiliğinden bırakmış gibi görünüyor.

J: Ben yükleri bırakma ritüelini teklif edince içinde bu duygu yoğunluğunun geçtiğini hissettin. Şimdi bir kontrol et bakalım, bu kadarı yeterli mi, yoksa ritüeli yine de yapmamız gerekiyor mu?

C: Bebek şu anda iyi. O duygu seli her neyse iyi gelmiş. Ama Küçük Kız'ın yükleri bırakma ritüeline ihtiyacı var gibi görünüyor.

J: Tamam, Küçük Kız hangi yükleri taşıyor?

C: Ağırlaşmış bir kalp, keder, işlerin asla değişmeyeceği hissi, bebeğin panik ve korkusunu her zaman taşımak zorunda kalacağı hissi.

J: Önce Küçük Kız'ın Bebek'in şimdi mutlu olduğunu görüp görmediğini bir kontrol et.

Küçük Kız'ın Bebek'in yüklerini bıraktığını gerçekten görmesini istiyorum, çünkü böylece o da umutsuzluğunu ve Bebek'i koruma zorunluluğunu bırakabilir.

C: Evet. Bebek'le oynamak istiyor. Çok ilginç. Bebek'le oynuyor olmasına rağmen yine de Bebek'e bakması ve bu yükü taşıması gerekiyormuş gibi hissediyor. Bebek'in mutlu olduğunu kendi gözleriyle görmesine rağmen hâlâ bu ağırlığı ve umutsuzluğu bırakamayacağını düşünüyor.

J: Tamam. Küçük Kız'a taşıdığı ağır kalp ve işlerin asla değişmeyeceği hissini bırakmak isteyip istemediğini sor.

C: Bu onun kafasını biraz karıştırdı çünkü kendisinin böyle olduğuna inanıyor. Bu inanç olmasa burada olmazmış.

J: Ona, bu yük olmazsa istediği kişi olabileceğini, istediği her rolü alabileceğini söyle.

Daha önce söylediğim gibi, yanlar yükleriyle tanımlanmaz. Onlara has kendi potansiyelleri vardır. Bu yüzden yüklerini bırakabilir ve yeni bir rol alabilirler.

C: Evet. Bu yükü bırakmak istiyor, böylece oyun oynayabilir. Bunun eğlenceli olacağını görebiliyor.

J: Güzel. Ağır kalp ve umutsuzluk yükünü nerede taşıyor?

C: Kalbinin etrafında bir ağırlık var. Yükün geri kalanı başında, omuzlarında ve sırtında taşıdığı ağır bir pelerin gibi. Neşeli olmasına izin yok.

J: Tamam. Bu yükleri suya bırakabilir, rüzgâra savurabilir, ışığa gönderebilir, toprağa gömebilir ya da ateşte yakabilir. Hangisi ona iyi gelir?

C: Yüklerin dönüşmesini istiyor. Böylece kimse onları bir daha taşımak zorunda kalmaz. Bu yüzden... yakmak istiyor.

J: Ateşte yakmak istiyor. Bunu organize et bakalım.

C: O da bir yükmüş gibi minik elbisesini yakmak istiyor. Bu çok garip ama böyle diyor. Başka bir elbise istiyor.

Belli ki Küçük Kız için bu elbise kalbinin etrafındaki ağırlığı sembolize ediyor.

J: Elbisenin yanışını seyrederken yükün Küçük Kız'ın bedeninden gittiğini hisset. Bütün yükler gidene kadar istediği kadar durabilir.

C: Bu çok ilginç. Küçük Kız'ın kafası karıştı, değiştiği için korkuyor ama ben elini tuttum. Şimdi başka bir elbise var üzerinde.

J: Bütün yükler gitti mi?

C: Evet.

J: Yükler artık gittiğine göre onda hangi olumlu özelliklerin ortaya çıktığını fark et.

C: Şu anda minnet duyuyor. İkisi birlikte yanan elbiseden çıkan dumanın yükselişini seyrediyorlar. Çok garip. Buralarda birisi bütün bu olanlardan dolayı mahcup hissediyor. Yine de zihnime gelen bu görüntüleri söyleyeceğim... Seksek oynuyorlar. Yani bunu uyduramam herhalde. Çok tatlı. Küçük ayaklarını görüyorum.

Christine'in iki sürgünü de yüklerini boşalttığı için hoş, sevimli, oyunbaz ve bağlantıda olma hisleri ortaya çıktı. Belli ki bunlar sürgünlerin ve tabii ki Christine'in yapısında olan özelliklerdir.

Alıştırma: Sürgünün yüklerini boşaltmak

Bir sürgünün yükünü boşalttığınız bir seans yapın. Mümkünse daha önce çalıştığınız bir sürgünle başlayın. Eğer böyle bir sürgün yoksa bir koruyucuyla başlayıp onu tanıyın, bu sürgünle çalışmak için izin isteyin. Adımları takip edip bu bölümde öğrendiğiniz yükleri boşaltmayla tamamlayın. Size rehberlik etmesi için Yardım Sayfası'nı kullanın.

Sürgün ______________________________
Çocuklukta ne oldu? ______________________________
Sürgün bu yüzden ne hissetti? ______________________________
Sürgüne nasıl bir yeniden ebeveynlik yaptınız? ______________________________
Sürgün oradan çıkmak istediyse onu nereye götürdünüz? ______________________________

____
Sürgünün taşıdığı yükler ______________________________
Yükleri bedeninde nerede taşıyor? ______________________________
Yükleri hangi elemente bıraktı? ______________________________
Ortaya çıkan olumlu özellikler ______________________________

Özet

Bu bölümde sürgünün taşıdığı belirli yükleri tanımlamayı ve sürgünün bunları bırakmaya hazır olup olmadığını öğrendiniz. Yüklerin doğal elementlerden birine bırakıldığı içsel yükleri bırakma ritüelini gerçekleştirmeyi artık biliyorsunuz. Bu ritüel sürgünün yapısında doğal olarak bulunan olumlu özellikleri ve duyguları deneyimlemesini sağlar. Sürgünün yükleri bırakmasını engelleyen meseleleri ve yüklerin geri gelmesine yol açan nedenleri ve yükleri başarıyla bırakmak için bunları çözmeyi öğrendiniz. Sonraki bölümde koruyucu rolünü bırakması için orijinal koruyucuya geri döneceğiz.

15. Bölüm

Koruyucu rolünü sağlıklı hale getirmek: Koruyucuyu yüklerden kurtarmak

Artık İAS sürecindeki son adıma hazırız. Sürgün artık dönüşmüştür. Artık acı çekmediği ve tehlikede olmadığı için koruyucusu da özgürce değişebilir. Bu bölümde İAS sürecinde 8. Adım olan koruyucunun rolünü bırakmasına nasıl yardımcı olunacağı ve bu değişimlerin içsel sistemin geri kalanıyla nasıl bütünleştirileceği anlatılacak, böylece çalışmanın bu bölümü tamamlanacaktır.

Koruyucuyu kontrol etmek

Koruyucu, incinebilir sürgünü veya sizi sürgünün acısından koruma rolünü çok önemli gördüğü için kendi rolünü bırakmadan önce sürgünün dönüşümünün farkında olmalıdır.

Önce bu koruyucuyla daha önce temas kurmak için kullandığınız imaj, beden duyumu veya duyguyu hatırlayın. Artık bunlara kolayca erişemiyorsanız koruyucudan ortaya çıkmasını isteyin. Koruyucu ortaya çıkınca tamamladığınız çalışmanın farkında olup olmadığını sorun. Sürgünün dönüştüğünün farkında mı? Bazen koruyucular olanların farkındadır, bazen değildir. Koruyucunun, sürgünün artık kırılgan olmadığını ve acı çekmediğini görmesini istersiniz. Sürgünün güç, neşe ve oyunculuk gibi yeni özelliklerinin farkına varmasını istersiniz.

Eğer koruyucu neler olduğunun farkında değilse, dönüşen sürgünü onunla tanıştırın. Bu da birbirlerinin farkına varabilmeleri için ikisini içsel olarak bir araya getirmek anlamına gelir. İkisini bir odada el sıkışırken hayal edebilirsiniz. Bedeninizde aynı yere getirebilirsiniz. Koruyucu bu kez sürgündeki değişiklikleri görebilecektir.

Koruyucuya sürgünün yeni hali hakkında ne düşündüğünü sorun. Onun böyle neşeli ve özgür olduğunu görmekten dolayı mutlu mu? Artık acı çekmediğini görmek onu rahatlatıyor mu? Artık koruyucu rolüne gerek olmadığını hissediyor mu? Bu rolü bırakmak ister mi? Koruyucular genellikle sürgünün iyi olduğunu gördükten sonra bu rolü memnuniyetle bırakabilirler.

Eğer koruyucu rolünü bırakmaya hazır değilse, bırakırsa ne olmasından korktuğunu sorun. Rolünün hâlâ gerekli olduğuna inanıyor olabilir çünkü belki de henüz yüklerini bırakmamış başka sürgünleri koruyordur. Bu durumda koruyucu bu rolünü bırakmadan önce o sürgünleri de iyileştirmeniz gerekir. Koruyucunun rolünü bırakmamasının başka nedenleri de olabilir. Belki de sürgünü şimdiki hayatınızdaki birinden koruyordur. Bununla nasıl ilgileneceğinizi son bölümde konuştuk. Ya da koruyucu sürgünün değiştiğini görebilir ama değişimin kalıcı olduğuna inanmaz. Bu durumda bu değişimin kalıcı olması için sürgünle çalışmaya devam edeceğinizi söyleyin. Koruyucu neyden endişe ediyorsa bu konuyu nasıl çözeceğinizi açıklayın. Korkuları yatıştıktan sonra rolünü bırakacaktır.

8. Adım: Koruyucu rolünü bırakmak

Koruyucuların da yükleri vardır ama bunlar sürgünlerin yükleri gibi değildir. Sürgünün yükü acıyken, koruyucunun yükü koruyucu rolüdür. Bu rol koruyucunun doğal yapısında bulunmaz. Koruyucu size yönelik büyük bir tehlike algıladığı için bu rolü üstlenmiştir. Tehlike ortadan kalktıktan sonra bu koruyucu rolün yükü bırakılabilir.

Eğer koruyucu artık yükü bırakmaya hazırsa, bazen öylece bırakıverir. Ama bazen koruyucunun da yükleri bırakma ritüeli yapması gerekebilir. Bunu yapmak isteyip istemediğini sorun. Eğer yükleri tamamen bırakmadıysa ve biraz yardıma ihtiyacı varsa ritüeli yapmayı tercih edebilir. Bunu istiyorsa son bölümde sürgünün yüklerini bırakma konusunda öğrendiğiniz işlemi gerçekleştirin. Koruyucunun yükü bedeninde nerede taşıdığını bulun ve elementlerden birine bırakın.

Yeni bir rol

Koruyucu, savunma görevini bıraktığında kendiliğinden yeni bir rol üstlenebilir. Eğer bu olmazsa ona istediği rolü alabileceğini söyleyin. Diyelim ki yeterince sıkı çalışmadığınız konusunda sizi yargılayan bir koruyucunuz var. Sizi teşvik etmek ve yeni iş girişimlerinizde çok çalışmadığınız için sizi yargılamak yerine cesaretlendirme rolünü üstlenebilir. Bu eski role göre sağlıklı, aşırı olmayan bir roldür.

Bununla birlikte bazen koruyucular daha önceki işlevsiz tarzlarının tamamen aksi bir tarz benimsemek isteyebilirler. Diyelim ki koruduğu sürgüne karşı çok küçümseyici davranan bir koruyucunuz var. Artık onu küçümsemek yerine sevecen bir destekçi rolü üstlenmek isteyebilir. Bir başka olasılık da koruyucunun ikisini de içermeyen yani eski rolüyle bir ilgisi olmayan bir rol seçmesidir. Sözgelimi, sizin dikkatinizi dağıtmak için çok çalışan bir koruyucu rolünü bıraktıktan sonra sadece oyun oynamak isteyebilir. Bırakın koruyucu yeni rolünü kendisi seçsin. Ne yapması gerektiğine siz karar vermeyin. Sizin seçtiğiniz şey koruyucunun istediği şeye uymayabilir. Ayrıca İAS'nin merkezinde bulunan işbirliği ruhuna da uymaz.

Bazen koruyucu yüklerini bıraktıktan sonra yeni bir rol seçmesi gerekmeden netlik, güç veya sevgi gibi bazı olumlu özellikler kendiliğinden ortaya çıkar. Bu durum sürgünün yükleri boşaldıktan sonraki duruma benzer. Koruyucunun bu noktada bir şey yapması gerekmez. Farklı bir rol seçmek sadece bir seçenektir. Yeni rol zaman içinde yavaş yavaş ortaya çıkabilir. Önemli olan koruyucunun eski, işlevsiz rolünü bırakmasıdır.

Dışsal duruma karşı test etmek

Eğer zamanınız varsa bu değişiklikleri genelde koruyucuyu aktive eden durumlarda test etmek iyi bir fikir olabilir. Hayatınızda bu tür durumlarla karşılaşmadan önce hayal gücünüzde deneyebilirsiniz. Diyelim ki koruyucu, sevilmediğini hisseden sürgünün onaylanmasını sağlamak için otorite figürlerini memnun etmeye çalışıyordu. Bunu şöyle test edebilirsiniz: Hayatınızdaki bir otorite figürüyle bir ortamda bulunduğunuzu hayal edin. Sevilmediğini hisseden sürgünün tetiklenip tetiklenmediğine ve memnun etmeye çalışan koruyucunun ortaya çıkıp çıkmadığına bakın. Bu deneme size bu yanlarınızın yüklerini gerçekten bırakıp bırakmadıklarına dair bir fikir verebilir. Ayrıca diğer yanların da otorite figürlerine karşı bir tepkide bulunup bulunmadıklarını kontrol edin. Bu içsel deneme işlemi sizi bu durumla gerçek hayatta yüzleşmeye hazırlar. Daha ileri bir çalışmanın gerekli olup olmadığını da size gösterir.

Eğer sürgün ve koruyucu tetiklenmiyorsa, o ortamda kendinizi nasıl hissettiğinize bakın. Sıradışı bir rahatlama ve huzur hissi duyabilirsiniz. Ya da netlik ve güç hissi deneyimleyebilirsiniz. Bu deneyimin tadını çıkarmak için biraz zaman ayırın. Meydana gelen değişimleri kutlayın.

Eğer koruyucu ya da sürgün tetikleniyorsa nedenini araştırın. Sürgünün tetiklenmesi yükün tamamen boşalmadığı anlamına gelir. Bu durumu son bölümde konuştuğumuz şekilde düzeltebilirsiniz. Eğer koruyucu tetiklenirse, bu bölümde öğrendiğiniz gibi onu koruyucu rolünde tutan şeyin ne olduğunu araştırın.

Davranış değişikliği için ne gerekir?

Davranışınızda anlamlı bir değişim olması için ne kadar yükü bırakmanın gerekli olduğunu önceden tahmin etmek zordur. Bazen bir seans yeterli olur. Bazen bir sürgünün ve koruyucusunun yüklerinin boşaltılması için bir dizi seans, bazen çok daha fazlası gerekir. Bunun nedenini şöyle açıklayayım:

Son bölümde anlatıldığı gibi bir sürgünün tamamen iyileşmesi için bu sürgünün yüklerini yaratan bütün çocukluk anılarına tanıklık edilmesi, yeniden ebeveynlik yapılması ve o hatıra için gerekli yük bırakma işleminin yapılması gerekir. Bazı durumlarda davranış değişikliği için bundan daha fazlası da gerekir. Sürgünleri bilincin dışına itip dış dünyadaki davranışlarımızı etkilemelerine izin vermedikleri için davranışlarımızın çoğuna koruyucularımız karar verir. Bu yüzden çok fazla yemek gibi belirli bir davranış örüntüsünü değiştirmek için bundan sorumlu olan koruyucuyu bulmak gerekir. Eğer bu koruyucu birden fazla sürgünü koruyorsa, koruyucu rolünü tamamen bırakmadan ve davranışını değiştirmeden önce her birinin iyileşmesi gerekir. Sözgelimi, aşırı yiyen koruyucu, bebekken saate göre beslendiğiniz için açlıktan ölen bir sürgünü koruyor olabilir. Bunun yanı sıra sizi, depresyona giren anneniz tarafından ihmal edilen başka bir sürgünün acısından da koruyor olabilir. Bir de size yalan söylendiğine inandığında öfkeden deliye dönen üçüncü bir sürgünü koruyor da olabilir. Aşırı yeme davranışının tamamen ortadan kalkması için bu sürgünlerin üçünün de iyileşmesi ve son olarak da aşırı yiyen koruyucunun yükünü bırakması gerekir.

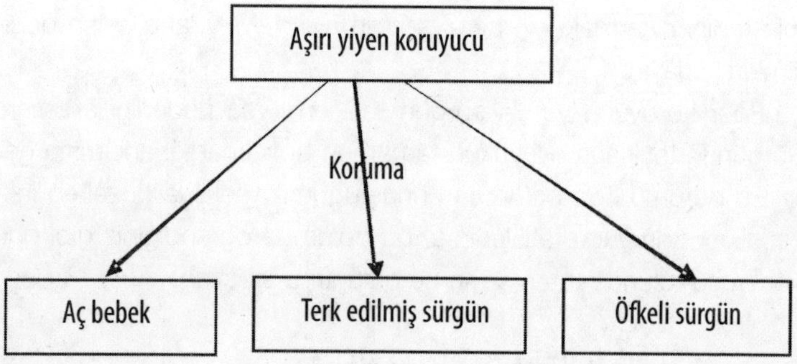

İsli İblis yüklerini bırakıyor

İsli İblis'i hatırlıyor musunuz? Lisa'nın kalbini korumak için ona zaman zaman sert davranan kardeşine saldırmak istiyordu. Lisa'nın bu yanla ve sürgünle çalıştığı bir dizi seansın sonunda neler olduğuna bakalım. Lisa'nın İsli İblis'i tanıdığı ve onunla iyi bir iletişim kurduğu seansların parçalarını görmüştük. Bu seanstan sonra Lisa, Kalp Parçası dediği kırılgan sürgünle ilave bir çalışma daha yaptı. Bu seanslar kitapta yer almıyor. Sürgünü iyileştirdi. Artık kız kardeşine karşı daha az savunmasız hale geldi. Bu seansların sonuncusundaki çalışmayı görelim:

Jay: Şimdi İsli İblis'e geri dönelim. Kalp Parçası'yla yaptığımız çalışmanın farkında olup olmadığına bir bak.

Lisa: Evet, neler olduğunun farkında. Çok memnun olduğunu söyledi.

J: Kalp Parçası artık tehlikede olmadığına göre, kardeşine ya da yargılayıcı veya sert olan diğer insanlara saldırmak zorunda hissediyor mu hâlâ?

L: Bunu düşünüyor... Artık saldırmak zorunda olmadığını söylüyor. Evet, beni koruma konusunda artık çok daha rahat.

J: Harika! Bu saldırı rolünü bırakacağı bir ritüeli gerçekleştirmek ister mi, yoksa buna gerek yok mu?

L: Gerekli görünmüyor.

İsli İblis saldırı rolünün gerekli olmadığını fark etti ve bir yükleri bırakma ritüeli olmadan da bu rolü bırakmaya hazır.

J: Peki, İsli İblis'in sisteminde yeni bir rol seçmek isteyip istemediğine bir bak.

L: Sadece oyun oynamak istediğini söylüyor. Etrafta koşturduğunu, atlayıp zıpladığını görebiliyorum. Bunu biraz saldırgan bir şekilde yapıyor ama artık kimseye saldırmak istemiyor. Sadece eğleniyor.

J: Güzel. Bu oyuncu yanın biraz tadını çıkar. Bu arada bu yanın adını değiştirmek ister misin artık?

L: Evet. Kendine Zappy dememi istiyor.

Bazen yanlar nasıl değiştiklerini yansıtacak yeni isimler isteyebilirler.

J: Pekâlâ. Şimdi bak bakalım, Zappy bedeninde neler hissediyor?

L: Yüksek bir enerji, özgürlük. Hareketinde bir güç var. Canlı, elektrikli bir duygu. Özellikle kollarımda ve bacaklarımda hissediyorum. Gerçekten çok eğlenceli!

Dönüşen koruyucuyu bu şekilde bedende hissetmek değişikliklerin kalıcı bir şekilde bütünleştirilmesine yardımcı olur.

J: Bu dönüşümü test etmek ister misin?

L: Tabii.

J: Kız kardeşinle birlikte olduğunu ve sana kırıcı bir şey söylediğini hayal et.

L: Tamam. Görünüşümle ilgili bir espri yaptığını hayal ediyorum.

J: Buna karşın ne hissettiğine bak. Bu yan nasıl tepki veriyor?

L: Şey, her zamanki kızgınlığı fark etmiyorum. Sadece yaptığı şakadan etkilenmiyorum. Her zamanki şeyler gibi geliyor. Ve Zappy de her zamanki gibi saldırma isteği duymuyor.

J: Demek ki yükleri bırakmanın etkisi güçlü.

Bu sadece dönüşümü doğrulamakla kalmayıp sağlamlaştırır.

J: O halde burada durabiliriz. Zappy'ye yüklerini bırakmaya istekli olduğu için teşekkür et.

L: Tamam. Şu an çok mutlu.

J: Bitirmeden önce bir şey söylemek isteyen bir yanın ya da senin onlara söylemek istediğin bir şey var mı?

L: Zappy etrafta koşturmaya devam ediyor, gösteriş yapıyor. Bir şey söylemesi gerekmiyor.

J: Güzel. Sonraki hafta boyunca onunla ilişkini sürdürmek için Kalp Parçası'nı kontrol etmeyi unutma.

Bir sürgün dönüştüğü zaman Benlik'in onunla ilişkisini sürdürmesi gerekir ki değişim kalıcı olsun.

Lisa'nın İsli İblis (Zappy) ve Kalp Parçası'yla çalışması burada tamamlanıyor.

Art'ın koruyucusu

Sürgün iyileştikten sonra da rolünü bırakmaya hazır olmayan bir koruyucu örneğine bakalım. Bu kayıt aynı zamanda bir önceki seansta kalan bir yana yeniden nasıl ulaşılacağını da gösteriyor. Art bu çalışmada reddedilmekten korkan bir Ergen sürgünün yüklerini boşaltmıştı. Ergen bu yüklerini okyanusa bırakmıştı. Ancak Art orijinal koruyucunun kim olduğundan emin değildi.

Art: Sürgün Ergen'di ve sahilde yükleri boşaltmaya kadar ilerledik. Ama o seansa Ergen'le doğrudan çalışarak başlamıştım, bu yüzden bir koruyucu yoktu.

Jay: Bununla çalışabiliriz. O sürgünü hisset ve tekrar ona ulaşabiliyor musun, bir bak. Şu anda nerede? Bunu yaparken daha fazla yardıma ihtiyacın olup olmadığını bana söyle.

A: Biraz kafam karıştı çünkü sahilde vardığımız yeri çok yoğun hissediyorum şimdi. Yeniden ulaşabileceğim nokta orası. Bedenimde bir genişleme hissediyorum, demek ki Ergen sürgün hâlâ dönüşüyor. Ama bu genişleme şu anda geldiğim nokta sayesinde mi oldu, yoksa sürgün gerçekten de böyle mi hissediyor, bilemiyorum.

J: Benim bir fikrim var. Bunu anlamak için bir test yapalım. Bu sürgün hayatındaki hangi durumlarda tetikleniyor?

Bu test adımı normalde yükleri bıraktıktan sonra yapılır ama burada sürgünün hâlâ yüklerini bırakıp bırakmadığını görmek için yapıyorum.

A: Sosyal durumlar. Bu, odamda saklanmaya eğilimli olan sürgün.

J: Tamam. Bu sürgünün tetiklendiği tipik bir sosyal durumu tarif et çünkü burada iş gören koruyucuları da görmek istiyorum.

A: Partiler, aile etkinlikleri, network etkinlikleri ve sayfiyeler.

J: Bu tür ortamlarda hangi koruyucular aktif oluyor?

A: Bir koruyucu beni buralardan uzak tutmaya çalışıyor. Neden gitmemem gerektiğine dair bir sürü neden buluyor ve oralarda neler olabileceğini gösteriyor.

J: Bu koruyucunun adı ne olsun?

A: Uzak Dur diyen yan.

J: Onunla daha önce çalıştın mı?

A: Fazla çalışmadım.

J: Peki, kendini böyle durumlardan birinde hayal et.

A: Bir sayfiyeye gittiğimi hayal ediyorum çünkü yarın gerçekten de bir sayfiyeye gideceğim. Ergen sürgünle o çalışmayı yapmadan öncekine göre çok farklı hissediyorum. İnsanları görmek için sabırsızlanıyorum. Buna çok açığım. Bence dönüşüm hâlâ yerini koruyor.

J: O zaman sürgünün hâlâ dönüşmüş halde olduğunu varsayacağız. Şimdi de Uzak Dur diyen yana odaklan.

A: İnzivada toplantıda olmadığım zamanları odamda geçirmem için nedenler buluyor. Cuma gecesi bir parti olacak. "Oraya gitme" diyor. Otomatik bir hayır gibi.

J: Uzak Dur diyen yanla bağlantı kur bakalım. Ona karşı nasıl hissettiğine bak. Bu sürgünü korumaya çalıştığını gör.

Art daha önce bu koruyucuyla çalışmadığı için daha ileri gitmeden önce onunla bağlantı kurmasını istiyorum. Yoksa bizimle işbirliği yapmayabilir.

A: Ona karşı çok şefkatli olduğumu hissediyorum. Ayrıca önceki seansta çalıştığım Ergen'den daha küçük bir sürgünü hissediyorum. Uzak Dur diyen yanın neyi neden yaptığını anlayabiliyorum.

J: Koruyucuya son seansta sürgünle yaptığın çalışmanın ve sürgünün artık dönüştüğünün farkında olup olmadığını sor.

A: Evet, farkında.

J: Peki, bu konuda ne hissediyor?

A: Olanları takdir ediyor ama dönüşümü eylemde görmek istiyor. Bu partiye gitmenin güvenli olup olmadığından emin değil.

J: Yani hâlâ sürgünün o partide üzülmesinden veya utanmasından mı korkuyor?

A: Evet, utanç yerinde bir ifade. Kendisi hakkında kötü hissedecek, ne yapacağını bilmeyecek. Koruyucu çok genel bir ifade kullanıyor, "Oraya gitmeyi düşünme bile".

J: Hadi, bir şey deneyelim. Uzak Dur diyen yanla sürgünü tanıştır şimdi.

A: İkisi birlikteler.

J: Uzak Dur diyen yan, dönüşen sürgünün farkında mı?

A: Hımm. Burası biraz karışık. Evet, farkında aslında ama şimdi çok daha küçük bir sürgüne dair sahneler gelip gidiyor gözümün önüne. Annem tarafından bir partiye zorla sokulduğuma dair çok güçlü bir hatıra geliyor. Bunun Ergen sürgünle nasıl bir ilgisi olduğunu bilmiyorum.

J: Ergen sürgüne sor bakalım, bu onun hatırası mı, yoksa başka bir sürgüne mi ait?

A: Başka bir yanın hatırası gibi ama Ergen sürgünle de ilişkili.

Daha küçük olan yan Ergen sürgünle ilişkili çünkü ikisi de sosyal ortamlarda korkuyorlar ve ikisi de bu koruyucu tarafından korunuyorlar.

J: Sanırım Uzak Dur diyen yan bunu söylemeyi bırakamaz çünkü henüz diğer sürgün iyileşmedi. Sonraki seansta o küçük sürgünle çalışacağını söyle.

Ergen sürgün iyileştiği halde Uzak Dur diyen yan henüz rolünü bırakmaya hazır olmadığı ve Art daha küçük bir sürgünün hatırasını gördüğü için koruyucunun bu rolde kalmaya devam etmesi çok mantıklı çünkü küçük sürgünü koruması gerekiyor. Bu seansta Uzak Dur diyen yanla başka bir çalışma yapmak gerekmiyor.

Küçük sürgün ve bu koruyucu tarafından korunan diğer sürgünler iyileştiğinde Uzak Dur diyen koruyucu muhtemelen rahatlayacak ve Art'ın sosyal etkinliklere katılmasına izin verecektir. Bunu aşağıdaki şekille gösterebiliriz:

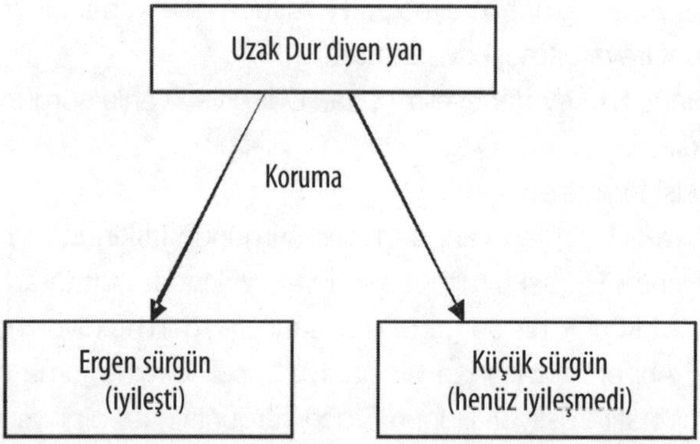

Alıştırma: Bir Koruyucuyu serbest bırakmak

Mümkünse daha önceden yüklerini bıraktığınız bir sürgün seçin. Böyle bir sürgününüz yoksa bir dereceye kadar çalıştığınız bir sürgün seçin. İAS sürecini yükleri bırakma aşamasına kadar getirin. Sonra bu sürgünün koruyucusuna yeniden ulaşın ve bu bölümde öğrendiğiniz gibi koruyucu rolünü bırakmasına yardımcı olun.

Koruyucu ______________________________
Koruyucunun rolü ______________________________
Sürgün ______________________________
Sürgünün yükü ______________________________
Koruyucu yükünü bırakmaya hazır mı? ______________________________
Hazır değilse neden? ______________________________
Hazırsa almak istediği yeni rol hangisi? ______________________________
Bu değişikliklerden rahatsız olan yanlar var mı? Hangi ______
endişeleri taşıyorlar? ______________________________
Onlara nasıl güvence verdiniz? ______________________________
Dışsal durumu hayal ettiğinizde ne hissettiniz? ______________________________
Tetiklenen bir yan var mı? ______________________________
Gelecekte yapılması gereken başka çalışma var mı? ______
____

Sağlıklı yana karşı benlik

Yüklerini bıraktıktan sonra yanların sergilediği sağlıklı roller ve özellikler konusunda artık bir fikriniz olduğu için bunların benliğin özellikleriyle nasıl bir ilişkileri olduğunu merak edebilirsiniz. Dönüşen yanlardan biri benliğin özelliklerini gösterebilir mi? Diyelim ki bir yan yükleri bıraktıktan sonra benliğin bir özelliği olan sükûneti sergilemeye başladı. Ya başka bir yanın yeni rolü şefkat göstermek olursa? Böyle bir yanla benlik arasındaki farkı nasıl anlayabilirsiniz?

Bu ayrımı da bir yanı diğerinden ayırırken yaptığınız gibi, yani o yanın kimlik hissini fark ederek yapabilirsiniz. Bir sükûnet hissi duyuyorsanız burada iki olasılık söz konusudur:

1. Bu hissin belirli bir yandan geldiğini hissediyor olabilirsiniz. Mesela Arabulucu adındaki bir yanınız size bu özelliğini armağan olarak sunuyor olabilir.
2. Sükûnet hissinin benlikten geldiğini hissediyor olabilirsiniz. Zaten doğal halinizle sakin birisinizdir. Aradaki farkı ayırt edemiyorsanız da endişelenmeyin. İhtiyacınız olduğunda bu özelliğe ulaşabildiğiniz sürece nereden geldiği çok önemli değildir.

Alıştırma: Koruyucuyla takip çalışması yapmak

Koruyucu rolünü bırakmış bir koruyucu seçin. Hafta boyunca tetiklendiğinde onu kontrol edebilirsiniz.

Hazırlık

Böyle zamanların farkında olabilmek için aşağıdaki soruları cevaplayın:

Ne tür durumlar ya da kişiler bu koruyucuyu aktive ediyor?——————————————————————

Bu tür durumların önümüzdeki hafta ortaya çıkma olasılığı — nedir?——————————————

Hafta içi

Koruyucunuzun genellikle tetiklendiği bu tür durumlarda bu kez tetiklenip tetiklenmediğine bakın. Eğer tetiklenmiyorsa, öncekinden nasıl daha farklı hissettiğinize ya da davrandığınıza bakın. ______________________________

____

Gerçekleştirdiğiniz bu değişimi takdir edin. Başarınızı kutlayın. Eğer koruyucu aktive olduysa onu neyin tetiklediğine ve neden korktuğuna bakın. ______________________________

____

Koruyucunun dönüşümünün tamamlanması için gelecekte hangi ilave çalışmayı yapacağınızı bilmek için bunu kaydedin.

Özet

Bu bölümde dönüşen sürgünü onu koruyan koruyucuya tanıtmayı ve bu koruyucu rolünü bırakmaya hazır olup olmadığını görmeyi öğrendiniz. Koruyucu hazır değilse ne yapacağınızı ve eğer gerekirse yüklerini nasıl bırakacağınızı biliyorsunuz. Koruyucu artık eski rolünü bırakıp yeni bir rol seçebilir. Diğer yanları da kontrol edip bu değişimle rahat edip etmediklerini, bu dönüşümü koruyucuyu genellikle tetikleyen dışsal durumlara karşı test etmeyi biliyorsunuz. Belirli bir koruyucu ve sürgünle İAS çalışması yapma konusunu böylece tamamlamış olduk.

16. Bölüm

Terapi sürecini desteklemek: Bireysel, partnerle ve terapistle çalışma konusunda ipuçları

Bu kitaptan en iyi şekilde faydalanmak için düzenli aralıklarla İAS yapmalısınız. Her bölüm kavramları anlamanıza, bunları ruhunuz ve hayatınız için anlamlı hale getirmenize yardımcı olan alıştırmalar sunuyor. Çoğu insan için bu uygulamaları bir arkadaşla yapmak en büyük faydayı sağlar; ikiniz sırayla kendi sisteminize çalışırken diğeri de tanık ve kolaylaştırıcı rolü oynar. Eğer kendi başına çalışmayı tercih eden insanlardansanız bu konuda tavsiyeler veren bölüme geçebilirsiniz.

Biz insanlar sosyal yaratıklarız. Derin içsel çalışma yaparken bile görülmek ve anlaşılmak isteriz. Kendi başınıza İAS yaparken bile duygularınızı ve endişelerinizi umursayan, büyümeye giden bu yolculuğunuza değer veren birinin yanınızda olması desteklendiğinizi hissettirir. İçinizin derinliklerinde bulunan acılı yerleri etkili ve saygılı İAS yöntemiyle açmak bile kolay değildir. Birisi size tanıklık etmek için orada olduğunda bütün keşif daha davetkâr hale gelir. Yaralı ve koruma altındaki yanlarınız destekleyici bir ortam bulur. Sessiz bir tanığın bile desteği çok büyüktür.

Genellikle içinizdeki acı ve zorluklardan oluşan dünyayla ilgilenmek istemeyen çok sayıda koruyucu vardır. Size tanıklık eden biri olmadığında siz fark etmeden dikkatinizi dağıtmaları, sizi alıp başka yerlere götürmeleri çok kolaydır. Bir arkadaşla çalışmak sizin odaklanmış halde kalmanızı sağlar. Bu koruyuculardan bazıları bu içsel çalışmayı yapmaktan tamamen kaçınıyorsa arkadaşınızla randevular oluşturmak işe yarar. Böylece bu çalışmaları kolayca erteleyemez, programınıza almış olursunuz.

Bu bölümün geri kalanında kendisi üzerinde çalışan kişiye *kâşif*, onu dinleyen ve çalışmasını kolaylaştıran kişiye de *tanık* diyeceğim. Sırayla alıştırma veya seans yapabilmeniz için yeterli süre ayırın. Kâşif olma sırası size geldiğinde tanık sizi dinleyip yardım eder, siz alıştırmayı bitirdikten sonra beş dakika kadar size geribildirim verir ve olanlar hakkında konuşursunuz.

Siz kâşifken deneyimlediklerinizi ve yanlarınıza sorduğunuz soruları yüksek sesle dile getirin ki tanık neler olduğunu anlayabilsin. Mesela, "Omuzlarımda bir gerginlik hissediyorum", "Bu yana neyden korktuğunu soruyorum", "Kendimi aptal durumuna sokacağımı söylüyor" gibi.

Çalışma sorumluluğu

Siz kâşifken seansın ve olanların sorumluluğu sizdedir. Bu, psikoterapistin çalışmada biraz daha fazla sorumluluğunun olduğu psikoterapide olmaktan biraz farklıdır. Akran danışmanlığında bir arkadaşınızla çalışırken arkadaşınız size yardımcı olabilir ama İAS'yi sizden daha fazla bilmiyordur. Bu yüzden seansta olanların sorumluluğunu bir terapist gibi alamaz. Seansı size faydalı olacak şekilde yürütmek size bağlıdır. Süreci ne kadar hızlı ya da yavaş yürüteceğinize, bazı meseleleri ne kadar derinlemesine inceleyeceğinize karar vermek sizin işinizdir. Seansta olanların ve İAS'de nerede bulunduğunuzun kaydını tutma sorumluluğu sizdedir. Hangi yanlarınızı keşfedeceğinize ve ruhunuzdaki acı veren veya kırılgan yerlere ne kadar gireceğinize karar vermek sizin sorumluluğunuzdur. Tanığın önemli bir rolü olsa da bu gösteri sizindir.

Siz tanık olduğunuzda önerilerde bulunabilirsiniz ama bunları kabul edip etmemek kâşife bağlıdır. Eğer sıkıştığını veya kaybolduğunu hissediyorsa, nasıl ilerleyeceğine karar vermek *onun* görevidir. Bir süre kafası karışık olabilir ve bununla uğraşması gerekebilir. Uygun görünen her şekilde yardım edebilirsiniz ona. Ama onu "düzeltmek" veya acısını gidermek ya da onu sıkıştığı yerden çıkarmak sizin göreviniz değildir.

Bu kitaptaki seans kayıtları bu ilkeyi örneklemiyor çünkü ben deneyimli bir İAS terapisti olarak bu seansları kolaylaştırmada daha aktif bir rol oynuyorum. Danışanın bilmesi gerekmeyen yeni İAS kavramlarını göstermek için oradayım. Ama sizin seanslarınızdaki tanığın bunu yapması beklenemez.

1. Aşama: Sessiz tanık

Bu sürece yeni başlayan bir tanık olarak ilk dört seans sessiz kalmanızı öneririm. Deneyim kazandıkça ve nasıl yardım edeceğinizi öğrendikçe daha fazla katılım göstereceksiniz. Bunu daha açık hale getirmek için bu öğrenme sürecini üç aşamaya böldüm. Bu sürecin birinci aşamasını oluşturan ilk dört seansta kâşif yardımınızı istemediği sürece konuşmayın. Böylece kâşif seansın sorumluluğunun onda olduğu fikrini iyice benimseyebilir; kendi üzerinde nasıl çalışacağını öğrenir; aynı zamanda siz de sorumluluk hissi taşımazsınız. Ama her seanstan sonra kâşife geribildirim verme şansınız olacaktır. İkinci aşamaya geçilen beşinci seanstan itibaren aşağıda gösterildiği gibi aktif dinleme yapabilirsiniz. Üçüncü aşamaya geçilen dokuzuncu seanstan itibaren de tam kolaylaştırma yapabilirsiniz. Bu şekilde yavaş yavaş başlamak aktif bir rol almadan önce süreçte rahat edebilmeniz için size biraz zaman kazandırır. Ne söyleyeceğinizi bilmek zorunda olmanın yükünü taşımadan yavaş yavaş yardımcı olmayı öğrenirsiniz. Hiçbir şey söylemeseniz bile sizin oradaki varlığınızın ve dikkatinizin kâşifin sürecine çok faydalı olduğunu unutmayın.

İlk dört seansınızda kâşif sizden yardım isterse yardım edebilirsiniz; onun dışında seansın sonundaki geribildirim zamanına kadar bir şey söylemeyin. Kâşif sıkışmış hissederse veya süreci yanlış götürüyorsa, yardım istemediği sürece araya girmeyin. Bırakın o mücadele etsin. Böylece kendi sürecini yürütmeyi öğrenir. Üstelik siz her şeyi açıkça göremiyor olabilirsiniz. Yardım etme girişiminiz onun sürecine zarar verebilir. Tanık siz sormadan bir şey söylüyorsa ona sessiz olmasını hatırlatın.

Burada bir istisna var: Kâşifin tanıktan bütün seansı kolaylaştırmasını isteme seçeneği de vardır. Siz kâşifken tanıktan bu tür ayrıntılı bir yardım isterseniz, bunu söyleyebilirsiniz. Eğer tanık bunu yapmaya hazırsa, ikiniz bu aktif formata en başından itibaren başlayabilirsiniz.

Tanık: İlk dört seansta hiçbir şey söylemeseniz bile varlığınız ve dinlemeniz çok faydalıdır. Mümkün olduğunca benlikte olmanız önemlidir. Bu, kâşifin de benlikte olmasını ve desteklendiğini hissetmesini sağlar. Kâşifin sürecini takip edin, böylece nerede bulunduğunu ve neler olduğunu bilirsiniz. Hangi adımda olduğunu izleyebilmek için Yardım Sayfası'nı kullanmanızı tavsiye ederim.

Sessiz olmak kâşif çalışırken kendi deneyiminize daha fazla odaklanmanız için de fırsat verir. Benlikte olup olmadığınızı ve hangi yanlarınızın tetiklendiğini fark edin. Mümkün olduğunca benlikte kalın. Benlikte kalmak açık, ilgili ve şefkatli olmaktır. Tetiklenen yanlarınızdan kenara çekilmelerini ve kâşif için orada olmanıza izin vermelerini isteyin. Sessizce tanıklık ediyorsanız bunu yapmak çok daha kolaydır. Kâşif bunu bilmeden ve koruyucunuz işe dahil olduğu için ona sert gelebilecek bir yorumunuzla başa çıkmak zorunda kalmadan tekrar benliğe dönebilirsiniz.

Seanslar sonrasında geribildirim vermek

Her seans sonrasında tanık kâşife geribildirimde bulunur ve ikiniz olanları tartışabilirsiniz. Kâşifin incinebilir bir halde olduğunu unutmayın. Bu yüzden hassas ve destekleyici şekilde geribildirim vermek önemlidir. İncinebilir bir kişinin ihtiyacı olan son şey eleştirilmek veya yargılanmaktır.

Geribildirim verme konusunda çeşitli olasılıklar mevcuttur. Şunları yapabilirsiniz:

Kâşifin çalışması sırasında sizde nasıl reaksiyonlar oluştuğu hakkında konuşun. "O yalnız sürgün ortaya çıktığında çok üzüldüm. Sanırım bende de benzer bir yere dokundu." "Ben de kendimi savunmada zorluk çekiyorum." Bu kâşifin anlaşılmış hissetmesine ve deneyiminin tuhaf veya sıradışı olmadığını anlamasına yardımcı olur. Tepkileriniz kısa ve doğrudan kâşifin çalışmasıyla ilişkili olsun. Kendi duygularınız ve meselelerinizle ilgili ayrıntılara girmeyin.

Çalışmayla ilgili olumlu geribildirim verin. "Cesaretin ve kırılgan olabilmen beni çok etkiledi." Bu, kâşifin değer gördüğünü hissetmesini sağlar.

Çalışmasını daha iyi anlamasını veya atladığı bir şeyi görmesini sağlayacak sorular sorun. "Seansın son yarısında sabırsız bir yan mı vardı acaba?"

İAS sürecinde atlanan bir adım varsa ondan bahsedebilirsiniz. "Yeniden ebeveynlik yapmadan önce Çocuk yana tanıklık etmeyi bitirmedin sanki."

Alıştırmanın yönergelerinden saptığı yerleri belirtin. "Galiba seansta koruyucuya odaklanmak gerekiyordu."

Geribildiriminizin sadece alıştırmanın içeriği ya da kâşifin psikolojik meseleleriyle ilgili olmamasına dikkat edin. İkinizin de bu modeli öğrenmesine yardım etmek için İAS'yi nasıl kullandığıyla ilgili geribildirim verin. Bunu nazik, dikkatli bir şekilde yapın çünkü çalışmasının sorumluluğu kâşiftedir. Bu çalışmayı doğru bir şekilde yapması sizin sorumluluğunuz değildir; siz sadece yardım teklif ediyorsunuz. Mesela, "Koruyucuyu tanımaya başlamadan önce ona karşı ne hissettiğini kontrol etmedin gibi geldi bana" veya "Acaba üzüntü senin çalıştığın yandan değil de başka bir yandan geliyor olabilir mi? Ne düşünüyorsun?" Geribildirimi soru şeklinde sormak meydan okuyan veya talepkâr bir tarzda algılanma olasılığını azaltır.

Kâşif: Tanığın geribildirimleriyle rahatsız olduğunuzu veya yargılandığınızı hissediyorsanız, gelecekte bunun olmasını engellemek için bir şey söylemek faydalı olur.

2. Aşama: Aktif dinleme

Dört seans boyunca sessiz tanık olduktan sonra sıra ikinci aşamaya geliyor. Sonraki dört seans boyunca kâşifin hissettiği veya deneyimlediği şeyi yansıtmanızı tavsiye ederim. Buna bazen *aktif dinleme* denir. Bu tür dinleme kâşifin size yaşadığını söylediği veya bir yanının deneyimlediği şeyi ona iletmenizdir. Böylece görüldüğünü ve anlaşıldığını hisseder. Bunu kâşifin kullandığı sözlerle yapabilir veya söylediklerini başka bir ifadeyle tekrarlayabilirsiniz. Bu biraz garip görünebilir ama kâşifin kullandığı sözlerin aynısını kullanmak bazen faydalı olur. "Kendimi yorgun ve üzgün hissediyorum" dediğinde, "Yorgun ve üzgün hissediyorsun" dersiniz. Bir yanın hissettiğini söylediği şeyi de tekrarlayabilirsiniz. "Eleştirel yan beni başarısızlıktan korumaya çalışıyor" dediğinde, "Seni başarısızlıktan koruyor" diyebilirsiniz.

Kâşifin söylediği şeyi duyduğunuz anlamıyla ifade edecek şekilde söylemek de faydalıdır. Diyelim ki kâşif, "Bu yanım yorgun ve yalnız hissediyor. Kimse onu anlamıyor ve takdir etmiyor" dedi. "Yalnız olduğunu ve görülmediğini hissediyor" şeklinde yeniden ifade edebilirsiniz. Başka sözcüklerle yeniden ifade ederek kâşifin bilinçli bir şekilde fark etmediği bir noktayı ortaya çıkarabilirsiniz. Kâşif genellikle bir paragraf halinde konuşabilir ama siz sadece duyduklarınızın özünü yansıtabilirsiniz. Lisa'nın İsli İblis hakkında konuşmasından bir örnek verecek olursak: "Küçük Tazmanya Canavarı gibi görünüyor. Kendini göstermesine izin verdiğimde saldıracak gibi dönmeye başlıyor. 'Hırr' diyerek kız kardeşimin bacağına yapışıyor" dediğinde. "Tazmanya Canavarı kız kardeşine saldırmak istiyor" diyebilirsiniz.

Kâşifin söylediği şeyi yeniden ifade ederken onun söylemediği şeyleri araya sokmak cazip gelebilir. Altta yatan motivasyonu veya acısıyla ilgili bazı tahminlerde bulunarak daha derinlere inmesine yardımcı olduğunuzu düşünebilirsiniz. Bu iyi bir aktif dinleme değildir. Sadece iyi bir ayna olmak en iyisidir. Onun terapisti olmadığınızı unutmayın. Sadece süreci kolaylaştırmak için oradasınız. Lisa'nın kaydının başka bir noktasına bakalım:

J: Tamam. İsli İblis'e kız kardeşine saldırarak neyi başarmaya çalıştığını sorabilirsin.

L: Bunu benim kalbimi korumak için yapıyor. Korkusuzca kavgaya karışıyor. Özellikle kız kardeşime yapıyor bunu çünkü kalbimde ona karşı bir koruma yok. Onu sevdiğim için kalbimi ona karşı kapatamam.

Bunun yerine benim şunları söylediğimi düşünelim:

J: Kız kardeşinin sevgisini kaybetmenin acısından korktuğu için kalbini korumaya çalışıyor.

Burada bir ekleme yaptığımı fark ettiniz mi? Oysa Lisa, o yanının kız kardeşinin sevgisini kaybetmekten korktuğunu söylememişti. Gerçekten de sonradan kız kardeşinin ona karşı sert olmasından ve onu yaralamasından korktuğu ortaya çıktı ki bu aynı şey değil. Araya bu şekilde yorumlar sokuşturmaya çalışmayın. Kâşifin söylediği şeylere dayanarak mümkün olduğunca temiz bir şekilde yansıtma yapın. İAS süreci sizin etkiniz olmadan gitmesi gereken yere gitmesine doğal olarak yardımcı olacaktır.

Kâşifin söylediği her şeyi, hatta çoğunu yansıtmaya çalışmayın. Bu sizin kendinizi işe çok fazla sokmanıza yol açar. Sadece ara sıra süreci kolaylaştıracağını düşündüğünüz zaman konuşun. Bir ifadeyi yansıtmanın faydalı olmasının bazı nedenleri vardır:

1. Kâşifin daha derinlere inmesine veya daha fazla netleşmesine yardımcı olabilir, özellikle de hâlâ biraz belirsiz bir şeyi anlamaya çalışıyorsa. Örneğin, "Bu yanım biraz gergin ve zorlayıcı" derse, "Gergin ve zorlayıcı" diyebilirsiniz. Sözlerinin tekrarlanması kâşife deneyimine daha fazla odaklanması için imkân sağlar. "Evet, anlıyorum. Acelesi var ve işler daha hızlı gitmediği için sinirleniyor" diyebilir.
2. Kâşifin veya yanlardan birinin duyulduğunu ve anlaşıldığını hissetmesini sağlar. Özellikle duygusal meseleler üzerinde çalışırken, birisinin sizi duyduğunu ve önemsediğini hissetmek çok önemlidir. Bu bizim de çok gurur duymadığımız bir deneyimimi-

zi ifade etme riskini almamızı sağlar. Sürgünler yaralı oldukları için görüldüklerini ve anlaşıldıklarını hissetmeleri çok önemlidir.

3. Eğer kâşif sizin tam olarak anlayamadığınız bir şey söylerse, bu onun da anlamadığını gösterebilir. Bir soru cümlesiyle ne kastettiğini düşündüğünüzü ifade edin. Bu, sizin ikinizin de deneyimi daha iyi anlamanızı sağlar. Sözgelimi kâşif şöyle bir şey söyleyebilir: "Bu yan bir çivi kadar sert olduğunu hissediyor, izin vermeyecek gibi." "Çok sert olduğunu ve senin bir şeye doğru ilerlemene izin vermeyeceğini mi söylemek istiyorsun?" Bu, kâşifin biraz daha netleşmesini sağlar. "Aa, aslında diğer insanların bana ulaşmasına izin vermiyor." Eğer kâşifin söylediği şeyi yeterince anlamadıysanız açıklayıcı bir soru sorabilirsiniz. "Tam anlayamadım. İnsanların ulaşmalarına nasıl izin vermiyor?" Veya doğrudan, "Ne demek istediğini anlayamadım" diyebilirsiniz.

Kâşifin söylediklerini ne zaman yansıtacağınıza karar vermek için bu ipuçlarını kullanabilirsiniz ama bunu entelektüel olarak anlamaya çalışmayın. Sadece sezgilerinizin sizi yönlendirmesine izin verin.

Kâşife gözlemlediğiniz bir şeyi de yansıtabilirsiniz. Ses tonuna, yüz ifadesine, duruşuna, jestlerine dikkat edin. Ona gördüğünüz şeyi doğrudan söyleyebilirsiniz. "Yumruklarını sıktığını fark ediyorum." Ne hissettiğini seziyor da olabilirsiniz. Böyle bir geribildirim soru olarak ifade edildiğinde çok faydalı olur: "Olanlardan etkilendin mi?" "Bu yan sinirlendi mi?" gibi sorular sorabilirsiniz.

Yansıtmaları düzeltmek

Arkadaşınızın duygularını yansıtmak, yanlış bir şey söyleseniz bile faydalı olur. Ona duyduğunuz anlamı yansıttığınızda deneyimini yeniden gözleme fırsatı olur. Yaptığınız yansıtma yanlış olsa bile işe yarar çünkü kâşif gerçekten ne söylemek istediğini açıklamak için kendi deneyimini biraz daha dikkatle incelemek zorunda kalır. Mesela:

Kâşif: "Çocuk yanın kalbi kırılmış. Kendini çok yalnız hissediyor. Sanki dünya güvenli bir yer değil gibi."

Tanık: "Çocuk yan kendini üzgün, yalnız ve tehlikede hissediyor."

Kâşif: "Tehlike hissetmiyor. (düşünüyor) Güvenliğin olmaması kendini yalnız ve terk edilmiş hissetmesiyle ilişkili. Onu güvende hissettirecek, onunla ilgilenildiğini gösterecek kimse yok. Kendini çok ihmal edilmiş hissediyor."

Tanık doğru olmayan bir yansıtma yaptığında kâşife dünyanın güvenli bir yer olmadığı sözüyle ne demek istediğini daha derinlemesine keşfetmesi için bir fırsat vermiş olur.

Kâşifken doğru olmayan yansıtmaları düzeltmekte özgür olduğunuzu bilin. Bu kendinizi derinlemesine incelemenize yardımcı olur. Onu düzelttiğiniz için tanığın kendini kötü hissetmesi önemli değildir. Size yine de faydası olduğunu bilir. Onu düzeltmeniz sizi daha iyi anlamasını ve daha iyi bir aktif dinleyici olmasını sağlar.

İkinci aşamada açıklayıcı sorular sorup yansıtma yapmak en iyisidir. Üçüncü aşamada daha aktif olabilirsiniz. Kâşifler için: Eğer tanık yansıtmadan başka bir şey yaparsa ona bu kılavuzu hatırlatın. Size yardımı olmayan bir şey söylüyorsa da bunu ona söyleyin. Bu sizin verimli bir seans geçirmenizi ve ikinizin iyi bir iş ortaklığı yapmanızı sağlar.

Aktif dinleme alıştırması

Hayatınızda size duygusal bir etkisi olan bir konu seçin. Siz bu konuyu anlatırken tanık ara sıra duyduğu şeyi yansıtsın veya açıklayıcı sorular sorsun. On beş dakika böyle devam edin. Sonra nasıl gittiği üzerinde konuşun. Aktif dinlemek tanığa nasıl geldi? Kâşif nasıl karşıladı? Yansıtma çok fazla ya da çok az mı geldi, yoksa kararında mı oldu? Yansıtmalar bu konuyla ilgili duygularınızı ifade etme sürecinizi nasıl etkiledi? Sonra rolleri değişip alıştırmayı tekrarlayın.

Tanık olarak benlikte kalmak

Tanık olmanın en önemli yönü bunu benlikte kalarak yapmaktır. Bu sizin arkadaşınızla bağlantıda olmanızı ve kendini keşfederken onun için en iyisini istemenizi sağlar. Benlik olarak ne keşfedeceğini ve yanlarının ona neler anlatacağını merak edersiniz. Bu açık bir meraktır; olması gerekenlere dair bir gündeminiz yoktur. Bu keşfin nereye gideceğine dair bir fikriniz varsa bile oraya gitmeyebileceğini de bilirsiniz. Her an beklenmedik bir yere gidebilir. Çalışmanın belirli bir içgörü sağlamasını ya da belirli bir sonucu olmasını beklemezsiniz. Diyelim ki kâşif ayrılık sonucunda duyduğu acı yüzünden eski kız arkadaşıyla yeniden ilişkiye başlamasını istemeyen yanla çalışıyor. Bu koruyucunun kız arkadaş tarafından incitilen sürgünü koruduğunu hissediyorsunuz. Yine de gerçekte hangi sürgünün orada bulunduğunu görmeye açıksınızdır. Belki bir yanın kız arkadaşı incittiği için suçlu hissettiği ve aslında korunmakta olan sürgünün o olduğu ortaya çıkabilir.

Benlikte olduğunuzda kâşifin duygularıyla empati yaparsınız. Bu da sizin yeterli duygusal anlayışınız olduğunu, onu sadece bilişsel olarak anlamadığınızı gösterir. Onda ya da yanlarından birinde acı ortaya çıktığında şefkatiniz doğal olarak ortaya çıkar. Yanları ne kadar yıkıcı ya da zor olsa da onlara karşı açık ve kabullenici davranırsınız. Yanlarını yargılamaz ya da kaybolmalarını istemezsiniz. Bu yanları hızla düzeltmeye çalışmazsınız. Bu sürecin arkadaşınız ve yanları için en iyi olacak hızla ilerlemesine izin verirsiniz. Arkadaşınızla empati kursanız bile benlikteyken sakin ve ayakları yere basan halde kalırsınız. Onun duygularına kendinizi kaptırmazsınız.

İster tanık olun ister kâşif, benlik bulunabileceğiniz en iyi yerdir. Ama tanık rolündeyken benlikte kalmak her zaman kolay değildir çünkü kâşifin yaptığı gibi kendinizle yüksek sesle çalışamazsınız. Aşağıda benlikte kalma becerinizi nasıl artırabileceğinize dair bazı öneriler bulabilirsiniz.

Yanlarınızla çalışmak

Tanık olduğunuz zaman her seansa başlarken benliğe ulaşmak için biraz zaman ayırın. Bunu nasıl yapacağınızı görmek için 5. Bölüm'deki "Benlik Meditasyonu"na bakabilirsiniz. Seans ilerledikçe dikkatinizi kâşifin yanı sıra kendi durumunuza odaklayın. Kendi yanlarınız tetiklendiğinde bunu fark edebilmeyi amaçlayın. Eğer bir yanınız sizi kaplar ve benlikten çıkarırsa tekrar benliğe girebilmek için biraz zaman ayırın. "Seni duyuyorum ama şu an iyi bir zaman değil" deyin. 7. Bölüm'deki "Koruyucunun gerçek zamanda rahatlamasına yardım etmek" başlıklı yazıya bakın. Eğer yan hızla benliğe dönemeyeceğiniz kadar sizi kaplamışsa fazla bir şey söylemeyin çünkü sözcükler faydalı olmayabilir. Seanstan sonra bu yanla çalışın, böylece gelecek seanslarda daha fazla benlikte kalabilirsiniz.

Siz tanık rolündeyken bir yanınızın aktive olması için iki neden vardır: Kâşifin bir yanıyla özdeşleşme veya iyi bir tanık olmayla ilgili endişeler. Sırayla ikisine de bakalım.

Kâşif bir konu hakkında konuşur, yanlarına ulaşır ve onları tanımaya başlarken duygusal olarak yüklü bir materyalle uğraşıyor olabilir. İyi bir tanık olarak onu açık bir şekilde dinler ve empati yaparsınız. Kâşif yaptığı bir şey yüzünden utanç hissediyorsa, ne hissettiğini anlamanıza yetecek kadar empati yaparsınız. Eğer sizin de hayatınızda benzeri bir mesele varsa utanç hisseden yanınız aktive olabilir. Bu da koruyucularınızdan birinin tetiklenmesine ve kendi utancınızı hissetmemek için soğuk veya öfkeli hissetmenize ya da zihinde kalmanıza yol açar. Eğer böyle bir şey olursa hangi yanınızın tetiklendiğini görmek için sessizce bir dakika ayırın. Benliğe dönmenize izin vermeleri için onlarla çalışın. Gelecekte onlarla daha fazla çalışacağınızı söyleyin.

Tanık rolündeyken yardımcı olmak isteyen bir yanın tetiklenmesi çok sık görülür. Bu yan belki arkadaşınızın acı çektiğini görmeye dayanamıyordur ve bu acıyı mümkün olduğunca hızla yok etmek istiyordur. Arkadaşını düzeltmek istemesinin nedeni onun sıkışıp kalmış olmasının kendisinde hayal kırıklığı yaratması olabilir ya da belki de onun hayatındaki zorluklara dayanamıyordur. Arkadaşının "dirençli" yanına karşı yargılayıcı olup onu hızla geçmek isteyebilir.

Bir yanınız arkadaşınızın İAS'yi düzgün bir şekilde yapması konusunda aşırı endişeli olabilir. Mesela sürekli adımların sırasını takip eder. Atlanan bir adımı hatırlatmak faydalı olsa da mükemmeliyetçi bir yan çok fazla düzeltme yapabilir. Bu da sürecin doğal akışını bozar ve kâşifin yargılandığını hissetmesine yol açar.

Bazen bir yan kâşif için değil, değerli olma ihtiyacı yüzünden faydalı ve işe yarar olmaya çalışabilir. Seansın kontrolünü çok fazla üstlenir ve kâşifin kendi çalışmasının sorumlusu olmasına izin vermez. Ne kadar akıllı ve anlayışlı olduğunuzu göstermek ister. Yansıtmalarınızı yoruma çevirir, kâşifin çalışmasını etkiler. Duyulmak ve çalışmasına katkıda bulunmak ister. Bu da onun yansıtmanın ya da kolaylaştırmanın gerçekten gerekmediği yerlerde bile araya girmesine yol açar. Bu nedenlerden herhangi biri sizin aşırı çalışmanıza neden olabilir.

Bu yardımcı yanlardan birini fark ettiğinizde nefes alıp geri çekilin, benliğe dönüp rahatlayın. Bu yardımcı yanınızı ya da kendinizi yargılamayın. Sadece rahatlamasını ve rahat bir yerden tepki vermenize izin vermesini isteyin. Kâşifin çalışmasından sorumlu olmadığınızı ona hatırlatın; o kendine bakabilir.

Aktif tanıkla geribildirim

2. veya 3. aşamada aktif tanık olarak çalışırken mümkünse her çalışmadan sonra on dakika ayırın. İlk beş dakikada geribildirim her zamanki gibi az önce yapılan çalışmaya odaklıdır. Tanık kâşife geribildirim verir ve ikizi olanlar hakkında konuşur. İkinci beş dakikada geribildirim tanığın deneyimine odaklanır. Tanık: Deneyimin sizin için nasıl olduğu üzerinde durun. Ne kadar benlikte kalabildiniz? Hangi yanlar çıktı ve onlarla nasıl çalıştınız? Aktif dinleme yaparken ne hissettiniz? Bunu kâşifle paylaşın. Kâşif: Tanığa, çalışmanızı kolaylaştırmasıyla ilgili geribildirim verin. Neler faydalı oldu? Neler engel oldu? Gelecekte neleri daha fazla yapmasını istersiniz? Bu ortaklığın daha iyi işlemesi için gereken iyileştirmeler üzerinde konuşun.

3. Aşama: Tam kolaylaştırma

Sekiz alıştırma seansı yaptıktan sonra 3. aşamaya geçebilirsiniz. Artık tanık olarak çalışmayı kolaylaştırmak için yapabileceğiniz şeylerde sınır yoktur. Daha aktif bir rol alıyor olsanız da seansın sorumlusunun hâlâ kâşif olduğunu unutmayın. Siz zaman zaman yardım etmek için oradasınız ama sizden her zaman ne yapacağınızı bilmeniz beklenmiyor. Lütfen sadece gerektiğinde kolaylaştırma yapın, bir şey yapmanız gerektiğini hissettiğiniz için değil. Kâşifi düzeltmek, acısını yok etmek ya da onu sıkıştığı yerden çıkarmak zorunda değilsiniz. Siz eğitimli bir profesyonel değil, eşit bilgiye sahip biri olarak oradasınız. Sessiz tanıktan gelen destekleyici duruşun önemini unutmayın.

Kâşifin bu süreçte nerede olduğunu görmek için Yardım Sayfası'nı kullanmak faydalı olur. Aşağıda çalışmayı kolaylaştırmak için yapabileceklerinizi görebilirsiniz:

1. Kâşifin fark etmediği durumlarda ortaya çıkan yeni yanı ona gösterin. "Mesafeli yanla konuşuyordun ama şimdi öfkeli olduğunu söylüyorsun. Bu yeni bir yan olabilir mi diye bakmak ister misin?" diyebilirsiniz.
2. Endişeli yanın araya girdiğini hissettiğinizde bunu ifade edin. "O koruyucuya karşı yargılayıcı olduğunu görüyorum. Hâlâ benlikte olup olmadığını kontrol etmek ister misin?"
3. Kâşifin hedef yanla kaplandığını düşündüğünüzde bunu belirtin. "Çok kızgın görünüyorsun. Kızgın yanın seni kaplayıp kaplamadığını kontrol etmek ister misin?"
4. Kâşifin hedef yana sorması için sorular önerebilirsiniz. Önermek kâşife ne söyleyeceğini söylemekten daha iyidir. "Yana ... sorabilirsin belki." Böylece önerinizi kabul etmeme olasılığı olur.
5. Kâşifin bir sonraki atacağı adımı belirtin. Bu, yana sorulacak bir soru formunda olabilir. Mesela, "Bu yana seni yargılayarak ne yapmayı amaçladığını sorabilirsin" diyebilirsiniz ya da adımı açıkça hatırlatabilirsiniz. "Belki yanın seni kaplayıp kaplamadığını kontrol edebilirsin."

6. Bu seansın gidişini etkileyecekse bir yanın sürgün mü yoksa koruyucu mu olduğunu belirtin. Bazen kâşifler ne tür bir yanla çalıştıklarını fark edemezler. "Bu yan bana sürgün gibi geliyor. Onunla çalışmadan önce koruyuculara sorsan daha iyi olmaz mı?"
7. Kâşif endişeli yanlarla çalışırken orijinal hedef yanı aklınızda tutun, böylece zamanı gelince ona geri dönmesine yardım edebilirsiniz.
8. Kenara çekilmiş endişeli yanları ve koruyucuları takip edin. Seansın sonunda kâşife onları hatırlatabilirsiniz. Böylece kâşif bu yanları kontrol edip teşekkür edebilir.

Başarılı bir ortaklık yaratmak

Yeni bir ortakla çalışırken kâşif olma sırası size geldiğinde başlamadan önce tanıktan ne istediğinizi ifade edin. Görece sessiz kalmasını ve sizin verimli olmayan bir yere doğru gittiğinizi gördüğünde mi konuşmasını istersini, yoksa yanlarınıza sormanız için sorular önermesini mi? Deneyiminize dair bol bol yansıtma yapmasını mı istersiniz, yoksa az mı? Kendi kanatlarınızla uçup hata yapacak alan mı istersiniz, yoksa iyi bir yönlendirme mi?

Seanstan sonra tanığın sizin isteklerinizi ne kadar karşıladığını, bu çalışmanın ikiniz için ne kadar yararlı olduğunu konuşun. Bir dahaki sefere farklı bir şey mi denemek istersiniz? Ortağınızın yaptığı ve işe yaramayan bir şeyi mutlaka konuşun ki sonraki seansta bunu değiştirebilsin. Bu konuşma iki yönlüdür. Sizin size faydası dokunacak türde bir kolaylaştırma isteme hakkınız varken, ortağınızın da sizin istediğiniz şekilde yapma konusunda farklı hissetmeye hakkı vardır. Bu konuları tartıştıkça çalışma ortaklığınız daha iyi hale gelir.

Siz kâşifken yanlarınızdan biri tanığın söylediği bir şeyle ya da söyleyiş tarzıyla tetiklenebilir. Bu yanınız ortağınız tarafından görüldüğünü hissetmez. Hatta yargılandığını veya umursanmadığını bile hissedebilir. Tanığı soğuk, talepkâr, müdahaleci veya kontrolcü olarak görebilir. Başta bu yanınızın ortağınıza reaksiyon verdiği belli olmayabilir. Hatta başta yanınızın reaksiyon verdiğini bile fark etmezsiniz. Sadece çalışmanın durduğunu veya bir yanın ortaya çıkmadığını ya da sürgünle çalışmak için izin alamadığınızı fark edersiniz. Böyle bir şey ortaya çıkarsa, problemin kaynağı sadece sizin içinizde olan bir şey yerine, ortağınıza tepki veren bir yanınız olabilir. Bunu fark etmeye veya arkadaşınıza ifade etmeye isteksiz olabilirsiniz çünkü arkadaşınıza olumsuz bir tepki verdiğiniz için mahcup olabilirsiniz. Ama bunu yapmanız çok önemlidir.

Eğer ortağınıza tepki gösteren bir yanınız varsa, burada iki olasılık söz konusudur:

1. Bu yanın tanığa yönelik algıları doğru değildir ya da yanın korkularından etkilenmiştir. Bu yan ortağınızı anneniz gibi görüyor olabilir. Eğer durum böyleyse, bu yanı keşfetmek için bir fırsatınız var demektir. Bu algının nereden kaynaklandığını bulup o yanı iyileştirin. Bu sizin ortağınızı daha net bir şekilde görmenizi sağlayacaktır.
2. Yanınızın tanığı algılamasında gerçeklik payı vardır. Tanık mesafeli veya zorlayıcı davranıyor olabilir. Bu durumda seansın bu yanınıza daha iyi gelmesi için arkadaşınızın bu davranışını veya tutumunu değiştirmesi gerekir. Eğer bunu yapamıyorsa farklı bir çalışma ortağı bulmanız gerekir.

Sonrasında ne olursa olsun bu yanınızın tepkisini ortağınıza ifade etmek her zaman iyi bir fikirdir. Bu tepkiyi benlikte kalarak ifade edin, yani yanın tepkisini tarafsız bir şekilde tarif edin; yanın görüşlerini ortağınıza boca etmeyin. "Benimle gerçekten ilgilendiğine inanmayan bir yanım var" diyebilirsiniz. Yanınız bunu yapmanızı istese bile ortağınızı yargılamayın ya da ona saldırmayın.

Derinliği olan her ilişkide olduğu gibi burada da kaçınılmaz bir şekilde çatışmalar çıkacaktır. Ortağınız kendi acısını göstermediği için siz de güvende olduğunuzu hissetmez ve acınızı göstermek istemezsiniz. Siz çalışırken ortağınız benlikte olmayabilir. Size geribildirim verirken sizi yargıladığını hissedebilirsiniz. Daha aktif ve güvenli bir kolaylaştırıcı olmasını istiyor olabilirsiniz. Ortağınıza karşı bu problemli duyguları hisseder hissetmez ifade edin. Bunu ortaklığınızı güçlendirmek için bir fırsat olarak görün, ortaklığınızı sona erdirecek ölümcül bir kusur veya halının altına itilecek bir problem olarak değil. Ortağınızdan bu çatışmayla ilgili konuşmak için biraz zaman ayırmasını isteyin. Bu konuşma sırasında benlikte kalmaya çalışın, böylece kendinizi ifade şekliniz öfkeli veya incinmiş bir yerden değil, bilge ve şefkatli bir yerden gelir. Bu tepkiyi gösteren yanınızı tanımlayarak kendi duygularınıza sahip çıkın. Bu yanınızın ortağınıza saldırmasına izin vermek yerine o yan adına konuşun. Sonra ortağınızın tepkilerini benlikten dinleyin. Tetiklenen yanlarınızın kenara çekilip sizin liderliğinize izin vermelerini isteyin. Bu alıştırma İAS ilkelerini gerçek hayata uygulamak için iyi bir yoldur.

Nasıl daha iyi iletişim kurabileceğinize dair öğrenilecek çok şey var ama bunlar bu kitabın kapsamının dışında kalıyor. Bu konuda daha fazla şey öğrenmek isterseniz, Marshall Rosenberg'in yazdığı Şiddetsiz İletişim adlı kitap çok iyi bir yaklaşım tarif ediyor. Ben İAS ilkelerinin kullanıldığı "Kalpten İletişim" üzerine bir ders veriyorum. Çatışmalarla baş etmede en önemli tutumun benlikte kalmak olduğunu unutmayın. O zaman reaktif olan her yanla çalışabilirsiniz. Ortağınızla iletişim kurmada zorluk yaşıyorsanız, size yardımcı olması için üçüncü bir kişiyi davet edebilirsiniz.

Yalnız çalışmayla ilgili ipuçları

Bir ortakla çalışmak daha kolay olsa da İAS'yi kendi başına yapmayı öğrenmek önemlidir çünkü her zaman bir ortak ya da terapist bulamayabilirsiniz. Bu, bir tetiklenme yaşadığınızda o anda bir seans yapmanıza imkân sağlar. Ayrıca kendi kendinizi başarılı bir şekilde iyileştirebilmeniz size güç kazandırır. Ama kendi başınıza çalışmak, odaklanmış halde kalmak ve çalışmanızı verimli bir şekilde yönlendirmek daha fazla benlik enerjisi gerektirir. Çalışmanızda raydan çıktığınızı size hatırlatacak ya da bir yanla kaplandığınızı görecek biri yoktur. Bu yüzden İAS'yi mümkünse bir ortakla çalışarak öğrenmenizi tavsiye ederim. Çalışma kolaylaştıkça kendi başınıza da alıştırma yapmaya başlayabilirsiniz.

Kendi başınıza çalışırken odaklanmış halde kalmak zordur. Size eşlik edecek ve tanıklık edecek biri olmadığında başka yerlere kaymak ve dalıp gitmek kolaydır. Bu eğilime karşı gelmek için size birkaç ipucu sunabilirim. Bir seansa başlamadan önce hangi yana odaklanmak istediğinizi açıkça belirleyip not alın. Herhangi bir noktada hedefinizi değiştirmeye karar verirseniz başka bir not daha alın. Bu sizin zihninizdeki niyeti sabitler.

Çalışmanızı biriyle konuşuyormuş gibi sesli olarak yapmak işe yarayabilir. Bu bir arkadaşla çalışmanıza benzer ve odaklanmanıza hizmet eder. Hatta bir adım daha ileri gidip seansınızı kaydedebilirsiniz. Bu sadece kendinize odaklanmanızı sağlamakla kalmaz, sonradan dinlediğinizde yeni şeyler de öğrenebilirsiniz. Kayıt almak bir tanık varmış gibi iş görebilir; çalışmanızın sonrası için kaydedilmesi tetikte olmanızı sağlar. Başka bir olasılık da seansı yazarak yapmak olabilir. Seansınızın her adımını daha olurken yazın. Bu sizi odaklanmaya zorlar ve bütün yanlarınızla yaptığınız diyalogların kaydı elinizde olur. Bunun dezavantajı yazmanın yaşantısal olarak derinlere inmenizi engellemesidir çünkü gözlerinizi açıp yazı yazmak deneyiminizden uzaklaşmanıza yol açar.

Tek başına çalışmanın bir başka zorluğu hem kâşif hem de kolaylaştıran tanık olmak zorunda kalmanızdır. İAS'de bunu yapmanız diğer terapi modellerine göre çok daha kolaydır, çünkü İAS seansları benlikle gerçekleştirilir. Kendinizi yönetebilmek için benliğin sadece meraklı, şefkatli, şifacı olması yetmez, İAS sürecinde nerede bulunduğunuza ve şimdi ne yapılması gerektiğine karar vermesi de gerekir. Süreçte nerede olduğunuza odaklanmak için Yardım Sayfası'nı kullanın. Her adımı tamamladıktan sonra gözlerinizi açıp Yardım Sayfası'na bakıp şimdi ne yapılacağını görün. Bu sizin kendi seanslarınızı yapmanıza ve tek başına çalışırken odaklanmanıza yardımcı olur.

Kendini yönlendirmenin başka bir yolu seansları kolaylaştıracak "terapist yanınız"ın olmasıdır. Bu, sürecin adımlarını izleyen, benliğin bir yanla kaplanıp kaplanmadığını izleyen, ortaya çıkan beklenmedik yanları izleyen, çalışmanın izini süren ve diğer kolaylaştırıcı görevleri yapan sağlıklı yanlarınızdır. İdeal olarak bir yönlendirme gerektiğinde terapist yanınıza geçebilir, gerçek terapi için benliğe geri dönebilirsiniz.

Terapistle çalışma üzerine ipuçları

Bazen bir İAS terapistiyle çalışmak gereklidir. Benliğe ulaşmada zorlanıyorsanız, aşırı veya kaotik bir yanla zorluk yaşıyorsanız, bir terapistle görüşmek tek seçenek olabilir. Geçmişinde ciddi travması olanlara kendi başlarına ya da bir arkadaşla İAS yapmak yerine bir terapistle görüşmelerini tavsiye ederim.

Bir İAS terapisti şart olmasa bile yine de İAS terapistiyle çalışmak faydalı olabilir. Terapistin uzmanlığından, modelle ilgili deneyiminden ve benlikte kalmanıza yardım etme becerisinden faydalanabilirsiniz. Bunu ayarlamanın pek çok yolu vardır. Çalışmanızda derinleşebilmek veya içinde bulunduğunuz açmazdan çıkmak için ara sıra bir profesyonelle görüşebilirsiniz. Belki belirli bir grup yanla ilgili olarak bir dizi seans yapabilirsiniz. Belki bütün terapi süreci için bir terapistle çalışmaya da karar verebilirsiniz. Bu seçeneklerin hiçbiri kendi başınıza veya bir arkadaşla çalışma olanağını dışlamaz. Hatta profesyonel ortamın dışında başarıyla çalışabilmeniz ancak terapinizdeki etkinliğinizi artırır.

Bir İAS terapisti insan ruhu, terapötik iyileşme ve İAS modeli üzerinde uzman olduğu için sizin atlayabileceğiniz pek çok şeyi görecektir. Üstelik başarılı seanslar yapmayla ilgili pratik ayrıntılar konusunda yılların deneyimine sahiptir. Benliği kaplayan yanları, gizli koruyucuları ve sizin göremediğiniz ve hatta dikkatli bir partnerin bile gözden kaçırabileceği diğer dinamikleri görebilir. Sizi bir sıkışıklıktan çıkarabilecek veya daha temel meselelere götürebilecek daha ileri İAS tekniklerini bilir. Özellikle sürgünleriniz zindanlarından çıktığı zamanlarda, terapistinizin orada ilgili, dikkatli bir şekilde bulunması bile kendi başına rahatlatıcı ve iyileştirici bir etki yaratır.

Bununla birlikte bir terapistle çalışmanın tehlikelerinden biri ona çok fazla güç vermeniz olabilir. Tembelleşebilir ve terapistin sizi düzeltebileceğini varsayabilirsiniz. Kendi çalışmanızın sorumluluğunu almayabilir, mesela yanlarınızın izini sürmeyebilir veya sürgünlerinizin takibini yapmayabilirsiniz. Bu, terapiden aldığınız faydaya ciddi şekilde zarar verebilir.

Bir terapistle çalışırken bile bu sizin ve ruhunuzun çalışmasıdır. Terapistin neler olduğunu tam olarak anlamadığı veya hedefe ulaşmayan bir öneride bulunduğu zamanlar olacaktır. En iyi terapistler bile her şeyi bilemez. Sizin için o anda doğru olmayan bir öneride bulunduğunda veya deneyiminizi yanlış anladığında bunu ona söylemeniz çok önemlidir.

Danışanlarım bana yanıldığımı söylediklerinde bu onları daha iyi anlamamı ve daha verimli bir seans yapmamızı sağlar. Sonuçta danışanlarım kendi iç dünyalarında bulunuyorlar; içsel deneyimlerinin inceliklerini ve yanlarıyla etkileşimlerini doğrudan onlar yaşıyorlar. Ben yalnızca onların söylediklerini duyuyorum. Kendisiyle bağlantı halinde olan bir danışan neler olması gerektiği konusunda bana çok şey söyleyebilir. Tabii ki ben de uzmanlığım, deneyimim ve ilgim sayesinde önemli bir rol oynuyorum. En iyi yaklaşım bu ortaklıkta birlikte çalışmak olacaktır.

Bir terapistle çalışmanın diğer önemli bir özelliği onunla olan ilişkinizdir. Yanlarınız zaman zaman terapistinize karşı duygusal reaksiyonlar geliştirirler. Koruyucu ona güvenmez. Bir sürgün, terapistin söylediği bir şeyden incinir veya korkar. Başka bir yan, terapisti idol haline getirir ve çaresizce onun onayına ve sevgisine ihtiyaç duyar. Bu reaksiyonlar geliştiğinde yanlış bir şey yaptığınızı düşünmeyin veya bu yüzden mahcup hissetmeyin. Hatta bunlar hakkında konuşmak terapi sürecini güçlendirir çünkü terapistinizle olan ilişkinizi iyileşmenin bir parçası olarak kullanırsınız. Bu duygulara terapide çok sık rastlanır. Bunları ortaya çıkar çıkmaz ifade etmek çok önemlidir.

Bu olumsuz reaksiyonlar hakkında konuşmak çok önemlidir. Eğer bunları bastırırsanız, farkına varmaz ve terapistinizle konuşmazsanız terapötik ilişkiniz zehirlenebilir ve bütün sürecin altı oyulur. Cesaretinizi toplayıp terapistinize incinme ve öfke duygularınızı anlatın. Bu sizin yanlarınızla verimli bir çalışma yapmanızı ve problemi terapistinizle çalışarak güven ve emniyet hissini yeniden onarmanızı sağlar. Açık ve güvene dayalı bir terapötik ilişki, terapi için önemli bir destek oluşturur. Bu ilişkiyi netleştirmek için neyin üzerinde çalışılması gerekiyorsa onu dile getirin.

Özet

Bu bölümde birbirinize geribildirim vermeyle ilgili ilkelerle birlikte partnerinizle başarılı bir şekilde seans yapmak için gerekli çerçeveyi öğrendiniz. Süreçten her zaman kâşifin sorumlu olduğunu ve tanığın rolünü biliyorsunuz. İAS sürecinde nasıl aktif bir dinleyici ve kolaylaştırıcı olacağınızı öğrendiniz. Yanlarınız çeşitli şekillerde aktive olsa da bir tanık olarak nasıl benlikte kalacağınızı öğrendiniz. Başarılı bir ortaklık ilişkisi oluşturmayı ve ortağınızla ortaya çıkabilecek çatışmalar üzerinde nasıl çalışılacağını gördünüz.

Kendi başınıza çalışırken nasıl odaklanmış halde kalacağınızı ve kendi çalışmanızı nasıl kolaylaştıracağınızı da biliyorsunuz. Bir öneri doğru olmadığında bunu terapistinize söylemeyi ve ona karşı içinizde ortaya çıkan reaksiyonları ifade etmenin önemini öğrendiniz.

Bir ortakla çalışmanın kendi kendinize veya bir terapistle çalışmaya karşı avantajlarını öğrendiniz. Bu çalışma şekillerinden sadece birini seçmenize gerek yok. Bunları en faydalı kombinasyonlar halinde bir araya getirebilirsiniz.

17. Bölüm

Sonuç

Bu son bölüm çeşitli bağlamlarda İAS süreci ve uygulamalarıyla ilgili genel bilgiler sunmaktadır. Burada İAS süreci pürüzsüzce ilerlemediğinde ne yapacağınızı, modelle ilgili beceri ve kapasitenizi artırdıkça neler olacağını gözden geçireceğiz. Ayrıca İAS'yi bir terapist olarak kullanmak, kutuplaşmış yanlarla çalışmak ve İAS'yi kullanarak ilişkileri anlamak gibi bu kitabın kapsamının ötesine geçen konulara da kısaca dokunacağız. Son olarak grup ve organizasyonlar, maneviyat ve sosyal dönüşümler gibi daha geniş bağlamlarda İAS'yi inceleyeceğiz.

İAS süreci pürüzsüz gitmediğinde

İnsan ruhu, bu kitapta sunulan adım adım süreçten hareket ederek bekleyebileceğiniz kadar doğrusal değildir. Zihinlerimiz çok daha karmaşık ve dinamik olduğu için terapötik sürecin her zaman kolayca ilerleyeceğini varsayamayız. Ruhunuz bazen yoğun ve beklenmedik bir şekilde değişebilir, bazen de fark edemeyeceğiniz kadar belirsiz bir şekilde. İAS bu olasılıkların farkındadır ve bunlarla baş etmenin yollarını geliştirmiştir.

İAS sürecinin herhangi bir adımında işler ideal şekilde gitmeyebilir. Aşağıda buna dair birkaç senaryo bulabilirsiniz. Gerekli her şeyi yaptığınızı düşünseniz bile bir yanınız süreçte bir sonraki adıma geçmeye hazır olmayabilir. Birkaç dakika önce benlikte olsanız bile şu anda tam anlamıyla benlikte olmayabilirsiniz. Bir sürgün, benliğin onu iyileştirmesini istemeyebilir. Onlara çok dikkat etseniz bile koruyucular terapinin ilerleyişini engelleyebilirler. Bir koruyucu, sürgünün yüklerini bırakmasının sonuçlarından memnun olmayabilir ve durumu tersine çevirebilir.

İAS bütün bu zorluklara ve çok daha fazlasına karşı hazırlıklıdır. Bu durumları kontrol etmeye, anlamaya ve üstesinden gelmeye dair bazı yollar geliştirmiştir. Bu yaklaşımı çok güçlü kılan da budur. Süreci bir kez gerçekten anladığınızda her an neler olduğunu anlamanız ve onunla baş etmeniz kolaylaşır.

İAS uygulayıcısı olarak gelişiminiz

Artık İAS modelinin temellerini öğrendiniz. Modelin sizin için işe yaramasını ve sağlam bir değişimi başarmanın anahtarı *pratik* yapmaktır. Bu kitaptaki alıştırmaları yapmalı ve kitabı bitirdikten sonra tercihan size tanıklık ve yardım etmesi için bir partnerle kendi üzerinizde İAS seansları yapmalısınız. İAS yardımıyla ilgili olarak daha fazla yardıma ihtiyaç duyarsanız İAS derslerime katılabilir veya bir İAS terapistiyle çalışabilirsiniz (Bkz: Ek).

İAS çalışmasını ciddi bir şekilde yaparsanız becerileriniz ve yetenekleriniz zaman içinde gelişir. Modeli sezgisel olarak anlayacağınız bir noktaya ulaşırsınız. Bu da bu kitaptaki işlemlere adım adım bağlı olmak zorunda kalmayacağınız anlamına gelir. Ama yine de adımları temel noktanız olarak kullanabilir ve uygun göründüğünde iyileştirme yapabilirsiniz. Veya hepsini bir kenara bırakıp İAS ilkelerine yönelik anlayışınıza dayanarak tamamen sezgisel bir yaklaşım da geliştirebilirsiniz. O zaman yalnızca sıkıştığınız durumlarda rehberlik almak için adımlara geri dönebilirsiniz.

Pratik yaptıkça becerileriniz ve öz farkındalığınız gelişecektir. Beklenmedik şekilde ortaya çıkan yanları fark etme beceriniz iyileşecektir. Süreciniz tıkanırsa ne yapacağınızı bileceksiniz. Bir yandan ayrışmak, bir çocukluk anısına girmek, bir sürgüne yeniden ebeveynlik yapmak, yükleri boşaltmak gibi İAS adımlarını becerikli bir şekilde uygulamayı öğreneceksiniz. Konuşma öncesi dönemlere ait yanlara ulaşmak, bir yanla güven konularını halletmek ve bir yanı diğerinden ayrıştırmak gibi zorlayıcı konularla nasıl çalışacağınız konusunda anlayış geliştireceksiniz. Sonunda neredeyse bütün yolları iyileşmeyle sonlandıracak şekilde takip eder hale geleceksiniz. Bu bazen bir seans sürecek, bazen daha fazla.

Sadece becerileriniz gelişmekle kalmayacak, içsel sisteminiz sağlıklı bir yönde değişecektir. Benliğe daha kolay ve tutarlı bir şekilde ulaşacaksınız. Bir yan sisle kaplandığında benliğe dönmeyi daha çabuk başaracaksınız. Yanlarınız kontrolü ele alıp dünyayla etkileşiminizi kontrol etmek yerine, karar verme ve insanlarla ilişkiler gibi konularda benliğin liderlik etmesine daha fazla izin vereceklerdir. İAS sürecine ve odaklanmayı seçtiğiniz her konuda çalışabilme becerinize güvenmeye başlayacaksınız. Koruyucularınız altta yatan acıyla yüzleşme konusunda tereddüt etmeyeceklerdir çünkü sizin baş edeceğinizi ve sürgünlerin yüklerini bırakabileceklerini bileceklerdir. Zaman içinde sürgünleriniz ıstıraptan ve taşıdıkları olumsuz inançlardan kurtulacaklardır. Bu yüzden aynı anksiyete ve depresyonu hissetmeyeceksiniz, koruyucularınız da kontrolü alıp bunları bastırmak için sürekli sizi zorlamayacaklardır. Hayatınızdaki zor insanlara ve durumlara karşı daha az reaktif olacak; üzülmeden veya öfkelenmeden içinizdeki o sağlam yerde daha fazla durabileceksiniz.

Ayrıca daha huzurlu olacak; problemlerinizi ve çatışmalarınızı çözme becerinize daha fazla güveneceksiniz. İçsel bir uyum ve bütünlük hissedecek, içsel değerinizi bileceksiniz. İnsanlarla daha açık ve sevecen olma kapasiteniz artacağı için ilişkileriniz daha fazla işbirliğine dayalı ve eğlenceli olacak. Eşiniz ve ailenizle ilişkileriniz daha derin ve daha yakın olacaktır. Her durumda daha güçlü ve kendine güvenli olacaksınız. Kendinizi savunabilir, görüşlerinizi ifade edebilir ve gerektiğinde risk alabilirsiniz. Hayat amaçlarınızı gerçekleştirme beceriniz artacak, böylece güvenlik, haz ve tatmine ulaşacaksınız. Evrende daha fazla evinizdeymiş gibi hissedecek, bütün varlıklara daha fazla bağlı olacaksınız. Hayatınızın daha derin amacı sizin için daha belirgin hale gelecektir.

İAS'yi profesyonel olarak kullanmak

Terapistlere İAS'yi nasıl kullanacaklarını profesyonel bir bakış açısıyla anlatmak istiyorum. Burada sadece bazı konulara temas edecek kadar alanım olduğundan derine inmeyeceğim.

Benlikte olmak

Etkili bir İAS terapisti olmanın en önemli anahtarı benlikte olmaktır. Danışanlarınızın yanlarını tanımaya başlamadan önce benlikte olmaları gerektiği gibi, sizin de terapi seansları süresince benlikte olmanız gerekir. Terapistler olarak hepimiz terapötik ilişkinin önemini biliyoruz. İAS'de en önemli iyileşme ilişkisi benlik ve yanlar arasındaki ilişki olsa da danışanınızla ilişkiniz bu sürecin önemli bir destekçisidir. Benlikte kalıp danışanınızla buradan ilişki kurduğunuzda onu umursadığınızı ve onun için en iyisini istediğinizi bilir. Bu onun benliğe ulaşma becerisini destekler.

Siz, danışanın benliğinin bütün yanlarıyla başarılı bir şekilde ilişki kurmasına ve İAS süreciyle ilgilenmesine yardım eden bir koçsunuz. Bunu yapabilmek için danışanınızın algılayabileceği şekilde benlikte kalmanız gerekir. Böylece danışanınızın yanlarıyla nasıl ilişki kuracağına dair bir model oluşturmuş olursunuz. Danışanınızın bütün yanlarına karşı şefkat ve merakla yaklaşırsınız. Koruyucularını aşıp geçmeye çalışmazsınız. Bir koruyucu sürekli olarak danışanın dikkatini dağıtıyor, kafasını karıştırıyorsa sinirlenmezsiniz. Ya da en azından amacınız bu olmalıdır. Her zaman benlikte olmanızı beklemek gerçekçi değildir. Bir hata yaptığınızda ve bir yanınız kontrolü ele aldığında bunu fark etmeye çalışın. Biraz zaman ayırıp o yandan ayrışın. Ama bu her zaman mümkün değildir. Bu yüzden seans sırasında tamamen benliğe dönemiyorsanız, bu yanla daha sonrasında zaman geçirin. Onu biraz tanıyın, gerekiyorsa yüklerini boşaltın. Böylece bu danışanla yapacağınız sonraki seanslarda benlikle orada olabilirsiniz.

Ara sıra bir danışan terapinin başında benliğe ulaşmada zorlanabilir. Bu durumda o danışan için sizin benlik olmanız gerekir. Terapinin ilerlemesi için danışan benliğe ulaşana dek gereken benlik özelliklerini siz sağlarsınız. O zamana kadar benliğiniz aracılığıyla danışanın yanlarıyla siz ilişki kurarsınız. Siz kucaklayıcı, ilgili bir ortam oluşturursanız danışanın yanları kendilerini açacak kadar güven hissederler. Ancak danışanın bu koltuğu almayı hiç öğrenemeyeceği kadar da benlik rolünde kalmak istemezsiniz. Bunu ancak danışan benliğe ulaşarak bu rolü üstlenene kadar yapın.

Travma

Özel bir teknik olmadan, sadece burada sözü edilen prosedürün uygulanmasıyla bile İAS travmayla çalışmada çok etkilidir. Bunun nedeni kısmen Richard Schwartz'ın İAS'yi ciddi travmalar yaşamış danışanlarla çalışırken geliştirmiş olmasıdır.

İAS'nin travmada etkili olmasının önemli nedenlerinden biri sürgünlerden ayrışmayla uğraşmasıdır. Travmayla çalışmadaki en büyük zorluk, travmayı taşıyan sürgüne ulaşıp onu iyileştirirken danışanı yeniden travmatize etme tehlikesidir. İAS bununla oldukça etkili bir tarzda uğraşır (11. Bölüm'de bulabilirsiniz). Danışan benlikte kalıp travmatize olan sürgünle bir ilişki geliştirir. Sürgünün kendisini kaplamasına ancak bunu yapmak güvenliyse ve bir faydası olacaksa izin verir. Sürgün onu dehşet, utanç veya travmayla bağlantılı diğer duygularla kaplamaya başlarsa, terapist, danışanın sürgünle ayrışma müzakeresinde bulunması için yardım eder. Bu İAS'nin travma çalışmasına getirdiği en büyük yeniliklerdendir. Schwartz, sürgünlerin eğer bunu isterlerse duygularını kontrol altında tutup danışanı kaplamama kapasitelerinin olduğunu keşfetmiştir. Sürgünün sadece eğer danışanı kaplamazsa, benliğin hikâyeyi dinlemek ve onu iyileştirmek için orada olacağını anlaması gerekir.

İAS travmatize olmuş sürgünlerle çalışırken benlikte olmayı sürekli olarak vurgular. Terapinin başarısı için bu çok önemlidir. Benlikte olmadan tacizin anılarını hatırlayıp onlarla çalışabilen danışanlar bile bunu yapmamalıdır çünkü bunun iyileşmeyi sağlama olasılığı düşüktür. Ancak danışan benlikte olduğunda gerçek iyileşme meydana gelir çünkü benlik iyileşme sürecinde gerekli olan şefkatin, sevginin ve gücün merkezidir.

İAS yöntemi travma çalışmasında sürekli ortaya çıkan savunma mekanizmalarını anlamada çok faydalıdır. Mesela disosiyasyona, danışanın travmayı yeniden yaşamasını engellemeye çalışan bir koruyucunun neden olduğu düşünülür. Disosiyatif yanla diğer koruyuculara benzer şekilde çalışırsınız. Onunla bağlantı kurup danışanın benlikte kalacağına ve travmatize sürgün tarafından kaplanmayacağına dair güvence vermeniz gerekir.

Center for Self Leadership,[5] Richard Schwartz'ın yönettiği İAS organizasyonudur. Burada Amerika'da ve Avrupa'da (Bkz: Ek) benim de çok tavsiye ettiğim profesyonel İAS eğitimleri düzenlenmektedir.

Kutuplaşma

İAS benim bu kitapta anlatabileceklerimden çok daha geniştir. İAS'nin bu kitapta ele almamın mümkün olmadığı önemli yönlerinden birinden kısaca bahsedeceğim: Kutuplaşma. Hayatlarımızda karşılaştığımız bazı meselelere nasıl tepki vereceğimiz konusunda kendi içimizde çatışmalar yaşarız. Bir yanımız bir şey hisseder, diğer yanımız tamamen farklı bir şey. Bir yanımız belirli şekilde hareket etmek ister, diğer yanımız tam aksini ister. Kutuplaşma hayatımızda çok farklı şekillerde ortaya çıkabilir. Ertelememize, kararsız olmamıza, "karışık duygular" içinde olmamıza veya bir eylemden diğerine gidip gelmemize yol açar. Kendimizi yargılayabilir ve sonra da bu yargılara karşı kendimizi savunabiliriz. Böyle durumlarda eğer gerçekten içinizi dinlerseniz farklı yanlarınız arasında sürüp giden tartışmaları duyabilirsiniz. İlk bakışta içsel çatışma gibi görünmeyen depresyon, anksiyete ve düşük özsaygı gibi deneyimler bile genellikle kutuplaşmadan köken alırlar.

İAS içsel çatışmaların iki yanın birbiriyle kutuplaşmasından kaynaklandığını kabul eder. Farklı yanlarımız birbirine zıt şekilde hisse-

5. Daha sonra Internal Family Systems Institute adını aldı. (ç.n.)

dip davranabilir; bir yanımız bir şeye doğru yaklaşırken diğer yanımız ondan uzaklaşabilir. Bir yanımız bir şey isterken diğeri ondan korkabilir. Bir yanımız bir şeye ulaşmak için çok çabalarken diğer yanımız bu çabayı sabote edebilir. Her yan diğerinin yıkıcı eylemleriyle baş etmek için aşırı bir duruş sergilemesi gerektiğine inanır. Sözgelimi, Diyet Yapan yan Yiyen yanın keyif düşkünü eğilimlerini bastırmak için çok katı hale gelir. Bu sefer Yiyen yan, Diyet Yapan yanın katı kontrolüne karşı isyan etmesi gerektiğini hisseder. Kutuplaşmış yanlar yoğun duygulara ve zararlı davranışlara neden olan sonsuz bir mücadelenin içinde sıkışıp kalırlar. Kutuplaşmış yanlar genellikle sürgünleri koruyan koruyucular olup bazen birbirine zıt stratejilerle aynı sürgünü korumaya bile çalışıyor olabilirler.

İAS'de çalışırken kutuplaşmış yanları bulur ve her koruyucuyla olduğu gibi onlarla da güvene dayalı bir ilişki geliştirirsiniz. Bu sizin iki taraftan da kurtulmanız gerekmediğini fark etmenizi sağlar çünkü ikisinin de size sunabileceği şeyler vardır ve ikisi de sizin için elinden geleni yapıyordur. İki yanın birbiriyle kavga etmek yerine konuşmalarını sağlayabilirsiniz. Böylece iki yan da diğerini düşman olarak görmeyi bırakıp olumlu özelliklerini fark eder. Savaşmak yerine birbiriyle işbirliği yapmayı öğrenirler. Bazı durumlarda işbirliği mümkün hale gelmeden önce korudukları sürgünleri iyileştirmeniz gerekebilir. Ama ikisi de sizin için en iyisini istediğinden işbirliğini sağlamak her zaman mümkündür. İki koruyucu için de en önemli şey benliğin bu yanın görevini anlayıp ilgi göstermesidir. Ondan sonra sizin lehinize birbirleriyle işbirliği yapmayı öğrenebilirler.

İAS ve İçsel Eleştirmen

İçsel Eleştirmen sizin yargılayan, aşağılayan ve size kim olmanız gerektiğini söyleyen yandır. Sizin özgüveninizi sarsar ve kendinizle ilgili kötü hissetmenize yol açar. Bu, insanların karşılaştığı en zor ve en dirençli meselelerden biri olduğu için Bonnie Weiss'la birlikte İAS'yi kullanarak İçsel Eleştirmen'i dönüştürmek için ciddi bir çalışma gerçekleştirdik. Bizim temel inancımıza göre özsaygı insanın doğuştan kazandığı bir haktır; İçsel Eleştirmen ise özsaygıya ulaşmamızdaki en büyük zorluklardan biridir.

Aslında sadece tek bir İçsel Eleştirmen yoktur; çoğu insanın farklı şekillerde iş gören, yargılayıcı koruyucuları vardır. Farklı motivasyonları olan ve sizi kontrol etmek için farklı stratejiler kullanan yedi tip eleştirel yan tanımladık. İçsel Eleştirmen bir koruyucu olduğu için, bu çok şaşırtıcı görünse de aslında size yardım etmeye çalışıyordur. Bu düşünce sizin İçsel Eleştirmen'le savaşmak yerine benlikle bağlantı kurmanızı mümkün hale getirir. Bu da onun yargılarını bırakmasına yardımcı olur. İAS'yi kullanarak yedi İçsel Eleştirmen'in her birini dönüştürmenin ayrıntılarını belirledik.

Çalışmamızın heyecan ve umut verici bir diğer sonucu da şu: Benliğinizin sizi destekleyip cesaretlendiren İçsel Şampiyon adını verdiğimiz bir yönünü de geliştirebilirsiniz. Bu sizin İçsel Eleştirmen yanınızın olumsuz etkileriyle baş etmenizi sağlayan sihirli bir değnek gibidir.

İAS ve çiftler

İAS'nin sevgi ilişkilerinin dinamiklerine dair anlayışı çok güçlüdür. Bir çift zorluk yaşamaya başladığında bunun nedeni "koruyucu savaşları"nın başlamasıdır. Diyelim ki Henry biraz yargılayıcı bir şey söyler, bu Elaine'in eleştiriye karşı hassas sürgününü incitir. Bunun üzerine Elaine'in bu sürgünü koruması gerektiğini düşünen koruyucularından biri harekete geçer. Bu koruyucu Henry'ye Elaine'in eleştirildiğini hissetmemesi için onunla nasıl konuşması gerektiğini söyleyerek onu kontrol etmeye çalışır. Ne yazık ki Elaine'in bu davranışı Henry'nin kontrol edilmeye karşı hassas olan sürgününü tetikler. Henry'nin koruyucularından biri Elaine'in baskısını hissetmemesi için onu Elaine'den geri çekilmeye zorlar. Bu da Elaine'in terk edilmiş hisseden başka bir sürgününü aktive eder. Elaine'in kontrolcü koruyucusu ondan uzaklaşmasının ne kadar yanlış olduğunu söyleyerek Henry'yi geri getirmeye çalışır. Bu tabii ki Henry'nin kontrol edilmekten korkan sürgününü daha da öfkelendirir, koruyucu onu biraz daha geri çeker. Ve bu döngü sürer gider.

Ne Henry'nin ne de Elaine'in bu çatışmanın korkmuş ve yaralı sürgünler yüzünden sürdüğü konusunda hiçbir fikri olmadığı gibi, kavga eden koruyucuların da pek farkında değildirler. İki eşin de gördüğü tek şey diğerinin incitici davranışıdır. Bu yüzden ikisi de çatışmanın tamamen diğerinin suçu olduğuna inanır. Koruyucuların yapmaya çalıştığı tek şey sürgünleri incinmekten korumaktır; kendilerinin eşlerinin sürgünlerine ne kadar zarar verdikleri ve bu yüzden de çatışmayı şiddetlendirip ilişkide nasıl bir mesafe yarattıkları konusunda hiçbir fikirleri yoktur. Bu, problem yaşayan neredeyse bütün çiftlerde gerçekleşen bir dinamiktir. Sürgünler ve koruyucular farklı olabilir ama dinamikler aynıdır.

İAS'yi kullanarak eşinizle yaptığınız koruyucular savaşına giren yanları tanıyabilirsiniz. Sonra her bir yanınızla ayrı ayrı çalışırsınız. Sürgünlerinizi iyileştirmeye başlar, koruyucularınızın koruyucu rollerini bırakmalarına yardım edersiniz. Bu yavaş yavaş sürgünleri yatıştırır ve koruyucuların rahatlamasını sağlar. Böylece sizin benliğe ulaşmanız daha kolay hale gelir. Eşiniz de aynı şeyi yapabilir. Amacınız tetiklenen yanı fark ederken aynı zamanda birbirinizle benlikten ilişki kurmanızdır. Bu olurken bir yanla hareket etmek yerine o yan adına tarafsız bir sesle konuşursunuz. Sözgelimi, "SENİ KONTROL MANYAĞI!" diye bağırmak yerine, "Bir yanım senin tarafından kontrol edildiği için çok kızgın hissediyor" diyebilirsiniz. Bu şekilde o yanınızın reaksiyonu için sorumluluk alırken, eşinize saldırarak koruyucularını harekete geçirmekten de geri durmuş olursunuz. Bunu yaptığınızda benlikte kalıp eşinizle verimli bir konuşma yapabilirsiniz. Benlikten diyaloga girmek, görüş farklılıklarını, geçmişin yaralarını ve diğer zorlukları aşmanız için ikinize de muazzam bir kapasite verecektir.

Gruplar, aileler ve organizasyonlarla İAS

İAS, aileleri sistemler olarak gören bir yaklaşım olan Aile Sistemleri Terapisi'nden köken alır. Richard Schwartz modeli ilk geliştirdiği sırada bir kişideki alt kişiliklerin kendi aralarındaki etkileşimlerin bir ailedeki insanlar arasındaki sistem dinamiklerine çok benzediğini görmüştür. Schwartz sistem bakış açısını insan ruhuna uyarlamıştır. Bu bakış açısı herhangi bir sistemin parçalarının sadece ayrı şeylerin bir araya gelmesi olmadığını göstermektedir; bu parçalar birbiriyle ilişki halindedir. İnsan ruhunda bazı yanlar diğer yanları korur; bazı yanlar diğerleriyle kutuplaşır; bazı yanlar diğerleriyle koalisyona girer. İAS'nin iyileştirici gücünün büyük bir kısmı sistem bakış açısına dayanır çünkü bu ilişkileri anlamak bizi doğruca işe yarar bir tekniğe yönlendirir.

Bu bakış açısı aynı zamanda İAS'nin kişiden daha büyük olan aileler, gruplar ve kurumlar gibi sistemler için kullanılmasını da sağlar. İAS'nin ailelerle etkin bir şekilde çalışabilmesinin tek nedeni kökenini aile terapisinden alması değil, ailedeki her bireyin yanlarının diğer bireylerin yanlarıyla nasıl ilişki kurduğunun keşfedilmesine yardımcı olmasıdır.

Gruplar ve kurumlar da sistemlerdir, bu yüzden İAS'deki anlayış onlara da uygulanabilir. Bir kurumu inceleyip sürgünlerin kimler, koruyucuların kimler olduğunu sorabilirsiniz. Bu bakış açısıyla bakıldığında sürgün bir kişinin bir yanı değil, incelediğimiz büyük sistemin bir parçasıdır. Sürgün, kurumdaki kenara itilmiş, görülmesi ve etkili olması engellenmiş bir grup insan olabilir. Koruyucu, genellikle güç pozisyonunda olan, kurum için zararlı olacağını düşündüğü sonuçlara karşı duran bir grup insan olabilir. Bu koruyuculuk genellikle kurumun tarihinde bulunan ve mevcut durumda var olmayan olaylardan etkilenir. Kutuplaşma da kurumlardaki önemli bir dinamiktir. Burada üyeler güç için birbiriyle savaşan iki alt gruba ayrılmıştır. İAS yönelimli yönetim danışmanları koruma, sürgün ve kutuplaşma dinamiklerini ortaya çıkarır. Bu da en iyi müdahale yolunun bulunmasına yardımcı olur.

İAS koçlar tarafından da kullanılabilir. Bu koçlar kurumlardaki insanların daha verimli bir şekilde işlev görebilmeleri için yanlarını iyileştirmelerine yardım ederler. Bu çalışma İAS terapisine benzer. Sadece sürgünlerin derin acısını iyileştirmeye daha az vurgu yapılır. Problemli davranışı dönüştürmek için koruyucuları anlayıp onlarla daha iyi ilişki kurmaya odaklanılır.

İAS ve spiritüel gelişim

Benliğin merkezi rolü, İAS'yi spiritüel yönelimli bir terapi haline getirir. Daha önce gördüğümüz gibi benlik önemli spiritüel özelliklerden olan sevgi, şefkat ve bağlantıda olmanın kaynağıdır. Benlik, spiritüel geleneklerde söz edilen daha derin seviyede bir varoluşla bağlantılıdır. Farklı gelenekler bu varlıktan Tanrı, Öz, Buda Doğası, Atman, İçsel Işık veya İsa Bilinci olarak söz eder. Aslında Schwartz'ın belirttiği gibi, benlik bu en derin seviyede var oluştur.

Çoğu psikoterapi okulu esas olarak ego seviyesiyle uğraşır ve bu psikolojik meselelerin altında herkesin bir benliği olduğunu kabul etmez. Bu teorilere göre çoğu danışanın benliği yoktur ve benlik özelliklerini terapistinden alıp içselleştirmesi gerekir. Bununla birlikte İAS kişinin kontrolünü ele alan farklı yanlar tarafından gizlense de herkesin bir benliği olduğunu kabul eder. Bu bakış açısı, bu manevi zeminin aslında gerçek biz olduğunu öğreten spiritüel geleneklerin anlayışıyla da tutarlıdır. Bu yüzden İAS bizim spiritüel doğamızı psikolojik iyileşme için kullanır. Ayrıca İAS, benliği aşırı yanlardan özgürleştirerek spiritüel gelişimi de destekler.

Daha önce gördüğümüz gibi, İAS bütün yanları, hatta en yıkıcı ve tehlikeli olanları bile kabul ve şefkatle karşılayan bir tutumu benimser. Bu şekilde kalplerimizi her yanımıza karşı açmak ve bizim için sadece iyiyi istediklerini görmek aslında manevi bir pratiktir. Bunu yapmak aslında bütün içsel aktivitenin temelinin sevgi olduğunu görmemizi sağlar. Bunu diğer insanlara ve yanlarına uyarladığımızda daha da derin bir pratik haline gelir. Herkesin farklı yanlarının onları acıya karşı korumak için ellerinden geleni yaptığını, hatta bunun dünyada büyük acılara yol açan insanlar ve ülkeler için bile geçerli olduğunu anladığımızı varsayalım. Bu bizim yargılayıcı ve ayrıştırıcı tutumlarımıza meydan okuyup doğamızda bulunan bütün insanlarla ve varlıklarla bağlantılı olma halini deneyimlememizi sağlar. Bizi yıkıcı ve nefret dolu eylemlere karşı kör hale getirmez; kalbimizi şefkate, nezakete ve evrensel sevgiye açar.

İAS spiritüel gelişimi doğrudan güçlendirmek için bir yol sunmaktadır. Çoğu spiritüel yol, nezaket, birbiriyle bağlantıda olma, neşe, ferahlık, huzur gibi belirli özelliklerin beslenmesini içerir. Ancak bu manevi özelliklerin hayatlarımıza dahil edilmesi genellikle zordur çünkü koruyucular bunları engellemektedir. Daha kesin konuşacak olursak, belirli bir özellik belirli bir koruyucu tarafından engellenir. Mesela şefkat insanları yargılayan bir koruyucu tarafından engellenir; ilişki kurma isteği sizi insanlardan uzak tutan bir koruyucu tarafından engellenebilir.

Belirli bir spiritüel özelliğe ulaşmak üzere tasarlanmış spiritüel pratiklerle uğraşsanız da bu özelliğin hayatınızda gerçekten görünmesi için onun gelişmesini önleyen psikolojik meseleler üzerinde de çalışmanız gerekir. Mesela, sevecenlik özelliğinizi beslemek için meditasyon yapıyorsanız, aynı zamanda insanlarla sevecen bir şekilde iletişim kurabilmeniz için yargılayıcı koruyucu yanınızı da dönüştürmeniz gerekir. Rahat, tehditkâr olmayan durumlarda sevecenlik hissediyor olabilirsiniz ama eğer biri size aldırmazlık eder ya da saldırırsa, yargılayıcı koruyucu tarafınız tetiklenir, sizin sevecen olmanızı engeller. Sevecenlik özelliğini tamamen ortaya çıkarabilmek için yargılayıcı koruyucunuza bu rolünü bırakması için yardım etmeniz gerekir (bunun için de öncelikle onun koruduğu sürgünün yüklerini bırakmanız gerekir). Bunu yaptıktan sonra meditasyon pratiğinizin meyvelerini toplayabilirsiniz. O zaman önünde bir engel olmadığı için sevecenlik özelliğiniz doğal olarak ortaya çıkacaktır. Bu yüzden İAS çalışmasını, beslemek istediğiniz belirli bir spiritüel özelliği engelleyen yanlara odaklanarak spiritüel gelişiminizi artırmaya yönlendirebilirsiniz.

İAS ve sosyal dönüşüm

Dünyamız büyük bir tarihî dönüşümden geçiyor. Küresel ısınmadan mevcut finansal çöküşe kadar karşılaştığımız krizlerin çoğu daha derin sistemik problemlerden kaynaklanıyor. Rasyonellik, kontrol, rekabet, bireysellik ve materyalizmle karakterize olan modern kültürümüz ve dünya görüşümüz artık işlemiyor. Modern toplum, bilimden demokrasiye ve bireyselliğe kadar insanlığa çok büyük katkılarda bulundu. Bununla birlikte ileri teknoloji, nüfus artışı ve ulusal rekabet bir araya geldiğinde çevremiz ve medeniyetimiz için tehditkâr bir hal alıyor. Bu da toplumumuzda bir çöküşe neden olup evrimin bir sonraki aşamasına geçişin yolunu açıyor.

Eskisi çökerken yeni bir kültür şimdiden ortaya çıkıyor. Daha gidilecek çok yol olsa da bunun işaretlerini her yerde görmek mümkün. Yeni kültür, hâkimiyet kurmaktan açıklığa, kapsamaya ve diyaloga doğru bir değişimi içeriyor. İnsanlar, gruplar ve uluslar arasında bireyselcilik ve rekabetten, ilişki kurma ve işbirliğine, doğayla ilişkiye doğru bir dönüşümü kapsıyor. Ortaya çıkan kültür, akılcılık ve kontrolün aksine sezgiyi, duygusal farkındalığı ve katılımı kullanan spiritüel gelişim süreçlerinin ve içsel farkındalığın yaygın bir biçimde benimsenmesine dayanıyor.

İAS kendi rolünü oynuyor. İAS sadece etkili bir kişisel dönüşüm yöntemi değil, aynı zamanda ortaya çıkan bu yeni kültürün özelliklerinin de somutlaşmış halini gösteriyor. İAS kendi yanlarımızı, dolayısıyla diğer insanları ve diğer kültürleri anlamanın ve onlara şefkatle yaklaşmanın önemini bize öğretiyor. Birbirleriyle işbirliği yapabilmeleri için yanlarımızın arasındaki uçurumu ve rekabeti iyileştirmemize yardımcı oluyor. Bu da diğer insanlarla ve gruplarla yaptığımız işbirliğine yansıyabilir çünkü içsel hayatımız dışarıdaki eylemlerimizi de etkiliyor. İAS, akılcı kontrol ve programlamanın aksine duygusal açıklık, sezgisel algı ve bedensel farkındalık yoluyla kişisel iyileşme ve dönüşümü gerçekleştiriyor. Bu yüzden İAS yalnızca bizi sağlıklı hale getirmekle kalmıyor, doğmakta olan yeni kültürün ve toplumun eş yaratıcıları ve vatandaşları olarak katkıda bulunma kapasitemizi de artırıyor.

Sonuç

İAS kişisel ve mesleki açıdan hayatımı muazzam şekilde zenginleştirdi. Umarım siz de İAS'yi benim gibi doğal, ulaşılabilir ve etkili bulursunuz. Bu inanılmaz modelin bütün faydalarını görebilmeniz için düzenli olarak pratik yapmanızı öneririm. Bu kendinizi iyileştirmenizi ve sevgi, yaratıcılık, başarı ve ilişki kurma kapasitenizi geliştirerek hayatınızı anlamlı, heyecan verici ve tatmin edici bir hale getirecektir.

Ek A

İAS süreci için yardım sayfası

Burada İAS prosedürünün tüm adımlarının bir özetini bulabilirsiniz. Kendiniz üzerinde veya birisiyle çalışırken adımlarınızı yönlendirmek üzere tasarlanmıştır.

1. Bir koruyucuyu tanımak

K1. Bir yana erişmek

Yan aktive değilse, kendinizi yanın en son aktif olduğu durumda hayal edin.

Yanı bedeninizde hissedin veya yanın bir görüntüsünü zihninizde canlandırın.

K2. Hedef yanı ayrıştırmak

Şu anda yanın duygularıyla yüklü olup olmadığınızı veya inançlarına kapılıp kapılmadığınızı kontrol edin. Eğer öyleyse yan sizi kaplamış demektir.

Şu anda hedef yana karşı nasıl hissettiğinizi kontrol edin. Eğer bunu bilemiyorsanız yanla kaplanmış olabilirsiniz.

Hedef yan sizi kapladıysa, ayrışmak için burada bazı seçenekler bulabilirsiniz.

- Yanı tanımak için sizden ayrılmasını isteyin.
- Yandan ayrılmak için içsel olarak ondan uzaklaşın.
- Zihninizde yanın görüntüsünü sizden uzakta hayal edin veya yanın resmini çizin.
- Yanı muhafaza etmek üzere bir odada hayal edin.
- Kısa bir merkezleme meditasyonu yapın.

Eğer yan sizden ayrılmıyorsa, ayrılırsa ne olacağından korktuğunu sorun. Ona ayrılmanın önemini açıklayın ve korkuları konusunda onu rahatlatın.

K3. Endişeli yanı ayrıştırmak

Hedef yana karşı ne hissettiğinizi kontrol edin.

Şefkatli, meraklı veya benzeri bir şekilde hissediyorsanız benliktesiniz demektir ve K4'e ilerleyebilirsiniz.

Böyle hissetmiyorsanız, endişeli yanı ayrıştırın:

- Endişeli yana, hedef yanı açık bir yerden tanıyabilmeniz için şimdilik kenara çekilmeyi (veya rahatlamayı) isteyip istemediğini sorun.
- Eğer kenara çekilirse, hedef yana karşı şimdi nasıl hissettiğinizi görmek için tekrar kontrol edin ve bunu tekrarlayın.
- Eğer kenara çekilmek istemiyorsa, ona kenara çekilmenin önemini açıklayın.
- Yine de yapmıyorsa, çekilirse ne olacağından korktuğunu sorun ve korkuları konusunda onu rahatlatın.
- Hâlâ çekilmiyorsa, endişeli yanı hedef yapın ve onunla çalışın.

K4. Bir koruyucunun rolünü keşfetmek

Yanı size kendisinden bahsetmeye davet edin.

Yan kelimeler, görüntüler, beden duyumları, duygular veya doğrudan bilme yoluyla cevap verebilir.

İşte yana sorabileceğiniz sorulardan bazıları:

- Ne hissediyorsun?
- Ne hakkında endişeleniyorsun?

- Senin rolün ne? Bu rolü oynamak için ne yapıyorsun?
- Bu rolü oynayarak neye ulaşmayı umuyorsun?
- Bunu yapmazsan ne olacağından korkuyorsun?

K5. Bir koruyucuyla güvene dayalı bir ilişki kurmak

Koruyucuya aşağıdakileri (eğer doğruysa) söyleyerek güveni artırabilirsiniz:

- Bu rolü neden oynadığını anlıyorum.
- Benim adıma gösterdiğin çabaları takdir ediyorum.
- Çok çalıştığını biliyorum.

2. Bir sürgünle çalışmak için izin almak

Gerekirse koruyucudan size sürgünü göstermesini isteyin.

Sürgünü tanımak için ondan izin isteyin.

İzin vermezse, sürgüne ulaşırsanız ne olacağından korktuğunu sorun.

Bu korkulara dair olasılıklar şöyledir:

- "Sürgünün acısı çok büyük." Benlikte kalacağınızı ve sürgünü sadece tanıyacağınızı, acısına dalmayacağınızı açıklayın.
- "O acıya tekrar gitmenin bir anlamı yok." Acıya gitmenin bir anlamı olduğunu, sürgünü bu şekilde iyileştirebileceğinizi açıklayın.
- "Bundan sonra koruyucunun bir rolü olmayacak ve bu nedenle yok edilecek." Koruyucuya kişilik sisteminizde kendisine yeni bir rol seçebileceğini açıklayın.

3. Bir sürgünü tanımak

S1: Sürgüne erişmek

Sürgünün duygularını hissedin, bedeninizdeki hissini fark edin veya zihninizde onu görün.

S2: Sürgünden ayrışmak

Bir sürgün sizi kapladıysa:

- Orada kalabilmeniz için sürgünden duygularını kontrol etmesini isteyin.
- Sürgünden bilinçli olarak ayrılın ve benliğe dönün.
- Sürgünü sizden uzakta hayal edin.
- Bir merkezleme işlemi yapın.

Sürgün duygularını kontrol etmiyorsa:

- Ederse ne olacağından korktuğunu sorun.
- Duygularına ve hikâyesine gerçekten tanık olmak istediğinizi ancak bunu yapmak için ayrı olmanız gerektiğini açıklayın.

Bilinçli kaplanma: Eğer tahammül edebiliyorsanız, sürgünün acısını hissetmek için kendinize izin verin.

S3: Endişeli yanları ayrıştırmak

Benlikte değilseniz veya şefkat hissetmiyorsanız, bütün endişeli yanlardan ayrışın. Genellikle sürgünün acısı altında ezilmenizden korkarlar.

Benlikte kalacağınızı ve sürgünün sizi ezmesine izin vermeyeceğinizi açıklayın.

S4: Bir sürgün hakkında bilgi edinmek

Şu soruları sorun:

Ne hissediyorsun? Seni bu kadar korkmuş veya incinmiş (veya başka bir duygu) hissettiren nedir?

S5: Sürgünle güvene dayalı bir ilişki kurmak

Sürgüne hikâyesini duymak istediğinizi belirtin.

Ona karşı şefkat duyduğunuzu ve önemsediğinizi iletin.

Sürgünün sizi orada hissedip hissetmediğini kontrol edin ve şefkatinizi nasıl karşıladığına bakın.

4. Çocukluk kökenlerine inmek ve tanık olmak

Sürgünden çocuklukta bu şekilde hissetmeyi öğrendiği zamana dair bir görüntü veya anı göstermesini isteyin.

Sürgüne bunun ona nasıl hissettirdiğini sorun.

Yanın size tanık olmanızı istediği her şeyi gösterdiğinden emin olun.

Olanlara tanıklık ettikten sonra, sürgünün yaşadığı bu şeyin ne kadar kötü olduğunu anladığınıza inanıp inanmadığını kontrol edin.

5. Sürgüne yeniden ebeveynlik yapmak

Benlikle çocukluktaki o sahneye girip sürgüne, onu iyileştirmek veya olanları değiştirmek için neye ihtiyacı olduğunu sorun; hayal gücü yoluyla bu istediğini sürgüne verin.

Sürgünün yeniden ebeveynliğe nasıl tepki verdiğini kontrol edin.

Sizi hissedemiyorsa veya ilginizi anlamıyorsa, nedenini sorun ve bununla çalışın.

6. Bir sürgünü geri getirmek

Sürgünün ihtiyaç duyabileceği şeylerden biri de çocukluktaki o zor durumdan çıkarılıp kendini güvende ve rahat hissedebileceği bir yere getirilmesidir. Onu şimdiki yaşamınızdaki bir yere, bedeninize veya hayalî bir yere götürebilirsiniz.

7. Bir sürgünün yükünü bırakmak

Sürgünün taşıdığı yükleri (acı veren duyguları veya olumsuz inançları) adlandırın.

Sürgüne yükleri bırakmak isteyip istemediğini ve buna hazır olup olmadığını sorun. Eğer istemiyorsa, bırakırsa ne olacağından korktuğunu sorun.

Sonrasında bu korkuların üstesinden gelin.

Sürgün yükleri bedeninde nasıl taşıyor?

Sürgün yükleri neye bırakmak istiyor? Işığa, suya, rüzgâra, toprağa, ateşe veya başka bir şeye bırakabilir.

Yükler ortadan kalktığında, sürgünde hangi olumlu niteliklerin veya duyguların ortaya çıktığına dikkat edin.

8. Koruyucu rolünü bırakmak

Koruyucunun sürgünün dönüşümünün farkında olup olmadığını kontrol edin. Değilse, koruyucuya sürgünü tanıtın.

Koruyucunun, koruyucu rolünün artık gerekli olmadığını anlayıp anlamadığına bakın.

Koruyucu, kişilik sisteminizde yeni bir rol seçebilir.

Ek B

İAS Kaynakları

Jay Earley ve Bonnie Weiss'ın yazdığı *Self-Therapy for Your Inner Critic*. İAS'yi İçsel Eleştirmen yanlarla çalışmak için uygular.

Bonnie Weiss'tan *Illustrated Workbook for Self-Therapy for Your Inner Critic*. Temel İAS ve İçsel Eleştirmen kavramlarının anlaşılmasını destekleyen geniş formatlı çizimler içerir.

Web sitemiz www.psychemaps.com yedi İçsel Eleştirmen türünden hangisine sahip olduğunuzu belirlemek için bir anket ve İçsel Eleştirmen ve İçsel Şampiyonunuzun profilini çıkarmak için bir program içerir.

Web Sitelerim ve Uygulamalarım

Bonnie Weiss'la yönettiğimiz İAS web sitem www.personalgrowth-programs.com, İAS ve çeşitli psikolojik sorunlara uygulanması hakkında oldukça popüler ve profesyonel makaleler içermektedir. Ayrıca gelecekteki makaleleri ve yaklaşan dersler ve gruplarla ilgili bildirimleri almak için e-posta listemize kaydolabilirsiniz.

Kişisel web sitem www.jayearley.com terapi gruplarım da dahil olmak üzere çalışmalarım hakkında daha fazla yazı ve bilgi içermektedir. Diğer web sitemiz www.psychemaps.com, İçsel Eleştirmen anketini ve İçsel Eleştirmen ve İçsel Şampiyonunuz için profil oluşturma programını içerir.

İnsanların psikolojik sorunlarını keşfetmelerini ve kendi kendine terapi yapmalarını sağlayacak olan kısmen İAS tabanlı bir web uygulaması geliştiriyorum.

İAS profesyonel eğitim ve danışmanlık

IFS Enstitüsü, terapistler ve yardım alanında çalışan diğer profesyoneller için şiddetle tavsiye ettiğim İAS eğitim programları yürütür. Bu eğitimler üç seviyeden oluşur. 1. Seviye altı hafta sonu süren, üçer günlük eğitimlerdir. Bu eğitim programları ABD'deki birçok farklı şehirde ve Avrupa'da (ve şimdi çevrimiçi) düzenlenmektedir. Lider eğitmenler mükemmeldir, eğitim programı çok iyi tasarlanmıştır. Bu yaşantısal eğitimlerde kendi yanlarınızla çalışarak ve eğitimde başkalarıyla seans pratikleri yaparak İAS'yi öğrenirsiniz. Eğitim grubunda bir topluluk oluşturmaya vurgu yapılır. Bu da kişisel ve profesyonel ilişkiyi teşvik eder. Eğitim yerleri ve programları hakkında ayrıntılı bilgi için enstitünün web sitesine bakabilirsiniz.

Diğer İAS kitapları

İçsel Aile Terapisi'ne Giriş, Richard Schwartz. Danışanlar ve potansiyel danışanlar için yanlara ve İAS'ye temel bir giriş niteliğinde.

İçsel Aile Sistemleri Terapisi, Richard Schwartz. İAS üzerine temel profesyonel kitap olup terapistler tarafından mutlaka okunması gerekenlerden biridir.

The Mosaic Mind, Richard Schwartz ve Regina Goulding. İAS'yi travma, özellikle cinsel istismar için kullanma hakkında profesyonel bir kitap.

You are the One You've Been Waiting For, Richard Schwartz. Yakın ilişkilere İAS perspektifi sunan popüler bir kitap.

Parts Work, Tom Holmes. Genel okuyucu için kısa, bol resimli bir İAS'ye giriş kitabı.

Bring Yourself to Love, Mona Barbera. Aşk ilişkilerindeki zorluklarla başa çıkmak için İAS'yi kullanma hakkında genel okuyucuya yönelik bir kitap.

Resolving Inner Conflict, Jay Earley. İAS'yi kullanarak kutuplaşmayla çalışma üzerine profesyonel bir kitap.

İAS makaleleri ve kayıtları

IFS Enstitüsü'nün web sitesinde, Richard Schwartz'ın kaleme aldığı İAS ile ilgili bir dizi profesyonel makale yer almaktadır. Düzenlediği İAS seanslarının çok sayıda mükemmel videoları ve DVD'leri web sitesinden satın alınabilir. Ayrıca geçmiş İAS konferansı sunumlarının ses kayıtları da bulunmaktadır.

İAS web sitem www.personal-growth-programs.com'da İAS ve çeşitli psikolojik sorunlara uygulanması hakkında yazdığım bazı popüler ve profesyonel makaleleri bulabilirsiniz. Buraya her zaman yenileri ekleniyor. Ayrıca gelecekteki makaleler, yaklaşan dersler ve gruplarla ilgili bildirimleri almak için e-posta listeme kaydolabilirsiniz.

İAS konferansları ve atölyeleri

Modeli daha derinlemesine incelemek ve diğer profesyonellerle ağ kurmak için mükemmel bir fırsat olup yılda bir düzenlenen İAS konferansı vardır. Richard Schwartz, ABD ve Meksika'daki çeşitli merkezlerde halka açık, bir hafta süren İAS atölyelerine liderlik ediyor. Schwartz ve diğer lider İAS eğitmenleri tarafından başka profesyonel atölye çalışmaları ve sunumlar da düzenlenmektedir. Ayrıntılar için enstitünün sitesine bakabilirsiniz.

Ek C

Terimlerin anlamları

Bir yana erişmek/ulaşmak

İAS'yi kullanarak yanla çalışabilmek için görüntü, duygu, beden duyumu veya içsel diyalog yoluyla yaşantısal olarak bir yana odaklanmak.

Bir yanın aktive olması

Bir yanın, bir durum veya bir kişi tarafından tetiklenerek duygularınızı ve eylemlerinizi etkilemesi.

Aktif dinleme

İAS seansı yapan birine tanık olarak eşlik ederken, diğerinin deneyimini anlamaya ve bunu ona geri yansıtmaya çalışırsınız.

Kaplanma

Bir yanın bilincinizi ele geçirmesi, böylece onun duygularını hissetmeniz, tutumlarının doğru olduğuna inanmanız ve dürtülerine göre hareket etmeniz. Kaplanma, aktivasyonun daha aşırı bir şeklidir.

Yük

Genellikle çocukluktan itibaren, geçmişteki zarar verici bir durum veya ilişkinin sonucu olarak bir yanın üstlendiği, kendiniz veya dünya hakkında acı veren bir duygu veya olumsuz inanç.

Çocukluk kökeni

Sürgünde yük oluşturacak kadar acı ya da travma yaratan çocukluktan kalma bir olay ya da ilişki.

Endişeli yan

Hedef yana karşı yargılayıcı veya kızgın hisseden bir yan. Endişeli bir yanla kaplandığınızda benlikte değilsinizdir.

Bilinçli kaplanma

İAS sürecine yardımcı olacağı için bir yanın duygularını hissetmeyi seçtiğiniz durum. Kaplandığınızın farkındasınızdır ve gerekirse kolayca ayrışabilirsiniz.

Sürgün

Geçmişten gelen acıyı taşıyan küçük bir çocuk yan.

Aşırı rol

Yanın geçmişten gelen bir yükü taşıması veya bir koruyucunun bir sürgünü korumaya çalışması nedeniyle işlevsiz veya sorunlu olan bir rol. Aşırı yan, aşırı rolü olan yandır.

Yangın söndürücü

Bir sürgünün acısı ortaya çıkmaya başladığında, sizi acıdan uzaklaştırmak ya da onu uyuşturmak için dürtüsel olarak devreye giren bir koruyucu türü.

Jenerik bellek

Çocukluğunuz boyunca birçok kez olan bir olayı temsil eden bir görüntü.

Sağlıklı rol

Hiçbir yükü olmadığında bir yanın doğal işlevi olan rol. Sağlıklı yan, sağlıklı bir role sahip olan yandır.

Örtük bellek

Belirsiz bir beden duyumu veya kesik kesik bir görüntü olarak ortaya çıkan ve size gerçek olay veya ilişki hakkında yalnızca kısmi bir fikir veren çocukluk anısı.

Yan

Kendi duyguları, algıları, inançları, motivasyonları ve anıları olan bir alt kişilik.

Kutuplaşma

Nasıl davranmanız veya hissetmeniz gerektiği konusunda iki yanın çatıştığı bir durum.

Olumlu niyet

Rolün etkisi olumsuz olsa bile, tüm yanlar size yardım etmek veya sizi korumak için rollerini oynamaktalar.

Koruyucu

İçinizde ortaya çıkan acıyı engellemeye çalışan veya sizi şu anki hayatınızda inciten olaylardan veya ilişkilerden korumaya çalışan bir yan.

Yeniden ebeveynlik yapmak

Benliğin, kendini daha iyi hissetmesi ve zarar veren çocukluk durumunu değiştirmesi için sürgüne ihtiyaç duyduğu şeyi sağladığı adım.

Geri getirme

İAS sürecinde benliğin sürgünü zararlı bir çocukluk durumundan çıkarıp güvenli ve rahat olabileceği bir yere götürdüğü adım.

Rol

Bir yanın size yardımcı olmak için yaptığı iş. Bu iş temelde içsel olabildiği gibi, yanın insanlarla etkileşim kurma ve dünyadaki hareket etme şeklini de etkileyebilir.

Bilincin merkezi

Kimliğinizi, seçimlerinizi, duygularınızı ve algılarınızı belirleyen ruhunuzdaki yer. Benlik, bilincin koltuğunun doğal sahibidir, ancak yanlar benliği kaplayarak koltuğu devralabilirler.

Benlik

Gerçek kendiliğiniz, ruhsal merkeziniz olan çekirdek yönünüzdür. Benlik rahattır, açıktır, kendinizi ve başkalarını kabul eder. Meraklı, şefkatli ve sakindir; diğer insanlarla ve kendi yanlarınızla bağlantı kurmayı önemser.

Öz-Liderlik

Yanlarınızın, hayatınızda kararlar almak ve harekete geçmek için size, benliğe güvendiği durum.

Sembolik hafıza

Bir anıyı, tam olarak ne olduğunu göstermekten ziyade, bir rüyada olduğu gibi semboller aracılığıyla temsil eden görüntü.

Hedef yan

Üzerinde çalışmaya odaklandığınız yan.

Yolun başı durumu

Bir veya daha fazla yanı içeren psikolojik bir mesele. Bu meseleyi takip etmek iyileşmeye götürebilir.

Ayrışma

Benlikte kalabilmek için sizi kaplayan bir yandan ayrılmak.

Yükleri bırakmak

İAS sürecinde, benliğin bir sürgünün yüklerini içsel bir ritüel aracılığıyla serbest bırakmasına yardım ettiği adım.

Tanıklık etmek

İAS sürecinde benliğin, bir yanın yükünün çocukluktaki kökenine tanık olduğu adım.

Deliver Us From Love

Suzanne Brøgger, a radical Danish Marxist and feminist, has written a passionate and controversial book on love, marriage, and the nature of men and women. She traces the Western concept of romantic love and shows how love has no place in marriage. "What good is love, love between two people, if almost by definition it excludes loving everyone else?"

She attacks the concept of the nuclear family and its enshrinement in capitalist society. In other chapters Ms Brøgger deals with transvestites, "masculine" and "feminine" characteristics, rape (including her own experience of rape at the hands of Russian police), a lesbian relationship, the pitfalls of monogamy, sexual fantasies, the incest taboo, and the women's movement which she criticizes as being too masculine. This outspoken, revolutionary book, with its startling personal revelations,has been a bestseller in Europe.

Suzanne Brøgger, journalist and actress, lives in Copenhagen where she is active in films, radio and television.